当代教育研究丛书

我国高等教育的
国际化政策研究

A STUDY OF THE INTERNATIONALIZATION POLICY OF
HIGHER EDUCATION IN CHINA

黄明东　／　著

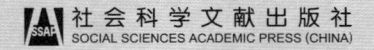

社会科学文献出版社
SOCIAL SCIENCES ACADEMIC PRESS (CHINA)

本书为全国教育科学规划"2013年度教育学一般课题'我国高等教育的国际化政策研究'"（课题批准号：BIA130071）研究成果

研究与实践立足当代、面向未来的新时代大教育

——《当代教育研究丛书》总序

习近平总书记在党的十九大报告中指出:"经过长期努力,中国特色社会主义进入了新时代,这是我国发展新的历史方位。"新时代带来了新发展,面对新时代的大背景,教育工作者应当及时更新理念,总结过去、立足当代、面向未来,从历史维度、理论维度、实践维度和世界维度解读新时代教育事业,适应时代发展需要,推动教育事业更好发展。

进入新时代的教育,不再只是传统意义上的教育,而是源于时代、呼应时代,并面向未来、持续发展的具有发展性内涵的教育,体现出鲜明的"大教育"特征。

第一,新时代大教育应当是具有与新时代相适应的高度、广度和深度的教育。

习近平总书记在全国教育大会上的讲话中指出:"教育是民族振兴、社会进步的重要基石,是功在当代、利在千秋的德政工程,对提高人民综合素质、促进人的全面发展、增强中华民族创新创造活力、实现中华民族伟大复兴具有决定性意义。教育是国之大计、党之大计。"在中国特色社会主义强国建设中,教育的重要地位比以往任何时候都表现得更为突出。新时代大教育必须建立在对这些重大意义的深刻理解之上,不只是就教育论教育,而是从中华民族伟大复兴、科学社会主义发展以及中国智慧和中国方案出发,从国之大计、党之大计出发,强调切实发挥教育的政治功能和社会职能,树立建设教育强国的强烈使命感和责任感,注重具有高度的

政治站位、具有广度的政治外延和具有深度的政治内涵，从更为深广的角度来实现可持续发展。

第二，新时代大教育应当是以人民为中心的教育。

党的十九大明确了新时代我国社会主要矛盾已经转化为人民日益增长的美好生活需要和不平衡不充分的发展之间的矛盾，时代发展对教育事业提出了更高要求，也给传统意义上的教育赋予了新的内涵。进入新时代的教育，必须不忘初心，贯彻以人民为中心的教育观，通过改革推动"中国教育现代化2035"和"中国教育现代化2050"，推进中国特色社会主义教育强国建设，最终实现满足人民美好生活向往的终极目标。教育是美好生活的最为重要的基本构成部分，面对社会发展新矛盾，必须树立更高质量、更加公平的大教育观，以人民为中心，办好人民满意的教育，实现习近平总书记提出的"让每个孩子都能享有公平而有质量的教育"的目标。新时代新矛盾，人民对教育的需求不再只是停留在"有学上"的基本层面上，而是逐步提升到"上好学"的更高层面，对教育质量和教育公平提出了更为强烈而具体的要求。实现目标更高、要求更高、标准更高的新时代教育发展，必须在教育价值追求上树立以人民为中心的思想，彰显人民至上的价值取向。教育事业必须围绕公平而有质量的目标要求，努力实现人的全面发展，使教育改革发展成果更多更公平地惠及全体人民。

第三，新时代大教育一定是具有鲜明中国特色的教育。

扎根中国大地办教育，既是改革开放以来我国教育事业取得巨大成就的重要经验，也是对新时代继续推进教育事业更大发展的重要指导。我国有独特的历史、独特的文化、独特的国情，孕育了学无止境、有教无类、因材施教等深厚的教育思想，这些因素决定了我国教育必须坚定不移走自己的路。事实证明，简单照搬别国经验解决不了中国教育问题，进入新时代中国教育，必须坚持扎根中国大地，探索更多符合国情的办法，让中国特色社会主义教育发展道路越走越宽广。新时代大教育要强化特色意识，处理好本土化与国际化、民族性与世界性之间的关系，进一步明确中国特色的内涵，以及这些内涵在各级各类教育和学校中的具体落实，使中国特色能够真正落地实现。

第四，新时代大教育应当是走向世界的教育。

不忘初心、坚定自信、引领发展，是新时代大教育应当具有的精神。这种精神，不是僵化、守旧、故步自封的思想意识，而是大气派、大格局、大风范的教育理念。按照习近平总书记提出的"不忘本来、吸收外来、面向未来，更好构筑中国精神、中国价值、中国力量，为人民提供精神指引"的要求，新时代教育事业必须时刻牢记初衷，树立坚定的文化自信和道路自信，"发展具有中国特色、世界水平的现代教育"，使我国教育事业日益走近世界舞台中央、不断为人类做出更大贡献。基于此构建的新时代大教育，应当不忘初心，在坚守教育事业根本宗旨的前提下，立足于中国特色社会主义的伟大实践，以大气度的文化自信和道路自信为引领，坚持扩大开放，走向世界，为世界贡献教育的中国智慧和中国方案。必须注意的是，走向世界与中国特色应当是有机统一的，中国特色绝不能够成为掩盖自身问题、因循守旧的挡箭牌，而一定是在世界水平范畴下的特色，只有具有这样大格局的中国特色的大教育，才可能真正走向世界。

第五，新时代大教育必须是体现发展导向的教育。

新时代教育事业发展，呈现出与传统时代不一样的特征。与经济社会发展相适应，现代信息技术给传统教育形态带来了极大冲击，应对人工智能、区块链、云计算、大数据（ABCD）的挑战，构建网络化、数字化、个性化、终身化的新的教育体系，成为人类社会面临的重大课题，新时代大教育必须积极回应新教育体系建设的发展趋势。新教育体系构建，标志着具有全面、立体和持续等新的特征的教育的形成，传统的限于课堂、书本、学制等要素的教育形式，逐步发生变革，任何人在任何时间、任何地点、学习任何知识的泛在教育形式开始形成，传统意义上的教育可能被重新定义。面对社会形态多元、教育形态多元的发展趋势，按照党的十九大提出的2035年基本实现现代化、2050年全面建成社会主义现代化强国的目标，构建"中国教育现代化2035"和"中国教育现代化2050"发展战略，是新时代大教育必须面对的重要问题。新时代大教育必须体现发展导向，及时回应教育形态的时代变化，从更为全面、更为灵活、更为长效的角度认识教育发展，打造多维度、立体化和可持续的教育体系，实现面向未来的与时俱进的发展。

第六，新时代大教育应当是不断创新的教育。

在传承的基础上大力创新，应当是新时代大教育的核心要素。新时代是承前启后、继往开来的时代，新时代大教育要在传承已有教育精华的基础上，呼应时代发展，积极探索，形成具有新的时代特征的教育创新。新时代出现了诸多新事物，给教育事业带来了新机遇和新挑战，必须积极加以应对。以大数据为例，面对大数据发展日新月异的新形势，要按照习近平总书记"运用大数据促进保障和改善民生"的要求，在教育大数据建设方面加大探索力度，推进"教育+互联网"，创新教育模式，推动"人人皆学、处处能学、时时可学"的学习型社会建设。要加大教育供给侧改革力度，从提高教育供给质量出发，以创新为引领，培育教育新业态，创造教育新供给，引导教育新需求。当然，应当明确的是，创新一定是建立在传承的基础上，新时代大教育的创新发展不能背离基本的教育本质和精神，应当贯通古今，贯通历史、现在与未来。

具有上述鲜明的"大教育"特征的新时代教育事业，伴随着我国改革开放的不断深化，正在迈入更为辉煌的发展阶段。习近平总书记在全国教育大会上的讲话中强调，新时代新形势，改革开放和社会主义现代化建设、促进人的全面发展和社会全面进步对教育和学习提出了新的更高的要求。我们要抓住机遇、超前布局，以更高远的历史站位、更宽广的国际视野、更深邃的战略眼光，对加快推进教育现代化、建设教育强国做出总体部署和战略设计，坚持把优先发展教育事业作为推动党和国家各项事业发展的重要先手棋，不断使教育同党和国家事业发展要求相适应、同人民群众期待相契合、同我国综合国力和国际地位相匹配。习近平总书记关于教育的重要论述，为进一步推进新时代中国特色社会主义教育事业改革发展，指明了目标与方向。

武汉大学溯源于1893年清末湖广总督张之洞奏请清政府创办的自强学堂，历经百余年的风雨磨砺，形成了优良的革命传统，积淀了厚重的人文底蕴，培育了"自强、弘毅、求是、拓新"的大学精神。作为国家教育部直属重点综合性大学，武汉大学是国家"985工程""211工程"重点建设高校和首批"双一流"建设高校，学校综合实力和核心竞争力不断增强，整体呈现出快速发展的崭新局面。当代教育（武汉）有限公司作为专注于教育产业运营与投资的综合性民营实业教育集团公司，是国内较早投身于民办教育领域的企业，已初步实现从早幼教、K12教育、高等教育到教育衍生业务的立体化、全生态体系战略布局，搭建了以高等教育为主体，基础教育和教育衍生业务为两翼的"一体两翼"腾飞构架。为加强对新时代大教育的研究与实践，武汉大学与当代教育（武汉）有限公司强强联合，组建了"武汉大学当代教育研究院"（以下简称"研究院"）。研究院贯彻"研究与实践立足当代、面向未来的新时代大教育"的办院宗旨，以服务国家教育事业发展、服务武汉大学与当代教育（武汉）有限公司建设为中心，建立了相对灵活的运行机制，围绕教育供给侧改革与"双一流"建设、民办教育、学生学习能力提升、教师职业发展、教育治理现代化、院校研究、研学旅行等方面主题，紧密联系教育实践，从教育管理、教育法律与政策等学科领域开展学术研究，取得了较为丰硕的研究成果。

为展示研究院的学术研究成果，研究院组织编撰了"当代教育研究丛书"，由社会科学文献出版社出版。丛书拟通过专著、译著、论文集等形式，对研究院专兼职研究人员取得的研究成果，择优出版，以飨读者。研究院希望借助"当代教育丛书"的出版，进一步凝练自身学科建设特色，打造学术发展优势，为新时代教育事业建设发展做出教育理论工作者的应有贡献。

习近平总书记在2018年12月18日庆祝改革开放四十周年大会上的讲话中指出："我们要强化问题意识、时代意识、战略意识，用深邃的历史眼光、宽广的国际视野把握事物发展的本质和内在联系，紧密跟踪亿万人民的创造性实践，借鉴吸收人类一切优秀文明成果，不断回答时代和实践给我们提出的新的重大课题，让当代中国马克思主义放射出更加灿烂的真理光芒。""只有顺应历史潮流，积极应变，主动求变，才能与时代同行。"立足当代、面向未来，研究院将继续深入新时代大教育的创造性实践，坚持理论联系实际，呼应时代发展，总结教育实践，以具有时代性、战略性、前瞻性和国际性的学术研究，为新时代的大教育发展提供智力支持。

谨以为序。期待各方指正，共谋中国特色社会主义教育事业发展。

彭宇文　李　巍[*]

2018 年 12 月

[*] 彭宇文，武汉大学教育科学研究院（当代教育研究院）院长、党委书记，法学博士，教授，博士研究生导师；李巍，当代教育（武汉）有限公司总裁、北京当代海嘉教育科技有限公司董事长。

摘 要

伴随着经济全球化进程不断深入，高等教育国际化日益成为各国高等教育面临的重要战略选择，不管是被动的国际化还是主动的国际化，无论是发达国家还是发展中国家，都必须要做出自己的选择。进入21世纪，我国正在由高等教育大国向高等教育强国迈进，特别是建设世界一流大学这个战略目标确定之后，高等教育国际化则成为我们难以完成的任务。高等教育国际化进程是否顺利和有效则取决于国家和高等学校的政策是否正确和科学。实际上，我国的高等教育国际化政策在研制和实施过程中还存在着一些不尽如人意的地方，制约着我国高等教育国际化的有效推进。基于此，我们将我国高等教育国际化政策问题作为研究对象，提出了解决政策问题的举措，对于指导我国高等教育国际化工作具有重要的理论价值和实践意义。

本书从高等教育国际化政策主体、政策客体、政策内容、政策工具和政策评价这五个维度出发，研究了它们的内涵，分析了它们目前面临的困境，在比较美国、加拿大、英国和日本等国在这五个方面的经验教训的基础上，创造性地提出了解决这五个方面困境的对策。

一是高等教育国际化政策主体。各级政府作为高等教育国际化政策制定的主体，要进一步明确我国高等教育国际化政策主体责任。首先，要明确高等教育国际化政策的价值取向，学习和掌握最先进的核心科学技术、弘扬中华民族传统文化、培养爱华的精英人才、提高中国的国际战略地位。其次，政策主体要建立公平正义的高等教育国际化政策研制程序，提高国际化政策部门政策研制的程序意识、加强国际化政策部门间的协调和合作、及时主动处理政策反馈信息。再次，政策主体要积极参加国际组织并努力赢得更多话语权，积极组织各种形式的高等教育合作与交流活动、组织学者深入研究高等教育规律、主导国际高等教育发展走向、加大资金支持力度，鼓励高等教育界参加国际组织活动、主动向相关国际组织推荐和派出专家、主动参与国际组织间法律文本的建设进程。最后，政策主体要鼓励高等教育国际化政策客体创新体制机制，鼓励教师和学者创建国际学术组织、成立主要由教师和学生组成的国际化工作委员会、成立国际化的学生社团组织、建立国际化经费投入制度，鼓励学生到海外学习、建立国际化课程学习机制。

二是高等教育国际化政策客体。需要履行国际化进程中的各项权利和义务。我们提出了要明确高等教育国际化政策客体权利和义务，即国际化政策客体要有依法争取国际化进程中的各项权利、自主开展国际学术交流与合作的权利、自主选择留学目的地国家和专业的权利、师生自主参加国际学术组织的权利、要求有关方面给予一定经费资助的权利。同时，国际化政策客体也要依法履行国际化进程中的各项义务，如大胆承担国际组织分配的任务、在国际学术交流活动中积极宣传民族文化、积极开发国际化课程、主动完成校际交流活动。为了能够有效履行上述权利和义务，作为各级国际化政策客体，还必须具备相应的素养，即要牢固树立高等教育国际化的意识、努力掌握国际化的相关知识、提升自身的国际化能力、等等。

三是要科学构建我国高等教育国际化政策内容。首先，政策主体要主动组织国际化政策设计活动，持续跟踪高等教育国际化动向、鼓励学者通过学术交流了解国际高等教育的最新进展、通过驻外机构关注国际高等教育的动态、关注媒体信息不断跟踪国际高等教育走向；不断倡导高等教育国际化理念，主动寻找高等教育国际化制度的新增长点、不断创新中国特色的高等教育理论、充分利用国际舞台表达我们的观点；鼓励高等学校创新国际化制度设计、以国际化视角不断完善人才培养方案、创新灵活的学分制度、建设具有高度统筹能力的基础保障体系。其次，要丰富高等教育国际化政策渊源，拓宽国家层面高等教育国际化政策渊源、作为高等教育主管部门要积极思考政策的开源、相关部门必须积极支持协同发力、立法部门也必须主动思考高等教育国际化走向；促进地方政府开发高等教育国际化政策渊源、深入调查研究把握高等学校国际化需求、加强地方立法保证国际化政策落地、提供多样化的政策工具鼓励高等学校开展国际化活动；鼓励高等学校自主拓展高等教育国际化政策渊源、积极研制提高办学水平的政策、方便来华留学生的政策、鼓励师生出国进修和留学的政策；社会组织要积极参与拓展高等教育国际化政策渊源。再次，要构建合理的高等教育国际化政策结构，确定合理的高等教育国际化政策的构成要素、确定高等教育国际化的目标、设计高等教育国际化政策功能；理顺各构成要素之间的逻辑关系、建立要素与部门间运行机制发挥政策结构最大功能。最后，要借鉴发达国家高等教育国际化政策研制经验，充分了解各国高等教育国际化政策产生的背景、客观分析各国高等教育国际化政策产生的政治背景、经济背景、文化背景、教育背景；特别要客观分析发达国家高等教育国际化政策的经验教训、跟踪各国高等教育国际化政策的实施效果、经常性地邀请各国政策制定者和学者就某些政策领域开展专项研讨；理性认识中国国情，弘扬民族高等教育文化。

四是为了更好地推进高等教育国际化政策有效实施，要合理甄选我国高等教育国际化政策工具。首先，要确立高等教育国际化政策工具目标，包括高等教育国际化政策工具的价值目标、高等教育国际化政策工具的数量和质量目标；精准寻找所要解决的问题、分析问题产生的原因和范围，确定使用工具的数量和类型、不断评价政策工具使用的效果；明确高等教育国际化政策工具的效益目标。其次，明确制定高等教育国际化政策工具原则，即坚持正确政治方向性原则、坚持以我为主的合作原则、坚持提高高等教育质量原则、坚持学生发展原则、坚持人类文化进步原则。再次，要科学选择高等教育国际化政策工具类型，常用政治性政策工具、善用保护性政策工具、慎用激励性政策工具、坚持协作性政策工具。最后，规范使用高等教育国际化政策工具方法，理性政策工具使用的频次、明确政策目标的达成度、政策客体的支持度和政策所能提供的资源存量的支撑度；控制政策工具使用的时长、常态性评价政策工具的使用效益。

五是科学设计我国高等教育国际化政策评价方式是我们考量政策实施效果的重要途径。首先，要丰富高等教育国际化政策评价主体，高校师生应尽快成为高等教育国际化政策评价主体、主动参与国际化活动的各个环节、精心收集国际化活动各方面的信息、主动思考国际化过程中各种问题、经常组织专题研讨会分析国际化进程中得失；立法部门要充分发挥评价的保证主体作用、明确社会组织作为评价主体的地位、适当参照国际组织的评价方式。其次，完善高等教育国际化政策评价机制。改进和完善现行的高等教育国际化政策评价机制、建立更加完备的高等教育国际化政策评价机制、借鉴国外相关政策评价机制。最后，制定科学的高等教育国际化政策评价标准，牢固树立合理的评价观，即国家民族利益至上的评价观、尊重高等教育发展规律的评价观、平等与互惠互利的评价观；还要确定评价目标、人才培养目标、科学研究工作目标、教育国际服务贸易目标、文化传承目标；开展调查研究；借鉴国际标准。

通过研究，我们认为我国高等教育国际化政策走向将表现为：高等教育国际化政策主体将越来越多元化、高等教育国际化政策客体动机更加强烈、高等教育国际化政策内容将更加丰富、高等教育国际化政策工具的选择指向更加明确、高等教育国际化政策评价的作用更为突出。

目录 Contents

第一章 问题的提出 ······································· 001
  第一节 高等教育国际化问题研究的背景 ····················· 002
  第二节 高等教育国际化政策问题研究的意义 ················· 008
  第三节 本研究的思路与方法 ······························· 012
  第四节 本书研究的难点与创新点 ··························· 015

第二章 高等教育国际化政策国内外研究现状 ··············· 019
  第一节 高等教育国际化政策主体研究 ······················· 019
  第二节 高等教育国际化政策客体研究 ······················· 027
  第三节 高等教育国际化政策内容研究 ······················· 035
  第四节 高等教育国际化政策工具研究 ······················· 044
  第五节 高等教育国际化政策评价研究 ······················· 051
  第六节 国内外高等教育政策国际化研究现状述评 ············· 063

第三章 高等教育国际化政策的相关理论研究 ··············· 065
  第一节 国际化与高等教育国际化 ··························· 065
  第二节 国际化政策与高等教育国际化政策 ··················· 074
  第三节 国内外学者对高等教育国际化及其政策的认识 ········· 081

第四章 我国高等教育国际化政策面临的主要问题 ··········· 089
  第一节 我国高等教育国际化政策主体面临的问题 ············· 089

第二节　我国高等教育国际化政策客体面临的问题 ………… 113
　　第三节　我国高等教育国际化政策内容面临的问题 ………… 127
　　第四节　我国高等教育国际化政策工具面临的问题 ………… 141
　　第五节　我国高等教育国际化政策评价面临的问题 ………… 147

第五章　高等教育国际化政策的比较研究 ……………………… 155
　　第一节　高等教育国际化政策主体的比较研究 ……………… 155
　　第二节　高等教育国际化政策客体的比较研究 ……………… 173
　　第三节　高等教育国际化政策内容的比较研究 ……………… 180
　　第四节　高等教育国际化政策工具的比较研究 ……………… 194
　　第五节　高等教育国际化政策评价的比较研究 ……………… 205

第六章　我国高等教育国际化政策主体责任研究 ……………… 215
　　第一节　明确高等教育国际化政策的价值取向 ……………… 215
　　第二节　建立公平正义的高等教育国际化政策研制程序 …… 220
　　第三节　积极参加国际组织并努力赢得更多话语权 ………… 223
　　第四节　鼓励高等教育国际化政策客体创新体制机制 ……… 228

第七章　我国高等教育国际化政策客体权益研究 ……………… 233
　　第一节　依法争取国际化进程中的权利 ……………………… 233
　　第二节　依法履行国际化进程中的义务 ……………………… 235
　　第三节　着力提升政策客体的国际化素养 …………………… 238

第八章　我国高等教育国际化政策内容构建研究 ……………… 243
　　第一节　主动组织国际化政策设计活动 ……………………… 243
　　第二节　丰富高等教育国际化政策渊源 ……………………… 249
　　第三节　构建合理的高等教育国际化政策结构 ……………… 256
　　第四节　借鉴发达国家高等教育国际化政策研制经验 ……… 259

第九章　我国高等教育国际化政策工具甄选研究 ……………… 264
　　第一节　确立高等教育国际化政策工具目标 ………………… 264

第二节　制定高等教育国际化政策工具原则 …………………… 267
　　第三节　科学选择高等教育国际化政策工具类型 ………… 274
　　第四节　规范使用高等教育国际化政策工具方法 ………… 279

第十章　我国高等教育国际化政策评价方式研究 …………… 284
　　第一节　丰富高等教育国际化政策评价主体 ……………… 284
　　第二节　完善高等教育国际化政策评价机制 ……………… 287
　　第三节　制定科学的高等教育国际化政策评价标准 ………… 292
　　第四节　充分选用有效的政策评价手段 …………………… 298

结　语 ……………………………………………………………… 301

参考文献 …………………………………………………………… 314

致　谢 ……………………………………………………………… 329

第一章　问题的提出

中西方高等教育发展的历史显示其遵循着两种不同的发展路径。西方中世纪高等学校，无论是较早的波洛尼亚大学还是后继的巴黎大学和牛津大学等，校园里的教师和学生都来自当时欧洲的不同地区和国家，从这个意义上看，欧洲近代高等教育一开始就具有比较明显的国际化特征。"与其他社会机构相比，大学从来被认为是国际化的机构。从波洛尼亚到巴黎或牛津游学的各国大学生就表明，大学从一开始就是跨越国界的。中世纪大学的国际性在文艺复兴、欧洲启蒙运动时期再度得到加强，在今天大学成为全球性的行为主体，更具有国际化的色彩。过去大学从来就尊崇世界主义的价值，为国际的认同和享有的声誉而骄傲，国际间的合作与人员流动也屡见不鲜，普遍主义的知识观在许多专业中占据主导地位，在另外一些专业中也不无地位。可以说，大学曾经是、而且仍然是国际性的机构，大学不仅是现代社会世俗化，而且也是国际化的一种重要力量。"①

同样，"欧洲作为世界现代高等教育的发祥地，其中世纪的古老大学就具有某种国际性的特点。欧洲高等教育国际化的特点可以追溯到中世纪的法国巴黎大学和意大利波洛尼亚大学，在欧洲还诞生了曾经成为世界教学和科研中心的德国柏林洪堡大学。当高等教育的国际化教育思潮于20世纪50年代在北美、西欧、澳大利亚等高等教育发达的国家悄然兴起，并为国际教育界人士广为认同之后，由于欧洲大学所具有的跨文化学习的优良

---

① 〔荷〕于尔根·安德斯著：《高等教育、国际化与民族国家》，陈洪捷、吕春红译，《北京大学教育评论》2003年第1卷第3期。

传统，欧盟各国高等教育国际化进程相当迅速"①。这在很大程度上反映了大学的国际化特征。

与欧洲的高等教育发展过程相比，中国古代高等教育并没有经过欧洲那样的国际化过程，高等学校在人才培养过程中都局限于本国内部。② 因此，在大多数中国高等学校办学者的观念里，国际化这一概念在相当长的时间内是比较陌生的，甚至是排斥的。"中体西用"的思维方式在高等教育领域里可以看成对高等教育国际化排斥的典型表达方式，也是对西方文明冲击的一种无奈的选择，其内心深处并不愿意接受西方文化。也许正因为如此，高等教育国际化这一概念一经提出就立即引起了中国高等教育界的高度关注和一大批学者的浓厚兴趣。

第一节　高等教育国际化问题研究的背景

高等教育国际化过程也是对后发国家的高等教育理念、制度及教育内容产生巨大冲击的过程，如果处置不当甚至会销毁这些国家原有的高等教育思想、制度和内容。实际上，在世界高等教育发展过程中，后发国家包括中国的高等教育在制度的变革上是被动的革命或被西方高等教育制度所殖民。③ 我国的高等教育国际化大致可以从鸦片战争以后的洋务运动中所办的各种新式实业学堂开始，早期的学堂（如上海机器学堂、京师同文

---

① 耿益群：《全球化背景下的欧盟高等教育国际化政策研究》，《复旦教育论坛》2007 年第 2 期。
② 战国时期的"稷下学宫"发动了中国历史上最为壮观的"百家争鸣"的学术活动，吸引了各国的学者来此自由发表自己的学术见解。作为当时的著名高等教育学府稷下学宫式的办学模式是否可以看做是高等教育的国际化有待于学者们的深入研究。
③ 关于我国高等教育在近代被殖民的过程，可以从毛泽东的两篇著作中得到印证：1939 年 12 月，毛泽东主持撰写的《中国革命和中国共产党》一书，指出"认清中国大陆近代半殖民地半封建社会的特点和主要矛盾，是认清一切革命问题的根本根据"。1940 年 2 月，毛泽东在《新民主主义论》中又再次指出："自外国资本主义侵略中国，中国社会又逐渐地生长了资本主义因素以来，中国已逐渐地变成了一个殖民地、半殖民地、半封建的社会。"《中华人民共和国宪法》序言中指出："一八四〇年以后，封建的中国逐渐变成半殖民地、半封建的国家。"这说明，鸦片战争以来的一百多年，中华民族经历了"殖民地半殖民地"过程，高等教育在理念、制度和内容设计上也同样经历了一个"殖民地半殖民地"的过程。经历这个过程的后果就是我们对中华民族传统文化的妄自菲薄、对西方文化的过度崇拜以及对建立中国特色高等教育法制的自卑。

馆、福州船政学堂、北洋水师学堂、天津电报学堂、上海电报学堂等）都聘用了大量的西方学者担任教师，所传授的内容也都是西方的科学技术及其相应的文化和观念。与此同时，中国的国门被打开以后，西方教会大学也蜂拥而入。这些学堂虽然还不是真正意义上的高等学校，但确实为我国近代西式高等学校的产生奠定了基础。可见，中国现代的高等教育就是在被国际化的过程中逐步发展起来的。

一 国内学者对高等教育国际化的理论认识不够清晰

国际化作为人类社会的一种高级行为，经历了从全球化、一体化的经济领域向其他社会领域扩展的过程，高等教育就是被扩展到国际化的领域之一。高等教育所具有的部分上层建筑的特征决定了高等教育国际化必然会受到经济全球化、一体化等的影响，从这个角度来看，高等教育国际化具有一定的必然性，而且后发国家被动的甚至是被殖民式的国际化也同样具有一定的必然性。尽管如此，作为高等教育研究者，我们对于高等教育国际化还需要有自己的认识。

首先，高等教育国际化延续到今天不应该再单向化。从上述对高等教育国际化的简要回顾中我们可以看到，目前我们所说的高等教育国际化是发达国家对后发国家的单向的"化"的过程，即发达国家将自己的高等教育制度、标准、教学内容、师资条件等一系列与高等教育发展相关的所有东西推送给后发国家，甚至是强行要求后发国家必须接受的过程。这种单向的具有霸道色彩的推送在促进后发国家变革本国高等教育的过程中其原有的优秀高等教育文化和制度被吞噬了，造成了这些国家高等教育文化的断裂、制度的变形和思想价值观念等的混乱。因此，对于被国际化的国家来说，我们今天在倡导并参与国际化的过程中应该牢固树立全球治理的思想，推动高等教育国际化向多元化和多向化方向发展，尽可能多地吸收各国高等教育中的优秀成分。

其次，高等教育国际化并非高等教育西方化。在欧洲的高等教育制度（即中世纪的高等学校制度）设计之前，世界不同文明地区的高等教育形式五彩纷呈、百花齐放，它们对于不同文明区域的社会发展和人才培养都发挥了积极的促进作用。这说明，人类社会本来就不存在单一模式的高等教育形式，国际化应该是人类社会客观存在的高等教育模式的相互借鉴和吸收的过程，高等教育国际化绝对不是高等教育的西方化。把西方高等教育模式强加于其他国家或其他国家把自己的模式推送给西方国家的做法都是不可取的，因为西方文明并非人类文明中唯一的文明，世界还有非常多的优秀的文明。实际上，西方文明既有许多优秀之处，同样也存在着不少糟粕。

然而，包括中国在内的不少学者在研究高等教育国际化的过程中存在着明显的理论认识模糊的现象。这主要表现在以下几个方面。首先，大多数学者未能形成基于本土化需要的高等教育国际化理论及其体系。他们对高等教育国际化的理论分析仍然主要限于西方学者的观点和分析方法，而没有结合本国的国情和历史传统客观看待高等教育国际化问题。其次，大多数学者对于高等教育国际化的分析更多地看到其积极的一面，而对于国际化可能给本国高等教育带来的负面影响却语焉不详，甚至是视而不见。这就可能误导高等教育国际化而影响国家相关政策的制定和实施。最后，到目前为止，我国高等教育学界仍然没有构建一套适合本土需要的高等教育国际化的评价标准。这就使得我们在评价中国高等教育国际化成效及存在问题等方面难以做出有效的回答，也就是说，高等教育国际化对于我国高等教育的发展到底有哪些影响，我们其实是说不清楚的。当然，也就难以出台有效的法律法规和政策，高等教育国际化进程的主导权仍然控制在西方少数发达国家。而随着"一带一路"倡议的实施，我们在推进高等教育国际化的进程中必须要掌握话语权，这就是我们在高等教育国际化方面目前面临的极为严峻的问题。

二　中国学者在高等教育国际化进程中信心不足

我国近代以来高等教育的发展过程一直处于被西方国家高等教育国际化（殖民）的状态，时至今日，我们仍然未能彻底摆脱这种被动的现状，我国学者对于推进中国高等教育国际化的信心还不足，自卑情结仍然比较严重。然而，"高等教育国际化可以被视为一种趋势，一种不可抗拒的趋势，因为谁抗拒它谁就会落后。或国际化也可以被视为一种挑战，人们可以接受，也可以不接受，或者以不同的方式接受这种挑战。这一领域的大多数专家和实际工作者都相信,高等教育国际化的势头不可阻挡,但关于国际化的目标和方式,却有足够的战略选择空间。"①

当我们意识到这种状况以后,所要做的就是尽快改变这种被动的窘境,逐步成为高等教育国际化的主动者和推动者,利用国际化这个平台获取更多的高等教育话语权,从而逐步主导世界高等教育国际化的步调和进程,这也是本书的基本理念。为此,我们应该从以下两个方面着手。

首先,要树立高等教育国际化的自信心。近代以来,中国的高等教育被国际化的过程使得不少人误以为只有西方高等教育是最先进、最科学、最合理的,作为中国高等教育只需要照搬照学即可,无须什么创新和变革;而反观中国的高等教育则是封建的、落后的、没有价值的。在这些人看来,中国高等教育几千年的历史一夜之间变得毫无价值、毫无合理性可言,是要尽一切可能加以革命的。如此思想延续至今,造成了我们对自己的高等教育制度和传统的自卑情结,一切以西方高等教育为标准,看不到我国高等教育的合理之处。但纵观世界发展的漫长历史,西方文明对东方文明和其他区域文明的影响在人类文明的长河中也只是昙花一现,我们凭什么就对这个昙花一现的文明交流过程如此偏爱而对自己的几千年文明却如此妄自菲薄呢?由此可见,在高等教育国际化的过程中,我们每一位学者都应该首先树立文化自信心,积极将中华文明中的优秀要素融入国际化进程中。

其次,要加强对中华文明中高等教育合理要素的研究。党的十九大报告指出:"文化自信是一个国家、一个民族发展中更基本、更深沉、更持久的力量。没有高度的文化自信,没有文化的繁荣兴盛,就没有中华民族伟大复兴。要坚持中国特色社会主义文化发展道路,激发全民族文化创新创造活力,建设社会主义文化强国。"此外,党的十九大报告明确说明了"中国特色社会主义文化"的来源:即"中国特色社会主义文化,源自于中华民族五千多年文明历史所孕育的中华优秀传统文化,熔铸于党领导人

---

① 〔荷〕于尔根·安德斯:《高等教育、国际化与民族国家》,陈洪捷、吕春红译,《北京大学教育评论》2003年第1卷第3期。

民在革命、建设、改革中创造的革命文化和社会主义先进文化,植根于中国特色社会主义伟大实践"。这既是对"中国特色社会主义文化"自信的清晰表达,也是对中国高等教育文化自信的清晰定义。中华文明上下五千年,源远流长、博大精深,这其中就包含着高等教育自身的文明和高等教育所创造的文明。为了能够给未来的高等教育国际化进程增加更多的中华文化元素,我们必须对中华文化中能够被国际化的要素进行深入挖掘,提供丰富的文化资源并主动开展交流和宣传,通过"一带一路"倡议将这些要素传播出去。

三 中国高等教育国际化的政策急需完善

自 20 世纪 80 年代末以来,高等教育国际化已经开始受到我国高等教育学界部分学者的关注和研究,到了 90 年代,研究高等教育国际化的学者越来越多。这些早期的研究者所关注的多为国际化的理论和个别西方国家特别是英美等国家高等教育国际化的举措,而对于我国高等教育国际化本身应该采取的路径的关注并不够,至于高等教育国际化政策更未能进入这些早期学者的视野之中。这在很大程度上影响着人们对于高等教育国际化的认知水平和国家高等教育国际化政策的决策水平,高等教育国际化还仅仅限于国外少数学者来华参加学术讲座和学术会议,至于教学内容、合作科研、师生交流、学分互认、学业标准等层面的交流工作基本上还未得到重视和实施,更缺乏对高等教育国际化的本质进行深入和系统的研究。

进入 21 世纪以后,高等教育国际化成为世界大多数国家高等教育发展的普遍战略选择,我国也不例外。虽然这种战略选择显得有些被动性,但是毕竟对我国高等学校的办学目标、办学理念、制度设计和政策制定还是产生了一系列具有较为深刻意义的影响。这一战略目标的确立,一方面源于全球化进程中世界范围教育国际化的冲击与挑战;另一方面,源于中国政府树立的开放办学、建设世界高等教育强国等政策和观念的影响。为了更好地将这些影响转化为促进我国高等教育发展的动力,有必要从国家到高等学校各个层面制定一系列相应的政策。

然而,在 20 世纪 90 年代出台的众多政策和法律法规文本中并未对高等教育国际化这一政策领域予以重视，相关文件中很少提及高等教育国际化问题。除此之外，在我国一些政策性文件，比如《面向 21 世纪教育振兴行动计划》《国家教育事业发展"十一五"规划纲要》，以及关于高等学校的政策法规或者规范性文件中，如《中华人民共和国高等教育法》《高等学校"高层次创造性人才计划"实施方案》等文本中都很难看到系统的、直接用于规范和引导高等教育国际化发展的文本。这说明，我们在高等教育国际化进程中要更加注重相关的立法工作和政策研制工作，尤其要加强对政策工具的研制，使得我们的有关高等教育国际化的法律法规和政策的作用能够得到最合理的发挥。

从政策角度来看，我国高等教育国际化存在的上述三个方面的主要问题的根源在于政策制定的主体缺乏高瞻远瞩的战略性思维和主动应对高等教育国际化的意识；而这种状况的结果必然是所制定的少数高等教育国际化政策（包括相应的法律法规）的数量不足和目标模糊。

在高等教育国际化的政策客体方面则表现为对客体界定的模糊性，难以界定政策客体的具体对象，当然也就必然导致高等教育国际化治理主体的缺位，仅有的少数政策更难发挥应有的作用。

长期以来，我国在教育政策的研制方面一直存在着政策内容过于原则性而缺乏可行性的现象，高等教育国际化的政策同样具有这样的特点，这就使得仅有的政策难以促进高等教育国际化进程，而高等教育国际化层面的主体如高等学校、地方教育主管部门畏首畏尾、不知所措。

高等教育国际化政策工具数量有限且难以发挥政策工具的工具性，在高等学校层面不得不自己寻求可行的政策工具，但往往由于得不到上级部门的肯定使得这些改革工具难以发挥应有的作用。这在很大程度上挫伤了高等学校和地方教育主管部门国际化的积极性和创新热情。

高等教育国际化的政策评价工作是所有工作环节中最为薄弱的部分。到目前为止，我们还很难有一套拿得出手的高等教育国际化的政策评价标准。因此，不得不借鉴其他领域的评价指标来评价高等教育国际化的政策效果。虽然近年来，高等学校在教育部高等学校教学评估中心组织的本科教学工作审核评估中也涉及了国际化办学和人才培养工作，但这毕竟只是整个评估中的一个细微的环节，难以对学校的国际化工作的方方面面开展有效的评价。

正是基于上述原因，本书将立足于高等教育国际化的政策主体、政策客体、政策内容、政策工具和政策评价五个方面开展深入研究，以期促进我国高等教育国际化事业能够更好的发展。

第二节　高等教育国际化政策问题研究的意义

本书的成果既具有一定的学术价值，更具有重要的实践价值。我们希望通过本研究能够建立起中国特色的高等教育国际化理论，进而通过这个理论指导我国高等教育在国际化的过程中获得多方面的收益。

一　本课题研究的学术价值

本课题研究的学术价值主要体现在以下四个方面。

（一）有利于丰富国际化和高等教育国际化的基本理论

目前，我国学界对于国际化的理论研究尚处于感性认知阶段，多限于对国际化现象的描述和简单的解释，并未能够使用多学科的视角进行深入和系统的分析，而早期的国际化理论成果由于今天的国际环境变化正在失去其理论价值。同样，学界对于高等教育国际化的认识更加形式化和浅表化，未能从政治学、管理学和教育学的理论高度进行深入研究。为此，我们应该根据中国的国情，基于我国的整体战略利益重新思考国际化和高等教育国际化的内涵，建立我们自己的国际化理论及相应的话语体系，把握国际化和高等教育国际化的主导权和话语权，维护我们国家和高等教育事业的根本利益。

（二）有利于丰富来华留学生教育理论

中华人民共和国成立以来，由于当时国内外政治经济环境的复杂性，我国在制定留学生教育政策方面出现过许多失误，① 其间经过了十分曲折的过程。这种缺乏连续和有效的留学生教育政策必然会导致我国在留学生教育方面缺乏成熟的留学生教育理论，也缺乏科学合理的留学生教育实践，进而难以制定相应的政策和管理制度（目前，我国开展留学生教育的大多数高等学校在留学生的教学内容设计、培养方案的制定、生活管理、学籍处理以及危机应对等方面经验十分缺乏，经常出现手忙脚乱的现象，这与我们的相关政策不明确、数量不足和仅有政策的模糊性等都有直接的关系）。实际上，在我国传统的教育学研究领域中也很少有人去关注留学生教育问题，更谈不上在留学教育方面有什么理论建构和建树。相比较西方的留学教育，中国的留学教育起步较晚，最早可以追溯到"鸦片战争"以后的洋务运动时期。② 因此，我们在留学生教育方面所积累的经验也非常有限。为此，我们希望通过本研究能够在留学生教育的完整理论体系建

---

① 最为典型的当属"文革"期间，我们在来华留学教育方面采取了闭关锁国的政策，一度停止了与各个国家的留学教育的合作，既不向国外派出留学生，也不接受国外来华留学生。这种政策直接导致了中国高等教育失去了发展的重要机遇期，此时的中国高等教育已经完全不知道世界其他国家高等教育的发展状况，以致当我们再次打开国门的时候，我们已经在高等教育建设方面完全迷失了发展方向。因为正是在这一时期，以美国为代表的西方发达国家经历了高等教育发展的黄金时期，高等教育纷纷由精英化向大众化过渡，我国高等教育大众化晚了近半个世纪。与此同时，也使中国高等学校的学科建设、科学研究与西方发达国家的差距拉得越来越大了。

② 早在1851年，中国近代史上第一位赴美留学生容闳先生，就已经远赴异国他乡，开始了在耶鲁大学的本科留学生涯。根据史料来看，容闳先生在大学生涯中成功地融入了他所在的社区——他参加了 Delta Kappa Epsilon（兄弟会），以及一个叫作"兄弟联盟"的在校十分受欢迎的文学社团。从耶鲁毕业后，容先生作为近代史上第一个中国海归回到了祖国，从事与商业和政界相关的翻译工作。容闳深知在不同文化的国度学习对于一个人的积极作用，并坚持游说清政府考虑送更多的学生赴美留学。1872~1875年，由容闳倡议，在曾国藩、李鸿章的支持下，清政府先后派出四批共120名学生赴美国留学。这批学生出洋时的平均年龄只有12岁。第一批幼童于1872年8月11日由上海出发，跨越太平洋，在美国旧金山登陆。他们乘坐刚刚贯通北美大陆的蒸汽火车，到达美国东北部的新英格兰地区，从此开始了长达15年的留学生涯。这些幼童被分配到54户美国家庭（其中康涅狄格州34户，马萨诸塞州20户）中生活。他们以惊人的速度克服了语言障碍，成为他们就读的各个学校中最优秀的学生。他们群体所取得的优异成绩令美国人惊叹不已。据不完全统计，到1880年，共有50多名幼童进入美国的大学学习。其中22名进入耶鲁大学，8名进入麻省理工学院，3名进入哥伦比亚大学，1名进入哈佛大学。比较知名的人才有：唐绍仪（中华民国第一任内阁总理）、蔡廷干（北洋水师杰出将领）和詹天佑（中国铁路之父）（ZHCHB19419518：《中国最早的官派留学生是在什么时期》，https://zhidao.baidu.com/question/1544644527014924587.html，2016-11-28 14：04）。

设方面做出一些尝试，并在此基础上助益相关政策的制定。

（三）有利于延伸到对基础教育国际化的理论研究

我国目前的教育国际化主要集中在高等教育阶段，这也是大多数国家曾经走过的道路，对于我国的教育国际化也同样可以适用。但是，高等教育的国际化与基础教育的国际化是两个完全不同的路径，有着不同的特点，如果用前者来代替后者，则会使我们的国际化走入死胡同。基础教育国际化的特点、本质和价值取向如何确定，需要从理论上进行深入研究，这也是我们希望做尝试的基本任务之一。

（四）有利于加深高等教育国际化评价的理论研究

高等教育国际化的根本目的是要通过国际化实现我国的战略目标，在当下，我们必须通过高等教育国际化这个手段来提高国家的整体创新能力和协同创新的水平。这就需要对高等教育国际化的实施效果开展评估，通过评估确定我国高等教育国际化的水平及其存在的问题。但是，我们现在不仅缺乏相应的评估体系和标准，而且缺乏通过这些体系和标准的实施确定相应的理论。本书将试图建立我国教育国际化实施效果的评估体系，并在此基础上建立我国教育国际化评估的相关理论，丰富我国教育评估理论。这一理论的丰富必将具有重要学术价值。

二 本课题研究的应用价值

除了上述的理论研究价值以外，本研究还具有十分重要的实践价值，对于指导我国高等学校在开展国际交流与合作、制定相关政策方面都将发挥一定的指导作用。

（一）有利于我国有针对性地制定高等教育国际化法律法规和政策

我国目前还没有制定专门以高等教育国际化为文件标题的相关政策，为此，我们需要在对高等教育国际化充分研究的基础上，专门制定推进高等教育国际化工作的系列法律和法规，使高等教育国际化工作实现法制化、规范化（这一点在欧美诸多国家已经实行了多年，我们必须加快高等教育国际化的立法工作）。同时，通过立法和法律规范高等教育国际化，树立长远的战略目标，并在此基础上，研制系列国家政策，帮助和指导高等学校制定各自需要的校内规章制度，科学开展国际交流与合作，提高学校的人才培养质量。

（二）有利于促进我国高等教育国际化的深入发展

由于我国高等教育国际化工作起步较晚且走过不少弯路，相应的政策文本数量少且不够完善，甚至有相互冲突的现象，因此，我国高等教育国际化实践工作的水平和质量都还有很大的发展空间，如大学生学习年限的确定、学分互换规则、教师发展和交流标准等。我们目前在这些领域都还缺乏经验，也没有类似欧盟的那一套规则。这些不足的存在，极大地制约了我国高等教育国际化的水平和质量。我们希望通过本课题的研究，找出我国高等教育国际化在实践层面上存在的主要问题及其原因，通过丰富我国高等教育国际化的政策，不断完善我国高等教育国际化工作环节，促进我国高等教育国际化向更加深入的方向发展，为我国高等教育发展提供准确的方向。

（三）有利于准确把握我国高等教育国际化政策的实施效果

通常情况下，制定政策本身都不是目的，真正的目的是通过政策发挥其管理或规范的效益，制定高等教育国际化政策的目的也是如此。这就需要我们对国家现行的高等教育国际化政策的实施效果进行分析——我们既然已经制定了一些相关政策，为什么实施效果不够理想？是政策数量不足难以覆盖国际化所需要的方方面面，还是政策工具配套不够不能满足政策本身的需要？如此等等。因此，高等教育国际化政策的实施效果必然成为我们关注的对象，我们希望通过研究，能够真正把握高等教育国际化政策实施各个环节的真实情况，改善高等教育国际化政策的实施效果，提高我国高等教育国际化政策的质量和水平，加快我国高等教育国际化步伐。

（四）有利于促进高等教育国际服务贸易，增强我国的经济实力

成功的高等教育国际化必然会带来一定的经济利益，这也是西方发达国家积极推行高等教育国际化的目的和动机之一，特别是以英国和美国为代表的相当数量的国家，在推进高等教育国际化方面首要动因就是希望从中获取巨大的经济收益。我们也要通过高等教育国际化过程，增加我国的经济收益（我们向西方交的学费已经够多的了，该是我们拿回来的时候了），反过来也更好地促进我国教育水平的提高。我们现在才刚刚开始意识到高等教育国际化可以是一项具有重要潜力的产业活动，如果做得成功的话，我们也可以从中获得巨大的经济收益，在国际的高等教育服务贸易中分得一份经济份额。所以，本研究在提升国家经济竞争力方面也将能发挥积极作用。

（五）有利于提高我国高等教育质量和水平

教育的系统性特点决定了高等教育国际化必然带来各级各类学校教育广泛的交流与合作，也能够在教育制度、方法、内容等方面实现与其他国家间的便利交流与协作，在此过程中吸收先进的课程和管理制度，完善我国教育制度中的不足，了解别国的办学理念，吸收优秀的学生和学者来华学习。所有这些无疑对我国教育质量的提升具有十分直接的作用，快速提高我国教育质量特别是高等教育质量，尽快实现由高等教育大国向高等教育强国的转变。

第三节 本研究的思路与方法

无论是 OECD 还是 UNESCO，在高等学校的管理方面都非常强调，高等学校应该"多方听取各利益群体的意见，建立并加强高等教育质量保障体系和规章架构；确保学术人员的权利和工作环境，增强学术职业的社会吸引力；鼓励学术人员、教职人员和学生之间的流动，同时建立一套最大程度减少人才外流负面影响的机制；加快职前教师教育和在职教师培训的发展；学生享有充分的言论自由权和组织权，通过为学生提供相应的服

务，鼓励学生积极参与学习生活"。① 这个判断是对当前世界高等教育发展现状的总结，反映了世界高等教育发展在学校内部治理方面的基本趋势。我们在思考本国的高等教育国际化的时候有必要对这个趋势做好回应，在高等学校参与国际化的过程中加强学校内部治理的研究。

一 研究思路

本书以"高等教育国际化政策"为主线，选择美国、加拿大、日本、英国、中国高等教育国际化政策与实施的状况为对象，沿着"历史回顾—实践的现状分析与比较—实践的动机和影响因素的考察与比较—实践的经验提取—前景展望"的研究路径，系统梳理美国、加拿大、日本、英国、中国五个国家高等教育国际化在政策主体、政策客体、政策内容、政策工具和政策评价等方面的演进历程。分析高等教育国际化政策及其实施的动力、影响因素和不同时期高等教育国际化政策的侧重点与未来趋势；通过典型的高等教育国际化政策实践的具体面貌与特征研究，分析我国高等教育国际化政策的上述五个方面发展与实施过程及存在的问题，总结有益经验，为我国高等教育国际化政策与实践提供启示与建议。

对于高等教育国际化政策的上述五个方面实施效果的比较研究必须采用多学科的研究视角，本研究拟用历史学、教育政策学、社会学、管理学等学科的视角展开综合研究。首先，若研究世界不同国家高等教育国际化政策历史演进与发展的过程，需要对相关历史资料进行搜集、整理、归纳和分析，从历史学的视角对高等教育国际化政策历程演进、发展特征进行考察和梳理，奠定后续研究的基础；其次，由于对高等教育国际化政策实践的动力和影响因素分析与社会经济发展等关系密切，因此，需要借用社会学和教育政策学的研究视角；最后，从中观层面看，高等教育国际化实践的过程与组织变革和调整密切相关，借鉴管理学的视角研究将有助于对美国、加拿大、日本、英国、中国等国家的高等教育国际化实践过程进行

---

① 滕珺：《多元、公平、合作、创新：世界高等教育发展的新趋势——解读 2009 年 UNESCO 世界高等教育大会公报》，《比较教育研究》2009 年第 12 期。

深入研究。

二 研究方法

具体的研究方法是指在研究中发现新事物、新现象,提出新观点、新理论,或揭示事物内在规律的工具和手段。本研究采用的具体的研究方法包括文献法、比较法、访谈法、战略行为分析法等。

(一) 文献法

文献研究法对于社会研究是一个至关重要的研究方法,因为每一种正式的"文献……都不仅反映了社会现实和历史事件,而且也构建了社会现实和历史实践"。本研究将美国、加拿大、日本、英国、中国五国作为研究对象,因而对五国文献资料的收集是重点,尤其是外文一手资料的研读和分析,为本研究的真实性提供了保障。同时,五国高等教育国际化实践的历史演进、现状及问题,需要大量的历史文献作为研究支撑,包括政府政策文件、高等教育研究机构的报告、有关学者的研究成果等。因此,文献法是本研究从纵横两个层面了解五国高等教育国际化实践的背景、历史、现状、经验、问题的重要研究方法之一。

(二) 比较研究法

比较研究法是人们根据一定的标准,把彼此有某种联系的事物加以对照,从而确定其异同之处,得出事物的内在联系,以认清事物本质的研究方法。比较研究的运用中,人们常常有四种视角:"以洋为鉴"(import-mirror)的视角;差异性视角;理论发展的视角;预测性视角。本研究将以"以洋为鉴"的视角分析和提取发达国家高等教育国际化政策发展的有益经验及启示;以差异性视角,分析影响中国与发达国家高等教育国际化政策与实践发展不同之处的原因;以理论发展的视角,关注中国与发达国家高等教育国际化比较研究对高等教育国际化理论和政策实施产生的积极影响;以预测性的视角,预测我国高等教育国际化政策实践的未来趋势。

(三) 访谈法

访谈法 (interview) 又称晤谈法，① 是指通过探访人员和受访人面对面的交谈来了解受访人的思想和行为的基本研究方法。访谈法所收集的信息资料是通过研究者与被调查对象面对面直接交谈方式实现的，具有较好的灵活性和适应性。访谈广泛适用于教育调查、求职、咨询等，既有事实的调查，也有意见的征询，更多用于个性、个别化研究。本课题在研究过程中，走访部分高等学校国际交流部门的管理人员和相关学者，就高等教育国际化政策的现状和对策进行广泛交流，获取我国高等教育国际化的第一手资料以及对应对之策的见解。

(四) 战略行为分析法

所谓战略行为分析法，是指"需要将战略行为分为战略评估、战略决策、战略动员和战略执行四个阶段，然后需要厘清影响每个战略行为阶段的作用因素，并基本把握各种因素之间的相互作用。一个理解国家战略行为的初步框架将有助于推动战略行为研究的深入发展"。② 高等教育国际化对于一个国家的高等教育事业发展来说，也是一项战略性工作。因而，我们也可以借鉴战略行为分析法来研究我国高等教育国际化政策这个问题。

第四节 本书研究的难点与创新点

虽然关于高等教育国际化的研究成果十分丰富，但是要从政策制定和政策工具设计等角度对我国高等教育国际化开展深入系统的研究，确实需要投入充足的精力。其中的工作难度可想而知，但是我们相信，只要付出努力，一定会有成果的创新点。

---

① 本概念的理解采用科普中国百科科学词条编写与应用工作项目（百度百科）编写的《访谈法》，https://baike.baidu.com/item/%E8%AE%BF%E8%B0%88%E6%B3%95/11003465?fr=aladdin，2017-8-25。
② 左希迎、唐世平：《理解战略行为：一个初步的分析框架》，《中国社会科学》2012年第11期。

一 研究的难点

（一）高等教育国际化政策实施效果评价指标体系与评价机制研究

这是本书研究的重点和难点之一。要解决的重点问题是：何谓高等教育国际化政策实施效果？如何证明和评估高等教育国际化政策实施效果？高等教育国际化政策实施效果需要通过一些指标与观测点来反映，高等教育国际化政策实施效果评价指标体系是表征高等教育国际化政策实施效果的各方面特性及其相互联系的多个指标所构成的具有内在结构的有机整体。

首先，厘清高等教育国际化政策的目标，然后，根据目标建构评价指标体系，对指标进行分类。主要有两种分类方法：一是高等教育输出国、高等教育输入国以及国际组织的高等教育国际化政策效果的评价指标；二是不同类型主体不同层级高等教育国际化政策实施效果的指标。这些指标初步确定为目标符合度方面的定性与定量评价；高等教育国际化政策实施的成本—效益分析；受教育者的满意度；高等教育国际化总体效用评价；等等。

根据评价指标体系建构复杂的评价机制，首先是分类评价，各国各级各类高等教育国际化政策实施效果评价；其次，开展比较，对高等教育输出国的国际化政策实施效果的比较，高等教育输入国国际化政策实施效果评价；再次，高等教育输出国国际化政策的效用与高等教育输入国国际化政策效用的比较；最后，国际组织在引导、协调和促进高等教育国际化中的作用评价。

（二）高等教育国际化理论建构

前文已经分析了我国高等教育国际化理论建设面临的问题，为了能够有效地改变我国高等教育国际化理论薄弱的现状，有必要构建具有中国文化底蕴的高等教育国际化理论。这就需要我们创新概念、建立概念之间的逻辑关系，并通过这些逻辑关系解释和说明我国高等教育国际化过程中的诸多现象，为解决问题提供思路，并为我国高等教育国际化政策及立法工作提供理论指导。要达到这样的目标，其工作难度十分巨大，我们将尝试完成这项工作。

二 研究的创新点

（一）对高等教育国际化的内涵及意义进行界定

目前，关于"高等教育国际化"这个概念的内涵，国内外学界还没有一个统一的表述，基本上还处于见仁见智状态。本书将整合国内外学者已有研究的相关成果，明确界定高等教育国际化的内涵，特别是要结合世界格局的急剧变革以及中国底蕴文化和"一带一路"倡议的背景来理解高等教育国际化的本质。与此同时，本书还将试图探讨在全球化的背景下实施高等教育国际化对中国及全世界当代和未来高等教育发展的意义，进而明确我国实施高等教育国际化的核心理念和终极目标。

（二）侧重和加强微观政策的比较研究

现有的研究主要侧重于从超国家组织（国际组织）、国家、地方政府、高等教育机构、非政府组织等不同层面开展，这种宏观层面的研究显然有助于把握国际化的整体状况和未来走势，有利于完善各国现有的政策。但是，一味地追求"高大上"的研究而不注重具体政策的落实，这些"高大上"的思路和理论就难以真正克服各国高等教育国际化面临的具体困难。有鉴于此，本书将侧重于微观政策的比较而非宏大叙事的宏观比较。从高等教育输出、输入、合作等不同维度，针对高等教育不同类型，对高等教育国际化政策进行国际比较，探讨国家和地方政府如何通过制定相关政策，引领和推动我国的高等教育国际化进程。

（三）寻找我国高等教育国际化政策的盲点

通过比较和分析找到我国高等教育国际化政策的盲点和不足之处是本研究的又一创新之处。众所周知，与西方老牌高等教育强国相比，我国的高等教育国际化历史比较短而且长期处于被动状态。这就导致了我国高等教育国际化的经验十分缺乏，特别是缺乏主动开展高等教育国际化的政策理念，也缺乏战略性设计和相应的政策研制，其中的盲点和不足之处必然会很多，我们希望通过本课题的研究来发现这些盲点。例如，国家各级高等教育主管部门与高等学校（高等教育机构）之间国际化合作的体制机制如何建构，高等教育机构在国际化过程中的"责权利"关系如何，国际学生与中国学生的法律关系如何，等等。

（四）突出中国文化在高等教育国际化中的作用

在探讨高等教育国际化的过程中，特别要研究"国际化"与"本土化"的关系。我们认为，本土化是国际化的基础和前提，没有或者淡化了本土化，国际化就失去了根基，就会变成单项的、片面的国际化，甚至变成了"西方化"。所以，对于中国的高等教育国际化政策就必须要基于中国高等教育优秀文化的基础上进行政策比较，而非简单的国别比较和将中国高等教育置于弱势地位的片面比较。我们要积极探讨如何将扩大国际高等教育交流与扩大中国文化的影响有机地结合，建立具有共识的高等教育国际化政策评价指标体系。只有建立这一套评价体系，才能对我国高等教育国际化政策的实施效果进行定量分析，从而提出更为有效的政策建设方案。

第二章　高等教育国际化政策国内外研究现状

政策是政策制定主体（国家、政党、政府机构、社会组织等）为了实现一定历史时期的某种目标、任务而制定的行动准则、规范（如政策文件、法律法规及规章制度等）和要求以及实施手段与实施效果的反思。从这个定义中，我们可以看出，政策的构成至少包括五个要素：政策制定的主体、政策目标（客体）、政策的表现形式（内容）、政策手段（政策工具）以及对政策实施效果的评价（政策评价）。本研究将围绕政策的这五个要素对高等教育国际化政策问题开展研究。

第一节　高等教育国际化政策主体研究

政策主体的多元化决定着高等教育国际化的政策主体也一定是多元化。遗憾的是目前学界对于"高等教育国际化政策主体"和"国际化政策主体"的研究成果极为有限，我们目前所能搜索到的文献主要集中于"政策主体"的研究。因此，我们只能从现有的对高等教育国际化的具体主体的政策研究中寻找相关的研究成果。政策主体的多元性也决定着政策主体必然是一个体系，对于政策内涵的理解的不同，政策主体也就不一样。但无论如何我们可以从政策出台的来源的角度来看，可以将政策的主体分为国内的政策主体和国际的政策主体两个方面。

一　关于国家作为高等教育国际化政策主体的研究

高等教育国际化是一个有着较为长久的历史过程，而且将继续走下去。但无论如何发展，高等教育的进步都离不开国家（包括民族国家）的管理和支持。由此我们可以做出这样的判断，即高等教育国际化政策的制定主体只能会是两大类型：国家（在我国，我们将从政府和高等学校这两个方面来分析高等教育国际化政策主体，而由于党和政府之间在政策制定过程中的密切性，我们在分析"政府"这个主体时不再细分党中央、各级政府，而是将它们视为一个整体来看待。而高等学校在国际化过程中发挥实质性作用，因此，有必要将其作为一个相对独立的主体来分析）和国际组织（超国家组织）。

虽然经济一体化和全球化浪潮非常迅猛，已经对国家特别是民族国家产生了巨大冲击，但是我们认为，无论这种冲击有多大、持续的时间有多长，国家作为高等教育国际化主体地位仍然十分稳固且还将继续发挥主导作用。实际上，国家在高等教育国际化政策制定方面一直扮演着主要角色。"自20世纪90年代以来，由北美、西欧、澳洲以及日本等发达国家和地区率先起步，拉美、亚洲、非洲不少发展中国家积极参与，形成了一股前所未有的世界性的高等教育国际化潮流。在这股浪潮的推动下，不少国家的政府或非政府组织以及高等学校发起了对高等教育国际化问题的研究、讨论，以期采取相应的战略和策略。"[1]

周菲认为，"高等教育国际化是指世界各国和各地区高等教育的相互借鉴、相互渗透和相互对接。不仅包含着留学生在国际范围内的双向或多向流动，还体现为各国和各地区的高等教育在办学理念、功能设定、运行机制、管理方式、教学内容与方法等方面的沟通、交汇与整合以及教学资源的共享等。高等教育国际化的理论和实践既影响政策制定，又离不开政策的引导，尤其是国家层面教育政策文本的颁布，对高等教育国际化的具体法规、理论探索和实践操作都具有不可忽视的导向作用"[2]。因此，具有独立主权的传统国家在高等教育国际化政策制定过程中发挥的作用不可轻视。周菲接着指出："不同时期的国家政策对高等教育国际化的理解不尽

---

[1] 尹玉玲：《OECD视野下的高等教育国际化政策分析——基于跨境高等教育的视角》，《中国高教研究》2011年第11期。

[2] 周菲：《我国高等教育国际化政策的嬗变及特征——基于国家教育政策文本的分析》，《黑龙江高教研究》2014年第4期。

相同，因此，从国家教育政策入手分析我国高等教育国际化政策的发展脉络对于理解政策嬗变的特征、客观判断高等教育国际化宏观发展趋势以及指导教育实践必然具有重要意义。"①

中国科学院院士、英国诺丁汉大学前任校长杨福家先生认为，"高等教育国际化就是要培养融通东西方文化的一流人才，在经济全球化中更好地为各自国家的利益服务"②。联合国教科文组织所属的国际大学联合会对高等教育国际化给予了以下定义："高等教育国际化是把跨国界和跨文化的观点和氛围与大学的教学、科研和社会服务等主要功能相结合的过程，这是一个包罗万象的变化过程，既有学校内部的变化，又有学校外部的变化；既有自下而上的，又有自上而下的；还有学校自身的政策导向变化。"③

张磊认为，国家作为高等教育国际化的主要主体，应该在政策制定过程中凸显其应有的作用，"我国高等教育政策应从以下几个方面做出回应：积极参与高等教育国际市场的竞争合作机制与标准建构；创设有利于大学参与国际竞争的体制机制和规范的市场环境；建立和完善区域性合作的框架与内容；明晰中国高等教育国际化进程所蕴含的本土文化诉求等。"④ 他进一步强调，"毋容置疑，高等教育国际化发展离不开政策体系的有力保障与大力支持。无论是西方发达国家高等教育国际化取得的卓越成绩，还是近年来我国高等教育国际化发展的显著进步，都离不开国家政策的保驾护航与开拓进取。"⑤

高等教育国际化专家、加拿大著名学者简·奈特长期工作于各个国际组织并被委托主持了许多有关高等教育国际化的课题研究，她的观点也很有代表性。1994 年，她提出高等教育国际化是"将国际维度和跨文化维度整合到高校的教学、科研与服务职能之中的过程"的定义，2004 年，为了

---

① 周菲：《我国高等教育国际化政策的嬗变及特征——基于国家教育政策文本的分析》，《黑龙江高教研究》2014 年第 4 期。
② 吴静妮：《中国高等教育国际化政策与实践的探讨》，《教师》2017 年第 5 期。
③ 吴静妮：《中国高等教育国际化政策与实践的探讨》，《教师》2017 年第 5 期。
④ 张磊：《我国高等教育国际化政策的实践运作及未来走向》，《当代教育科学》2015 年第 9 期。
⑤ 张磊：《我国高等教育国际化政策的实践运作及未来走向》，《当代教育科学》2015 年第 9 期。

体现高等教育国际化的可操作性，她对该定义进行了调整，认为高等教育国际化是"在院校与国家层面，把国际的、跨文化的、全球的维度整合进高等教育的目的、功能或传递的过程"①。简·奈特的定义因为比较中性而得到了发展中国家，包括我国学者的认可，具有很大的影响。她认为："高等教育国际化是一国针对全球化的影响而采取的一种应对措施，同时尊重本国的特点。"②

高等教育国际化在很大程度上是高等学校在办学过程中的国际化，因而高等学校所制定的各种规章制度能够发挥的作用绝不亚于国家层面政策的效益。关于高等学校作为国际化政策制定主体，国内外学者也开展了一些相关的研究。例如，朱文、张浒在其发表的论文《我国高等教育国际化政策变迁述评》中就指出，"教育体制改革以后大学获得了活力和发展动力，高等教育国际化从实质来说也就是大学的国际化。进入 21 世纪以来，中国推出了一系列高等教育改革的重大举措，为大学国际化奠定了基础，而教育的对外开放和国际合作交流，则为大学国际化铺平了道路"③。"随着越来越多的大学提出了建设国际化大学的战略目标，各个大学开始寻找自身所具备的优势，并主动寻求进行国际交流与合作的机会，如云南省部分重点院校借助于桥头堡战略，与东盟开展留学生来华学习与学术交流，共同举办了一些国际性的研讨会。"④ 这些国际研讨会的举办可以直接对高等学校内部国际化政策的制定产生作用。

李联明、吕浩雪在《高等教育国际化进程中制约国际学生流向的主要因素》一文中，也看到了高等学校在高等教育国际化政策制定过程中的主体作用，他们认为，"高校卓著的国际声望，往往有助于招徕更多的海外学生。欧美国家的少数著名大学吸纳国际学生程度较高即是佐证。甚至于高校中某些一流或特色院系也会左右留学生们的选择。世界的现实情况

---

① 〔加〕简·奈特著《激流中的高等教育：国际化变革与发展》，刘东风、陈巧云译，北京大学出版社，2011，第 3 页。
② 吴静妮：《中国高等教育国际化政策与实践的探讨》，《教师》2017 年第 5 期。
③ 朱文、张浒：《我国高等教育国际化政策变迁述评》，《高校教育管理》2017 年第 2 期。
④ 朱文、张浒：《我国高等教育国际化政策变迁述评》，《高校教育管理》2017 年第 2 期。

是，优质高等教育资源还比较稀缺，求大于供。"① 王勇、智协区从更为微观的政策角度分析了高等学校的主体地位，他们提出，"我国高等学校要适应教育国际化的需要，必须在课程结构上作较大的改革。一是在公共基础课和文化素质选修课中开设国际教育方面的课程。二是应在本专业、本学科的教学内容中及时补充国外最先进的科学文化知识和科技成果。三是应选用国际上最先进的教材，吸引外国专家、学者来讲学。教师和管理人员要主动适应高等教育国际化，要求大学教师站在高等学校教学、科研的最前沿，应当具备国际意识，具有先进的教育思想、教育技术和手段以及研究方法。只有这样的教师才能培养出一流的人才，才会产生一流的科研成果。"②

西方学者基于高等学校办学独立的文化传统，十分强调高等学校在国际化政策方面的自主性。美国著名高等教育学家阿特巴赫和伯顿·克拉克都在不同场合表达过同样的观点。大学是国际化的载体，国家政策最终都需要通过每一所大学的具体办学实践来实现。正如日本广岛大学喜多村和之教授所指出的，真正的国际化是"本国文化被别国与民族承认、接受并给予相当的评价"。③ 而大学不能在国际化过程中弘扬本土化的内容，就必然被殖民。美国高等教育学家阿特巴赫教授曾经毫不客气地指出，"第三世界的大学都是西方模式的移植，根本没有本土化的前提"。④ 这更加表明大学在国际化进程中的主体作用。

著名国际比较高等教育学专家、加拿大多伦多大学许美德（Ruth Hayhoe）教授2017年在南京大学教育研究院的一次学术讲座中就中国大学在世界中的变化这一事件指出，"改革开放后，来自全世界的教育援助对处于起步阶段的中国的高等教育发展起到了极大的促进作用。经过近四

---

① 李联明、吕浩雪：《高等教育国际化进程中制约国际学生流向的主要因素》，《比较教育研究》2004年第6期。
② 王勇、智协区：《关于转型期我国高等教育国际化发展战略的思考》，《教育探索》2009年第10期。
③ 转引自张磊《我国高等教育国际化政策的实践运作及未来走向》，《当代教育科学》2015年第9期。
④ 张磊：《我国高等教育国际化政策的实践运作及未来走向》，《当代教育科学》2015年第9期。

十年的发展,伴随着中国影响力的逐渐增强,中国也开始承担起更多的全球责任。中国对于其他发展中国家的教育援助,符合中国传统文化中'仁、义、礼、智、信'以及'恕'的思想。最后,许美德教授认为在对外援助过程中,应该遵循中国'和而不同'的文化思想。"① 显然,许美德教授所描述的过程正是中国大学国际化的历史,反映出大学在国际化中的作用,而这些作用的发挥与大学作为自主的政策制定的主体地位是分不开的。

从上述国内外关于高等教育国际化政策研究的学者观点里,我们不难发现,尽管他们对于高等教育国际化概念内涵本身的表述不尽一致,但是他们的理解中都有一个共同的认识,即国家(包括政府和高等学校)在高等教育国际化政策制定过程中继续扮演着十分重要的角色。时至今日,我们仍然要尊重国家在高等教育国际化政策制定中的主导作用,否则,高等教育国际化的进程将难以为继。

二 关于国际组织作为高等教育国际化政策主体的研究

当然,我们在充分强调国家在高等教育国际化政策制定中的作用的同时,也要看到国际组织(超国家组织)在高等教育国际化政策研制中所发挥的作用。在高等教育国际化的进程中,"诸多国际组织也扮演着重要的角色,如联合国教科文组织(UNESCO)、世界贸易组织(WTO)、国际教育局(IBE)、东南亚教育部长组织(SEAMEO)、国际劳工组织(ILO)等。这些机构开展国际教育问题的研究,就各国共同的教育问题进行讨论,提出种种教育改革的建议和计划,对高等教育国际化的进程起到了很大的促进作用。"②

有关研究显示,国际教育政策主体主要是指国际组织和超国家组织。"据《国际组织年鉴》统计,20世纪初,世界有200余个国际组织,到50年代发展到1000余个,70年代末增至8200余个,1990年约为2.7万个,

---

① 南京大学教育研究院:《加拿大著名学者许美德教授来我院讲学》,http://edu.nju.edu.cn/News/ShowArticle/1522,2017/5/3 23:00。
② 尹玉玲:《OECD视野下的高等教育国际化政策分析——基于跨境高等教育的视角》,《中国高教研究》2011年第11期。

1998 年为 4.8 万余个，21 世纪初超过 5.8 万个。截至 2016 年，世界上有 6.2 万余个国际组织，包括有主权国家参加的政府间国际组织、民间团体成立的非政府国际组织，它们既有全球性的，也有地区性、国家集团性的。"① 在这些国际组织中，有许多组织所制定的政策都会对各国高等教育产生影响，如 OECD、UNESCO、WTO、EU 等。周晨琛认为，"从宗旨看，OECD 是一个综合性的经济组织，与教育的关系甚为疏远，但从其 60 多年的发展历史和实践看，它对其成员国及其他非成员国的教育发展影响深广，因此也是不可忽视的高等教育国际化的重要助推器和发展平台。"② 另外，周晨琛还分析了联合国教科文组织在高等教育国际化政策方面的作用，他说："UNESCO 是联合国的下属机构，是各国政府商讨教育、科学、文化事务的平台，其宗旨是：通过教育、科学及文化促进各国间之合作，对和平与安全做出贡献，以增进对正义、法治及联合国宪章所确认之世界人民不分种族、性别、语言或宗教均享人权与基本自由之普遍尊重。"③

无独有偶，关于国际组织在高等教育国际化政策中的作用，尹玉玲有与周晨琛同样的认识，她指出，"在高等教育国际化进程中，OECD 组织扮演着重要的角色。它更多关注跨境高等教育，并认为境外消费（留学生教育）是最具产业化性质的教育形式，在国际服务贸易中占据举足轻重的地位。"④ 可见，无论是代表富人俱乐部成员的 OECD 还是代表大多数发展中国家心声的 UNESCO，都会在世界范围内通过不同的路径对各个国家的高等教育国际化政策的制定产生影响。这说明，国际组织在世界高等教育国际化政策方面也起到了主体作用，只不过这种影响在一些国家不会产生直接的作用，它的作用需要通过各国政府这个主体转换为国内政策之后才能

---

① 《国际组织》，百度百科，https：//baike.baidu.com/item/%E5%9B%BD%E9%99%85%E7%BB%84%E7%BB%87/261053?fr=aladdin，2017-8-30。
② 周晨琛：《OECD 和 UNESCO 高等教育国际化政策的比较研究》，《洛阳师范学院学报》2013 年第 3 期。
③ 周晨琛：《OECD 和 UNESCO 高等教育国际化政策的比较研究》，《洛阳师范学院学报》2013 年第 3 期。
④ 尹玉玲：《OECD 视野下的高等教育国际化政策分析——基于跨境高等教育的视角》，《中国高教研究》2011 年第 11 期。

产生作用，但无论如何，国际组织作为高等教育国际化政策的一个主体的地位是不能否定的，而且随着高等教育国际化进程的不断深入，这种主体作用将会越来越突出。特别是对那些后发国家来说，尤其要根据本国的实际情况逐步推进高等教育国际化进程，切不可头脑发热、盲目跟进，否则将在国际化中被"化"掉本国的文化和传统。

Ikenberry 和 John 从全球治理的视角分析了国际组织的角色，他们认为，"伴随着全球化的不断深入，全球治理的理念已经逐步得到更多人的认可。那么国际组织如何承担全球治理的任务，可以从加强多元文化建设、政策建设、立法建设，还需要加强各国外交手段来实现。同样，国际组织在推进高等教育国际化政策建设方面，也需要通过上述途径来实施。"[1]

Elisabeth van Meer 则从学者、企业与国际组织合作的角度，提出"各国在推进高等教育国际化政策制定的过程中，要加强高等教育学者、企业界与国际组织的合作与协商，共同研讨高等教育国际化政策面临的困难，以及解决这些困境的政策性对策"。[2]

无论是国家还是国际组织（超国家组织），虽然高等教育国际化政策主体的地位不一样，其发挥的作用也不完全一样，但它们在各自的主体地位上所发挥的作用却有一些共同点。朱文和张浒认为，"高等教育国际化简单来说是一个国家高等教育走向国际的发展过程和总体趋势。在全球化时代，世界各国政治、经济、文化等因素的融合形成动力机制，推动高等教育向国际化方向发展，促进各国教育资源的优化配置。"[3] 可见，无论是国家还是国际组织（超国家组织）它们都可以在不同的范围内通过制定不同的政策或法律，在一定的范围内发挥资源的调配作用，在高等教育领域也可以达到这样的目的。

实际上，对于高等教育国际化政策主体的研究可以从三个方面进行梳

---

[1] Ikenberry, G. John, "Recent Books on International Relations: Political and Legal: The New Dynamics of Multilateralism: Diplomacy, International Organizations, and Global Governance," *Foreign Affairs*, 2011.

[2] Elisabeth van Meer, "Writing the Rules for Europe: Experts, Cartels, and International Organizations", *Technology and Culture*, 2016（2）.

[3] 朱文、张浒：《我国高等教育国际化政策变迁述评》，《高校教育管理》2017年第2期。

理：国际化、高等教育国际化、政策主体。自 20 世纪 90 年代以来，由北美、西欧、澳洲以及日本等发达国家和地区率先起步，拉美、亚洲、非洲不少发展中国家积极参与，形成了一股前所未有的世界性的高等教育国际化潮流。在这股浪潮的推动下，不仅不少国家政府或非政府组织以及高等学校发起了对高等教育国际化问题的研讨，而且已经开始制定相应的战略和策略，高等教育国际化这股潮流更加强劲有力。

第二节 高等教育国际化政策客体研究

政策客体是指政策实施的对象，我们注意到，有学者对于政策客体的理解与我们的理解不一致，如"政策客体指的是政策所发生作用的对象，包括政策所要处理的社会问题（事）和所要发生作用的社会成员（人）两个方面"。[①] 他们认为，"公共政策客体包括两个方面：物的方面与人的方面。制定与执行政策就是要改变政策客体系统的现有状态，或是将政策客体的现有状态向人们期望的符合社会发展目标的理想状态转变。政策客体系统的这一变化，从外因的角度看，是政策主体对政策客体作用的结果。如果从内因的角度来看，政策客体的变化，是政策主体的作用改变了政策客体系统内部物的方面和人的方面的关系的结果。因此，政策主体对政策客体作用的目的在于调整和解决政策客体内部人的方面和物的方面的关系。"[②] 我们认为，政策中最核心的是"人"，至于"事"和"物"虽然很重要，但不是核心而是环境或手段，我们可以将其视为政策工具的一部分来理解。由此具体到高等教育国际化这个领域，我们将政策客体理解为高等学校教师和学生。

那么，高等学校是不是高等教育国际化政策中的客体呢？通过分析我们发现，高等学校确实有政策客体的某些特征。相对于国家施政这个角度，高等学校从形式上看有时候扮演的也是政策客体的角色，因为高等学

---

① 陈振明：《公共政策分析》，中国人民大学出版社，2003，第 50 页。
② 百度百科：《公共政策客体》，https://baike.baidu.com/item/%E5%85%AC%E5%85%B1%E6%94%BF%E7%AD%96%E5%AE%A2%E4%BD%93/12748685，2018-01-31/9：15 访问。

校要按照国家要求进行管理以实现国家政策的目标，高等学校成为国家政策约束和规范的对象。可是，高等学校执行国家政策的落脚点是实现高等学校的三个基本职能——教学、科研和智力服务。而这三项基本职能的主要参与者是教师和学生，高等学校作为一个组织本身是不能完成这三个使命的，高等学校在实现这三个功能的过程中仍然代表国家行使管理职责，因而高等学校作为一级行政组织仍然属于政策制定的主体——国家政策主体——的一部分。因此，本研究只将高等学校的教师和学生作为高等教育国际化政策的客体来看待。

一 关于高校教师作为高等教育国际化政策客体的相关研究

高校教师作为高等教育国际化政策实施过程中主要承担者，主要职责是通过其教学、科研和智力服务三个方面推进高等学校的国际化工作。目前，相关的政策研究主要集中于高校教师的国际交流与合作过程中前述三个方面：高校教师教学工作的国际交流与合作的政策、科学研究的国际交流与合作的政策以及智力服务的国际交流与合作的政策。

"教师和研究生的国际交流相对有限。受诸多条件制约，我国高校人员的国际交流仍呈现出机会少、数量小的特点。教师尤其是年轻教师出国交流的机会不多，同时，外籍教师来我国参加教学科研活动的数量也相对不足，这与国外大学形成了鲜明对比。"[①] 学者们还研究了发达国家高校教师的国际化状况，通过研究他们发现，"发达国家高校的师资具有很高的国际化水平，教师的国际流动高度开放，呈现出多样化、多渠道的方式。20 世纪 90 年代以来，美国每年接受几千名国外访问学者，总计聘用了 6 万多名外国学者。根据《富布赖特计划》，美国设立本国教授在国外讲学或研究基金，每年派出的学者基本保持在 700 人左右。耶鲁大学拥有 3200 名专职教师，分别来自 110 个国家和地区；而宾夕法尼亚大学教育研究生院 70% 以上的专家教授都曾参与过国际交流。"[②] 这种比较使我们看到我国

---

① 罗尧成、束义明：《我国高校研究生教育国际化现状分析及对策建议》，《学位与研究生教育》2009 年第 11 期。
② 罗尧成、束义明：《我国高校研究生教育国际化现状分析及对策建议》，《学位与研究生教育》2009 年第 11 期。

高校教师在国际化工作方面确实还存在着较大的差距，国家和高等学校应该制定激励政策，提高我国高校教师国际化的水平。

陈慧蓝认为，在高等教育国际化进程中，高校教师应该更加注重职业道德建设。"随着国际化进程的推进，社会对于国际化专业型人才的需求越来越大，作为引导学生全面发展的师长，良好的职业道德不仅是对教师个人行为规范的要求，也是教师能否很好地教育学生的重要表现。因此，教师的职业道德是其必备的品德，唯有这样才能教导学生更好地做人做事，才能成为一名合格的高校教师。"① 张焱等提出：应用型高等学校教师也要积极参与国际化活动，高等学校在师资管理过程中，要"强调教师队伍国际化培养的目标有效性，明确培养具有国际视野、先进教学技术、较高实践能力和较强发展潜力教师队伍的长远目标，统一个人和组织目标、分类培养目标和特色培养目标；突出教师队伍国际化培养的管理有效性，完善培养机制、强化过程管理、提升社会服务能力；关注教师队伍国际化培养的评价有效性、内涵管理绩效评价、培养成效评价和评价成果运用。应用型高校的教师队伍国际化培养旨在立足地方、突破地方的发展定位和目标，践行国家要求普通本科高校转型的发展"。②

李函颖等认为，境外专任教师的引入是我国高等教育师资国际化的重要内容。他们通过对"985工程"高校官方网站境外专任教师数据的搜集与分析，发现："目前我国境外专任教师的引入虽然仍处于初级阶段，总量较少，但却保持增长态势。境外专任教师队伍在地域、组织机构、学科、职称等方面则呈现出一定的不平衡性。这在很大程度上与全球劳动力市场的形成、金融危机对就业市场造成的冲击、我国政府的引才政策、我国研究型大学国际影响力的提升及其国际化办学战略以及学科知识特性等因素有关。"③

郑宏认为，"双一流建设强调中国特色、世界一流，因此高等教育的

---

① 陈慧蓝：《浅论国际化背景下高校教师职业道德建设》，《教育现代化》2018年第21期。
② 张焱、马兆允、张泳：《应用型本科高校教师队伍国际化培养的有效性》，《江苏高教》2018年第1期。
③ 李函颖、徐蕾、王秋燕、赵楠：《师资国际化新动向："985工程"高校境外专任教师引入的分析》，《中国高教研究》2017年第11期。

国际化是双一流建设的题中之义，而教师的国际化又是高等教育国际化的关键。复旦大学教师发展中心帮助教师形成国际化的教学、科研理念；通过国际课程教学强化教师的国际化教学能力；运用信息化技术为教师营造国际化的教学科研环境，其提升教师国际化水平的在地化经验值得其他高校教师发展中心学习和借鉴。"①

郭城根据自己的工作经验，发现"当前高校出现了青年教师'难出国''难派出'的新问题和新情况，原因十分复杂，不仅有政策制度不合理的客观原因，也有青年教师学术职业发展与生活需求、家庭责任履行等发生冲突的原因"。② 为此，他提出几点改进对策，包括"更新青年教师出国留学教育理念，大力引导和支持青年教师同国际学术界学习交流常态化；优化教师国际化发展的关键性举措，着力打造全方位的青年教师出国留学支持服务系统；发挥基层学术组织主导作用，科学构建符合现代大学制度要求的青年教师国际化培养模式；尽快建立科学规范的教师学术休假制度，有针对性地改进青年教师学术发展管理政策"。③

Cotton 和 Pfaff 认为，"为了更好地促进高等学校的国际化教学，加强教师与学生之间的课堂互动是十分必要的，而课堂互动的最好办法不是一位教师自始至终唱独角戏，必须是多个教师合作，形成系列讲座的形式加强教师与学生之间的合作。这种系列讲座是连接教师在开展教学和科研过程中与学生之间建立连接的最有效手段。教师与学生的互动要真诚相待，敢于把自己心中的秘密拿出来同学生分享。"④

美国有学者从美国和加拿大两国高校教师使用图书馆电脑查阅文献的人数这个视角，分析了美国和加拿大两国高校教师对待国际化的态度，通过比较，他发现，"作为高水平高等学校教师，在开展国际化教育中，必

---

① 郑宏：《试论"双一流"背景下大学教师的国际化——以复旦大学教师发展中心为例》，《高教论坛》2017 年第 10 期。
② 郭城：《当前高校青年教师"难出国"归因分析及改进策略》，《江苏高教》2015 年第 2 期。
③ 郭城：《当前高校青年教师"难出国"归因分析及改进策略》，《江苏高教》2015 年第 2 期。
④ Cotton, Justine, Pfaff, Heather, *The Secret Lives of Professors: Connecting Students with Faculty Research Through a Faculty Lecture Series*, Feliciter, 2009, p. 6.

须及时了解世界各国在各个学科的发展状况,教师要善于把握相邻学科的最新进展,并能够在多个学科领域有自己的建树,不能人云亦云。"①

Knowlton 等从加强高等学校与基础教育学校教师之间的合作的视角来理解高校教师的国际化问题,他们认为,"高校教师的国际化不能仅仅局限于高等教育阶段的教学,而是应该将高等教育与基础教育连接起来,形成一个完整的教育链,使得学生的知识能够顺利衔接。为此,高校教师在开展教学的过程中,必须加强与基础教育学校教师的合作,建立一种教学联盟的方式,并因此形成为一种合作的机制"②。

二 关于高校学生作为高等教育国际化政策客体的相关研究

高校学生(包括本科生、专科生、硕士研究生和博士研究生)是高等学校开展国际化的主力,所有国际化最终的效果都是通过他们这个客体的表现而得到体现,因而必然是高等教育国际化政策实施效果评价的主要依据和观测点。关于高校学生国际化的政策研究集中体现在高校学生国际交流方面,包括高校学生出国留学政策研究、来华留学生政策研究和国际短期交流学生的政策研究三个方面。

关于留学生政策实施的目的,西方发达国家将其定位为拉动所在国家的经济发展,张双鼓认为,"英国和澳大利亚采取了积极有效的政策,吸引外国留学生,获得丰厚的经济利益,成为高等院校的重要收入来源,外国留学生的学费占澳大利亚教育收入的 1/3。据美国一个基金会的研究表明,中国留学生在美国购买各种商品的数量非常大,占美国商品采购相当大的比例,远远超过很多美国人的采购量。据 2014 年 12 月 6 日《环球日报》报道:来自美国商务部数据显示,中国留学生去年为美国经济贡献 80 亿美元"③。

---

① Anonymous, *Research and Markets: 26.51% of American Faculty Say That They Use the Library Computer Labs Frequently While Only 14.29% of Canadian Faculty Say the Same*, M2 Presswire, 2010.

② Knowlton, Sarah, Fogleman, Jay, Reichsman, Frieda, de Oliveira, Glênisson, "Higher Education Faculty Collaboration With K-12 Teachers as a Professional Development Experience for Faculty", *Journal of College Science Teaching*, 2015, p. 4.

③ 张双鼓:《高等教育国际化政策与趋势》,《天津电大学报》2014 年第 4 期。

王英杰、高益民认为，推进高等教育国际化政策就是要培养更多具有国际视野的高级专门人才，他们应该"具有关注国际学科领域和思想发展动向的意识和高度敏感性，具有国际水准的研究和开发能力，具有国际理解的胸怀和进行国际沟通的素养。在部分发达国家的高等教育实现大众化以后，虽然高等教育仍然担负着培养科学研究人员和高精尖技术人才的职能，但是面对大多数接受高等教育的学生，专业教育的特点在逐步减弱，而普通教育①（general education）的倾向在日益突出。但是，这种变化丝毫未能对高等教育的国际性提出挑战，因为高等教育的大众化产生于一个国际关系日益紧密的时代，随着全球化进程的加速，非专业人员的国际素养也越来越成为必需。因此，高等教育也越来越需要承担起培养国际性人才的任务"。②

面对高等教育国际化，各国所培养的学生应该具备哪些素养，江波、钟之阳和赵蓉等人提出了他们的观点，他们认为，在推进高等教育国际化的过程中，"学生必须是国际化努力至关重要的直接利益相关者。在支撑面向未来的人才培养方而，高等教育国际化将更能发挥独特的作用。面向未来的高层次人才应该更具有引领未来的思想、国际视野、独立精神和可持续发展能力；更具有创新意识，并能运用创新的思维分析和解决未来遇到的各种复杂问题，或将创新的成果造福于人类社会。这种能力的培养不仅仅需要自然科学知识，还需要人文社会科学知识。在国际化人才培养的过程中，我们要注意弘扬本民族的优良传统，让学生带着民族自尊心与民族自豪感走出去、走得远。这是高等教育国际化的责任所在。"③ 持相同观点的还有倪怀敏，其观点是"高等教育的培养目标不是简单停留在通过传播人们维持生存必需的基础知识、培养人们在公共生活中所需的社会意识、形成与社会规范相契合的各种行为方式和习惯，而是通过各种专业知

---

① 20世纪90年代，高等教育学界曾经使用"普通教育"这个说法，现在学界已经不再使用"普通教育"这个概念了，人们普遍将其翻译为"通识教育"（general education）。——编者注
② 王英杰、高益民：《高等教育的国际化——21世纪中国高等教育发展的重要课题》，《清华大学教育研究》2014年第2期。
③ 江波、钟之阳、赵蓉：《面向未来的高等教育国际化发展》，《高校教育管理》2017年第7期。

识的传授，培养各专业高级专门人才。在国际经济全球化和知识、信息增长与传递极为迅速的时代，这种专门人才必须具备敏锐和预见能力，即具有广阔的国际视野，善于捕捉和借鉴吸收国际学术前沿信息和思想发展动向，具有高水平的探索研究能力和开发未知技术的能力，具有国际意识和跨文化沟通的素养"。[①]

关于高等教育国际化政策的价值指向，目前有两种不同的观点：一种观点认为，高等教育国际化的价值指向为社会功能，即强调高等教育国际化的功能是促进政治经济的发展；另一种观点则强调高等教育国际化对个体发展的促进。姚望就是这种观点的代表，他认为，"在各国之间综合国力竞争日趋激烈的当今世界，高等教育国际化的共同目标往往在于其政治经济功能，而人类个体的发展更多的是被视为附加价值。在我国，虽然政府以及各界专家学者均高度重视高等教育的国际化，但他们主要着眼于该服务产业所蕴含的强大辐射力，亦即为经济建设、外交地位服务，而很少关注高等教育国际化对个人发展的影响。不可忽视的是，人类社会是人与人之间通过一定联系构成的集合体，每个个体的一举一动都会产生影响整个社会的效果，因此高等教育之国际化在追求其政治经济目标的同时更应关注以个体的发展推动整个人类社会的发展。"[②]

国际交流离不开研究生这个学生群体中素养较高的研究人才的参与，罗尧成、束义明就提出高等学校要关注研究生交流的国际化。他们认为，"外国留学研究生占在校研究生的比例是衡量一所高校研究生教育国际化程度和知名度的重要标准。发达国家高校通过采取奖助学金、帮助学生解决学分转换和学制等问题、提供良好的学习和住宿环境等政策措施，有力地提高了外国留学研究生所占的比重。"[③] 因此，国家和学校应该制定鼓励性政策扩大研究生成果的人次和频率。

[①] 倪怀敏：《我国高等教育国际化及发展战略思考》，《四川师范大学学报》（社会科学版）2013年第7期。
[②] 姚望：《我国高等教育国际化的思考》，《中国成人教育》2014年第23期。
[③] 罗尧成、束义明：《我国高校研究生教育国际化现状分析及对策建议》，《学位与研究生教育》2009年第11期。

如何保障高等教育国际化中的公平性，有学者提出要加强政府间的合作，促进公平的国际化环境。如袁圣军和符伟就提出，要"签署政府间学生交流协议，推动国际学历学位互认。目前与我国签订学历互认的国家和地区仅有32个。现阶段存在一个极不公平的现象就是：我国的学历学位（即使是重点大学的）得不到发达国家的承认，而发达国家几乎所有高校的学位都在中国通行无阻。这种状况亟待政府通过平等协商、签订协议的方式予以改变。同时，我国高等教育应当建立学历学位和专业资格的认证制度，并不断完善我国的学位授予管理制度"。[1] 保证公平是国际交流的一个基本准则，这在1635~1659年期间签订的《威斯特伐利亚和约》（The Peace Treaty of Westphalia）（"威斯特伐利亚公会以及在会议上签订的合约确立了国家主权平等、领土主权等原则，从而为近代国际法奠定了基础。"[2]）中就已经得到了确认，但是奇葩的是西方国家在处理与世界其他地区国家关系时却背离了这项基本国际法原则，上述高等教育国际化政策就是这种不公平原则的体现，我们希望国家能够在高等教育国际化政策建设方面，始终坚持平等这项国际法基本原则。因此，有学者提出，要"在高等教育国际化中，我们应尊重国际惯例，也应在国际交往中充分尊重对方的规则，同时也应保持我们自己规则的连续性。如何解决这一组矛盾，平衡国际规则与本土规则，是深入开展高等教育国际化的重要前提"。[3] 这是一种比较务实的国际化态度。

Kalenkoski 等认为，"高等学校教育教学工作的国际化，离不开学生家长的支持和影响。实际上，学生价值在情感、态度和价值观上对大学生的影响并不亚于大学教育对他们的影响。学生的很多成就的取得也是受到价值的影响。高等学校应该适当开设劳动课，帮助学生认识到取得成就与生产劳动之间也有密切关系，生产劳动是锻炼学生毅力的很好途径，但是现

---

[1] 袁圣军、符伟：《中国高等教育的国际化：挑战与对策》，《河北师范大学学报》（教育科学版）2012年第10期。
[2] 王虎华：《国际公法学》（第三版），北京大学出版社，2014，第36页。
[3] 韩亚菲：《中国高校国际化发展新动向——基于北京大学燕京学堂、清华大学苏世民书院案例的分析》，《教育学术月刊》2017年第5期。

在大多数高等学校已经对此完全忽视了。"①

Moore 等从研究学生的知识进化与宗教信仰之间的关系中，发现"宗教信仰对于学生的更新有一定的促进作用。因为大学课程内容的选择是与一定的宗教观点有一定的关系。接受一定的宗教思想有利于学生更好地理解课程内容"。② 如果我们把宗教信仰转变为一种信仰，那么 Moore 等人的观点可能就更容易理解了。

Bukhari 等认为，"高等教育国际化给学校教师和学生带来的最大冲击就是如何面临海量的知识和信息。如果采用传统的课堂讲授的教学方法难以解决这个难题，因为师生无法在课堂教学的单元时间内完成这样的任务。解决问题的最好办法是把学生引导到图书馆去深入学习。图书馆作为学校的基本设施，在很多大学中还未能充分发挥作用，不少学生也未能意识到图书馆的作用。作为学校校长不仅要加强图书馆的基础建设的力度，更重要的是如何把学生赶进图书馆而不是领到教室。"③

第三节　高等教育国际化政策内容研究

政策内容是指政策主体在制定政策时所体现出来的价值指向、政策的文本形式、政策文本的数量以及政策制定的程序四个方面。政策内容是政策主体实施并达到主体意愿的载体，也是政策客体开展规范活动和政策评价的依据。无论是国际组织还是国家，要实现对政策客体的规范治理和指导，都必须通过具体的政策来实现。因此，每一项政策的出台，都应该具有明确的价值取向、科学的政策形势、合理的政策数量和规范的政策制定

---

① Kalenkoski, Charlene Marie, Pabilonia, Sabrina Wulff, Parental Transfers, Student Achievement, and the Labor Supply of College Students, *Journal of Population Economics*, 2010, p. 2.
② Moore, Randy, Brooks, D. Christopher, Cotner, Sehoya, The Relation of High School Biology Courses & Students' Religious Beliefs to College Students' Knowledge of Evolution, *The American Biology Teacher*, 2011, p. 4.
③ Bukhari, Muhammad Tayyab Alam, Bukhari, Muhammad Maqsood Alam, Ranjha, Najma, Ahmad, Khurshid, Naz, Fouzia, Use of Library by the Students of Foundation University College of Liberal Arts and Sciences, Rawalpindi, Pakistan Journal of Library and Information Science, 2010, p. 11.

程序。高等教育国际化政策的研究也集中在这四个方面。

一 关于高等教育国际化政策价值指向研究

高等教育国际化政策的价值取向是高等教育国际化政策的核心,从形式上看,每一项政策只是一个文本而已,但在这个文本中一定包含着这个政策的目的和意愿,即政策的价值指向,不同的政策主体在不同时期所制定的政策的价值取向也不完全一致。西方发达国家在推进高等教育国际化过程中的政策价值取向也随着时代的不同而不同。张磊对此研究后,认为"当国际高等教育被纳入《服务贸易总协定》(General Agreement on Trade in Services,GATS)框架之后,出国留学生的大规模的流动被看作是一笔高达数百万美元的生意,各国高等教育抢占国际市场,促使各国高等教育政策理念由原来的政治、文化导向转向了经济、利润主宰。传统国际化政策中所倡导的国际教育援助、交流与合作的功能日益淡化,取而代之的是高等教育的产业化、商业化、市场化以及大众化的发展"。[①] 这说明西方国家的高等教育国际化的目的也在不断变化。

如何在高等教育国际化的过程中培养国际化人才,这是高等教育国际化政策不可回避的一个重要问题。就我国高等教育国际化进程中政策的价值的重点应该放在哪里,张磊认为应该将我国高等教育国际化政策重点放在国际化人才本身的培养上,即"伴随着人类进入 21 世纪,面对一系列全球性挑战,如全球化、知识经济和颠覆性信息技术对教育的冲击等,一方面高等教育面向学生、面向未来、面向世界的任务更重了,另一方面人们越来越认识到,高等教育国际化是高等教育引领未来的重要实现途径,是培养面向未来的学生的重要实现途径。面向未来的高等教育国际化的新使命,不仅要促进科学技术创新,更应促进人类文明的进步;应以问题为导向影响和帮助学生,使其能直面未来科技、社会和全球的发展,从而使他们通过国际化教育更加健康成长"。[②] 这种政策导向显然是以学生为本的

[①] 张磊:《我国高等教育国际化政策的实践运作及未来走向》,《当代教育科学》2015 年第 9 期。

[②] 江波、钟之阳、赵蓉:《面向未来的高等教育国际化发展》,《高校教育管理》2017 年第 4 期。

导向，目的是促进我国大学生在国际化进程中提升国际化素养，从而更好地参与全球治理。

香港大学杨锐副教授主张分别从大学的角度和国家高等教育系统的高度来讨论高等教育国际化。他认为，"对于大学来说，国际化意味着某种特定文化内部和跨文化情境下，贯穿于教学、科研和社会服务中的一种意识和行动，其最终目标是实现不同文化之间的相互了解。而对于一国高等教育系统来说，国际化意即同其他国家之间的教育对话。"[①] 华裔日本学者黄福涛认为，"与欧美等发达国家在教育国际化过程中过分追求经济效益和商业利益相比，大多数第三世界或发展中国家更强调通过教育国际化来提高本国的教学和科研水平，实现国家整体经济实力的提高。"[②] 魏腊云、唐佳新则认为，"高等教育国际化包括了两个相反相成的向度，即'高等教育国家化'与'高等教育世界化'。'高等教育国家化'与'高等教育世界化'共存是新全球化时代背景下高等教育国际化区别于既往的高等教育国际化的最大的差异。也是其价值诉求所在。"[③] 这些学者对于高等教育国际化价值指向的分析，对于我们确定高等教育国际化政策价值取向有着一定的借鉴价值。

在英国，国际化被定义为"使英国成为国际上竞争力更强的贸易国和通过向付费顾客销售教育服务而使创汇最大化所需的有技能的人力资源的流动"。[④] 奈特·简（Knight Jane）则"从学校的层面将国际化定义为将'国际的维度'整合到高等学校的教学、研究和服务等诸项功能中的过程"。她把高等教育国际化定义为"大学的教学、科研和服务融入国际/跨

---

① Yang, R., *University internationalization: its meanings, rationales and implications*, Intercultural Education, 2002, pp. 81-95.
② 黄福涛：《"全球化"时代的高等教育国际化——历史与比较的视角》，《北京大学教育评论》2003年第2期。
③ 魏腊云、唐佳新：《新全球化时代与高等教育国际化——兼谈高等教育国际化与高等教育全球化的差异》，《煤炭高等教育》2003年第2期。
④ 〔美〕马利·杰克、凡·德·温得：《国际化政策：关于新倾向和对照范式》，姚加惠译，《国际高等教育研究》2003年第2期。

文化视角的过程"。① 随后凡·德·温得（Van der Wend）也指出以学校为基础的定义有其局限性，并提出一个更广泛的定义，她认为国际化是"使高等教育回应与社会、经济和劳动力市场全球化的需求与挑战的系统努力"。② 他们对高等教育国际化的理解具有明确的政策价值导向性，即高等教育国际化是要使高等学校的人才培养过程融入到国际社会中，要反映社会多方面的需求。

不少国际组织，如联合国及其下属的联合国教科文组织、WTO、欧盟等通过自身的影响来引导各国政府在高等教育国际化政策导向，这些国际组织通常会"关注和平和发展问题，倡导国际理解教育（Education for International Understanding）、发展教育（Development Education）、多元文化教育（Multicultural Education）等有助于世界、区域国家和平、发展的教育国际化理念"。③ 联合国教科文组织的大学联合会（International Association of Universities，IAU）提出："高等教育国际化是把跨国界和跨文化的观点、氛围与大学的教学工作和社会服务等主要功能相结合的过程，而且是一个包罗万象的变化过程，既有学校内部的变化，又有学校外部的变化，既有自下而上的，又有自上而下的，还有学校自身的政策导向。"④

二 关于高等教育国际化政策的形式研究

政策的形式决定于政策制定的主体，国际组织所制定的政策大多数表现为国际条约、协定、协议等法律文本，在高等教育国际化方面，我们可以将这些条约、协定、协议等大致纳入高等教育国际化的国际法范畴来理解。在中国国内，制定政策的主体大致包含三个方面：中共中央、国务院

---

① Knight, J., *Internationalization of higher education: a conceptual framework.* In: Knight J., de Wit H. (Eds.) *Internationalization of higher education in Asia Pacific countries*, Amsterdam, EAIE, 1997.
② 陈昌贵、翁丽霞:《高等教育国际化与创新人才培养》,《高等教育研究》2008 年第 6 期。
③ 〔加〕简·奈特:《激流中的高等教育:国际化变革与发展》,刘东风、陈巧云译,北京大学出版社,2011,第 3 页。
④ 〔加〕简·奈特:《激流中的高等教育:国际化变革与发展》,刘东风、陈巧云译,北京大学出版社,2011,第 3 页。

（包括国务院所属的部委及各级地方政府，从而构成完整的行政体系）、全国人民代表大会及其常务委员会（含各级地方人民代表大会及其常务委员会，这是我国的立法体系）。这三个主体的性质不同所制定的政策文本的形式也不一样，从而出现三种文本形式：政策、法规和法律。我们在研究高等教育国际化方面政策时可以大致将这些文本纳入国内政策范畴（法律也是一种刚性的政策）。

国际组织中有不少组织对高等教育国际化政策的制定一直发挥推进作用，尹玉玲认为，一些国际组织如"OECD 的两份出版物即《国际化与高等教育的贸易》（Internationalization and Trade in Higher Education）和《高等教育的质量与认证：跨境的挑战》（Quality and Recognition in Higher Education: The Cross-border Challenge），分析了跨境教育的主要趋势和挑战。2005 年，OECD 与 UNESCO 联合制定的《跨境高等教育质量指导方针》，为加强高等教育领域国际性合作迈出了重要一步"[①]。从国际法的角度来理解，这些文本应该可以纳入国际法的范畴去研究。

高等教育国际化政策所涉及的工作方面十分广泛，那么我们在制定高等教育国际化政策时应该侧重哪些工作方面呢？朱文、张浒通过研究提出，"由于受到外部压力和国内发展的双轮驱动，我国在较长时间内出台了一系列相关政策，呈现出明显的政策演进路径，主要涉及出国留学、来华留学、中外合作办学以及对外交流与合作四个方面的政策，这些政策在特定时期发挥了各自不同的政策效应"[②]。他们的研究成果大致明确了我国高等教育国际化政策的主要工作内容。

陈学飞认为，高等教育国际化正在向高等学校的课程层面渗透。他认为，MOOC 也是西方国家推销其高等教育国际化的方式之一，"OECD 在 1993 年 11 月和 1995 年 11 月先后两次召开的高等教育国际化学术讨论会上提出，高等教育国际化已从边缘逐渐变成了高等学校管理、规划、培养目标和课程的一个中心因素，并自 1996 年开始对高等教育课程国际化进行

[①] 尹玉玲：《OECD 视野下的高等教育国际化政策分析——基于跨境高等教育的视角》，《中国高教研究》2011 年第 11 期。
[②] 朱文、张浒：《我国高等教育国际化政策变迁述评》，《高校教育管理》2017 年第 2 期。

跨国比较研究。"① 因此，高等学校应该在制定政策时增强课程国际化的意识。

Marks 和 Joseph 认为，"随着传播媒体技术的不断扩展和日益丰富，政策文本的形式也应该随之发生改变，高等教育国际化政策文本的形式设计也应该如此。电子文本通过在线的方式呈现已经越来越多地被大众所接受，国家和学校政策主体应该乐观地接受这种形式而不拘泥于传统的各种方式"②。

Lentz 和 Shade 通过研究发现，高等教育国际化政策文本的形式受制于民主化发挥的程度，"虽然制定政策的民主化观念已经在世界大多数国家得到认可，但并不排除还有不少地方在制定政策时的民主化不够充分的问题的存在。民主化不是简单地喊口号，而是必须通过一定的机制得到落实的问题。高等学校的国际化政策能否民主，不仅是师生的参与问题，也是他们的意愿能否得到实现的问题"③。

三 关于高等教育国际化政策数量的研究

政策文本的数量多少主要依据政策对象的需求，也要反映政策主体的价值需要，但最终还是要落实到政策客体需求这个基本点，即政策客体面临的需求如果没有相应的政策作为依据就不能有效地开展工作时，政策主体就必须提供政策或寻找可以替换的政策。政策数量过多或不足，都会不利于实际工作的开展，都会影响政策客体的积极性。高等教育国际化政策主要客体是高等学校的教师和学生，那么，我们在规划和供给高等教育国际化政策时，就必须充分反映高校教师和学生的需求，适时制定适量的政策。

谢维和、陈超认为："自 20 世纪 80 年代中期以来，我国的教育政策无

---

① 陈学飞：《关于高等教育国际化的若干基本问题．大学国际化：理论与实践》，北京大学出版社，2007，第 76 页。
② Marks, Joseph, *State's Foreign Policy Compendium*, *Now in e-book Form*, Nextgov.com（Online），2013.
③ Lentz, Roberta G., Shade, Leslie Regan, Democratizing Communication Policy in the Americas: Why It Matters, *Canadian Journal of Communication*，2011，1.

论在数量还是在质量上都有很大的发展,但是,这种发展呈现出较大的波动性和非连续性,这种现象在一定程度上反映了政府意志的方向,以及控制教育改革与发展的力度的大小。本文把教育政策作为一种非常重要和独特的资源,通过教育政策的统计分析,研究了教育政策的类型、层次、性质等问题,并从数量的变化中反映教育发展的规律和内在机理,并对教育政策的发展方向进行预测。"[1]

刘晖、李晶"从'颁布数量''适用类别''主体构成''文本形式''政策主题''政策工具'6个维度对69份政策文本进行统计分析。结果显示:1985~2016年期间,我国高等教育质量保障政策从起步到形成较为庞大的政策体系经历了酝酿、发展、加速、密集四个时期,呈现出渐进性与爆发性、综合性与专一性、强权威性与弱依赖性、建设性与保障性、规制性与单一性并存的特征。政策数量与高等教育发展中的焦点事件紧密相关;政策的核心为评估,评估是我国高等教育质量保障的利器;政策工具的应用存在路径依赖,即权威工具使用过溢;政策价值取向从工具理性走向价值理性"[2]。

Clark等强调,高等学校在制定高等教育国际化政策的时候,政策数量的多少"要从整个学校乃至国家的政策体系的角度思考问题,不要孤立地就政策而政策,这种孤立地研制政策的思路是没有出路的,它容易导致政策之间的冲突而影响政策体系的效果的实现。孤立的政策观也会使政策主体逐步丧失全局观念而导致政策的更多失误"[3]。

Romano等提醒高等教育国际化政策主体,"要特别关注政策制定的伦理问题。政策伦理是一个隐藏在政策价值观背后的更深层次的价值观,虽然这种伦理可能在现实层面的政策文本中难以看得到,但细心的政策对象

---

[1] 谢维和、陈超:《中国教育改革发展的政策走向分析——20世纪80年代中期以来中国教育政策数量变化研究》,《清华大学教育研究》2006年第3期。
[2] 刘晖、李晶:《我国高等教育质量保障政策变迁研究——基于1985—2016年的政策文本》,《苏州大学学报》(教育科学版)2018年第2期。
[3] Clark, Noreen M., Lachance, Laurie, Doctor, Linda Jo, Gilmore, Lisa, Kelly, Cindy, Krieger, James, Lara, Marielena, Meurer, John, Milanovich, Amy Friedman, Nicholas, Elisa, Rosenthal, Michael, Stoll, Shelley C., Wilkin, Margaret, Policy and System Change and Community Coalitions: Outcomes From Allies Against Asthma, American Journal of Public Health, 2010, 5.

是可以感受得到的。所以，政策伦理也是一种更高层次的政策。高等学校在研制国际化政策时，也要有一个公正和自由的政策伦理，以便师生能够更方便、更自由地参与到国际化进程中来。"①

四 关于高等教育国际化政策制定程序的研究

程序是制定政策（法律）的必由之路，程序是否公正、正义、透明是政策和法律能否发挥其应有效应的充分且必要的条件。政策和法律制定的主体必须严格按照既定的程序履行制定政策的相应职责。高等教育国际化政策中含有大量的法律文本，这就更需要我们加强程序建设，确保政策和法律的公正合理。

朱永坤、白永提出："教育公平问题源于教育政策。教育政策制定程序包括技术性程序和制度性程序，程序是否公平是影响教育政策公平性的一个重要因素。提高教育政策制定程序公平性的有效方法在于程序公开和程序参与，而听证制是程序公开和程序参与的有效形式。"② "根据程序公正理论提出公共政策制定程序与公众对政策的可接受性的关系问题。研究一通过访谈不同领域的学者，初步揭示了公共政策及其制定程序存在的问题——对公共问题不敏感，解决问题的措施成效低。研究二用问卷调查公众对一个制定中的公共政策的态度，恰与政策制定者的愿望相反，公众并不认可政府解决问题的设想，也不认同政府举行的听证会的结果。研究三设计了一个非等组前后测准实验，在两个互联网站的电子公告板上比较根据不同的公共政策制定程序的政策的可接受性。结果证明，制定政策时了解公众态度可增强政策的针对性，提高解决问题措施的成效和可接受性。"③

程洪恩认为，"政策制定的程序问题，是当前政策学研究的一个突出的重要的课题。制定政策特别是制定宏观政策和重大政策，是一个非常复

---

① Romano, Megan E., Wahlander, Staffan B., Lang, Barbara H., Li, Guohua, Prager, Kenneth M., Mandatory Ethics Consultation Policy, *Mayo Clinic Proceedings*, 2009 (7).
② 朱永坤、白永：《教育政策制定程序：教育政策公平性的重要影响因素》，《现代教育管理》2011年第10期。
③ 李大治、王二平：《公共政策制定程序对政策可接受性的影响》，《心理学报》2007年第6期。

杂的决策过程，必须有合乎科学决策规律的政策制定程序。所谓政策制定的程序，就是在总结以往政策制定经验的基础上，把政策制定的必经过程、工作顺序、活动步骤、议政形式、决策方法、签发手续等，排出程序，立为制度，使其程序化、制度化、法律化，并使它具有不可违背的权威性和约束力。"①

顾友仁认为，"当代任何实行民主宪政的国家都重视程序。我国在公共政策制定中对于程序正义原则的坚持已经取得了丰硕成果，但还存在着诸多挑战。只有将公共政策制定中程序正义的基本理论与我国国情联系起来，将理论研究与实践探索结合起来，坚持理论创新，才能建构起中国特色公共政策制定中程序正义的理论框架和实践模式，促进社会主义民主政治的发展和公共决策的科学化、民主化、法制化。"②

Fitsimmons 提出："政策制定程序公正是政策研制的基本前提，因此，一个'善'的政策的制定与政策主体是否树立'善'的观念有十分密切的关系。高等教育国际化政策的制定也应该基于这样的基本前提。也就是说，政策制定者在研制政策之前，首先必须有一个'善'的价值指向，即所要制定的这个政策必须能够给政策对象带来利益保护而不是相反。"③

Uzun 和 Ozdogan 等人认为，"如同一般政策的价值追求一样，高等教育国际化政策的制定者也十分追求政策效果的最优化。这种对政策效果最优化的追求即是一种理念，也是一种设计政策的手段。高等教育国际化政策效果的最优化的一个基本标准就是高校师生是否满意，他们能否在这个政策中获得他们所要获得的。"④

---

① 程洪恩：《政策制定程序的初步探索》，《理论探讨》1992年第1期。
② 顾友仁：《论我国公共政策制定中的程序正义》，《湖北社会科学》2005年第11期。
③ Fitsimmons, Gary, *The Policy/Procedure Manualpart I: Making and Abiding by Good Policies*, EN, 2011, pp. 233-235.
④ Uzun, Arzu, Ozdogan, Ahmet, Maintenance Parameters Based Production Policies optimization, *Journal of Quality in Maintenance Engineering*, 2012 (3).

第四节　高等教育国际化政策工具研究

关于"政策工具"这个概念内涵的理解，目前国内外学者仍然各执己见。① 我们认为，对于"政策工具"的准确理解可以从两个方面着手：政策性和工具性。所谓政策性是指政策工具本身也是一种政策而非绝对的工具，例如，激励是一种手段，具有工具性，但是当政策主体实施某种政策需要采取激励手段时必须要制定相应的文本来规范激励行为（如激励范围、对象、方法、奖励额度等），那么这种文本本身也是一种政策文本，当然也就是政策。政策工具的最大特点是其手段性也就是工具性，所以政策工具一定是一种手段和方法、举措，通过这些手段、方法和举措实现政策主体的意愿。可见，政策工具既具有政策性也具有工具性，实际上，在我们日常工作中，不

---

① 关于什么是"政策工具"，由于研究者们理解的角度不同，所给出的定义也是各不相同。中华文库（http：//www.chinadmd.com/file/etuuvzxcxoeiacz6vwts66wo_1.html，2018年2月2日10：29访问）有文章专门讨论这个问题，现转摘如下：有学者把政策工具定义为"影响政策过程以达到既定目的的任何事物"，或"一个行动者能够使用或潜在地加以使用，以便达成一个或更多的目的的任何事物"；也有学者通过分类或列出几组具体工具来对政策工具进行描述。这些观点都把工具看成拥有某些共同特征的活动，例如一项计划、一条法令。还有学者认为工具只具有正式（官方）和合法性特征，如尼达姆的定义就是"相对于公共主体的可用的具有合法性的治理"，许多坚持工具的正式特征的学者都赞成这个定义。然而，显而易见的是政策工具不仅仅具有正式特征，现实中还存在着大量非正式工具。得到广泛认同的观点是把政策工具看成一种"客体"，如胡德就认为"工具"概念可以通过将之区分为"客体"和"活动"从而得到更明晰的理解。首先，工具可以被当作"客体"，尤其是在法律文献中，人们把法律和行政法规说成工具，它指的是形成法律和法规的一整套命令和规则。其次，工具也可以被当作一种"活动"，如林格林就把工具概念描述成为："致力于影响和支配社会进步的具有共同特性的政策活动的集合"。然而，这种区分定义法却在一定程度上模糊了"政策"和"工具"这两个概念之间的界限。如果说政策是"与某一社会问题相联系的行动或行为"，那么，政策工具又是什么呢？因此，人们更倾向于把政策工具看作"客体"。不幸的是，这种定义在将之具体化时却存在着困难。另外，欧文·E.休斯在《公共管理导论》一书中将政策工具定义为："政府的行为方式，以及通过某种途径用以调节政府行为的机制"。我国学者张成福的定义则是："政府将其实质目标转化为具体行动的路径和机制"。要界定什么是政策工具，必须弄清楚几点。首先，政策工具存在的理由是为了实现政策目标，它是作为目标和结果之间的桥梁而存在的。其次，政策工具仅仅是手段，而不是目的本身。"条条大路通罗马"，政策工具的范围相当广泛，对其选择也可具有相当大的灵活性。最后，政策工具的主体不仅仅是政府，其他主体也可以拥有自己的工具。综上所述，我们将政策工具定义为：人们为解决某一社会问题这一政策目标而采用的具体手段和方式。

少政策文本中是将这两种性质融合在一个文本中:通常一个政策文本的前半部分可能更多的是政策性的内容,而后半部分更多的是工具性的内容,政策性和工具性融为一体了。

一 关于高等教育国际化政策工具作用的研究

政策工具是推动政策目的得以实现的手段,但是不同的政策工具所能发挥的政策推动效应却不完全一致。这就需要政策主体在实施政策的过程中针对政策的目的和对象的特点以及社会环境等多种要素的综合考虑,选择一种合适的政策工具。从理论上说,并不存在着一种通用的政策工具,也不存在西方学者所鼓吹的具有普世性的政策工具。同一种政策工具在一个群体里有效,但是在另一个群体里可能就无效;在一个时期有效,在另一个时期就无效。例如,有研究者指出,在我国使用的政策工具中直接行政被视为最为有效的政策工具,"政府推行该政策主要是运用直接行政这一权威工具,忽略了高校内部的利益冲突和主观意愿,一味地依靠政府的强制力予以推行。正如我们所见,高校合并出现了各种乱象,这种乱象直接源于政策执行中对主要利益相关者行为动机的忽略,而权威工具的整齐划一性往往忽视了利益的冲突。权威工具是政府使用的最古老和最常见的达成政策目标的技术,包括法律、直接行政、管制等方式。"[①] 可见,直接行政虽然有其强大的政府权威的优势,但是如果滥用这样的权威也会导致政策工具失效进而导致政策的失误,最终还是会影响我国高等教育事业的发展。

政策工具的"双重性"使得其在国家政策的制定和实施的过程中发挥着桥梁作用。在高等教育国际化政策的实施过程中,国家仅仅只有政策本身的设计和要求是难以达到预期的效果的。因此,有研究者提出,"在高等教育国际化进程中,国家层面的力量十分强大,中央通过全国教育工作会议以及各种政策法规,部署和指导本国高等教育国际化的发展方向,但宏观政策始终未能充分考虑到高等教育国际化的各个方面。同时,每个方

---

① 吴合文:《改革开放以来我国高等教育政策工具的演变分析》,《高等教育研究》2011年第2期。

面及发展阶段不均衡，甚至从无到有，而教育本身是个需要建设和积累的过程。因此，国际化战略是一个长期艰巨的过程，需要国家通过政策工具引导和支撑"①。

吴薇、刘璐璐"以《国务院关于鼓励社会力量兴办教育促进民办教育健康发展的若干意见》政策文本为分析对象，基于基本政策工具维度和民办教育发展维度构建了二维分析框架，以内容编码、工具分类、统计分析为研究线索，分析了我国民办教育政策存在的问题。研究发现，当前我国民办教育政策存在供给型政策工具相对不足、环境型政策工具运用居多、需求型政策工具相对短缺等问题。未来我国民办教育政策的优化应聚焦三点：优化政策工具组合，提升政策工具与民办教育发展的契合度，注重政策工具的可持续性"②。

朱伟认为，"政策设计是指选择适当的政策工具实现经审慎确定的政策目标，涉及政策理念、政策内容和政策过程。20 世纪七八十年代，政策设计研究呈现蓬勃发展的趋势，相关研究聚焦于政策工具与政策执行，至 90 年代末，全球化和治理思维倡导简化设计的观念，削弱了政策设计的研究。近年来，简化设计的追求在现实中并未实现，使得政策设计再度引起政策研究者的关注，被称为'新兴政策设计'。'新兴政策设计'强调对'工具箱'或混合工具等主题的关注，其中对设计师行为特征以及对情境要素的关注比过去更为深入，但'新兴政策设计'受到来自社会建构理论、不均衡政策回应、政策行动者等理论的挑战。政策设计研究的复兴，需在'理论—情境—行动者'三个层面进行有效整合，从而向更具普遍解释力的方向发展。"③

Gómez-Barroso、José-Luis、Feijóo 等人坚持这样一种观点，"高等教育国际化政策工具的真正价值不在于当代，而在于对下一代人的影响。我们这一代虽然也会受到政策工具的制约和作用，但是，年轻一代受到政策工

---

① 朱文、张浒：《我国高等教育国际化政策变迁述评》，《高校教育管理》2017 年第 2 期。
② 吴薇、刘璐璐：《政策工具视角下我国民办教育政策研究——基于〈国务院关于鼓励社会力量兴办教育促进民办教育健康发展的若干意见〉的分析》，《教育与经济》2018 年第 3 期。
③ 朱伟：《西方政策设计理论的复兴、障碍与发展》，《南京社会科学》2018 年第 5 期。

具影响的时间会更长，因为他们正在接受这样的教育。因此，政策工具制定者应该更多地考虑年轻一代人的感受和意愿，以便使他们能够从学校的国际化政策中获得更多的收益。"①

Lane 提出，"高等学校为了开展国际化教育所开发的政策工具必须要随着时间和外界环境的变化及时更新，以保证政策工具的新鲜程度。政策工具是一个比政策变化更加频繁的事物，对客观环境的变化更加敏感，如果不及时更新就失去了政策工具的价值"②。

二 关于高等教育国际化政策工具类型的研究

与政策工具的内涵理解一样，关于政策工具的分类也是见仁见智，③

---

① Gómez-Barroso, José-Luis, Feijóo, Claudio, Policy tools for public involvement in the deployment of next generation communications, the Journal of Policy, Regulation and Strategy for Telecommunications, Information and Media, 2009, pp. 3-13.
② Lane, Neal F., Science Policy Tools Time for an Update. EN, 2011: 31-38.
③ 关于"政策工具的分类"在学界也是一个争论不休的话题，同样难以找到一个大家比较公认的分类。《中华文库》（http://www.chinadmd.com/file/etuuvzxcxoeiacz6vwts66wo_1.html，2018年2月2日10:29访问）有文章专门讨论这个问题，现转摘如下：在很长一段时间里，政策工具的分类主要依据工具特性来进行。为了形成一种明确的分类，人们已经投入了不少的时间和精力。然而，现有的分类都不怎么让人满意，没有一个能够对政策工具做全面穷尽的介绍。由于分类标准不统一，学者们对于工具分类也各持己见。荷兰经济学家科臣最早试图对政策工具加以分类，他着重研究这样的问题，即是否存在着一系列的执行经济政策以获得最优化结果的工具。他整理出64种一般化的工具，但并未加以系统化的分类，也没有对这些工具的起源和影响加以理论化探讨。美国政治学家罗威、达尔和林德布洛姆等人也做过类似的研究，但他们倾向于将这些工具归入一个宽泛的分类框架中，如将工具分为规制性工具和非规制性工具两类。萨尔蒙推进了他们的讨论，增加了开支性工具和非开支性工具两种类型。著名政策分析家狄龙将政策工具划分为法律工具、经济工具和交流工具三类，每组工具都有其变种，可以限制和扩展其影响行动者行为的可能性。另一种更新近的三分法是将政策工具分为管制性工具、财政激励工具和信息转移工具。胡德提出了一种系统化的分类框架。他认为，所有政策工具都使用下列四种广泛的"政府资源"之一，即政府通过使用其所拥有的信息、权威、财力和可利用的正式组织来处理公共问题。麦克唐纳和埃莫尔根据工具所要获得的目标将政策工具分为四类，即命令性工具、激励性工具、能力建设工具和系统变化工具。英格拉姆等人也做出了一个类似的分类，将政策工具分为激励、能力建设、符号和规劝、学习四类。加拿大公共政策学者霍莱特和拉梅什在《公共政策研究》（1995）一书中根据政策工具的强制性程度来分类。他们将政策工具分为自愿性工具（非强制性工具）、强制性工具和混合性工具三类。与其他分类方法相比，他们的分类框架更具解释力、更合理。欧文·E. 休斯在《公共管理导论》一书中认为绝大多数的政府干预往往可以通过四方面的经济手段得以实现，它们是：(1) 供应，即政府通过财政预算提供商品和服务；(2) 补贴，它事实上是供应的一种补充手段，政府正是通过这种方式来资助私人经（转下页注）

研究者所持的角度不一样，其对政策工具所做的分类也不一样，甚至大相径庭。"政策工具的分类很多，目前国际上最通用、最具影响力的分类是麦克唐纳和埃莫尔（L. M. Mc-Donnell & R. F. Elmore）两位学者提出的分类方法，他们把政策工具分为五种：命令性工具、激励性工具、能力建设工具、系统变革工具和劝告或劝诱工具。"[1] 针对国外学者的分类，国内研究者也提出了政策工具分类的思路，提出了"权威工具"等概念，并对这些工具作用做了较为客观的分析，吴合文认为，"权威工具在传导政策目标上相对有效，可管理性相对较强，但它的缺点是在解决利益冲突上的不可变通性，特别是对于那些在没有进行充分的民意调查的情况下制定的政策，如果以权威工具强制推行，往往会损害政策的有效性。能力工具在高等教育政策实施中有效发挥作用的两个基本条件是：在提供一定资源的情况下政策目标群体有充分的动机去实现政策目标，高校或个体有充分的自由选择权。激励工具是一把双刃剑，既可以激发高等教育组织及个体的创造性，也可能引起学术社区内部的价值扭曲。"[2] 国内外学者对政策工具分类的研究对于我们分析高等教育国际化政策工具的研究具有一定的借鉴意义。

（接上页注③）济领域的某些个人，生产政府需要的商品和服务；（3）生产，只政府生产在市场上出售的商品和服务；（4）管制，指政府运用国家强制力批准或禁止私人经济领域的某种活动。林德和彼得斯认为政策工具是多元的，他们列出了以下的工具：命令条款、财政补助、管制规定、征税、劝诫、权威、契约。我国学者张成福在《公共管理学》中，按政府介入的程度对政策工具进行了分类，它们是：政府部门直接提供财货与服务、政府部门委托其他部门提供、签约外包、补助或补贴、抵用券、经营特许权、政府贩售特定服务、自我协助、志愿服务和市场运作。我们将政策工具分为三大类，即市场化工具、工商管理技术和社会化手段。市场化工具指的是，政府利用市场这一资源有效配置手段，来达到提供公共物品和服务的目的的具体方式，民营化、用者付费、管制与放松管制、合同外包、内部市场等都可以用来帮助政府达成政策目标。作为政策工具，工商管理技术是把企业的管理理念和方式借鉴到公共部门中来，吸取有效经验达成政府的政策目标，它包括战略管理技术、绩效管理技术、顾客导向技术、目标管理技术、全面质量管理技术、标杆管理技术和企业流程再造技术等。社会化手段是指政府更多地利用社会资源，在一种互动的基础上来实现政策目标，如社区治理、个人与家庭、志愿者组织、公私伙伴关系等。

① 周晨琛：《OECD 和 UNESCO 高等教育国际化政策的比较研究》，《洛阳师范学院学报》2013 年第 3 期。
② 吴合文：《改革开放以来我国高等教育政策工具的演变分析》，《高等教育研究》2011 年第 2 期。

但是，基于本书的研究的主题是关于高等教育国际化政策工具，因此，我们从如何推动高等教育国际化、培养更多优秀的国际性人才的角度来分析，大致可以将高等教育国际化政策工具分为政治性政策工具、保护性政策工具、激励性政策工具、协作性政策工具等方面。

所谓政治性政策工具，是指我们在鼓励高等学校开展国际化的过程中，要坚持中国特色社会主义这个基本的政治态度。中国的高等教育是在共产党领导下的高等教育，高等学校在办学过程中必须坚持党的教育方针，各级各类高等学校在开展国际化人才培养和国际交流与合作时，必须与我们的教育方针保持一致：无论是我们派出去留学和交流的学生，还是招收来华留学的学生，决不能允许出现在思想和行动上反党反社会主义的倾向。因而，我们在研制政治性政策工具中务必有相应的措施，教师要遵守课堂纪律，学生要遵守我国宪法和教育法律，杜绝出现反对我国根本制度的现象。

所谓保护性政策工具，是指我们在开展高等教育国际化时要有对我国教育主权、高等教育制度、派出留学的学生权益采取保护措施。中国历史进入近代以来经历了殖民地半殖民地的过程，这是中华文明所经历过的最黑暗的历史——中华文明遭受到西方文明的侵蚀、经济受到西方国家的极度压榨和剥削、国家领土被侮辱性地分割、国家主权被有意识地侵略。高等教育从制度到内容都遭受到无情的殖民，中华文化乃至东方文明的高等教育从此走向衰微。时至今日，西方列强仍然在高等教育领域对我们采取歧视性政策[①]（如不承认中国高等学校学生的学分、不承认我们的培养方案等）。以史为鉴，我国高等学校在开展国际化时，务必要有保护我国高等教育主权、制度和学生的合法权益等方面的意识，上升到政策层面就是我们不仅要有相应的政策，更要有成体系的政策工具。

所谓激励性政策工具，是指对参与国际化进程的各级各类高等学校给

---

① 近年来，中国高等教育参与国际交流的频率越来越高，国内召开高等教育的国际性学术会议中也大量邀请西方学者参与研讨。一位在国际上很有影响的高等教育学者在中国参加一次高等教育的学术研讨会上，有中国学者问他中国高等教育在国际化进程中是否对世界高等教育做出贡献的时候，这位学者傲慢地说："坦率地说，没有。"可见，西方的学者里对于中国的高等教育仍然存在着很多的偏见和歧视。——编者注

予政策、资金、人员乃至机制建设等方面鼓励和倾斜。激励性政策工具是最为常用的政策工具，尤其是在我国高等教育经费投入整体不足、各级各类高校办学经费差别十分巨大的背景下，激励性政策工具会有特别有效的作用。但是，高等学校必须善用这个工具，其中特别需要高等学校做好科学的规划，合理并有效地使用国际化过程中的教育经费。除了给予直接的经费激励之外，国家还需要通过扩大高等学校办学自主权、鼓励高等学校在国际化过程中创新校内管理体制机制也是需要特别予以激励的方面。从长远来看，后者比前者更有深远的价值，否则高等学校就很难"断奶"。

西方国家政府近年来在高等教育国际化政策工具方面特别善于运用激励性政策工具。有不少学者在研究中都指出了这些现象。杨启光在《当代不同国家高等教育国际化政策发展模式》一文中指出，为了促进英国高等学校积极推进国际化进程，"英国政府确定了投入巨额资金、进一步扩大留学生规模、继续提供各种奖学金、高校形成外国学生在英国学习的最佳实践案例、支持大学发展战略合作伙伴等支持性政策，来最大限度地为国际教育贸易服务，以达到让英国置身于世界一流教育行列的目的。"[①] 同样，澳大利亚政府近年来，也是大用特用政策激励工具，张慧洁在《高等教育全球化中政府作用的变化》一文中介绍，澳大利亚政府"从1990年开始，政府决定所有外国学生必须缴付全额费用。此外政府还解除外国学生市场的管制，允许各校直接招收外国学生，可自定并保留外国学生所缴的学杂费，也不会因此影响各大学原先享有的政府经费。这一政策的实施使澳大利亚所有的学校都到外国市场招生"。[②] 可见，激励性政策工具是可以在短时间内起到较好效果的，但受学术伦理规律的影响，激励性政策工具往往具有时效性的特点，必须要与其他政策工具配合使用才能发挥更为持久的效益。

所谓协作性政策工具，是指高等教育国际化不仅仅是高等学校人才培养工作之一，也是事关民族和国家发展的战略性工作，这就需要我们站在国家战略的角度来思考这项工作，国家应该将其纳入国策的范畴来研制相

---

① 杨启光：《当代不同国家高等教育国际化政策发展模式》，《现代大学教育》2008年第5期。
② 张慧洁：《高等教育全球化中政府作用的变化》，《黑龙江高教研究》2004年第12期。

应的政策和政策工具。协作性政策工具应该将国家的高等教育国际化视为一个整体，通过鼓励高等学校相互协作从而构成一个强大的高等教育团队（联合体）。通过这样整合的整体实力开展高等教育国际化，这一点是西方发达国家在体制机制上很难实现的，而这正是我国社会制度的优势，我们应该充分发挥这种优势从而使高等学校在国际化的过程中始终保持强大的态势和有力的话语权。

Goodman 提出，"国家立法机关应该为政策工具的设计提供思路和指导，甚至可以直接开发政策工具。高等学校国际化工作需要国家权力机构支持的途径之一就是这些机构能否提供可用的政策工具。政策工具的权威性是保证其实施效果的前提，没有了这个权威性，工具的实效性也会大打折扣。因此，国家权力机构应该在政策工具的开发和使用方面发挥更多的作用。"[1]

Siddiki、Weible、Basurto、Calanni 认为，"高等学校在开展国际化过程中，注意将政策工具设计与政策本身统合和衔接起来，这样无论是政策还是政策工具都能够发挥更好的效果。这就需要政策设计者要正确把握政策内容与政策工具这两个范畴内部各要素之间的关系，协调好这些要素就能持久发挥各自的效力"[2]。

第五节 高等教育国际化政策评价研究

政策评价一直是政策学科研究中始终存在的一个难点，由于已经引起了多学科专家的高度关注，因而政策评价也是多个学科研究的焦点。尽管目前不少学科对政策评价做了很多很好的探索并且也取得了不少进展，但是仍然难以克服政策评价中不断提出的诸多疑问。关于政策评价需要特别关注四个焦点问题：政策评价的价值取向、政策评价的内容、政策评价的

---

[1] Goodman, Julie, Congressional Tools in Foreign Policy: Rock, Paper, or Scissors? War Games of the Legislative Branch, *Political Science & Politics*, 2005, pp. 225-227.

[2] Siddiki, Saba, Weible, Christopher M., Basurto, Xavier, Calanni, John, Dissecting Policy Designs: An Application of the Institutional Grammar Tool, *Policy Studies Journal*, 2011 (1), pp. 79-103.

主体和政策评价的手段。

一 关于高等教育国际化政策评价的价值取向的研究

所谓高等教育国际化政策评价的价值取向，是指高等教育国际化政策评价主体自身在对高等教育国际化政策进行评估和测量过程中所秉持的价值观念及其指向。但是，当政策评价主体在对政策实施评价的过程中实际上可能会存在三种价值取向：政策主体在制定政策时的价值取向（A）、政策利益相关者的价值取向（B）和政策评价主体自身的价值取向（C）。

政策主体出于宏观管理和平衡各方面利益的考虑会从多种价值取向中筛选出最终的价值取向，这种价值取向基于政策制定主体的角度也许是最为合理的，但是这种"最为合理"的价值取向也许并不能真正反映该政策利益相关者的价值取向，即政策主体的价值取向与利益相关者的价值取向并非完全统一；利益相关者总是有限的群体、是有一定范围的限制，他们基于自身利益的需要，其价值取向往往会有一定的局限性，因此，他们的利益诉求并不能与政策制定者利益关注完全一致；同样，政策评价者也有自身的利益考虑，也难以做到与政策制定者及该政策的利益相关者的价值取向保持完全一致。这样看来，对于高等教育国际化政策的评价中，可能会出现上述三种价值取向的矛盾和冲突（见图2-1）。

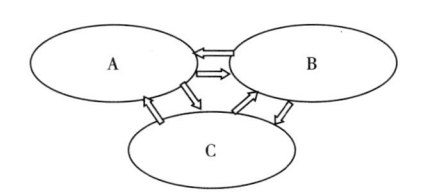

图 2-1 高等教育国际化政策评价诸多价值取向的关系

为了解决上述三种价值取向之间可能存在的矛盾和冲突，我们必须在三者之间寻找共同的价值取向（如图2-2）。

这种共同的价值取向（见图2-2中的深色部分）要求高等教育国际化政策评价主体必须秉持"客观公正"的原则，既不受政策制定主体的价值取向影响，也不受政策利益相关者的价值取向干扰，更要排除自身的价值

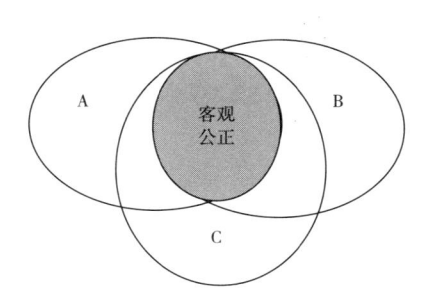

图 2-2　高等教育国际化政策评价共同价值取向

取向，真正做到科学、公正、合理的评价，推进高等教育国际化政策的有效实施。

在我国，目前 C 还处于比较弱小的状态，也缺乏规范成熟的约束机制，C 对高等教育国际化政策所做出的评价的影响力还十分有限。目前主要是西方几个大学排行榜的组织垄断着高等教育国际化政策评价，从而影响着世界各国高等教育国际化政策的走向。但是，这些组织自身的局限性甚至天然的歧视性和偏见对包括我国在内的发展中国家高等教育国际化政策所做出的评价并不能真正反映发展中国家高等教育国际化的实际，反而容易误导这些国家的高等教育国际化政策导向。所以，我们必须冷静和理性地看待他们的评价结果。

从 B 的角度来看，目前，B 在高等教育国际化政策研制的参与力微乎其微，所能掌握到的信息也十分有限，至少从目前的情况来看，B 的利益诉求还很难及时准确地反馈到 A，这也在很大程度上制约了 C 所评价的权威性。面对我国高等教育国际化政策的现实，我们只能寄希望于 A 能够发挥自身的各种优势，尽量使得所研制的政策更加科学、合理，也寄希望于 A 能够对其所研制的政策做出尽可能公正的评价，以便能够不断完善其政策。

王学杰认为，"政策评价是政策合乎规律运作中的重要环节，它通过负反馈的方式帮助改进政策的质量，对实现决策科学化和民主化具有不可替代的作用。……其实政策评价的价值标准和行为标准是缺一不可的，无论忽视哪一类都不能科学地评价政策。但是在具体的政策评价中不加区别地把二者搅混在一起也是有害的。价值标准具有前提性意义，用它评价政策可以更好地体现制定政策的目的，离开价值标准我们甚至弄不清制定政策究竟是为了什么？所以在考虑政策的目标时应更多地运用价值标准把握是非和方向。"①

陈绍芳提出："在人们的政治生活中，政策评价是一种特殊的认识活动。人作为这种认识活动的主体，其自身的能动性表现得尤为突出。政策评价主体的价值取向直接影响着评价对象和评价指标体系的确定，影响着其对评价结果的处理态度。加强公众价值取向的引导，对于提高政策评价的科学性具有重要意义。"②

王学杰提出，"政策评价的价值标准就是由政策主体和社会公众普遍认可的一般价值观共同决定的，它一经形成便具有相对稳定性。在我国现实条件下，政策评价的价值标准集中体现了中国人民建设一个富强、民主、文明的社会主义现代化国家的共同愿望，它包括以下两个层次。

第一个层次，是一般价值标准。评价我国现行政策，最重要的一般性价值标准有两个：第一，四项基本原则是评价政策的政治标准。根据这个标准，一切违背四项基本原则或者鼓励违背四项基本原则倾向的政策都应该加以否定。例如，我们的政治体制改革各项政策不能导致多党制，搞活经济的政策不能导致私有制。第二，社会主义的伦理原则是评价政策的道德标准。我们的政策应该鼓励良性行为，禁止或者限制不良行为，一切违背社会主义伦理原则的政策及其措施都是应该否定的。例如，我们的政策不能导致两极分化，不能容许被资本主义视为合法的'红灯区'的存在等等。"

Haug 和 Rayner 等在讨论欧洲气候政策评价价值倾向时，也提到了高等教育国际化政策评价的价值指向这个问题，他们认为，"目前各国在高等教育国际化政策评价时，也面临着许多进退维谷的现象：一方面，各国都希望通过国际化来发展各自的高等教育、提高人才培养质量，另一方面，又担心高等教育国际化的实施会影响本国文化的发展，引发更多的民

---

① 王学杰：《论政策评价的价值标准和行为标准》，《社会科学》1994 年第 4 期。
② 陈绍芳：《主体价值取向在政策评价中的作用》，《理论探讨》2002 年第 2 期。

族矛盾。如何解决好这些问题,成为欧洲各国乃至世界很多国家面临的挑战。"①

Brooks、Filipski 等提出,"高等教育国际化政策评价模型建构需要有明确的价值指向。不同的价值观会导致不同的评价模型的出现,但这些模型是否符合学生的需要值得思考。学校要本着学生需求第一的价值观设计政策评价模型。"②

二 关于高等教育国际化政策评价内容的研究

所谓高等教育国际化政策评价内容,是指评价主体所要评价的对象,即对高等教育国际化政策实施效果如何进行评估和测量。每一项政策出台以后都需要对政策实施的结果与政策主体所确定目标达成度(政策目标—政策效果)开展评估,其结果通常分为三大类:完全达到政策目标、基本达到政策目标和没有达到政策目标。对于高等教育国际化政策的评价也可以从这三个方面来开展。

如果作为高等教育国际化政策的评价者仅仅基于目标与达成度两者关系来评价并且最后得出三个结论中的某一个结论,这样的评价并不完整。这是由于仅仅满足于对目标与达成度之间的结果来评价,并未能对产生这种结果的原因展开评价,这对于高等教育国际化政策制定主体来说并无大益,因为他们不知道出现这种结果的原因何在。

有鉴于此,对于高等教育国际化政策评价在需要对产生"目标—达成度"结果进行评价之外,还需要对其结果的原因开展评价。这就需要涉及对高等教育国际化政策制定主体的权威性(合法性)、政策研制程序、政策形式、利益相关者的诉求以及政策实施的国内外政策环境等方面开展系统性评价,唯有如此,评价的结果才具有真实性,所提出的解决问题的对

---

① Haug, Constanze, Rayner, Tim, Jordan, Andrew, Hildingsson, Roger, Stripple, Johannes, Monni, Suvi, Huitema, Dave, Massey, Eric, van Asselt, Harro, Berkhout, Frans, *Navigating the Dilemmas of Climate Policy in Europe: Evidence from Policy Evaluation Studies*, Climatic Change, 2010, 3-4, pp. 427-445.

② Brooks, Jonathan, Filipski, Mateusz, Jonasson, Erik, Taylor, J. Edward, *The Development Policy Evaluation Model (DEVPEM): Technical Documentation*, EN. 2011, 51, pp. 5-49.

策才具有可行性。

关于高等教育国际化政策制定主体的权威性（合法性）的评价主要包括对高等教育国际化政策主体的权威性层级和是否合法（主要基于国际法的视角）进行认定。通常情况下，国家权力机关的层级越高，其所制定的政策的权威性就越高，在我国，党中央和国务院所制定的政策的权威性最高，全国人民代表大会所制定的法律地位最高，这些机构所研制的政策文本的效力最高，其他各级主体在制定政策文本时不得与上述文本的内容发生冲突。这在西方发达国家也是如此。而对高等教育国际化政策合法性的评价不仅具有国内法的意义，更多的是基于国际法考虑。例如，针对某一项涉及高等教育国际化的国际条约（协议）等，其是否具有合法性要视国内政府是否予以承认并签署（或选择性签署），如果国家不予以承认而且不签署加入这个条约（协议），那么作为高等教育国际化政策的评价者就不能认定其合法性，也不能基于这样的条约（协议）来评价国内的相关政策实施效果。

关于高等教育国际化政策研制程序的评价主要开展对政策研制过程是否符合相关程序进行认定和判断。从本质上看，这项评价也是对高等教育国际化政策的合法性和权威性的评价。对于政策（狭义上的）文本的研制来说，虽然没有像法律的制定那样具有非常严格的程序，但是也并不是制定主体可以肆意妄为的结果，也需要遵循一些基本的程序。从立法的角度看，遵循程序本身也是一种立法和对法律权威性予以尊重的体现。作为高等教育国际化政策的评价者，需要对政策的产生过程进行分析和检查，以便做出科学的结论。一项政策即便实施效果很好，但是如果没有进行合法的程序，我们也不能就此做出"这项政策是一个好政策"的结论。因为这项政策实施效果好的原因可能具有偶然性而不具备必然性，而且如果我们做出"这项政策是一个好政策"的结论，会在客观上鼓励和肯定政策研制主体不遵守程序的行为，从长远的意义上看，不尊重"程序"的政策制定行为是不符合政策研制科学性、公平性和正义性这些基本原则的。

关于高等教育国际化政策形式的评价主要是对高等教育国际化政策的表现形式所做的评估和测量。由于高等教育国际化政策制定的主体不同，其所研制的政策（广义上的）的表现形式也不相同，而政策的形式又决定着政策本身的效力,这就需要政策制定者根据所要解决问题的范围、对象和难度等因素确定高等教育国际化政策的形式。由此可见,高等教育国际化政策的评价者就需要根据上述要求对政策的表现形式进行评估和测量。例如,本应该由国家层面制定的政策反而变成由某一个地方政府制定的政策,这种政策形式的出现也许可以解决某一局部地区和局部群体的诉求,但是,这样政策实施的负面后果就会造成整个国家政策分配利益的不平衡、不均等和不公正,进而可能会造成社会新的矛盾,影响社会的稳定。这从国家政策效率来看就是负效益,政策评价者就应该及时提出评价意见并向社会指出这种政策的负面性。在高等教育国际化政策研制和实施的过程中要特别避免出现负面性效益政策的出现。

反之,在国家宏观政策的指导下,地方政府不能积极实施政策行为而是采取上有政策、下有对策的政策行为,也应该不是政策的正常形式。政策评价者也应该及时评估并指出其危害性和负面性,对这些非常政策形式提出批评和整改建议,督促其依据更高层面的政策科学确定政策形式,发挥正确的政策形式应该发挥的作用,高等教育国际化政策过程也要遵循这样的原则。

关于高等教育国际化政策利益相关者诉求的评价应该充分考虑和反映政策利益相关者的合理诉求。通常情况下,高等教育国际化政策利益相关者的诉求范围、深度和强度要大于政策制定者的价值取向范围、深度和强度,而且政策制定者在综合多方面利益均衡的情况下基于政策资源的供给的有限性,总是要尽可能缩小高等教育国际化政策利益者的诉求范围、深度和强度,这就是我们通常所谓的"政策博弈"的过程。作为秉持价值中立原则的高等教育国际化政策的评价者如何看待这个博弈是其要做出的重要选择。这就需要对高等教育国际化政策的利益相关者诉求进行评估和测量,如果利益相关者的诉求是合理的,在范围、深度和强度等方面的要求并不是非理性的,则应该支持其诉求,并基于这样的态度对政策实施的效果做出更为准确的评定。

关于高等教育国际化政策实施的国内外政策环境的评价要从国内和国际两个方面去客观分析。高等教育国际化政策实施的效果如何并不完全由政策本身决定,而要受制于政策实施的环境。往往会出现这样一种情况:

政策文本本身设计十分合理，形式也是规范的，也能够达到利益相关者的诉求水准，但是却难以达到政策应有的效果。究其原因可能是政策实施者未能选择好恰当的时机，致使政策在实施时所要求的政策环境不能满足政策实施的需要，这样的政策就会出现效果不理想的情况。作为政策评价主体，在对该项政策进行评价时就应该多从政策的外部环境去分析原因，从而提出有效的对策。

李建民、肖甦认为，"伴随着教育政策研究的不断深入，教育政策的评价问题逐渐进入人们的视野。同属亚洲文化圈的日本，在世纪之交完成了教育政策评价机制的构建，将之统筹在政府政策评价的总体框架之下。日本教育政策评价方式相对多样、辅以配套支持措施、注重评价结果反馈，通过多种手段充分保证教育政策评价的科学、有效。"[①]

刘会武、卫刘江、王胜光、温珂"从政策评价入手，吸收了威廉·N.邓恩主张以价值为核心的政策评价理念，对评价主体、评价客体以及相互间关系进行界定分析后，提出了面向创新政策评价的三维分析框架，并以案例进行分析和佐证，不仅完善了创新政策评价的内涵，而且为评价执行提供了一种新的思路和方法"。[②]

王映提出，"日本是世界上教育政策评价制度最为完善的国家，其教育政策评价已经形成制度化的体系，并进一步被纳入教育政策管理的整个循环体系之中，政府专门为教育政策评价制定计划书。"[③]

de Leon 和 Varda 在分析政策评价内容时强调，"要构建一个整体化的政策评价理论，这个理论一定要具有很强的整合性和统筹性，以便政策的制定者能够更好地把握全局，统筹政策的制定。这种整合性理论不仅需要政策高层去思考和设计，政策基层的实施者也要掌握和熟悉"[④]。

James、Jorgensen 要求"高等学校在评价所制定和实施各项政策时，一定要把握好政策知识、政策规划、形势变化这三者之间的关系。高等教

---

① 李建民、肖甦：《日本教育政策评价机制评析》，《现代教育管理》2015 年第 7 期。
② 刘会武、卫刘江、王胜光、温珂：《面向创新政策评价的三维分析框架》，《中国科技论坛》2008 年第 5 期。
③ 王映：《日本文部省教育政策评价计划述评》，《全球教育展望》2004 年第 3 期。
④ de Leon, Peter, Varda, Danielle M., Toward a Theory of Collaborative Policy Networks: Identifying Structural Tendencies, *Policy Studies Journal*, 2009 (1), pp.59-74.

育国际化政策涉及面非常宽，既有国内的政策，也有国外的政策，还有国际的政策。这就需要我们必须了解相关政策的知识，做好相应的规划以应对外在形势的变化。这样的思路可以使得各项政策得到顺利实施"。①

三 关于高等教育国际化政策评价主体的研究

高等教育国际化政策评价主体目前主要来自三个方面：政府、国际组织和国内第三方机构（中介组织），三者的权威性和效力依次是政府、国际组织和国内中介组织。由于政策本质是利益的重新分配，因此完全排除掌握重要资源的政府在政策评价中的作用和地位是不现实的，也是非理性的。在一定时期内，高等教育国际化必须依赖政府的积极推进。所以，英国学者不无道理地指出，"显而易见的是，民族性国家教育体系并没有因为国际化而消失，而政府并不准备放弃他们在组织这种体系中的角色。他们对于国家经济发展和社会聚合而言至关重要，无论如何教育仍然是许多国家少有的几个政策领域之一，因为政府仍然认为应当对它加以控制"②。薛二勇和徐向阳的研究也有同样的结论，他们认为，"20世纪80年代以来，国际化成为芬兰高等教育改革的中心目标。随后，芬兰组建了国际教育交流中心（CIMO），具体负责高等教育与其他国家的交流与合作。1999年《波洛尼亚宣言》的签署，极大地促进了芬兰高等教育国际化进程。为了保持芬兰的国际地位以及尽快融入欧洲高等教育区，建设欧洲研究区，从而使欧洲和美国、亚洲争夺优秀的生源、师资与研究者，2000年后，芬兰政府加大了改革力度，促进高等教育的国际化"③。

但是，从评价工作本身来看，政府在评价中处于过强的地位、扮演强硬的角色确实难以准确评价政策的效率，即通常所谓的如"运动员与裁判员关系"问题。但是，要彻底解决这个难题，在整个发展中国家也许还需要走出很长的一段路，急于求成和一蹴而就的观念是难以奏效的。

---

① James, Thomas E., Jorgensen, Paul D., Policy Knowledge, Policy Formulation, and Change: Revisiting a Foundational Question, *Policy Studies Journal*, 2009 (1), pp. 141 – 162.
② 〔英〕安迪·格林：《教育、全球化与民族国家》，朱旭东、徐卫红等译，教育科学出版社，2004，第2页。
③ 薛二勇、徐向阳：《芬兰高等教育国际化政策及分析》，《高等农业教育》2007年第2期。

国际组织在高等教育国际化政策的价值取向方面一直发挥着导向作用，尤其是对于发展中国家被殖民的高等教育来说，完全消除国际组织在高等教育国际化政策评价中的影响是不可能的，至少从目前来看，这种影响正与日俱增，暂时还看不到式微的迹象。但是，对于发展中国家来说，无论是国内政府还是中介组织，在面对来自国际组织的各种关于高等教育国际化政策评价时，应该保持警醒的头脑将国家利益和高等教育主权等价值放在首位，客观地看待国际组织的一些评价指标是否具有意识形态性和明显的价值偏颇，不能盲目地搬用这些组织的评价标准和方法。

社会第三方组织（中介组织）在法理上看应该是能够以价值中立的原则客观评价政策实施的效果，在对高等教育国际化政策开展评价时既不盲从政府的价值意愿，也不简单迁就政策对象的价值诉求。但是，现实的情况并非我们法理意义上的简单和单纯，这些中介组织也有自己的利益考虑，他们难以做到真正的价值中立。这就需要制定中介组织的行业规范、提高评价人员的职业伦理水准。同时，政府也可以适当放宽国际组织的准入标准，引进少数信誉度较高且价值较为中立的国际组织参加国内高等教育国际化政策的评价，以制衡和规范国内第三方评价组织的行业行为。在这个问题上，学界应该投入更多的研究精力、开展范围更广的研究。

吕红认为，"高校信息公开政策评价是高校信息公开工作的重要组成部分，开展其研究对于高校信息公开制度建设具有重要的理论价值和现实意义。在高校信息公开政策评价内涵的基础上，从主体与客体、标准与方法、实施过程分析、系统要素构建四方面论述我国高校信息公开政策评价理论体系的构建问题"[①]。

张继平提出，"高等教育评估政策评价是高等教育评估政策运行过程的一个重要环节。在实践运行中，我国高等教育评估政策评价存在五大难题：评价目的——难以发挥价值导向的作用；评价主体——难以作出客观真实的判断；评价客体——难以形成持续稳定的体系；评价标准——难以反映社会公众的立场；评价方法——难以进行科学合理的描述。解决五大

---

① 吕红：《高校信息公开政策评价理论体系的构建研究》，《图书情报工作》2012年第18期。

难题，一是回归民意，理性思考评价目的；二是集思广益，多元选择评价主体；三是长远规划，持续改善评价客体；四是权衡利弊，因情制定评价标准；五是综合分析，合理运用评价方法。"①

康健"以新中国成立后体育政策的评价目的、评价主体、评价对象、评价标准、历史背景和政策依据等为研究对象，研究我国体育政策评价体系历史特点及现状，即主要是依靠评价官员个体行为及一些易衡量的政策结果来实现对政策的评价，而关于体育政策及部门没有明确的评价体系和制度。主要是以政策目标为依据的结果导向型评价，即考察政策结果是否符合预期政策目标，同时，也指出体系的时代性，即对举国体制的相互作用和改革开放后对新环境的不适应性"。②

Poel、Kool等在自己关于政策评价主体的研究方面提出，"政策主体要具有政策设计的创新能力。高等学校应该鼓励学生和教师加入学校政策研制中来，并积极创新各方面的政策，这不仅是高等学校的责任，也是高校师生的义务"③。

McConnell提出，"政策主体在评价各项政策的时候，特别要关注政策之间的灰色地带的各种影响要素。这些要素虽然模糊，但可能会对相关政策的实施产生致命的影响。高等学校政策复杂性并不比其他领域低，所以，高校在开展国际化政策评价时，也要特别关注这些灰色地带的因素"④。

四 关于高等教育国际化政策评价手段的研究

尽管学界对于政策评价手段的理解千差万别，但是作为简单化归纳，政策评价手段大致可以归为两种：定性评价和定量评价，对于高等教育国际化政策的评价手段的研究也可以从这两个方面去分析。就高等教育国际

---

① 张继平：《高等教育评估政策评价的五大难题》，《学术论坛》2011年第9期。
② 康健：《简析新中国成立后我国体育政策评价体系》，《运动》2017年第1期。
③ Poel, Martijn, Kool, Linda, Innovation in Information Society Policy: Rationale, Policy Mix and Impact in The Netherlands, Info: the Journal of Policy, Regulation and Strategy for Telecommunications, *Information and Media*, 2009 (6), pp.51-68.
④ McConnell, Allan, Policy Success, Policy Failure and Grey Areas In-Between, *Journal of Public Policy*, 2010, pp.345-362.

化政策评价来看，仍然面临着定性评价有余而定量评价不足的问题，主要原因在于高等教育国际化政策从制定到实施，需要采集大量数据，而这些数据本身是难以采集而且不少信息是难以量化的，这些问题的存在无疑增加了高等教育国际化政策定量评价的难度。所以无论是国内还是国际，对于高等教育国际化政策的评价仍然采取定性评价与定量评价相结合尽可能量化的手段。

应当承认，发达国家和一些国际组织在对高等教育国际化政策开展评价时所使用的手段比较灵活且多样化，这一点值得发展中国家政府和中介组织向他们学习。但是在学习时应该理性分析，尽可能在本土化的过程中进行创新和发展，从而更为合理地对本国的高等教育国际化政策开展评价。近年来，利用计算机科学和 IT 技术的成果，利用云数据所采用大数据挖掘的方法大行其道，受到诸多行业和学科领域的关注。根据我们对高等教育国际化政策评价的理解和经验，数据挖掘技术应该可以在很大程度上解决政策评价中定量评价不足的问题，也许能够突破这个瓶颈。

董幼鸿认为，"日本政府政策评价制度是以《政策评价法》为基础而确立的政策评价体系与框架，规范了日本政府政策评价的目的、程序、标准、方法及评价责任等，这些具体规定对我国政策评价制度的建构具有重要借鉴意义。因而，我们以日本《政策评价法》为分析依据，借鉴日本政策评价成功做法和经验，探索建构适合我国国情的政府政策评价制度"[①]。

周实、齐宁认为，"政策评价制度是实现政策的科学化、民主化、法治化的重要保障。日本神奈川县逗子市是日本最早实施政策评价的城市之一，其政策评价制度包含了从原则的确立、组织的构建到责任的承担等内容，在政策评价的信息公开、程序机制、市民满意度、指标体系等方面具有一些典型特征。以此为我国政策评价制度从评价组织、评价方法、评价手段、评价指标、评价责任等方面的完善提供有益的启示"[②]。

[①] 董幼鸿：《日本政府政策评价及其对建构我国政策评价制度的启示——兼析日本〈政策评价法〉》，《理论与改革》2008 年第 2 期。

[②] 周实、齐宁：《日本神奈川县逗子市实施政策评价的特征及其启示》，《行政法学研究》2010 年第 2 期。

杜澄指出，"十六届三中全会，党中央提出以五个统筹为核心的科学发展观，这是解决当前深层次矛盾和问题、完善市场经济体制的根本方略。而要将五个统筹落到实处的关键是要统筹推进各项改革，要实现政策和计划层面的进一步统筹、协调，建立与之相适应的机制。在新世纪，政策评价作为当前亟待开展的一项新工作，应首先在国家层面进行，做好试点、稳步有序。组织落实是开展工作的保证，人才培养是拓展工作的重要条件"[①]。

Nelson 提出，"高等学校在开展国际化政策评价手段的选择上，要注意评价政策的效益——投入与产出之间的关系。不能只看投入而不考虑政策实施的效果。学校的政策规划部门，要定期组织相关领域的专家选用合适的评价手段来评价已经运行的政策效果"[②]。

Grafakos 和 Flamos 等人建议，"在政策评价工具进行选择的时候，要研究各种工具或手段的权重，不要在一个价值平面上使用评价手段。高等学校开展政策评价时也要注意这个问题"[③]。

第六节 国内外高等教育政策国际化研究现状述评

通过以上对国内外学界关于高等教育国际化政策研究方方面面的分析，我们可以发现，关于高等教育国际化的讨论有很多共同之处，研究的领域有很多相似的地方。不同的是，我国学者研究比较专注于宏观领域，如高等教育国际化的动因、内涵、特征等；而国外学者关注的更多的是从高等教育或高等教育对象（人）的本身来探讨高等教育国际化问题，如质量保障、课程教师国际化、大学联盟等。但是，不可否认的是，从政策分

---

① 杜澄：《关于当前我国开展政策评价的总体思考与建设》，《管理评论》2004年第10期。
② Nelson, Arthur C., Smart Growth Policies: An Evaluation of Programs and Outcomes, American Planning Association, *Journal of the American Planning Association*, 2010.
③ Grafakos, Stelios, Flamos, Alexandros, Oikonomou, Vlasis, Zevgolis, Dimitrios, Multi-criteria analysis weighting methodology to incorporate stakeholders' preferences in energy and climate policy interactions, *International Journal of Energy Sector Management*, 2010 (3), pp. 434-461.

析的层面来研究高等教育国际化的文献非常少见,以比较的视角来探讨不同国家高等教育国际化政策的研究文献更是微乎其微,这无疑增加了本研究的难度。只有突破这个难点才能够使本研究具有更多的实践价值和理论价值。为此,我们必须从政策分析的层面出发,并用比较的视角来研究高等教育国际化政策及其政策工具的研制和使用,这样则更有利于我们对高等教育国际化的宏观把握,更有利于制定出科学、有效并适应我国高等教育国际化发展的政策体系。

第三章　高等教育国际化政策的相关理论研究

　　高等教育国际化政策是建立在高等教育国际化这个现实基础上的政治和规制。在大多数发展中国家看来，制定高等教育国际化政策是为了更好地适应高等教育国际化这个潮流，使本国的高等教育在国际化过程中获得更多更好的高等教育资源。但就高等教育国际化的实践来看，发展中国家在得到他们所期望的部分所谓的"优质高等教育资源"的同时，也失去了他们本应该拥有的政治、经济、文化和教育主权等方面的资源。到目前为止，高等教育国际化仍然是一边倒的国际化，即西方发达国家的高等教育理念、制度、机制等去"化"发展中国家的高等教育理念、制度、机制，发展中国家处于"被化"的状态。

　　从政策的本质上看，各国（主要是发展中国家）在制定高等教育国际化政策时应该有两种选择路径：一种政策路径是通过制定政策，按照发达国家的高等教育模式改造本国的高等教育模式；另一种政策路径则是制定政策拒绝发达国家的高等教育模式。而部分国家则是制定部分接受发达国家的高等教育模式同时积极开展本土高等教育改革以便能够在高等教育国际化进程中赢得话语权，不被发达国家高等教育模式所同化。那么，高等教育国际化政策到底该如何制定？这就需要我们首先从理论上弄清楚国际化以及高等教育国际化的本质。

第一节　国际化与高等教育国际化

　　国际化到底为何物？中国人的"大同世界"是不是国际化？国际化是

不是人类社会发展必然要经过的阶段？所有这些问题都需要我们厘清国际化的渊源是什么。

一　国际化的渊源

说起国际化这个概念，也许很多人会想起《国际歌》里的一句话，"不要说我们一无所有，我们要做天下的主人，这是最后的斗争，团结起来到明天，英特纳雄耐尔就一定要实现。"歌词中的"英特纳雄耐尔"，即英文 international，"源于法语的 internationale，国际的意思；'国际'（'国际工人协会'的简称）的音译，瞿秋白译作'英特纳雄耐尔'。在《国际歌》中指国际共产主义的理想"①。而《国际歌》的创作源于巴黎公社的失败，这已经是 100 多年以前的事了。在此之前的 1864 年，在马克思的领导下成立了国际工人联合会（史称"第一国际"，1864~1876），之所以成立这样的组织，就是为了联合各国工人阶级的力量集体对抗资产阶级的国际联合。所以，国际化的渊源来源于 1848 年革命后，欧洲资本主义飞速发展，资本主义世界市场形成，资本主义各国的联系越来越具有国际性质。此后历经第二国际（1889~1916）、第三国际（1919~1943）、第四国际（1938~）和第五国际（1994~）。发展至今，第四国际和第五国际②仍然在世界各地从事各种运动。

从上述共产国际的历史演进来看，我们对于国际化这一现象做出以下几点判断。

首先，国际化现象本身并不是一种简单的经济行为和文化行为，而是充满着浓烈的政治行为和意识形态色彩。国际化的根本原因是由于资本的贪欲所引起的跨国扩展行为而导致的资产阶级的国际联合，资产阶级进行

---

① 《英特纳雄耐尔》，360 百科，https：//baike.so.com/doc/5011725-5236945.html，2018-2-5，15：56 访问。
② 关于第四国际、第五国际的活动情况，可以参阅相关文献，如：https://baike.baidu.com/item/%E7%AC%AC%E5%9B%9B%E5%9B%BD%E9%99%85/6302638?fr=aladdin 和 https://baike.baidu.com/item/%E7%AC%AC%E4%BA%94%E5%9B%BD%E9%99%85/2879773?fr=aladdin 等，通过阅读这些文献，我们可以发现，世界共产主义运动仍在进行，尽管其中有些观点和行为并不能为我们所接受，但是在高等教育国际化政策制定过程中，这些运动可以为我们的思考拓宽视野。

国际联合的目的在于共同实现对全世界市场的占有，从而实现资本利润的最大化。相应地无产阶级遭受到的剥削也就更加深重，世界的财富不断积聚到少数国家、少数资本家手中。如果有人揭穿并抵制他们获得利润的途径，他们就会发动侵略战争、动用制裁等手段。这说明资产阶级的国际化从产生的那一天开始就夹带着欺诈、剥削和恐怖，而并不是那些资产阶级经济学家所谓的资本在世界范围内的合理配置。

国际化与全球化有着千丝万缕的联系，也有研究者认为，国际化就是在全球化这个理念的基础上提出来的，而全球化概念的提出正是西方发达国家的学者[1]而非发展中国家的研究成果。那么我们不禁要问，为什么全球化、国际化这些概念都出自西方学者之口而不是发展中国家的学者？难道仅仅是因为他们比其他发展中国家和民族更文明、更聪明、更先进？说到底还是其背后资产阶级的本质对利润的贪得无厌使然。由此可见，当我们在与西方学者讨论国际化、全球化这些问题时，我们应该反思一下：我们与他们是站在一个立场上吗？我们有共同的价值观吗？

其次，国际化理念不同于中国人的"大同世界"[2]的理念。从上文对国际化产生的渊源的分析中，我们可以明确地回答，西方资产阶级的国际化与中国人主张的大同世界是完全不同的两个理念，这是东西方不同文明对人类社会的不同理想和愿景。中国人的大同世界追求的是人与人之间建立起来的和谐关系，大同世界的"中心思想是'天下为公'，即天下的人都没有了

---

[1] 经济全球化至今没有一个公认的定义，有的学者认为，经济全球化这一概念最早是由美国经济学家 T. 莱维在 1985 年提出的；也有的学者认为，最早提出这一概念的是 OECD 的前首席经济学家 S. 奥斯特雷，他在 1990 年指出，经济全球化主要是指生产要素在全球范围内广泛流动、实现资源最佳配置的过程。1996 年，联合国贸易和发展会议所下的定义是：全球化是世界各国在经济上跨国界联系和相互依存日益加强的过程，运输、通信和信息技术的迅速进步有力地促进了这一过程。国际货币基金组织的定义是：跨国商品、服务贸易及国际资本流动规模和形式的增加，以及技术广泛、迅速传播使世界各国经济的相互依赖性增强，它是现代经济的一个动态过程，是社会经济发展到一定阶段的产物。笔者认为，经济全球化是指资本、劳动力、技术、知识、信息等生产要素在全世界范围内自由流动，各要素统一的世界市场逐渐形成，各国之间的经济联系日益紧密的过程。经济全球化具体表现为：贸易全球化、金融全球化、生产经营活动全球化、人才流动全球化以及国际经济贸易组织的协调管理作用增强。参见王晓妍《论经济全球化对发达国家经济的影响》（《管理观察》2010 年第 4 期）。

[2] 源自《礼记·礼运》，其中有对大同世界的理想的描述："大道之行也，天下为公。……是故谋闭而不兴，盗窃乱贼而不作，故外户而不闭，是谓大同。"

私心。个人所做的一切工作与努力都是为了使社会更加美好。大同世界分为两个阶段，分别为小康社会与大同社会。它是孔子为我们描绘的关于未来世界的美好蓝图！[①]"，而西方提出的国际化则是彻头彻尾的对剩余价值的最大追求，是极端的唯利是图的少数人剥削多数人的理想世界。

最后，国际化是人类社会发展必须经过的、不可逾越的阶段。国际化的产生渊源说明，它是资本主义社会发展的必然选择，既然资本主义是人类社会不可逾越的社会现象，那么国际化也必然是人类社会必须面临的不可回避的选择，它是资本主义制度的产儿。我们这样分析国际化的本质并非我们要回避、否定或者消灭国际化。相反，我们应该借用国际化这个途径建设我们所期望的社会，因为国际化毕竟是西方发达国家追求理想社会的一种手段，既然国际化是一种手段和方法，那么它本身就不应该具有阶级性，也就不是资产阶级独占的——资本主义国家可以使用，我们社会主义国家一样可以使用（正如资本主义可以用商品经济，我们也可以用商品经济这个手段一样），历届共产国际也要通过国际合作推翻资产阶级制度不也说明了国际化本身的无阶级性嘛。因此，我们在制定高等教育国际化政策时也必须坚持这样的态度。

二 关于国际化本质的辨析

通过上述关于国际化渊源的分析，我们认为，国际化是与资本主义制度一起产生的推动资本主义获取更大利润的手段，其背后所体现出来的资产阶级理想就是通过国际化这个手段达到他们所期望的少数人剥削多数人的世界社会结构，这就是国际化的本质。之所以我们认为国际化是人类社会不可逾越的社会现象，是因为从人类社会发展的历史长河的角度来看，国际化在促进人类社会进步中有其可资的价值，正如商品经济可以促进人类社会发展一样。

吴晓明在《当代中国的精神建设及其思想资源》一文中指出，"如果说，黑格尔是通过精神在自我运动中展开其各环节的具体化，来规定诸文

---

① 《大同世界》，百度百科，https：//baike.baidu.com/item/%E5%A4%A7%E5%90%8C%E4%B8%96%E7%95%8C/4828602?fr=aladdin，最后访问日期：2018年2月5日。

明的世界历史意义，那么，马克思则首先根据人们的现实生活本身所获得的推动与改造及其过程的实践展开，来揭示现代文明的普遍性，亦即其世界历史意义。"① 国际化也具有现代文明的普遍性的一面，因而就具有了其存在的价值和必要，因为资产阶级在获取自身利益的同时，与以往社会相比，"它创造出巨大的生产力和史无前例的文明成就，它摧毁了一切封建的和宗法的关系并使整个社会生活得到革命性的改造，它彻底变革了传统的生产方式并使生产日益社会化……最后，它把历史转变成真正的'世界历史'：由于开拓了世界市场，它使一切国家的物质生产和精神生产都成为世界性的了"②。我们在批判资产阶级唯利是图的本质时，必须承认资产阶级在构建和完善资本主义制度的过程中对人类社会进步所做出的贡献，正如我们在批判其国际化背后的追逐利润最大化和剥削性的同时，也要看到国际化作为一种手段在促进国际社会合作方面的积极性，如果我们善于运用这种手段促进世界各民族平等发展，树立中国人的大同世界的理想，建立人类命运共同体，那么我们就不应该简单否定国际化作为一种手段所具有的价值。

加拿大学者简·奈特从全球化的角度分析了国际化这个手段的两面性，她认为："全球化是指这样一个过程，在当今世界，人员、文化、思想、价值观、知识、技术和经济等跨境流动的不断增加，导致国家和地区之间的联系越来越紧密，相互依存度越来越高。全球化对每个国家的影响方式各不相同，它既可以产生积极影响，也可以产生消极影响，或者二者兼而有之，这取决于一个国家独特的历史、传统、文化、优先发展选择和资源情况。"③ 她对国际化的认识应该是比较理性和客观的，与我们上述的观点基本一致。清华大学袁本涛教授从一流大学建设的角度介绍了清华大学"在学生国际流动、教师国际化水准、教学与课程的国际化、国际合作研究以及合作办学等方面的国际化进程，总结出国际化对于发展中国家而言是因应经济全球化和国际人才竞争的一种重要手段，也是发展中国家建

---

① 吴晓明：《当代中国的精神建设及其思想资源》，《中国社会科学》2015年第5期。
② 《马克思恩格斯选集》（第1卷），第274~277页。
③ 〔加〕简·奈特：《激流中的高等教育：国际化变革与发展》，刘东风、陈巧云译，北京大学出版社，2011，第3页。

设世界一流大学的基本路径,但如何在国际化中体现本土化是需要继续努力的方向"。①

中国在国际化的过程中长期处于被动状态,"近代以来的中国发展确实部分地从属于现代文明的普遍性,这首先是由于西方资本主义文明'在它的那个阶段获得它的绝对权利'。海德格尔把这种情形称为西方历史'扩张为世界历史',或地球和人类的欧洲化(Europe Isierung)。而马克思则明确写道:现代资本主义文明'使未开化和半开化的国家从属于文明的国家,使农民的民族从属于资产阶级的民族,使东方从属于西方'。这是一种必然的、但也始终是历史性的从属关系"②。今天,我们正处于这种历史性选择的十字路口,应该基于中华民族文化的延续和发扬光大的态度积极参与国际化,尽早结束"东方从属于西方"的国际化格局。

三 关于高等教育国际化内涵的考察

高等教育国际化是国际化的一个领域,但是这个领域的每一个细微的行动都会对整个国际化进程产生不可替代的影响。目前,国际高等教育界对于高等教育国际化内涵的理解还难以取得共识。

陈昌贵、翁丽霞认为,"高等教育国际化是指为了服务于知识文化和政治经济等多个目的,高等学校在知识普遍性的内在动力和政治经济文化的外在动力的推动下,其内部国际性特质通过各个要素的活动显现出来的过程。……我国的高等教育国际化应定位于服务国家经济与社会发展的需要,开拓国际视野,培养具有国际竞争力的人才"③。孟照海从学术、宗教、科学、政治、经济维度详细地分析了高等教育国际化的动因,但同时指出"信息通讯技术和国际组织也为高等教育国际化提供了条件和保障,而且高等教育自身的发展也要求它必须融入国际维度、参与国际活动。正是多种因素的合力才推动了高等教育的国际化,使其呈现出不同

---

① 袁本涛:《高等教育国际化与世界一流大学建设:清华大学的案例》,《高等教育研究》2009年第9期。
② 吴晓明:《当代中国的精神建设及其思想资源》,《中国社会科学》2015年第5期。
③ 陈昌贵、翁丽霞:《高等教育国际化与创新人才培养》,《高等教育研究》2008年第6期。

的形式"。①

我国学者顾明远认为,"高等教育国际化主要内容包括:加强外语教学,增设有关国际问题的课程、学业和系科,进行广泛的人员国际交流,开展跨国教育和学术合作等"②。臧佩红则提出,"所谓教育国际化,既是指伴随着全球化进程的发展,在教育领域萌生的一种面向世界的教育理念,更是一种优化各国教育资源和要素在国际的配置以培养国际型人才的教育实践活动"③。这个理解一样可以扩展到对高等教育国际化的理解。

陈学飞认为,"所谓高等教育国际化,是指一国的高等教育注意并努力面向世界发展的状况和趋势"④。任丽娟在提到高等教育国际化内涵时,指出所谓"高等教育国际化,是指一个国家的高等教育或某所具体的大学在国际意识、开放观念指导下,通过开展国际性的多边交流合作活动而不断促进对国际社会理解,提高国际学术地位,参与国际教育事务,促进世界高等教育改革与发展的动态发展的过程或趋势"。⑤

徐继宁在总结了1994~2004年间国内学者对高等教育国际化的理解,论及高等教育国际化的内涵,国内一般的研究观点多集中在三个方面:"第一,认为高等教育国际化的发展背景应该是国际范围;第二,认为高等教育国际化的主要目的是传播和借鉴国外先进的办学方法、措施、途径;第三,认为高等教育国际化的主要活动就是开展跨国的人才培养、科学研究及学生教师的国际交流等等。另外还有学者综合地提出有关高等教育国际化的各种理论:人才论、过程论、结果论和活动论等等,以上这些观点和论点只能说是高等教育国际化发展中的一部分内容的反映,难以从整体上把握高等教育国际化的本质。"⑥

美国学者哈若瑞认为,高等教育"国际化主要指大学内在的精神和文化氛围,大学应该有'明确的赞同、积极的态度、全球的意识、超越本土

---

① 孟照海:《高等教育国际化的动因及其反思》,《现代教育管理》2009年第7期。
② 转引自仇鸿伟《高等教育国际化与中国的战略选择》,《大学》(学术版)2012年第10期。
③ 臧佩红:《试论当代日本的教育国际化》,《日本学刊》2012年第1期。
④ 陈学飞:《高等教育国际化,从历史到理论到策略》,《上海高教研究》1997年第11期。
⑤ 任丽娟:《高等教育国际化研究》,《沈阳农业大学学报》(社会科学版)2006年第1期。
⑥ 徐继宁:《国内高等教育国际化新进展》,《黑龙江高教研究》2006年第12期。

的发展方向及发展范围'；史蒂芬·阿勒姆和冯·瓦特在分析美国前 30 年所使用概念的基础上总结出高等教育国际化的三个要素：课程的国际化内容、学者和学生的国际流动、国际学术支持和项目合作"。① 在美国，"汉森和梅耶森把高等教育国际化视为将大学校园变得更加国际导向的过程。梅斯滕豪瑟则认为国际化就是把国际教育融入课程设置的过程。其他一些美国学者把视线集中在高等教育的产出——大学毕业生身上。1996年，国际教育管理者协会的一个工作小组认为国际化应该反映学习结果的变化，在大多数领域培养那些具有国际合作能力与竞争力的杰出毕业生应该是将来国际化的核心。哈拉依则认为人事问题才是高等教育国际化的核心要素"②。

加拿大大学学院联合会（Assoeiation of Univesrities and Colleges of Canada，AUCC）对国际化有明确的定义："高等教育国际化是把跨国界、跨文化的视角观点与高等教育机构的教学、科研和服务功能相结合的进程"。③

芬兰学者苏德瑞（Soderqvist）将高等教育国际化看作"一种由特定国家的高等教育机构向国际性的高等教育机构的转变过程。在转变中，大学为了达到提升教学与科研水平，增强竞争实力的目的，将国际维度整合到管理体系中的各个方面"。④ 美国学者阿特巴赫（Philip G. Altbach）和加拿大学者简·奈特（Jean Knight）在一篇名为《高等教育国际化的前景展望：动因与现实》的文章中指出，"国际化指的是学术系统和学术机构，甚至是个人为应对全球化的学术环境而制定的策略和实际行动；而全球化则被界定为一种经济、政治和社会力量，这一力量推动着新世纪高等教育更加广泛地融入国际环境中。"⑤

---

① 转引自仇鸿伟《高等教育国际化与中国的战略选择》，《大学》（学术版）2012 年第 10 期。
② 转引自曾满超、王美欣、蔺乐《美国、英国、澳大利亚的高等教育国际化》，《北京大学教育评论》2009 年第 2 期。
③ Knight, J., *Progress and promise*, Assoeiation of Univesrities and Colleges of Canada, 2000.
④ Soderqvist, M., *Internationalization and Its Management at Higher Education Institutions: Applying Conceptual, Content and Discourse Analysis*, Helsinki, Finland: Helsinki School of Economics, 2002.
⑤ 转引自赵显通《国际视野下的高等教育国际化概念及动因解析》，《江苏高教》2013 年第 6 期。

一些国际教育组织也加入对高等教育国际化内涵研究的行列中来,并提出了各自对高等教育国际化内涵的独特理解。例如,"1989 年成立的欧洲国际教育协会(European Association for International Education,EAIE)认为由于高等教育国际化涵盖面非常广泛,所以只能将其宽泛地定义为所有与其相关的活动,在进行这些活动时,教育的国际化方向得以凸显。与此观点类似,成立于 1911 年的加拿大大学学院联合会(Association of Universities and Colleges of Canada,AUCC)也认为实际上并没有一个简单的、唯一的、包罗万象的高等教育国际化定义;它只是在一个真正的融入了全球化概念的环境中所开展的目的在于为学生提供国际教育经验的一系列活动"[1]。

从上述国内外学者对于高等教育国际化内涵的理解中,我们可以大致把高等教育国际化理解为"高等教育国际化是伴随着经济全球化而来的世界各国高等学校在国际范围内开展全方位合作与交流的过程,其目的则是基于各国高等教育发展现实需要而不尽相同,由于目的的差异性而致使各国高等学校开展的国际合作与交流的内容、深度与广度都具有很大的差异性"。

根据上述对高等教育国际化的理解,我们可以从中发掘出值得关注和思考的几个问题。

首先,高等教育国际化是基于经济全球化背景而产生的一种手段。其背后的动因是因为经济因素的推动,而不仅仅是出于文化交流与人才培养的目的。而政治是经济的集中体现,所以,高等教育国际化必然会伴有政治等意识形态因素的考虑。无论是资产阶级还是无产阶级(共产国际组织)都不反对高等教育国际化这个手段,但是基于不同的政治立场,其背后的政治价值观念(目的)是不同的。特别是对于发展中国家来说,在推进高等教育国际化进程时务必保持清醒的头脑,冷静而理性地制定相应的政策。

其次,高等教育国际化实际参与者是各国的高等学校,而政府只是高等教育国际化政策的主体,这是两个相互联系又相互制约的不同的主体。

---

[1] 赵显通:《国际视野下的高等教育国际化概念及动因解析》,《江苏高教》2013 年第 6 期。

而作为把握国家意识形态的政府一定要对参与高等教育国际化的高等学校进行指导和规范,而不是在尊重高等学校办学自主权的幌子下任由高等学校完全独立行动。西方国家政府所谓的学术自由和完全放任高等学校开展国际化具有一定的欺骗性,对于发展中国家来说不能盲目听信。

最后,各国在开展高等教育国际化的过程中一定要有基于本国高等教育发展的实际需要而确定明确的目的。对于大多数发展中国家来说,开展高等教育国际化的主要目的是拓宽学生的国际视野、提高学生的综合素养、培养高质量的全球治理人才、促进学科水平的快速提升。"即高等教育国际化的最终目标在于培养一流的国际性人才,让本国高等教育走向世界,让世界人民了解并认同,从而对世界文化的多样性发展做出贡献,以彰显不同国家的国际影响力。"① 在此基础上逐步开展文化交流,并不断扩大各自国家的文化话语权。

第二节　国际化政策与高等教育国际化政策

国际化作为一种手段和途径,其本身并不具有价值倾向性,但是要合理使用好国际化这一手段为提高各自国家高等学校质量服务,就必须要依靠各国政府和高等学校制定基于自己目的的系列政策来实现这个目的。这就需要我们对国际化政策以及高等教育国际化政策开展研究。

一　国际化政策内涵辨析

毋庸置疑,国际化政策是经济全球化政策的产物或附属品,没有经济全球化的政策作为动力,国际化政策就失去了生存的基础,正所谓"皮之不存,毛将焉附"。从我们在 CNKI 平台上用"国际化政策"作为关键词的检索结果来看,尚未发现一篇以国际化政策为标题的论文,而涉及国际化政策的文章多是基于某个学科的角度开展研究,其中基于高等教育角度研究国际化政策的论文最多,占现有论文的 45%(见图 3-1),这说明国

---

① 杨启光:《当代不同国家高等教育国际化政策发展模式》,《现代大学教育》2008 年第 5 期。

内外学者在讨论国际化政策时大多是基于高等教育这个角度来开展的，或者说我们大多数研究者在研究国际化政策时主要是研究高等教育国际化政策的。这是一个很有趣的现象，值得我们做更加深入的思考，是不是说明高等教育与国际化政策之间存在着十分密切的关系？

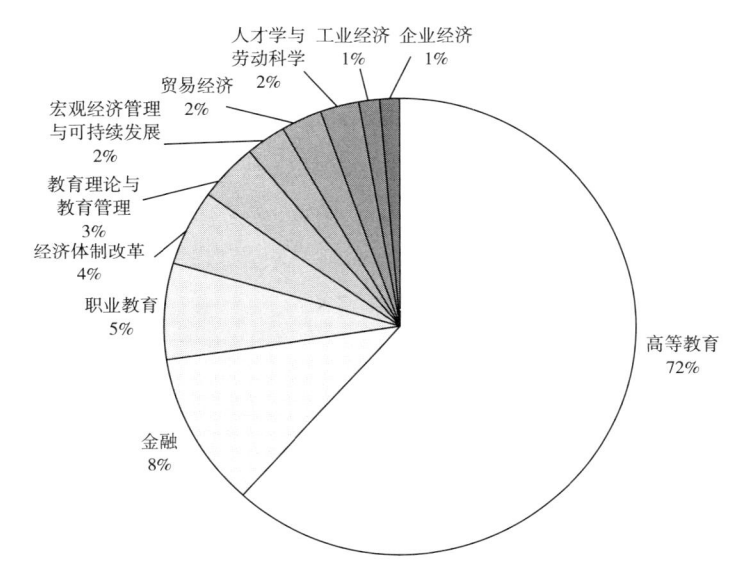

图 3-1 关于"国际化政策"研究成果学科分布情况一览

然而非常遗憾的是，就我们所掌握的文献来看，国内外学者并没有对"国际化政策"这个概念作界定和分析，而是在各自研究领域直接研究具体的政策。例如，国内研究者在研究高等教育国际化政策时，直接列举出诸如来华留学生政策、留学生派出政策、留学生资助政策等。所以，我们有必要对关于什么是国际化政策作一界定，并以此为基础来研究高等教育国际化政策这个主题。

根据我们通常对"政策"这个概念的一般理解，我们将国际化政策理解为国家或国际组织为了实现一定时期内国际化进程的某个目标而制定的行动准则和行为规范。从这个概念的理解中，我们认为，对于国际化政策的理解应该把握以下四个关键点。

首先，是关于国际化政策的主体。显然国际化政策的主体主要来源于两个方面：国内政府（在我国主要包括中共中央、国务院、全国人民代表大会以及这些主体所构成的各自相对独立的体系。）和国际组织（包括国家间即政府间的国际组织、非政府间的国际组织，以及国际间的各种团体所构成的联盟等国际组织，而且国际组织的形式会越来越多，难以枚举穷尽），这两方面的政策主体所制定的文本具有不同的政策或法律效力，通常情况下，国内的政策和法律效力要高于国际组织的政策或法律效力。但是，随着全球化的逐步加剧和深化，国际之间的依赖性会越来越强，需要协调的国际事务也会越来越多，国际组织及其所制定的政策或法律的效力也会越来越大，不排除在某些领域这些政策和法律的效力要高于国内政策和法律效力的可能性，尤其是对于发展中国家来说，这种可能性会更大，这就意味着这些国家的高等教育主权可能会受到侵害。

其次，是关于国际化政策的时间。每一项政策和法律都有一定的时限，超过一定的时限后就要对原有的政策和法律进行修订或者废除，高等教育国际化政策也存在着时限性。我们暂且不去分析高等教育国际化国内政策的时限性问题，而是把目光转向国际化政策的国际政策和法律的时限性来分析其对我国国际化的影响。由于国际政策和法律是各成员国通过协商签订的一种政策和法律文本，其时限性往往比国内政策和法律的时限性更强，约束力更具有刚性。在这种情况下，各成员国都会非常珍惜在时限期内对各种资源的充分开发和利用，将各国利益最大化。就高等教育国际化的国际政策和法律来说，我们也必须善于把握这些时间节点，使我国的高等学校在国际化进程中充分发掘各种对我国有价值的国际高等教育资源，从中获得最大的高等教育利益，万万不可错失机遇，留下遗憾。

再次，是关于国际化政策的目标。每一项政策都有其目标，即价值取向，国际化政策亦是如此。国际化政策的目标从其本质上看应该包含国内目标和国际目标两个层面，基于国家本位主义的基本原则，应该将国内目标放在首位，其次是考虑作为成员国的国际目标。或者说，当这两种目标发生冲突时，我们应该以国内目标为本，满足国内政策和法律的诉求。但与此同时，我们应该利用国际舞台尽量争取更多的利益，尽可能使得我们的利益诉求最大化。这就需要国家有高超的国际交流的艺术，在进退取舍上把握好尺度。

最后，是关于国际化政策的形式。从上述关于国际化政策主体的理解来看，国际化政策的形式显然也有两种：国内政策和法律文本；国际条约、协议、联合声明等国际法文本。这里我们重点分析在国际化过程中，国家或非政府组织在国际法文本的研制过程中应该如何占据主导性的话语权。这是我们能够在国际化过程中能否获得最大利益的关键性工作。

西方文明有一个很重要的特点就是比较重视契约的签订及履行，[①] 有着比较好的契约精神这个文化传统。"契约理论在西方可以说是源远流长，不仅被广泛应用于社会经济生活，而且还被用来构建国家社会组织理论，因而社会契约思想成为近现代西方社会特有的伦理观念。"[②] 但是，尽管中国也有契约的传统，但是目前，契约精神在我国确实还需要进一步加强。[③]

[①] 论文网刊载的一篇题为《西方契约精神》（http://www.xzbu.com/2/view-3376852.htm）中较为详细地分析了西方的契约精神的渊源，现摘录部分内容如下："契约"精神在西方文明中具有十分重要的地位，从某种意义上甚至可以说就是西方文明的核心要素。大陆法系关于契约的定义来源于罗马法。依罗马法合同定义，契约为双方当事人间发生债权债务的合意。罗马法上 contractus 一语，由 con 和 tractus 二词组合而成，合为"共相交易"，中文译为合同、契约。而英美法系民法对于契约最为流行的定义是：契约是由法律保障其执行的一个允诺或一系列允诺。美国法律研究所认为契约是一个或一系列允诺，违反该允诺将由法律给予救济，履行该允诺是法律所确认的义务。总结起来，"契约"就是当事人之间设立、变更、终止民事权利义务关系的合意。追溯欧洲发展的历史，著名的《圣塔菲协议》在我们中国百姓看来可能有些不可思议：一个国王竟然会愿意同一个平民签订契约。然而在西方人看来，这恐怕是件极其普通的事情。哥伦布要实现自己向西航行到达中国的梦想，必须借助于王室的力量，如财力资源等。当哥伦布的计划未能得到西班牙国王的赏识时，他并没有陷入中国知识分子容易有的"怀才不遇"的困境中，而是继续游说，直到被伊萨贝尔女王追回，同意投资。接下来，双方用十分纯正的商人思维和方式进行了公平的交易。女王答应封哥伦布一个海军上将军衔和"唐"的贵族头衔，同时可从将开发占领地区所制造或经营所得的黄金、珠宝、香料及其他商品中抽取十分之一归己所有，且一概免税。这在我们中国古代绝对是无法想象的，君主有无上的权力要求你去航海，还能无偿获取你的收益。但在这里，女王伊萨贝尔和平民哥伦布，本质上都是为自己利益奋斗的商人，这种堪称公平的利益合作博弈的思维方式和行为方式，就是"契约"。

[②] 陈秀萍：《契约的伦理内核——西方契约精神的伦理解析》，《南京社会科学》2006 年第 8 期，第 47 页。

[③] 马云的"支付宝事件"被媒体报道出来以后，财新传媒总编辑、著名财经评论人胡舒立就此批评马云的行为，并指出中国企业常有"契约软肋"，也就是缺乏契约精神。参见胡舒立《马云为什么错了》，《电脑爱好者》2011 年第 7 期，第 8 页。

有鉴于此，无论是政府，还是企业、社会团体或者个人，在参与国际间的国际化政策制定的过程中一定要有契约意识，避免出现违背契约精神的行为。我们之所以特别强调契约精神这个问题，就是要求我们参与国际间的国际化政策的制定过程中一定要以认真、精细和负责任的态度把握政策文本的每一个细节，避免损害本国利益的现象出现。

此外，我们在研究国际化政策时，也要关注国际化政策客体对政策的反应程度和行为方式，因为政策客体对政策执行的影响表现在三个方面："政策对象越多，执行越复杂。政策时间与政策对象之间的习惯思想、行为差距越大，执行难度就越大。政策对象对政策的认同程度越大，接受、配合政策执行的可能性就越大。"① 国际化政策客体对国际化政策的影响也会从上述三个方面表现出来，而国际化政策客体本身又具有多样性，他们的观念、愿景、文化背景、知识结构更是千差万别，所以他们对国际化政策执行的影响也会更加复杂多变。因此，国际化政策主体必须通过不断协商制定尽可能满足政策客体需要的政策。

二 高等教育国际化政策探析

高等教育国际化政策是指在推进高等教育国际化进程中国家政府或国际组织为了实现某一目标通过一定程序而制定的行为准则和规范文件。关于高等教育国际化政策的内涵的理解，我们在上文讨论国际化政策内涵时已经对诸如国际化政策主体、时间、目标和形式都作了较多的分析，高等教育国际化政策中的相关内容的分析道理相同，不再赘述。

对于高等教育国际化政策，我们需要特别强调的是高等教育国际化标准制定这项工作需要上自国家下至高等学校给予高度重视。因为掌握了标准制定的主动权就意味着在高等教育发展中掌握了学科建设、专业设置、课程结构、学分确定、教师发展等一系列工作的主导权。在这一点上，欧盟走在了我们的前面。这里我们不妨简单回顾一下欧盟的高等教育国际化政策历史。②

---

① 陈振明：《公共政策分析》，中国人民大学出版社，2003，第50页。
② 以下文献主要参考百度百科提供的资料整理而成，特此致谢文献贡献者。

欧盟自二战结束的初期，欧洲委员会专门设立了文化合作理事会（CDCC）具体负责包括高等教育在内的合作项目。按照《欧洲委员会章程》和《欧洲文化公约》的有关精神，欧洲一些国家开始恢复高等教育领域的接触，各种高等教育合作的机构与组织如雨后春笋般发展起来。如"欧洲文化大会"的召开，"欧洲学院"、"欧洲文化中心"、"欧洲大学委员会"、"高等教育委员会"的成立等，而最引人瞩目的当数若干欧洲国家签署的《欧洲大学入学文凭等值公约》（1953）、《欧洲大学学历等值公约》（1956）、《欧洲大学学术资格相互承认公约》（1959），这三个公约的签署使战后初期欧洲高等教育合作达到了一个前所未有的高潮。

1976年2月欧共体成员的教育部长举行会议讨论教育合作的问题并形成一份决议——《欧共体理事会、各国教育部长1976年决议》。在这份决议中，部长们提出了包括高等教育在内的详细的行动计划。该决议是欧洲经济共同体成立以来在高等教育领域非常重要的一份政策文件，特别是各国教育部长提出的行动计划，为欧共体及各成员国开展高等教育的交流与合作作出了部署，指明了方向。1978年7月和12月欧共体连续发布两个指令，要求成员国相互承认牙医和兽医学领域的文凭。正如欧洲学者尼夫指出的，"对于任何一个历史学家来说，如果回溯西欧高等教育体系的发展，20世纪70年代都是一个里程碑"。1986年2月17日，欧共体通过的《单一欧洲法令》（Single European Act）对欧洲高等教育一体化产生了重大影响。它不仅标志着欧共体在经济一体化上进入了一个新的阶段，也意味着欧共体开始对社会事务加以关注。对高等教育来说，其重要意义在于《单一欧洲法令》赋予了高等学校学生交流的合法性。

1987~1990年是欧共体成员之间教育合作的关键时期，欧共体先后制定、实施了一系列重要的高等教育行动计划。如可米特计划（Comett Programme）、伊拉斯谟计划（Erasmus Programme）、林瓜语言计划（Lingua Programme）。1990年欧共体委员会应各大学的要求，设立了让·莫内计划（Jean Monnet Project），主旨在于通过资助大学的相关研究，推进欧洲一体化的建设。1995年3月，欧洲议会和欧盟理事会共同推出教育行动计划——苏格拉底计划（Socrates Programme）。其中高等教育领域的

"苏格拉底/伊拉斯莫计划"具体包括：推进"欧洲维度"在大学中的发展，鼓励学生交流和进行资金资助。

此后，欧盟又通过签订《欧洲地区高等教育资格承认公约》（简称《里斯本公约》，1997年）、《索邦宣言》（Sorbonne Declaration，1998年）、《波洛尼亚宣言》（Bologna Declaration，1999年）、《布拉格公告》（2001年）、《柏林公告》（2003年）、《卑尔根公报》（2005年）、《伦敦公告》（2007年）、《鲁汶公报》（2009年）、《布达佩斯－维也纳宣言》（2010年）、《布加勒斯特宣言》（2012年），2015年2月15～16日，欧盟职业教育与培训部长在荷兰阿姆斯特丹召开会议。①

从欧盟上述高等教育国际化政策演变过程来看，欧盟高等教育国际化政策起步早、工作计划性强（从2001年开始至今，欧盟的教育部长会议基本上每两年召开一次，而且每次会议都有重要成果产生），其中对于高等教育国际化过程中标准的研制是国际化政策的核心，欧盟的严谨、合作和认真的态度值得我们学习。但是，我们今天在加入高等教育国际化政策制定的进程中一定要占据高等教育标准制定的主动权，欧盟的经验我们要科学学习，欧盟在上述诸多文件中所设计的高等教育方方面面的标准我们可以借鉴，但是一定不能受制于这些标准。实际上，我们要更多地学习他们制定标准的思路而不是具体的标准，因为具体的标准本身就具有地域性、文化传统性和现实性，而各国高等教育发展的路径、历史和现实面临的困境大不相同，很难将欧盟所制定的标准应用到我们这些发展中国家的高等教育领域里来；而设计标准的思路往往具有一定的普遍性和可行性，我们可以从他们的设计思路中得到启发。在高等教育国际化标准设计方面，我们希望通过我们的努力在不久的未来能够看到有更多以中国城市命名的公告、宣言、协定等。

---

① 会议主要对如下问题进行了探讨：欧洲关于技能议程的行动建议，欧洲职业培训发展中心对于学习者流动性记分卡的研究，加强职业教育与培训机构和企业间的合作伙伴关系，成人学习协调以及从2016年12月开始启动欧洲职业教育与培训周的建议。参见《欧盟召开职业教育与培训部长级会议》，《职业技术教育》2016年第9期。这次会议是否发表相关文件，目前还没有看到这方面的文献。——编者注

第三节 国内外学者对高等教育国际化及其政策的认识

根据我们所掌握的文献来看,对于高等教育国际化及其政策的认识大致可以分为三种态度:乐观派、悲观派和谨慎乐观派。

一 乐观派对于高等教育国际化及其政策的认识

对高等教育国际化及其政策持乐观态度的学者认为高等教育国际化会为各国高等教育带来更多优质资源,更有利于在世界范围内充分配置这些优质高等教育资源。无论是发展中国家还是西方发达国家都有一批乐观派的研究者。但是,他们乐观的重点和价值取向是不一样的。发展中国家的研究者认为,通过高等教育国际化及其政策的制定,可以更方便这些国家的师生去分享发达国家更多的高等教育资源,从而提高发展中国家的高等教育质量。而在那些发达国家研究者看来,开展高等教育国际化政策的制定则有利于发达国家向发展中国家输出高等教育标准和西方社会的价值观,同时还可以通过教育服务贸易的方式大赚发展中国家学生的学费,一本多利,何乐而不为?

方红、周鸿敏在综合国内外学者的观点,融合过程说和方法说之后提出,高等教育国际化是指"高等教育要面向世界,以具体多样的高等教育国际交流与合作为载体,吸收、借鉴世界各国的高等教育办学理念和办学模式,从而达到提高人才培养质量、推动本国高等教育现代化进程、促进本国和世界经济发展、实现人类相互理解与尊重的目的"。[①] 周岳峰分析了国际化过程中人才流动情况,认为高等教育国际化有利于中国吸引更多的人才来华服务。他说:"纵观近年来学生和学者的全球流动情况,可以发现最大的流动是从亚洲向美国的流动,其次是从亚洲向欧洲的流动。在欧洲内部,金融危机爆发后不久,从南欧向北欧的各种流动不断增加。近期,东西方之间的某些流动正在出现,这跟侨民大量返回印度和中国有部

[①] 方红、周鸿敏:《高等教育国际化发展的特点与趋势》,《江西社会科学》2007 年第 2 期。

分关系。最近往英国和美国的流动出现了很大的不确定性，这可能使中国在吸引人才方面取得更大成功。"① 北京大学教授陈学飞认为，"国际化趋势显示人类对世界和平的追求，近年来国际教育的发展在很大程度上可以归结为各国普遍追求和平相处的结果"②。曾志东、施式亮等强调了高等教育国际化政策在教育资源方面的积极作用，他们认为，"高等教育国际化的要素可概括为：教育观念与教育内容的国际化；教育主体的国际交流与合作；教育资源的国际共享。其目的是通过国际教育的开放性和交流与合作，使教育资源得到充分利用。"③

一些国际组织也基于自己的价值取向，对高等教育国际化表示了乐观的态度。例如，"OECD 虽未给予高等教育国际化以清晰定义，但由于跨境教育是高等教育国际化的重要方面，因此 OECD 关注更多的是跨境教育。它认为，在 20 年前，跨境教育的目标还主要限于政治、地缘战略、文化和发展援助方面。但现在，它把跨国教育更多地视为一种经济发展的杠杆，一种教育机构的竞争优势"④。

国内外学者主要围绕高等教育国际化的内涵、特征、内容及发展动因来探究高等教育国际化政策。国内学者在高等教育国际化研究中，特别关注对发达国家高等教育国际化的研究，几乎成为大多数学者的研究热点和嗜好。学者们主要研究的国家几乎涉及所有发达国家，集中于对美国、德国、英国、澳大利亚、日本等高等教育国际化先行国家的经验作介绍以为中国高等教育国际化参考，通过介绍或比较国内外高等教育国际化及其政策的经验和措施，研究我国高等教育国际化的对策，以供中国高等教育国际化活动借鉴。

二 悲观派对于高等教育国际化及其政策的认识

在国际上，悲观派主要来自美国少数学者，他们之所以对高等教育国

---

① 周岳峰编译《高等教育国际化应更具开放性》，《社会科学报》2017 年 8 月 17 日，第 7 版。
② 陈学飞：《高等教育国际化，从历史到理论到策略》，《上海高教研究》1997 年第 11 期。
③ 曾志东、施式亮：《欧盟政策对我国高等教育国际化的启示》，《求索》2008 年第 6 期。
④ 尹玉玲：《OECD 视野下的高等教育国际化政策分析——基于跨境高等教育的视角》，《中国高教研究》2011 年第 11 期。

际化感到悲观是基于中美之间在国际地位上的快速变化，中国正在逐步改变世界经济发展路径和样式，由此他们担心这会让以美国为代表的西方国家的利益受到损害。门洪华在《关键时刻：美国精英眼中的中国、美国与世界》一文中写道："中美关系变动的核心因素是中国崛起的效应与美国衰落的焦虑。崛起大国与既有霸权国如何避免走向战争，不仅仅是一个重大的理论问题，而且成为迫在眉睫的现实议题。"① 他说，在美国对于国际化有"一类是'悲观派'，我最有意思的经历是与芝加哥大学政治学教授米尔斯海默激烈的谈话，他表达了对未来中美关系最严峻的看法，强调只要中国按照现在的速度成长下去，中美对抗甚至是冲突难以避免。他认为中国正试图从根本上改变当今世界秩序，使之符合自身利益。美国与其等待未来中国变得更加强大、无法控制，不如现在就联合起来应对。有一句话让我印象深刻，他说：'中国可以等待，但我们不行。'不过，他的观点在美国属于极端的，不少人让我不要太关注如此脱离现实的言论"。② 从该文作者在美国的经历来看，对于高等教育国际化持悲观态度的也应该大有人在，而且这些悲观派所给出的理由也确实具有一定的代表性，说明美国等发达国家的一些学者已经意识到高等教育国际化政策的推动也会产生他们不希望看到的结果。

不仅在欧美国家对高等教育国际化政策制定持有悲观的态度，在世界其他国家也有类似的持怀疑态度的悲观论者。"在各种涉及高等教育议题的公开政治辩论中，对国际化的怀疑正在增加。在澳大利亚、南非和俄罗斯等国，针对外国学生的排外和歧视行为时有耳闻。英国和荷兰一些政党最近则提出了国际学生的成本和效益问题，它们担心本国学生的机遇将会减少，并要求实行本国学生优先政策。学术界内部也不乏怀疑国际化的言论。"③

国内也有学者担心高等教育国际化政策的实施所产生的负面影响。

---

① 门洪华：《关键时刻：美国精英眼中的中国、美国与世界》，《中国社会科学》2012 年第 7 期。
② 傅莹：《中国版"戈尔巴乔夫"没出现让美国很失望》，http://news.ifeng.com/a/20150616/43980717_0.shtml，最后访问日期：2015 年 6 月 16 日。
③ 周岳峰编译《高等教育国际化应更具开放性》，《社会科学报》2017 年 8 月 17 日，第 7 版。

戴晓霞在关于学生流动的问题中,由高等教育国际化的历史发展、高等教育国际市场的类型与规模切入,分析欧盟、荷兰、澳洲、日本和马来西亚等区域和国家的相关政策。通过比较研究,指出"高等教育国际化具有多重目标、留学生选择留学国家时考虑多重因素,因此为了完成高等教育国际化的特定目标,各国/区域组织必须选择对应策略。值得注意的是,高等教育国际化固然有其重要性,但是过度重视招收外国学生也可能带来负面影响"。[①]

蒋晓萍在其《高等教育国际化模式探微——基于新西兰的案例分析》一文中表达出同样的情绪,她写道:"对于高等教育国际化的大力推进,我们也应该警惕国际化和国际霸权之间的共谋。国际化的呼声多来自西方,特别是经济合作和发展组织成员国。经济合作和发展组织的国家高等教育政策报告主导着其成员国的教育政策,但是这些政策却使发展中国家处于竞争劣势。随着发达国家和发展中国家高校之间差距的加深,我们有理由担心高等教育的新殖民化。因为竞争的劣势,它们失去了课程、质量标准和许多其他教育因素的发言权。"[②]

王卓君、何华玲也认为,"殖民地民族主义正是西方国家在全球范围内推行殖民主义引发的民族解放运动,从另一面也激发了强烈的排斥性、迫害性民族(种族)运动。在民族国家普遍建立的情况下,全球化激发的民族认同的后一种作用将会对国家认同产生排斥性,造成民族认同与国家认同的疏离,政治实践上则促成破坏国家统一的族群冲突、分离运动和种族歧视等政治活动"[③]。并且"随着两种主要意识形态对立的褪去,民族主义正成为影响发展中国家社会运动的新的主要意识形态。尤其是正在进行现代国家建设的多民族国家,正在又一次面对国家内部民族分裂主义的威

[①] 戴晓霞:《高等教育的国际化:外国学生政策之比较分析》,《复旦教育论坛》2004年第2期。
[②] 蒋晓萍:《高等教育国际化模式探微——基于新西兰的案例分析》,《西南农业大学学报》(社会科学版)2009年第6期。
[③] 王卓君、何华玲:《全球化时代的国家认同:危机与重构》,《中国社会科学》2013年第9期。

胁,国家主权统一与宪法秩序都受到了严重挑战"。①

同样,周光辉、刘向东从国际化的角度分析民族国家时,也持与王卓君等学者相同的观点,他们提出,"从社会认同需求的角度分析,我们认为全球化对现代世界权力结构的改变削弱了发展中国家的自主性,特别是发展中国家的现代化尚未完成,面临着社会转型的风险,呈现出结构性失衡,从而降低了国家整合治理能力,使得国家认同对民族成员的意义进一步被削弱,并引起了地方民族认同的兴起,进而导致了发展中国家的国家认同危机的发生"②。

基于对于发展中国家的立场,蒋晓萍、王卓君等学者所指出的对高等学校和民族国家中这些方面的担心具有一定代表性,值得我们在开展高等教育国际化活动时反思。

三 谨慎乐观派对于高等教育国际化及其政策的认识

谨慎乐观派的研究者既看到了高等教育国际化政策的实施对于世界各国(无论是发达国家还是发展中国家)的高等教育事业发展的积极因素,也看到了高等教育国际化政策实施后可能产生的消极影响。因而他们希望高等教育国际化政策的制定和实施要更加审慎,鼓励各国基于各自国情实事求是地推动高等教育国际化进程。例如,"随着中国'一带一路'倡议的推进,其与西方之间的平衡可能发生变化。新丝绸之路运送的不只是消费品,同历史上一样,人员、思想和知识也将随着一国影响力的扩大不断流动和传播。问题是中国将会采取何种方式,中国的价值观是否会对全球开发和传播知识的方式产生影响,以及是否会影响到全球(或西方)的研究诚信和学术自由的伦理标准等"③。

高等教育国际化政策的制定必须要考虑到目前世界的国际关系已经发

---

① 周光辉、刘向东:《全球化时代发展中国家的国家认同危机及治理》,《中国社会科学》2013年第9期。
② 周光辉、刘向东:《全球化时代发展中国家的国家认同危机及治理》,《中国社会科学》2013年第9期。
③ 周岳峰编译:《高等教育国际化应更具开放性》,《社会科学报》2017年8月17日,第7版。

生了深刻变化而且正在快速变革等现实情况，[①] 不能回避经济以外的政治和文化等因素在高等教育国际化进程中的作用。陈昌贵、翁丽霞认为，高等教育国际化是指为了服务于知识文化和政治经济等多个目的，高等学校在知识普遍性的内在动力和政治经济文化的外在动力的推动下，其内部国际性特质通过各要素的活动显现出来的过程。高等教育国际化不等于全球化，更不是高等教育"全盘西化"。[②] 同样，李珩则提出，我们当前在推进高等教育国际化的过程中，"受历史、国情等方面的影响，形成了单向输

[①] 门洪华在其论文《关键时刻：美国精英眼中的中国、美国与世界》（《中国社会科学》2012年第7期）中详细分析了国际化进程中国际关系的变化，这对于我们理解高等教育国际化政策具有十分重要的参考价值。现摘录部分观点如下：世界转型具体体现为权力转移、问题转移和范式转移。所谓权力转移（Power Shift），即行为体及其权力组成发生了巨大的变化，这尤其体现在非西方国家的群体性崛起、西方大国总体实力的相对下降上。其次，国家行为体权力相对下降、非国家行为体权力上升，国家、市场和市民社会之间的权力重新分配，即使世界上最强大的国家也发现市场和国际舆论迫使它们更经常地遵循特定的规范。权力转移导致具有重大战略意义的问题转移（Problem Shift），这具体表现在全球性问题激增，国际议程越加丰富，安全趋于泛化，非传统安全上升为国际议程的主导因素之一，国家兴衰出现加速迹象，国际制度的民主赤字（Democratic Deficit）问题成为国际议程扩大的衍生因素。问题转移也导致国家战略的必然调整，生存不再是国家唯一的关注核心，发展和繁荣在国家战略中的重要性进一步提升。以上权力转移和问题转移导致了国际关系的范式转移（Paradigm Shift）。从宏观意义上讲，国际政治开始让位于世界政治，国际关系的内涵大大丰富，复合相互依赖日益加深，在一定程度上促成了世界各国共存共荣的全球意识，国际体系变得更富有弹性和包容性。从中观意义上讲，经济全球化和地区一体化约束着大国作为，各国追求的国家利益不再绝对，且融入了更多相对性含义。国家之间的权力关系不再完全是零和游戏，也会出现积极成效乃至共赢，国家间基于共同利益的合作具有更基础性的作用。从微观意义上讲，国家自身的战略谋划更具有本质意义，在竞争与合作并存、竞争更加激烈的情势下，如何在动态之中把握国家战略利益变得至为关键。尽管美国精英认为中美竞争、分歧与冲突在战略、政治、民主、人权、经济、贸易、人民币汇率、意识形态、文化、国际责任等各个层面均有深刻体现，但他们最关注的却是战略层面和东亚地位两个议题，经贸冲突（包括人民币升值问题）亦退居其次，而在这一问题上的看法更是各不相同。以美中经济与安全审查委员会为代表的一些美国机构和人士猛烈抨击中国对美贸易和人民币汇率政策，强调因此失去工作的美国民众会咆哮。其他精英则认为这过于危言耸听，甚或如美国进步中心高级研究员妮娜·哈奇格恩所说，"只有少数人关注中美贸易问题，而这些人是要从与中国的分歧中受益。"面对全新的国内外情势与趋向，美国战略调整势在必行，其大战略目标依旧在于护持美国霸权地位、确保全球领导地位，其战略方向和具体部署正在进行大幅度的调整。美国战略调整来源于对国内、国际形势的冷静判断和主动把握，但能否通过战略调整实现其根本目标，美国并无十足的信心，当前的美国依旧处于战略焦虑期，其未来走向仍值得密切关注。

[②] 陈昌贵、翁丽霞：《高等教育国际化与创新人才培养》，《高等教育研究》2008年第6期。

入、同一化、忽视民族特色的思维定势，在剖析思维定势局限性的基础上，倡导双向流动、多元化、与民族特色相结合的高等教育国际化，扬弃、整合、对外传播的过程中构建全方位、多层次的中国高等教育国际化格局。"①

汪旭晖在关于高等教育国际化动因分析时，总结出"高等教育国际化是经济全球化、教育市场竞争压力、科技发展、文化交流、经济推动及高校自身发展需求等多种因素综合作用的产物"。② 这说明，高等教育国际化并非高等学校这一单一主体的行为，而是多种因素共同作用的结果，所以，国家和国际组织在研制高等教育国际化政策时都应该十分谨慎。杨启光认为，"高等教育国际化发展应该注重高等教育跨文化交际和关注个体发展。国家的政策应当为高等教育整体良性运行做出保障高等教育在于为实现全球意识观下的多元文化做出恰当的价值导引。"③ "但不应忽略的是，全球化对民族国家认同的挑战，只有伴之以民族国家内部国家治理的失败，才会真正引发解构民族国家的实质后果。因此，民族国家生死之战的关键并非在全球化的有无、缓急，而在于如何完善国家构建，强化民主治理的绩效，这才是民族国家破解国家认同危机的因应之道。"④ 否则可能会导致国家利益受损。

总之，关于高等教育国际化及其政策的认识，无论是乐观派还是悲观派和谨慎乐观派，他们基于不同的视角所阐发的观点都反映出高等教育国际化及其政策的复杂性，这些观点都值得我们在研制高等教育国际化政策时参考。同时，我们也发现，关于高等教育国际化及其政策问题的研究在国外学界还选择了许多视角，近年来学界主要围绕教育贸易、教育国际化

---

① 李珩：《我国高等教育国际化思维定势变革研究》，《国家教育行政学院学报》2010年第5期。
② 汪旭晖：《高等教育国际化的动因与模式——兼论中国大学国际化的路径选择》，《辽宁教育研究》2007年第8期。
③ 杨启光：《幻想与行动：面向全球化的高等教育国际化》，《高等教育研究》2008年第6期。
④ 王卓君、何华玲：《全球化时代的国家认同：危机与重构》，《中国社会科学》2013年第9期。

的质量、国际学生流动以及国际合作等话题来谈及高等教育国际化及其政策问题。如在高等教育贸易方面，Sheril L. Bond（2004）、Jane Knight（2009）谈了跨国教育在北美、欧洲和亚太地区的发展趋势和发展现状，提出了跨国教育的一些原理，强调政府政策的制定要基于国家层面和国际化层面。在教育国际化的质量方面，David Coleman（2003）则论述了跨国教育的质量监管问题，并介绍了英国和澳大利亚的跨国教育质量保证体系。James P. Lassegard（2006）则认为语言问题是出现留学生的质量下降问题的"罪魁祸首"，并提出要通过对留学生进行语言培训、课后辅导等方式提高留学生的质量。在国际合作方面，Wendy W. Y. Chan（2004）认为在高等教育竞争日益激烈的情况下，应加强国与国之间高等教育的合作，并提出了合作的原理与动机，合作的模式与方法，合作成功的因素等。Tristan Bunnell（2006）则指出从20世纪90年代开始大学联盟成为一种流行趋势，并分析了当前的大学联盟的状况。除此之外，他还分析了大学联盟的内容，如何进行大学之间的联盟，大学联盟的影响等几个方面。同时也有学者对大学联盟的动力进行了分析。这方面的研究成果还有不少，如：Blok, P, *Policy and policy implementation in internationalization of higher education* [M], European Association for International Education, 1995; Klasek, Charles B., Ed. | And Others. *Bridges to the futures: Strategies for internationalizing higher Education* [J], http://dx.doi.org/, 2005; Currie, J, De Angelis, R., Boer, H., Huisman, J., Lacotte, C, *Globalizing practices and university responses: European and Anglo-American differences* [J], Review of Higher Education; Baltimore Vol. 27, Iss. 2, (Winter 2004); Chad C Hadda, *Congressional Research Service Report for Congress, Foreign Students in the United States: Policies and Legislation*, Federation of American Scientists (FAS). 2006; Enders, Jürgen, Fulton, Oliver, *Blurring boundaries and blistering institutions: an introduction* [M], Higher Education in a Globalising World, 2002, Springer. Jürgen Enders, Oliver Fulton, *Higher education in a globalizing world: international trends and mutual observations a festschrift in honor of Ulrich Teichler*, Springer, 2002; 等等。

第四章 我国高等教育国际化政策面临的主要问题

高等教育国际化政策是一个十分复杂的系统工程,因为这项政策的研制不仅需要关注国内高等教育的实际情况,也要密切注意国际关系快速变化的状况,这样才能对高等教育国际化的动态和趋势有一个准确把握。因此,我们的研究也是基于多方面的分析来寻找我国高等教育国际化政策面临的问题。为了准确把握我国高等教育国际化政策中存在的主要问题,我们在国内部分高校访谈了部分专家,结合他们对高等教育国际化的认识以及所收集的各种文献,我们认为我国高等教育国际化政策目前面临的主要困境如下。

第一节 我国高等教育国际化政策主体面临的问题

政策主体是指政策研制的发起者,它们承担着政策目的的确定(政策的价值取向)和政策内容的设计等政策研制过程的主要任务。根据政策研制主体的权威性、权力性以及政策发挥效率的高低,我们可以将政策主体分为国家政策主体、地方政策主体、基层政策主体三个层面。在我国,国家政策主体包括党中央、国务院(及其部委),地方政策主体包括省(直辖市、自治区)政府(及所属部门),基层政策主体主要指依照上述政策主体制定的政策而制定的适合本部门(本地区)所需要的政策的研制者,如企业、社会组织、高等学校等。

在我国,还有一个重要的政策制定主体——各级立法机构。这就涉及政策和法律之间的关系,或者说法律是不是政策的问题。欧美等国学者在研究政策和法律方面，并没有严格区分什么是政策、什么是法律。他们通常将法律纳入政策的范畴来理解。我们觉得这样理解便于对政策的研究，因而，在本研究过程中，我们并未对政策和法律做严格区分，将法律纳入政策体系中开展研究，即认为法律也是一种政策，这在政策和法律的实践层面上更便于操作。有鉴于此，我国家的各级立法部门如全国人民代表大会及其常务委员会以及地方（省、自治区、直辖市以及省会城市、国务院指定的少数城市）的人民代表大会及其常务委员会都是政策研制的主体。

通过上述对我国政策制定主体的分析可以看出，我国政策主体具有多元性、多层次性等特点。这些政策主体相互配合，在中央政策主体统一领导和协调下，在应对高等教育国际化政策制定中有效地满足了高等教育国际化的需要，体现出强大的制度优势，使得我国高等教育在国际化进程中发挥着越来越多的积极效果。但是，由于当今世界国际形势和格局处于急剧变革时代，高等教育国际化的新情况、新挑战不断涌现，上述政策主体在制定高等教育国际化政策时还面临着诸多的困境，需要我国的政策主体不断创新思路和举措。

一　政策主体的意识有待进一步创新

上述对高等教育国际化政策主体的分析中，我们可以看到，国家层面的主体主要来自中共中央、国务院和全国人民代表大会。除此之外，参与高等教育国际化政策研制的主体还有高等学校和社会组织等多方面。应该说，改革开放以来，国家层面的高等教育国际化政策制定主体已经制定了不少相关政策文本，但是总体上看，这些主体在高等教育国际化政策制定过程中意识还存在诸多不足，需要进一步创新。

（一）国家高等教育国际化战略统筹意识不足

国家作为高等教育国际化推动的主体，对外代表着国家的整体，对内发挥强大的协调和统筹功能，这些主体的意识和理念直接决定着高等教育国际化的进程和质量，也决定着相关政策和法律法规的质量和效力。蔡拓认为，"在新世纪人类面临的各种问题与挑战中，伴随全球化、全球问题而日益尖锐的全球主义与国家主义的关系问题具有特殊重要的意义。……即坚持全球主义观照下的国家主义，这是人类可能做出的最适宜的理性选择与历史定位。"[1] "因此，尽管国家主义呈现出相对弱化的趋势，但只要现代化进程还在继续，国家的历史使命就不会终结，国家主义也就必然有一席之地。"[2] 我们认为，无论国际化如何推进，也无论全球化如何深化，国家作为政策主体的地位却不容否定。[3]

尽管党和政府在高等教育国际化政策制定中已经取得了一系列成就，制定了大量政策文件，但是从紧随当今世界变化的步伐、使我国在高等教

---

[1] 蔡拓：《全球主义与国家主义》，《中国社会科学》2000年第3期。
[2] 蔡拓：《全球主义与国家主义》，《中国社会科学》2000年第3期。
[3] 关于全球化视野下国家地位问题，蔡拓在《全球主义与国家主义》(《中国社会科学》2003年第3期) 一文中对国际学术界的观点做了较系统的介绍。这里摘录部分如下：罗马俱乐部的全球主义见解最为著名。佩西不止一次谈及人类共同体与主权国家的关系。例如，他曾指出："在人类全球帝国时代，通向人类解放道路上的一个主要障碍是国家主权原则。它作为人类政治制度的基础，根深蒂固，已成为文化发展停滞和因此陷入困境的典型病症。"著名历史学家汤因比认为"国家主义——对地方民族国家集团力量的崇拜——是西方脱离基督教时代的主要宗教"。今天"必须剥夺地方国家的主权。一切都要服从于全球的世界政府的主权"。美国学者莱斯特·布朗则在他1973年出版的《没有国界的世界》一书中阐述了随着全球一体化进程的加快，各国间的冲突将被合作与共同体意识所取代，从而传统的国界已不复存在的思想。跨国公司问题专家雷蒙德·弗浓提出了民族国家已成为"时代的错误，跨国公司的挑战使国家主权的作用日渐式微"的观点。世界秩序学会主席罗伯特·C.约翰逊呼吁"以人类利益克服狭隘的国家利益"。总之，不少西方学者认为："在民族国家的决策中，对狭隘国家利益的忠诚越来越松弛，而且正在被对全球利益的忠诚取而代之。"著名哲学家拉兹洛则指出，简单地坚持国家主权的概念，"就使得社会组织的进程冻结在一个武断规定的层次上，好像就没有高于或低于这个层次的重要组织了。这种看法不仅是20世纪后期的一个时代错误；考虑到目前正处于大转变时期，这种看法便是进步的路障。在历史上的所有时期，社会都倾向于在更高层次的系统中会聚，而在目前这个时期，这种发展趋势已促使社会大大超过了单个民族国家的组织层次。"一些政治家也谨慎地对全球主义表示认同。联邦德国前总理、社会党国际主席勃兰特在其所主持的关于发展中国家和发达国家经济关系研究的报告中指出：国际社会已出现了一种新的认识的苗头，即认为人类正在成为一个统一的社会，因此，"我们的目的应该是实现一个建立在契约而不是地位、协商一致而不是强制基础上的全球社会。"联合国前秘书长加利也在1992年撰文表示："使用几个世纪的绝对的排他式的主权学说已不再成立"。当我们以更广阔的历史视野审视时就不难发现，国家主义与现代化的历史进程有着密不可分的关系。换言之，进行现代化要求国家提供政治上的保障，国家是推进现代化的唯一有效的社会组织形式。国家不仅要对政治领域进行直接的管理，还要对经济、文化、社会生活中所表现出的政治性予以关注，从而以间接的方式履行政治职能。历史上的重商主义以及当代的新国家主义，都足以证明这一点。因此，尽管国家主义呈现出相对弱化的趋势，但只要现代化进程还在继续，国家的历史使命就不会终结，国家主义也就必然有一席之地。

育国际化进程中掌握主动权的角度来审视，我国国家层面的高等教育国际化政策主体还存在着一些不足。这些不足主要表现为国家层面的高等教育国际化政策制定中统筹协调意识不够、高等教育国际化的办学理念与本土办学理念的协调困难。

所谓高等教育国际化政策制定中统筹协调意识不够是指在国家层面各职能部门习惯于本位主义的政策观，而未能统筹各职能部门的资源制定高等教育国际化的战略性文件，在国务院的各职能部门看来，高等教育国际化只是教育行政管理部门的事情，与其他部门的职责无关。而高等教育国际化几乎涉及所有国家部委，这是一项系统工程，仅仅依靠教育部是难以完成高等教育国际化这个重任的，如果得不到各部委的支持，教育部所制定的政策及其实施的效果必然会大打折扣。到目前为止，我们也发现，高等教育国际化这项工作在国家战略层面还没有专门的政策和法律法规文件——既没有专门的法律文件也没有专门的政策文件，高等教育国际化的政策都是含在相关的文本之中作为这些文件的一个部分而已，文字表述上寥寥几句话，其分量显得可有可无。这种现象应该足够说明国家政策主体的高等教育国际化意识是否浓厚了。

高等教育国际化政策制定的统筹协调意识不够的原因至少有三个方面。

首先，在于国家政策主体还没有真正意识到高等教育国际化工作的重要性、艰巨性和紧迫性，各部委的主要领导特别是与经济发展相关部门的领导的主要兴趣点可能还集中在经济建设这个层面上。而经济建设最重要的两个要素即"人才"和"技术"仅仅靠各个部门的努力是难以有可持续发展能力的，而人才和技术正是我们在高等教育国际化进程中关注的重点，高等教育国际化也是获得人才和技术的最有效的途径。

其次，部分部门的领导可能还存在着畏难情绪，因为高等教育国际化是一项十分复杂的工作，而且具有较多的政策风险，因此，要把这项工作做好需要投入大量精力。面对这样既有风险又有难度的工作，产生畏难的情绪也就在所难免。特别是针对那些与高等教育国际化关系看上去似乎比较远的部门，其积极性就更加难以调动起来，协作意识自然也就缺乏。

最后，高等教育作为一种最高层次的教育形式也同样具有教育成效的滞后性，也就是说，对于高等教育的投入和关注并不会像对企业的投入和关注那样能够在短时间内看到效益和回报，而是需要十年或几十年以后才能看到成效。所谓"十年树木，百年树人"即是这个道理。但是对于高等教育国际化政策制定主体来说，基于管理效益和政绩的需要，显然，加大对高等教育国际化的投入、把大量的精力关注到高等教育国际化推动方面不是最好的选择。基于这样的理念，这些政策主体的团结和统筹协调的积极性就难以得到提高。

所谓高等教育国际化的办学理念与本土办学理念中还存在着不少矛盾，是指高等教育国际化政策主体在理解国际化办学和本土化办学这一对手段时，将国际化办学与本土化办学对立和割裂开来，而最终忽视了高等教育国际化而片面地去关注高等教育本土化。这种观念上的对立导致了原本没有冲突的两种手段之间人为地出现了矛盾，其结果必然是影响了高等学校的学科建设和人才培养质量的提高，也抑制了国家创新能力的增强。出现高等教育国际化与本土化办学理念上冲突的主要原因可能来自三个方面。

首先，高等教育国际化政策主体对于国际化过于谨慎，担心存在意识形态的风险。从我国学界对于高等教育国际化态度来看，大致经历了两个阶段：盲目狂热阶段和理性谨慎阶段。前一阶段大致起于 20 世纪 90 年代中后期到 2008 年金融危机前后，而后一阶段则是近几年出现的倾向。实际上，学界态度的变化与国家高等教育国际化政策主体的态度变化节奏基本吻合。在高等教育国际化政策变化上也大致经历了激励政策为主向现在的限制性政策为主转变。理性谨慎地认识高等教育国际化及其政策制定是无可厚非的，但如果因此而导致政策的退缩则是不可取的。

目前，国家高等教育国际化政策主体大多数对高等教育国际化这项工作本身持谨慎乐观且过于谨慎的态度，即在观念上对于高等教育国际化进程及其后果还有很多疑虑，难以放开思路大胆进取，在相关政策的研制中对自己的手脚束缚得较多。在本书第三章的分析中，我们对高等教育国际化的本质已经做了较为系统的分析，高等教育国际化本质上就是一种让高等学校参与国际竞争和国际交流的手段，只要我们能够认清西方发达国家的真实意图，我们就可以变被动为主动，借用国际化这个手段为我所用，放开手脚主动迎接，让我国的高等学校在人才培养和学科建设等方面充分获益。

其次，高等教育国际化政策主体缺乏足够的国际化信心。相对于本土化高等教育，高等教育国际化毕竟是一种新出现的高等教育手段，这种手段到底如何使用、使用的效果如何、高等教育国际化政策标准该如何确定等。所有这些无论是发达国家还是发展中国家都在探索过程中（欧盟在这些问题上起步较早，积累了较多的经验，形成了数量不小的政策文件），因此，我国政策主体对于如何有效地开展高等教育国际化缺乏足够的信心，担心如果政策失误会给国家的高等教育事业造成损失。如果从另一个角度来看，我们在高等教育国际化进程上有很多优势：我们有悠久的文明、有强大的中央政权的制度优势、不断深化改革的态度（允许我们在改革中有一些失误），所有这些都是我们推进高等教育国际化的文化和政治后盾。对此，我们希望政策主体能够坚定信心。

最后，高等教育国际化政策主体对于高等教育国际化推进的路径还缺乏明确的思路。进入 21 世纪以来，虽然我国高等教育界与世界其他国家的合作与交流越来越多，但是对于各国高等教育理解的深入程度并不够，研究者往往更多关注的技术性政策（例如，我们不少高等学校和研究者对 MOOC 的认识就有些神秘化）而缺乏对这些政策背后的政治、经济、文化等方面分析，不少信息还是道听途说，其实对于世界其他国家的国际化举措往往并不明白事理。这就容易导致我们对高等教育国际化的片面的和表象的认识。这些认识容易误导国家高等教育国际化政策主体的思路和判断，缺乏对高等教育国际化正确路径的选择能力。

（二）高等学校高等教育国际化协同意识不够

我国高等学校的高等教育国际化协同意识不够主要表现为高等学校之间的协同意识不够和高等学校内部各部门的高等教育国际化协同意识不够两个方面。

目前，国内高等学校之间很少就高等教育国际化进程开展协同活动或联盟性活动，高等学校在国际化工作方面几乎都是各自为战、单兵作战等等。高等学校之间缺乏协同意识主要表现为三个方面。

首先，高等学校之间缺乏国际化的相关研讨意识。我国高等学校尽管在人才培养工作方面进行了较为频繁的相互调研工作,但是在高等教育国际化方面开展调研的却非常少,人们似乎并没有将这项工作与人才培养工作挂钩,国际化被看成是人才培养中锦上添花的提高性工作而非日常性工作,因此对于人才培养来说国际化成为可有可无的手段,是一个被遗忘的角落。由于大家都没有较多关注国际化工作,当然也就很少有高等学校之间就高等教育国际化这项工作的经常性研讨,彼此对于各自高等学校的国际化状况实际上也是知之甚少,甚至一无所知。

其次,高等学校之间缺乏国际化政策研究的信息交流意识。我国高等学校之间在国际化政策研究方面也十分缺乏交流,他们往往局限于对方学校招收了多少留学生,每年派出去多少学生到国外留学,但是应该如何提高留学生的质量,需要制定哪些政策、如何制定政策、需要哪些政策工具等方面缺乏相互之间的研讨和交流,这就导致了不少办学层次较低、办学历史较短、办学条件薄弱的高等学校虽然有国际化的愿望却因拿不出有效政策而导致其在国际化方面处于进退两难的境地,不少地方高校妄自菲薄,干脆放弃了国际化工作。

最后,高等学校之间在国际化工作中还存在着不应有的相互防范意识。我国高等学校在办学水平和办学历史等方面客观地存在着较大的差距,因而在国际化办学的经验方面参差不齐。应该说,部分高水平大学在国际化方面还是卓有成效的,但是这些学校却不太愿意甚或不屑于将自己的政策经验与其他高等学校分享,甚至还对某些兄弟学校怀有防范意识,担心自己的国际化政策经验被其他学校利用。客观地说,这是一种不太健康的心态,在整体上不利于我国高等学校国际化进程的推进和质量的提高。

区域高等学校之间在国际化工作方面出现的上述状况当然与我国高等学校普遍缺乏正确认识国际化的态度密切相关。其原因多种多样,大致有以下三个方面。

首先,地方教育主管部门对区域内高等学校缺乏统筹意识,忽视了相关政策的研制。我国地方教育主管部门特别是中西部地区的教育主管部门大多还习惯于对传统的本土高等教育的关注,对于区域外的高等学校关注度不够,更谈不上对境外高等教育的关注,长期以来,对于高等教育国际化的意识还十分淡漠。在区域内的高等教育国际化政策研制方面还习惯于等国家和上级部门的文件而缺乏相应的政策创新意识。因而，对于区域内高等学校如何开展国际化教育缺乏统筹和协调的意识，也拿不出有效的政策及其工具。

其次，地方各级各类政府对国际化工作缺乏主动作为的意识。由于地方各级各类政府大多处于上述精神状况，在高等教育国际化方面也缺乏主动作为的意识，一些本应该完成的工作也并未能去实施。例如，一些有意愿推进国际化的高等学校希望获取的国际化信息（如其他国家的国际化政策现状、相关的文本、国际化的数据等），但却很难从教育主管部门那里得到。高等学校希望就国际化及其政策等相关工作开展研究，需要主管部门协调，但往往得不到支持；师生出国出境希望得到有关部门审批时却总是遇到不少障碍，相关政府部门非但不积极解决问题却往往以某项政策不允许为由将其推得一干二净，凡此种种，都会极大地抑制高等学校国际化的积极性。

最后，地方教育主管部门及相关部门人员的国际化素养不足。高等教育国际化涉及的部门众多，不能把这项工作仅仅理解为只是教育行政部门的事情。从国内的现实情况来看，地方政府相关部门在国际化这项工作中，相关人员的素养还有很大的提升空间，这主要表现为对于世界其他国家高等教育发展现状把握不准确，外语水平不足以与国际同行开展政策研制工作的交流与合作，难以获得准确的国际化方面的最新信息，指导或开展与区域内高等学校国际化工作的意识不足。所有这些不足都使得地方政府诸多部门难以在高等学校开展国际化过程中发挥指导和协调功能。这也是地方高等学校国际化水平普遍比较低的一个很重要的原因。

高等学校内部在高等教育国际化意识方面同样存在着许多不足，这些不足主要表现在以下三个方面。

首先，从整体上看，我国高校的国际化意识不强。除了国内少数准备建设世界一流的大学之外，大多数高等学校在国际化工作推进方面的意识淡漠，不少学校还存在着上有政策下有对策的态度：为了应付各种形式的评估而拼凑一些所谓的国际化方面的数据。即便是被国家列入建设世界一流大学的少数学校里国际化工作在师生员工特别是职能部门中也很难说已经达到了高度的共识，少数学校的国际化标准离国家相关部门制定的标准还有比较大的差距。正在进行世界一流大学建设的学校尚且如此，对于中西部地方高等学校来说，其国际化意识状况就可想而知了。

其次，高等学校内部各部门（包括院系和行政职能部门）缺乏国际化的协同意识。从人才培养单位来看，不少学院首先认为国际化是学校层面的工作，院系只是配合学校的要求做好准备工作即可；其次院系认为学校推进国际化工作必须给足政策，既然学校没有鼓励政策院系又何必那么积极呢。从学校层面看，大多数高校的职能部门还停留在国际化工作就是外事行政部门和分管外事副校长的职责范围这样的认识水平之上。分管社科、科技、本科生、研究生、学生事务、人事等事务的校领导和他们分管的部门，都没有将国际化当作自己的本职工作和应尽责任。实际上，不少高等学校的国际交流部门在学校的地位并不高，加上学校内部相关部门对国际化资源的政策占有不够使得高等学校国际化进程举步维艰，甚至国际化的主管部门难以拿出学校国际化过程的相关准确数据，其权威性令人质疑。不仅如此，这些部门还在事关国际化工作进程中政出多门，各自掌握着部分国际化资源并拘于部门利益出台各种政策，这些政策经常找不到契合点甚至冲突，这种状况给那些参加国际化活动的教师和学生带来了无尽的烦恼，极大地伤害了他们国际化的积极性。

最后，师生的国际化人才培养的积极性不高。就目前国家和学校的高等教育国际化的各项政策来看，无论是高校教师还是高校学生，他们是否参与国际化事务以及参与的质量和水平如何，并不影响教师的职务晋升和学生能否毕业，师生并没有感受到来自国际化方面的压力。相反，如果他们大量介入国际化事务，如开展双语教学或全外语教学、积极参加国际学术交流、出国进行短期学习等，反而增加了师生的工作和学业负担，那么他们还哪里有热情参与国际化活动呢。特别是对于一些拥有高级职务的教师来说，国际化反而增加了他们的工作量（被视为麻烦）和工作难度。

出现上述不足的主要原因大致有以下几个方面。

首先，学校管理人员（包括学校领导、职能部门负责人和工作人员。下同）并不真正重视高等教育国际化工作，高等学校的主要领导缺乏对高等教育国际化工作的统筹和协调意识。他们中不少人对于国际化工作的认识更多的只是停留在口头上重视而并没有实际行动。学校国际化工作的水平和质量并未对他们的工作业绩产生实质性的影响，因而在对待国际化工作中，不少人是本着"多一事不如少一事"的应付态度。学校的兴趣点还主要集中在科学研究上面。虽然科学研究本质上与国际化并不冲突而且有助于提高科学研究的质量和水平，但目前对高等学校的科学研究的评价仍然只是"重数量、轻质量"，而这些"数量"目前还不需要国际化这个手段来支持。

其次，学校对开展国际化的信心不足。学校开展国际化不仅需要政策支持，还需要有较好的学科基础和硬件基础。不少学校特别是办学层次较低和办学基础薄弱的高等学校普遍认为其不具备开展国际化的条件和能力，国际化在他们看来似乎还是一个非常遥远的目标。因而他们缺乏开展国际化的信心和勇气，而这无疑降低了这些高等学校开展国际化政策的制定和实施的动力。有研究者认为，"高等教育国际化，作为一种变化，一种不断加强的趋势，主要体现在两种可以被观察、可以被感知的层面：一方面指跨越国家界限的活动，例如国际师生的流动、学术项目的交流与高校机构的国际合作等；另一方面反映在一国高等教育关注世界教育并积极参与建构的过程，包括高校学生的国际意识、课程与教学的国际水平与高等教育机构管理制度的国际化。高等教育国际化不是教育在国际层面的全面构造，而是在不同国家传统教育理念、组织和世界高等教育的联系、转换与融合的重构过程。判断一个国家高等教育的国际化发展，要视其高等教育被别国与民族承认、接受并给予相当的评价的程度"[①]。这说明，我们首先要有信心建立受到国际社会承认的高等教育体系。

再次，缺乏国际化的基本素养。目前，我国高等学校管理人员的国际化素养在整体上还比较薄弱，他们还普遍缺乏对高等教育国际化本质的正确理解，对于发达国家的高等教育改革动态及相关政策内容的掌握还是比较片面和不准确的，基本数据库建设也不完善，所以必然会缺乏积极开展国际化的意识。此外，现有的管理人员大多数缺乏国际化工作的能力，如

---

① 王海燕：《高等教育国际化的理念与实践——论美日欧盟诸国及中国的高等教育国际化》，《北京大学学报》（国内访问学者、进修教师论文专刊），2001。

外语表达能力。现实的状况是大多数管理人员基本上缺乏用外语开展国际交流的能力，面对外文资料感到"茫然"的情况大有人在，面对外籍人士还无法直接交流甚至胆怯于与外籍人员的对话。这无疑导致了他们开展国际化的底气不足。

最后，师生的国际化能力薄弱。大多数教师（特别是地方高等学校、职业类高等学校和中西部高等学校教师）的知识结构和外语能力还不足以支持其开展国际交流与合作。往往学校进行了不少人力、物力和财力的投入，邀请到国外专家来学校开展学术讲座和科学研究，无论是教师还是学生，都无法真正听懂专家报告的内容和学术观点；每每到了与外籍专家开展学术互动环节，学术报告厅里顿时鸦雀无声的冷场现象令这些专家感到惊奇——中国学生和教师竟然没有可以相互交流的问题。不少教师和学生碰到外籍专家竟然不知道如何开口打招呼，不得已只得绕道而行以免彼此尴尬。这种状况的存在必然导致教师和学生对国际化保持哑然的态度，又如何能够激发他们开展国际化的热情呢？

（三）社会组织参与高等教育国际化政策制定意识不够

欧盟、美国等国的社会组织对于高等教育国际化的参与积极性十分高涨，他们在高等教育国际化进程中很好地扮演了桥梁、智囊和监督的作用，这些经验值得包括中国在内的发展中国家的社会组织借鉴。近年来，我国的社会组织在数量上有了极大的提高，他们在促进社会发展和进步方面发挥了重要的作用。同样，这些社会组织在高等教育国际化政策建设方面也发挥了一定的积极作用，展现了它们作为社会组织的存在价值。但是，基于深化高等教育国际化政策制定和实施的角度来看，我国社会组织对于参与高等教育国际化政策制定的意识还不够。这主要表现为以下几个方面。

首先，对待高等教育国际化政策制定的价值中立意识不够。不敢对有违高等教育国际化政策本质的政策开展建议性和善意性的批评。价值中立是指本着事物自身发展的规律来分析和解决问题而不因某个群体或个人的意志来评价和认识事物的本质，也不因外界的干预而歪曲对于这些事物发展中存在问题的客观认识和判断，进而不扭曲对存在于这些事物中问题的解决路径。由此可见,价值中立就是实事求是而非政治态度。

其次,国际化政策意识不强,满足于象牙塔式的孤芳自赏式研究。在大多数教育研究机构和学术组织在各自开展的高等教育研究中,对于高等教育国际化工作的研究关注不够,对于高等教育国际化政策的现实问题敏感度不高。社会组织包括高等教育研究机构和学会组织等还多满足于自娱自乐的独自研究,不少学者还不太关注高等教育国际化政策的现实问题研究。与此同时,一些学者虽然在关注和研究高等教育国际化政策问题,但是研究的态度常常是非理性的,愤青式的牢骚比较多,而理性客观研究和解决问题的手段并不多,也不善于将研究成果上升为国家政策而为政府决策提供依据。从整体上看,关于高等教育国际化政策领域的研究,相关研究机构和社会组织除了少数学者之外,大多数研究者所做的研究还需要深入高等教育国际化的实际而不能凭自己的想象。

再次,对于高等教育国际化开展深入的学理性研究意识不够。政策的一个重要的特点就是其桥梁性,即政策是把理论和实践连接起来的桥梁。政策的这种特点决定了从事政策研究的工作者既要有较高的理论素养,也要有丰富的实践经验,这就需要他们在做政策研究时既要开展政策的相关理论研究又要从事实践探索,不断地做大量的调查。只有将理论研究和实践调查紧密结合起来,所做的政策研究才具有理论价值和实践价值。在高等教育国际化政策研究领域确实有一些学者在做潜心研究,但是他们中的不少人把主要精力用于所谓的理论研究和原理研究而忽视了实践调查。对于高等教育国际化政策目前在实践中所面临的困境到底是什么,他们是一知半解的、比较模糊的,还有一些研究者对于高等教育国际化政策实际情况的认识还是比较主观的判断,有时候提出的问题可能还是一个伪命题。当我们对于高等教育国际化政策的问题还没有找到,也就是说他们所提出来的还不是一个真命题的时候就去开展研究,那所构建的理论到底是不是科学的、理性的、有价值的就值得深思了。殊不知,高等教育国际化政策的理论和原理如果脱离了实际就必然会失去理论的根基,所构建的那些理论也成了空中楼阁。所以,对于高等教育国际化政策理性研究意识不足根本上还是缺乏实践意识而不是理性意识本身。

最后,独立开展高等教育国际化政策研究的意识不强。我国社会组织在开展高等教育国际化政策研究过程中大多数还十分缺乏独立自主的研究意识。表现在这些组织对高等教育国际化研究中，无论是理论命题的提出还是实践领域的关注都极大地依赖国外学者的研究成果，而轻视对国内问题和研究成果的关注。在高等教育国际化政策研究中也常常是言必称"国外"。① 似乎国外学者（哪怕是一个并不知名的研究者）所提出的判断和观点都是至高无上的正确而被奉为经典，国外研究者所关注的研究领域都是最科学的、最有价值的。殊不知，他们的国情、历史与我们的几乎没有共同性，为什么我们宁愿去相信"国外"的所谓理论和热点而不切实面对我们自己的真问题去寻找真能解决问题的理论和方法呢？

我们在高等教育国际化政策研究领域的独立自主意识的缺乏（科学研究的"软骨病"）直接导致了这个领域研究的理论匮乏、难以找到真问题，盲从所谓"国际趋势"。中国仍然是一个发展中国家，我们需要主动参与高等教育国际化而不是回避这个潮流。在这种形势下，我们更需要在高等教育国际化政策研究方面独立自主地构建自己的理论、寻找真问题，不能冀望东张西望获得解决问题的真理。

我国社会组织在高等教育国际化政策领域出现的这种参与意识不足的主要原因有以下三个方面。

首先，对高等教育国际化及其政策的作用认识不足。高等教育国际化及其政策的研究在我国高等教育学界和政策学界虽然已经并非陌生，但是，从整体的研究水平上来看，我们的研究大多还停留在比较研究（实际上很多研究只是做了一些介绍性的工作，已经发表的研究成果也缺乏深层

---

① 笔者在工作和学术活动中经常听到一些人口头上挂得最多的一句话就是"国外……"。笔者也常常问他们所称的"国外"到底是指哪个国家，因为"国外"这个概念外延太广，中国以外的都可以叫作国外。可他们的回答却惊人的一致：他们口中的国外就是指美国或少数西方发达国家，如英国、法国等。这就让笔者思考一个问题：为什么我们在讨论中国问题的时候，观念里总是受到"国外"因素的制约和影响呢？难道离开了这些"国外"，中国的问题就无解了吗？或者说，中国的问题一定要用"国外"的所谓理论才能解决吗？笔者的观点是，我们的国人缺乏独立自主的思考方式和胆略，对于自己所面临的困境不是缺乏解决的方法和能力而是缺乏信心，这种现象大概就是学术研究中的"软骨病"。习近平同志指出："共产党人如果没有信仰、没有理想，或信仰、理想不坚定，精神上就会'缺钙'，就会得'软骨病'，就必然导致政治上变质、经济上贪婪、道德上堕落、生活上腐化。"我们在开展科学研究中也应该有自己的理想和信心，否则也会患上"学术研究的软骨病"，而这样的病对于一个国家和民族的复兴与进步是非常危险和恐怖的。

次的分析)。由于缺乏系统的实证性研究,这些研究成果很难被政策主体部门采纳和吸收。正是基于上述的研究思路和态度,实际上,我们对于高等教育国际化及其政策的真正作用并不十分清楚。比如,将国际化等同于现代化、西方化的观点在研究者中占的比例还比较大。

其次,高等教育国际化政策的复杂性。高等教育国际化政策本身的复杂性远远大于国内的教育政策的复杂程度。这是因为,一方面,高等教育国际化政策主体的多样、发展过程及其价值取向千差万别。这就使得对高等教育国际化政策开展研究的难度(包括方法、思路、文献收集等方面的难度)也就相应地增加。另一方面,开展高等教育国际化政策研究需要大量开展国际交流活动(如出国实地考察、学习,经常性地参加国际学术研讨会等等)掌握第一手资料(现在的比较研究不少是对二手资料的炒作和主观判断,这种炒作二手资料的研究容易误导政策主体的判断),这就不仅需要研究者有研究兴趣,而且需要研究者有足够的研究经费和方便的出入境条件。这样的研究条件目前对于国内大多数学者来说还是相当困难的甚至是不具备的(如足够的科研经费保障)。

上述两个方面的原因使得对高等教育国际化政策研究的畏难情绪在一部分研究者的研究兴趣选择上还是产生了负面作用,部分研究者不得不把更多的兴趣转移到对国内相关政策的研究上,这从已经发表出来的成果中也可以反映出来。

最后,我国高等教育在国际上的边缘化地位。一直以来,无论是官方组织还是社会组织,在对我国高等教育地位的判断最为熟知的一句话就是"我国是高等教育大国但还不是高等教育强国"。对这一判断可以做出多种解读,基于高等教育国际化政策角度来解读就是"我国的高等教育在国际上还处于边缘化地位",我们在高等教育国际化政策的研究上在世界上还缺乏足够的话语权。我国高等教育的国际地位让我国的学者在开展国际化研究时思想不够解放,防范过度,缺乏自信,所以主动参与高等教育国际化政策研究的意识也就比较淡漠。

二 高等教育国际化体制与机制需要继续深化改革、不断完善

政策主体发挥作用的形式则是体制机制,也就是说,政策主体在政策

研制的过程中是通过一定的体制机制来完成的，体制机制是否完善和关系是否顺畅决定着政策主体作用能否有效发挥。僵化和复杂的体制机制必然会使得制定的政策难以实现政策主体的价值取向和愿景。西方发达国家已经越来越感觉到那些所谓民主式的体制机制对国家政策研制和实施的制约性，但却因这些体制机制固有的僵化及惰性难以自拔，在很大程度上影响着西方社会经济、文化和教育事业的发展。因此，西方国家自二战结束特别是 20 世纪五六十年代以来，也一直呼吁要对自己的体制机制进行改革以寻找社会发展的突破口，但是，到目前为止这种体制机制改革的探索仍然处于迷茫状态。

我国自改革开放以来，始终坚持在改革的基础上不断扩大开放政策，国内的生产力得到了有效的释放，国民经济发展水平逐年提高，国家的经济实力正在逐年增加，取得了令西方世界震惊的成就，也让他们感到羡慕不已。如果要总结我国改革开放 40 年来的成就，我们认为最大的成就不是我国的经济总量排行世界第二，也不是我国经济发展对世界贡献率达到 1/3 以上，这些都是表面的贡献；而真正的有价值的贡献应该是我国在经历了诸多内忧外患的波折之后，终于明白了拥有开阔胸襟的作用以及不断建立起来的自信——我们终于从闭关锁国的理念中走了出来。由此我们才真正敢于对自己的体制机制不断改革，目前我们仍然处于改革的进程中，但是与西方国家不同的是，我们的改革思路清晰明确，我们所取得的成就也就顺理成章了。

虽然学界对于高等教育国际化研究比较早，但是将高等教育国际化上升到政策层面对于我国的政策主体来说还是一个新课题，相比较于西方发达国家，我国的政策主体在高等教育国际化政策方面的思考和实践确实还存在着一定的差距，从政策建设的体制机制的角度来看，这些差距主要表现在缺乏强有力的统筹协调机构、专项工作研究报告制度和专项研究投入制度。

（一）缺乏强有力的统筹协调机构

国际化作为国家战略的一部分必须建立相应的统筹协调的体制机制，高等教育国际化应该通过这个体制机制来实施。通过建立这种体制机制的协调机构（如"高等教育国际化领导小组"）来推进国家层面有关高等教育国际化政策的制定和实施。目前，中央和国务院还没有设置专门的机构来统筹协调高等教育国际化政策的制定。这就导致我国在高等教育国际化政策研制过程中难以出台专项的政策和法律法规，国家的整体意志表达不够清晰，国际社会难以把握中国的思路和愿景，高等教育国际化进程的推进和实施的效果难以保证。我们希望在中央层面应该有一个类似于"高等教育国际化领导小组"，在国务院层面应该有一位副总理负责高等教育国际化推进的协调工作。

出现上述状况的主要原因如下。

首先，国家对体制机制建设的认识需要有一个过程。从当代国际关系来看，在一定时期内每个国家可能面临许多战略问题，这就需要国家对这些战略进行合理的选择，找到最为关键的突破口。中国正在走向复兴，也必然会面临诸多的战略选择问题，高等教育国际化战略只是其中的一项选择，国家在一定时期内未能确定明确的战略并不意味着战略决策者没有意识到高等教育国际化工作战略价值，而是寻找更为重要的战略对策。因此，我们应该保持冷静的头脑，等待更为合理的时机建立高等教育国际化实施的体制机制，从而实现战略突破。

其次，统筹协调机构工作效率难以确保。高等教育国际化工作推进本身需要涉及国家的诸多部门，而这些部门都有大量的工作要完成，对于高等教育国际化政策的实施可能只是这些部门的其中一项工作而已。如果建立了上述的协调机构，能不能确保这个机构的协调性在很大程度上取决于这些部门的支持程度。如果不能确定这些部门的支持力度暂时不设置这样的协调机构也不失为一个较好的选择。如果高等教育国际化到了各个部门必须面对的重要工作选项时，建立上述协调机构的条件自然也就成熟了，其发挥的协调效率也会随之得到提高。

（二）缺乏专项工作研究报告制度

建立工作研究报告制度的最大优势在于为政策主体提供系统和准确的决策信息和依据，发达国家在国家政策研制中十分重视研究报告制度建设，许多政策和法律法规的制定都依据某些专项研究报告。在高等教育立法领域里,英国、法国、美国都不乏这样的先例。研究报告不仅提供全面的信息而且由于其集中某项工作开展研究,因而能够降低政策成本、提高政策效率。在高等教育国际化政策研制过程中,我们目前还没有建立专项工作研究报告制度(可能也会有一些零星的研究报告,但未能形成一种制度即政策制定必须依赖研究报告的规范化过程),这可能导致政策主体在高等教育国际化政策决策时的盲目性和非理性,从而容易造成政策的失误。

在高等教育国际化政策研制过程中缺乏专项工作研究报告制度的主要原因在于对研究报告可行性的信任。中华人民共和国成立以后所形成的当代高等教育制度中重视在高等学校开展科学研究活动的历史并不长,[①] 高校教师开展科学研究的意识并不强。这就导致了国家对高等学校的科学研究成果特别是政策性研究成果的重视程度不够,[②] 在制定相关政策时也很少关注高校教师的科研成果。在相当长的一段历史时期内,在计划经济体制下,政策主体更多地相信自己的判断和经验的积累,而对研究者的研究成果及其结论的政策可行性缺乏信心。所以,专项工作的研究报告制度在我国既缺乏政策主体的支持,也缺乏相关体制机制的制度支持,更缺乏相应的文化传统。

(三) 缺乏专项研究投入制度

开展高等教育国际化及其政策的研究需要充分的人财物特别是经费的

[①] 中华人民共和国成立初期,国家忙于对高等学校管理体制的改造,之后的大跃进、反右等政治活动对高等学校的日常工作干扰甚大。进入60年代国家试图发展经济,但是对于高等学校是否需要参加科学研究,当时的政策并不十分鼓励。例如在1961年的《中华人民共和国教育部直属高等学校暂行工作条例(草案)》(俗称《高教六十条》)中就指出:"高等学校必须以教学为主,努力提高教学质量。生产劳动、科学研究、社会活动的时间,应该安排得当,以利教学。""为了保证以教学为主,高等学校平均每学年应该有八个月以上的时间用于教学。学生参加生产劳动的时间一般为一个月至一个半月。在教学计划以外,不对学生规定科学研究任务。生产劳动过多、科学研究过多、社会活动过多等妨碍和削弱教学工作的现象,应该纠正。"——编者注
[②] 出于国家经济建设的需要,在20世纪国家建立中国科学院、中国工程院和中国社会科学院。实际上,国家的决策过程更多的是采用了这些国家级研究体系中所产生的研究成果。而对于来自高等学校的仅有的研究成果并没有给予足够的重视,特别是人文社会科学所产生的政策性研究成果。政策主体习惯于计划经济下的部门意志而忽视了高等学校学者的研究价值。——编者注

支撑，这在前文已经做过分析。从国家对于科学研究的制度设计角度来看，目前，我们对于有限的高等教育国际化及其政策的研究主要还是通过国家社科基金和教育部的相关研究项目这两条途径通过立项的形式来进行的。这两条途径的立项研究在一定程度上可以引起研究者对高等教育国际化及其政策的关注，激发部分研究者的研究兴趣，但难以确保上述研究报告制度中所要达到的全面性、系统性和可行性等综合性要求，研究者也缺乏对研究成果是否可以作为政策主体决策的责任意识和义务精神。由此可见，我国在对高等教育国际化及其政策的研究方面还缺乏专项研究的投入制度（持续开展与高等教育国际化相关的研究，并要对研究者提出更高的研究要求，同时承担相应的研究责任，履行相应的研究义务），这在很大程度上降低了研究成果的价值，达不到政策主体期望的目标，反而不能提高研究的效益。

出现这种制度缺乏的原因除了政策主体对研究成果缺乏信心之外，还在于高等教育国际化涉及的政策主体过多，缺乏统筹协调机构，因而无法确立专项研究投入的主体。所以必然会出现上述的国家社科基金和教育部人文社科研究基金等各部门独自开展的立项研究的现象。而在这些部门看来，高等教育国际化只是他们关注的一个方面，不可能开展专项资助研究。

这里我们需要特别思考的一个问题就是，既然高等教育国际化进程涉及诸多部门，那么这些相关部门都应该组织开展相关研究才是合理的，但实际上，这些相关部门几乎都没有开展相应的研究组织工作。为此，我们呼吁有关部委在国家没有设置专门协调机构开展高等教育国际化政策研究之前，在各自部门的职权范围内，组织学者从不同部门的需要开展高等教育国际化政策研究，在整体上加大对高等教育国际化政策研究的投入力度。

三 高等教育国际化政策思路有待进一步明确

高等教育国际化政策思路是否明确与国家层面的政策主体的态度密切相关。有研究者指出："能否在国家层面推行教育或者高等教育的国际化，各国政府对于国际化的态度十分重要。在近20年来各国推进高等教育国际化的进程中,总体特点是:西冷东热,官缓民急。欧美国家政府很少把高等教育国际化列入国家教育发展战略计划,也很少有具体的行动方案。而东方国家政府,特别是东亚和南亚各国对于推进高等教育国际化则热情饱满,投入逐步增加,但战略目标不够清晰,缺少有效的方案和措施,很多工作都是自下而上开展起来的。"[1] 这从一个侧面说明,我国国家高等教育国际化政策主体在制定相关政策时还需要进一步厘清思路、明确政策基点。

我国高等教育国际化政策思路现在面临着一个战略选择:是关注面向国际的政策研制还是关注面向国内的政策研制。这是两条不同的政策思路。所谓关注国际政策研制就是我们所要研制的高等教育国际化政策是基于国际需要主要由国际参与研制的政策,而面向国内的高等教育国际化政策则是基于国内的需要由国内政策相关组织参与研制的政策,简单地说就是外向型政策还是内向型政策。刘海峰认为,"我国在发展高等教育国际化的同时不可忽视本土化,高等教育本土化、民族化不能代替国际化,不能成为落后体制、拒绝先进文化的理由,国际化也不能取消民族特色,排除本土化,两者应该是相辅相成、对立统一的。并提出要注重人文教育,保持民族优秀文化传统;高教改革不可照搬西方,而应注意保持特色。我们在推进与国际接轨,革除原有高等教育中的积弊时,应防止将原有好的或与中国国情相适应的独特性给'化'掉了"。[2] 这个观点值得我们思考。

就我国目前有关高等教育国际化政策的建设现状来看,我国的高等教育国际化政策主要还是内向型的(尽管这种政策的文件也不算十分丰富,但是相比较而言,外向型的高等教育国际化政策更加缺乏),特别是高等学校这个层面的政策主体仍然局限于自说自话而缺乏国际高等教育的远见与胆识。我国目前外向型的政策主要是基于经济领域。因此,我国高等教育国际化政策主体在今后的政策研制思路上的重点应该更多地放在外向型政策:既然我们敢于发展外向型经济,也应该敢于发展外向型高等教育。目前,我国高等教育国际化外向型政策思路比较缺乏的主要表现在以下两个方面。

---

[1] 仇鸿伟:《高等教育国际化与中国的战略选择》,《大学》(学术版) 2012 年第 10 期。
[2] 刘海峰:《高等教育的国际化与本土化》,《中国高等教育》2001 年第 2 期。

（一）高等教育国际化政策的视野主要局限于国内政策的研制

发达国家如美国、欧盟、日本等国家和地区在高等教育国际化政策研制过程中已经领先我们较长的距离了，这些国家在设计高等教育国际化政策时的视野更多的是基于国际高等教育发展的需要（当然其根本目的还是本国和本地区的高等教育能够发挥更多的优势从而获得利益的最大化。日本许多高校进入 21 世纪以来，通过各种途径来加强对"亲日派的培养"① ）。例如，从这些国家和地区已经出台的政策来看，已经不再局限于普通的留

---

① 人民网东京 2013 年 11 月 27 日电（赵松）据《日本经济新闻》报道，日本国立名古屋大学将于 2014 年开始在亚洲发展较快的国家开设博士课程，招收曾在名古屋大学留学并取得硕士学位的当地学生，毕业后颁发与日本国内同等的博士学位。此举意在各国培养"亲日派"人才，为今后在各国推进各项交流做准备。日本文部科学省称，名古屋大学将是日本首个在海外开设博士课程的日本国立大学。按照计划，首批海外博士点将在越南、柬埔寨、蒙古设立，2015 年扩大至印度尼西亚、老挝、缅甸、乌兹别克斯坦。每个博士点招收数名学生，专业主要为法律、医疗行政等课程，研究水准与日本国内持平。名古屋大学不会向各海外博士点派遣常驻的导师，日常指导主要以视频会议的形式进行，但是如果有必要，每年也会在日本国内进行数次集中讲习。课程原则上以英文授课。（参见《日本高校在亚洲多国设立博士点培养"亲日派"》，2013 年 11 月 27 日 16∶40，来源：人民网－日本频道，http∶//japan.people.com.cn/n/2013/1127/c35465－23675533.html）另据《中国日报网》（2013-11-18 09∶55∶33）以《日本将通过留日同学会在东盟国家培养亲日派》为题报道：据日本媒体 11 月 16 日报道，为了迎接将于 12 月在东京召开的日本与东盟国家特别首脑会议，日本政府将着力在东盟地区培养亲日派，主要措施是与东盟各国的"留日同学会"积极互动。日本政府将此视为与东盟强化关系的一张王牌。东盟各国的留日同学会成员共约 3 万人，这些具有留日经历的人士在各自国家的政经界拥有一定的影响力。日本将把各国的留日同学会作为"外交资产"加以利用。外务省已在 2014 年度预算要求中列入了约 1 亿日元（约合人民币 610 万元）的相关经费。留日同学会于 1951 年首先在泰国成立，截至 2003 年已遍布东盟 10 国。外务省将听取留日同学会的需求，为成员间交流、会刊发行以及举办日本文化介绍活动提供协助。日本政府还有意通过留日同学会帮助日企在进驻东盟国家时确保人才，考虑与留日同学会合作举办就业介绍会。留日同学会认为若能帮助有留日经历的人就业，今后选择赴日留学的人有可能增加，有望促进日本与东盟的交流。（来源：中国日报网欧叶编辑：信莲，http∶//www.chinadaily.com.cn/hqzx/2013-11/18/content_17111842.htm）《日本拟投资培养在美知日派 构筑"亲日派"网络》（2015 年 4 月 29 日 10∶28，来源：中国新闻网）一文报道：据日媒报道，为配合 28 日的日美首脑会谈，日本政府目前决定开展总投资额约 30 亿日元（约合人民币 1.6 亿元）的人员交流项目，以强化日美关系。报道称，日方此举旨在以二战结束 70 周年为契机培养在美"知日派"。项目具体内容为支援日美两国高中、大学的学生的留学及日本人赴美企实习，还将邀请美议员及年轻学者来日。该项目计划加强与留日归国的美国学生及驻美各使领馆间的沟通，力争构筑"亲日派"网络。

学生政策和学术交流，而是基于国际高等教育发展的趋势和在国际高等教育中获得更多话语权的需要来设计范围更宽、内容更实在、更可行的政策。这些国家和地区在培养国际化高级人才的思路上已经形成了十分完备的政策体系和相应的举措，① 而从形式上却看不到太多的政府面孔，但是其政策背后政府的影子还是非常清晰的。从这个角度来看，这些国家和地区的高等教育国际化政策思路确实领先我们一步。

出现上述现象的原因主要来自三个方面。

首先，国际思路的经验不足。我国改革开放的时间较短（至今也才40年），与上述这些国家相比，我们的开放时间还是非常短暂，因而对于国际化的思考和观念上还缺乏这样的思维习惯，缺少在国际舞台上充分展示自己的"舞台经验"。我们的政策主体大多数还习惯于国内问题的解决，对于通过国际途径解决问题的信心不足。

其次，国家战略重点暂未及时转移。我们国家正处于经济建设和发展的时期，发展经济还将在相当长的时间内是国家战略的重点，而对于高等教育事业的国际化暂时还难以将其上升为国家战略。我们相信，在国家经济真正发展到足够强大的时候，高等教育国际化必然也会成为战略重点之一。

最后，高等学校开展国际化的基础还十分薄弱。作为高等教育国际化政策实施具体主体的高等学校，他们的国际化基础十分薄弱，这在前文已经作过较为系统的分析，在此不再赘述。加上高等教育国际化举措已经被少数发达国家所掌控，我国高等学校在短时间内难以建立自己的话语体系，在很大程度上我国高等学校在开展国际化活动中只能暂时处于被动和接受地位，大多数学校已经习惯于按照现有的国际化话语体系，难以提出具有创新意义的政策。

---

① 哈佛大学肯尼迪政治学院为各国培养了大批政治精英，被称为《全球领导的摇篮》（参见《全球领导的摇篮——哈佛大学肯尼迪政治学院》，http：//www.sohu.com/a/209992737_748542，2018-02-18 22：21访问）。与此同时，在《极度震惊：哈佛大学竟培训了这么多中国高官！》一文中作者详细介绍了肯尼迪政治学院为中国政府培养高官的信息（http：//www.szhgh.com/Article/opinion/zatan/201501/74400.html 2015-01-19 21：05：41）。

（二）高等教育国际化政策的外向型政策工具的设计思路不够清晰

高等教育国际化政策的设计需要相应丰富的政策工具予以支撑。在设计这些政策工具时，首先还是要从思路上予以厘清，即政策主体要意识到，现在的国际关系已经成为"在政治上的表现是国内政治国际化，国际政治国内化，超国家权力日益强化。传统上属于一国内政的事务会受到国际社会的广泛关注甚至介入，而国际舞台上发生的政治事件又会引起连锁般的国内反应。国际组织等超国家机构正运用各种国际机制介入各国政治，协调错综复杂的国际关系，以维护国际社会的整体利益，从而逐渐形成一种人类甚感困惑、不安，同时又不得不承认有其合理性的新的权力体系与机制"。[①] 这样的国际关系的变化，必然需要高等教育国际化政策工具的设计也要做相应的调整。而日本的一些做法值得我们参考。"为增强日本大学吸纳国际留学生的吸引力和竞争力，日本文部科学省又于 2014 年制订了《超级国际化大学》计划，每年为入选的 37 所高校提供 1 亿～4 亿日元的政府补助金。其中《超级国际化大学》名单内的早稻田大学、京都大学、九州大学、名古屋大学、冈山大学等十余所高校都已在中国设立了联络处。"[②] 而我们国内的大学目前基本上还没有这样的思路，不少高校甚至包括少数高水平大学都没有真正意识到这个问题的重要性，还满足于国内学生的培养和质量提高上，并为此而沾沾自喜。

对高等教育国际化政策缺乏丰富的政策工具的主要原因在前文也做过了分析，需要强调的一点是，我国的高等教育国际化政策主体的国际治理意识还不十分强烈，长期的计划经济已经使得我们的各级政策主体习惯于行政命令式的管理，而对于政策工具的应用并不重视。同样，受这种管理思维模式的影响，政策主体对于全球治理的视角的思考还缺乏十足的经验，这就必然导致这些政策主体在面对高等教育国际化政策浪潮冲击时难

[①] 蔡拓：《全球主义与国家主义》，《中国社会科学》2000 年第 3 期。
[②] 《日本大学注重来华招生，中国学生占日留学生总数近半》，《人民日报》（海外版），http://mini.eastday.com/a/161103083052017.html，最后访问日期：2016 年 11 月 3 日 08：30。

以拿出有效的政策工具加以应对。

四 高等教育国际化政策与其他政策之间需要进一步协调

从国家层面看，高等教育国际化政策是国家整体政策的一个组成部分，高等教育事业自身的发展也不是孤立的，而是需要各方面的支持；其他各种事业的发展也需要高等教育事业的支持。这就决定了高等教育国际化政策的研制和实施必然需要其他各行各业的政策支持，因而，高等教育国际化政策与其他各行各业政策必须协调配合才能使高等教育国际化进程得到更好的推动，当然高等教育国际化进程的推动也会促进其他各项事业更好的发展。

目前，无论是国家层面的高等教育国际化政策还是高等学校层面的高等教育国际化政策，在研制和实施的过程中都存在着一个共同的困境：政策之间不够协调，因而使得有些高等教育国际化政策成为一个难以发挥效力的政策。这些政策的不协调性主要表现为以下三个方面。

（一）部分政策之间存在着冲突和矛盾现象

由于高等教育国际化政策涉及许多部门必然会出现政出多门的冲突和矛盾现象。例如，来华留学生政策和来华国外学者开展教学和科学研究工作以及我国派出留学生和学者的政策就可能涉及教育部、财政部、外交部、公安部、卫生和计划生育委员会、国家发展和改革委员会、海关总署等诸多部门。但是，从我们所掌握的文件来看，这些涉及诸多部门的政策并不多（直接涉及高等教育国际化的文件数量更是屈指可数），那么那些大量的涉及到高等教育国际化政策都在哪里呢？只能由各个部门独立制定并实施。这就难免会出现上述政出多门而冲突的问题。在高等学校，这样的现象也不乏足够的数量支持。例如，部分高等学校对于留学生和国内学生的学位授予规定要达到的标准就不一致，有的学校要求国内外用同样的标准要求来华留学生，而有的则采用不同的学位授予标准。这就容易导致两类不同学位在学术水平的"质"的要求上的不一致，造成国内外学生的学术要求上的不公平。

之所以会出现政策之间冲突和矛盾现象，主要还是政策主体的统筹协调机制不够健全，部门之间习惯于单兵作战，缺乏配合意识。这在前文也做了分析，这里不再展开。

（二）部分政策的内涵和外延设计不尽合理

在我们的问卷调查中，有学者提出："我国高等教育的国际化首先是人的思想观念的国际化、思维方法的国际化、人才培养标准的国际化、教育管理制度的国际化等，然而，现在国家政策中对高校教师和管理人员出国交流、考察、访问等管理严格，不利于高校国际化发展。""国家有些政策将高校领导、中层管理人员、院长等视同政府公务员管理，对出国考察、访问、交流限制较多，不利于他们拓展国际视野。""对于外国专家在华工作，政策限制较多，管理过于严格，服务失之于松。"这些学者指出的这些政策的不足，增加了我国高等学校开展高等教育国际化工作的困难。

出现这种政策界限模糊和外延覆盖不合理的主要原因在于政策主体并没有严格区分行政管理和学术管理之间的内涵，习惯于用行政管理的思维和方法代替学术管理的思维和方法。例如，在高等学校，不少知名学者担任一定的行政管理工作和党务管理工作。从形式上看，他们具有一定的职务，与政府部门和党务部门的干部一样，但是他们的工作对象却截然不同。高等学校管理工作的核心是培养人才和研究学术，如果他们因为管理干部的身份而严格限制他们参加国际学术合作与交流的机会和途径（如严格限制出国学术交流的时间，限制这些学者参加学术组织担任职务的数量，等等），这无疑是对这些学者研究工作手脚的束缚。长此以往，必然会使得这些学者缺乏国际化的知识和学术视野，难以提高高等学校人才培养质量，更难以把握高等教育国际化的动态，最终会降低高等学校人才培养的水平，也难以培养在国际上有影响的学术大师。

国际化过程必然伴随着政治化过程，大学既是学术机构也要承担政治化机构的角色，这一点毋庸置疑。但是对于高等学校过多地赋予政治机构的责任则必然会影响到其学术和人才培养，这是我们在20世纪经历过的历史教训，我们不应该让其重演。高等学校既要肩负国家意愿，也要力求维持独立自主和学术自由，而对于国家意愿和政治诉求应该融会在高等学校的学术自由之中（独立自主和学术自由并非不遵守政治纪律，这在西方发达国家也不允许，独立自主和学术自由必然有界限而非随心所欲）。只有这样，大学在意识里就不会使其处于"人格分裂"状态，也不会使其在国际化过程中无所适从、不知所措。

（三）高等教育国际化政策中经费投入不明确

现行关于高等教育国际化政策不仅文本数量有限，政策工具的数量更是屈指可数。其中最为缺乏的就是关于高等教育国际化的经费投入方面的政策，明确经费投入机制（由谁支付，支付多少，如何使用，如何评估，等等。）的政策更是凤毛麟角。对于大多数高等学校来说，高等教育国际化政策推进的最大的难点之一就是相关的经费投入严重不足，特别是地方政府尤其是欠发达地区地方政府举办的高等学校情况更为严峻，基本上不能支撑这些学校开展国际化所需。

开展高等教育国际化经费投入不足的原因，一方面，高等学校确有办学经费困难的一面，而更为重要的另一方面原因则是各级部门和高等学校对于高等教育国际化的重要性认识不足，不少学校至今还认为开展高等教育国际化活动是一件吃力不讨好的事情，这是十分可怕又可悲的落后的观念，这在前文也作了较多的分析，我们应该认真反思更深层次的原因。

第二节 我国高等教育国际化政策客体面临的问题

在本书的第二章第二节《高等教育国际化政策客体研究》中，我们将高等教育国际化政策客体定位于高等学校的教师和学生，因此，我们在这里的讨论仍然基于高校师生这两个角度，来分析他们在参与高等教育国际化进程中面临的主要困境。

一 高校教师参与国际化进程面临的困境

《中华人民共和国教师法》（1993年10月31日第八届全国人民代表大

会常务委员会第四次会议通过，1993年10月31日中华人民共和国主席令第15号公布，自1994年1月1日起施行）第三条规定："教师是履行教育教学职责的专业人员，承担教书育人，培养社会主义事业建设者和接班人、提高民族素质的使命。教师应当忠诚于人民的教育事业。"第二条规定："本法适用于在各级各类学校和其他教育机构中专门从事教育教学工作的教师。"从《中华人民共和国教师法》的这两条规定中，我们可以看出，高等学校的"教师"不仅包括在课堂授课的教学人员，也应该包括从事行政（包括党务工作）工作的管理人员（他们既是高等学校开展国际化活动政策主体，也是高等教育国际化政策的客体。本研究仍将其视为法律意义上"教师"的组成部分）。他们在高等学校的国际化进程中相互协作共同完成国际化各项任务，也都面临着不少困境。

（一）对高校推进国际化的重要性认识不足、动机不强

尽管高等教育国际化这个概念在中国的出现并得到研究的历史至少已经有了20多年，但是，高等教育国际化对我国高等教育事业发展的作用是什么，对于高等学校的现代化进程的影响有哪些，如何在高等学校的日常工作中推进高等教育国际化进程，等等，大多数教师来说并没有对这些问题给予足够的认识，或者说大多数教师在这些方面的认识还比较模糊。在我国的高等学校里，本着以下这些方面认识的教师大有人在，即不少教师至今仍然认为国际化是一个离自己的教学和科研工作十分遥远的事情，是否参与国际化似乎对自己的教学和科研并不产生实质性影响，甚至还有不少教师认为开展国际化是给自己增加了额外的工作，是给自己的教学和科研工作增加了麻烦。

缺乏参与国际化的动机是我国高校教师在开展国际化活动中面临的另一个制约因素。心理学认为，动机是引起个体活动，维持并促使活动朝向某一目标进行的内部动力。引起动机的因素主要包括两个方面：需要（内部因素）即意向、兴趣、信念、世界观；诱因（外部因素）即目标、压力、责任、义务。从心理学对动机的定义来看高校教师参与国际化的动机，就会发现，我国高校大多数教师既缺乏参与国际化的需要，也缺乏参

与国际化的诱因。在这样的情况下，我们又怎么能指望高校教师具有参与国际化的积极性呢。

为何高校教师对于高等学校国际化进程认识不足、缺乏较强的参与国际化的动机？主要原因在于高等学校并未能明确高校教师参与国际化进程中的"责""权""利"三者之间的关系，现行的相关政策似乎只针对学校或某个部门的具体工作，而与教师的发展并没有实质性的联系。如果我们提出下面这样几个问题，不知道我国的大学是否都能够给予准确的回答并有具体的规章制度：教师参与国际化进程应该承担哪些责任？履行哪些义务？在参与国际化进程中，高校教师拥有哪些权利？他们从中可以获得哪些对他们的发展有益的方面？实际上，我们能够看到的仅有的一些规章制度往往是限制性的要求——这个不能做，那个要注意。教师参与国际化的手脚被多方面束缚住了，何以有积极性呢。

除少数一流大学之外（国内一流大学和一流学科建设大学中对教师职务晋升有一些国际化的要求，如晋升教授职务需要在国外有一年的工作或学习经历，外语要达到相关的水平等等。但是，一旦这些教师晋升到了高级职务之后就不再对其有国际化的要求了），大多数高校在教师现行的考评体系中对于教师是否参与国际化工作并没有明确的要求，对教师是否参与国际化活动、参加活动的数量和质量应达到什么样的水准，现行的高等学校几乎都没有规定和要求，教师是否参与国际化活动变得可有可无。有些学校虽然有少量的激励政策，但是激励的力度不足以调动教师参与国际化活动的积极性。国家在《"长江学者奖励计划"实施办法》[①] 这

[①] 教育部在《"长江学者奖励计划"实施办法》（教人〔2011〕10号）第二章《岗位职责》中确实有明确的国际化要求。如第九条规定：特聘教授主要职责：1. 讲授本学科核心课程，指导青年教师和研究生。2. 把握本学科的发展方向，提出具有战略性、前瞻性、创造性的发展思路，带领本学科赶超或保持国际先进水平。3. 面向国家重大战略需求和国际科学与技术前沿，积极承担国家重大科研项目，在本学科领域开展原创性研究和关键共性技术研究，力争取得重大标志性成果。4. 领导本学科方向发展和学术梯队建设，根据学科特点和发展需要，组建并带领学术团队进行教学科研工作。第十条规定，讲座教授主要职责：1. 开设本学科前沿领域的课程或讲座，指导或协助指导青年教师和研究生。2. 对本学科的发展方向和研究重点提供重要建议，促进本学科进入国际学术前沿。3. 面向国家重大战略需求和国际科学与技术前沿，积极参与组建具有国际先进水平的学术团队。4. 积极推动国内高校与海外高水平大学等学术机构的交流与合作。

样一类的政策中虽然也提出了国际化的要求，但是能够进入这些计划的高校教师人数微乎其微，大多数教师也没有参与这些项目的积极性，甚至连申报的兴趣都没有，因为这些计划的覆盖面实在太有限，因而也难以对高校教师参与国际化活动起到推动作用。而且有些奖励性政策对高校教师国际化工作并无任何要求。① 学校层面各种关于教师工作奖励的规章制度中也很少有把这些奖励与教师是否参与国际化活动结合起来的规定。

（二）师资队伍整体国际化素养不足

国际化素养不足，是指高校教师参与国际化进程中在知识结构、能力等方面所表现出的水准与国际化活动本身所需要的知识、能力要求之间存在的差距。首先，从高校教师参与国际化进程的知识结构来看，大多数教师的知识结构与国际化活动所需要的知识结构相比不尽合理。例如，国际化活动不仅需要扎实的专业知识，而且还要掌握大量的相关学科知识即知识面要十分开阔。但是，我国现在在岗的高校教师基本上是应试教育和文理分科教育的产物，除了具备基本的专业知识之外，相关学科知识的掌握十分有限，难以参与国际活动（政治活动、经济活动和学术活动等）。

其次，目前在职的大多数高校教师也十分缺乏国际化活动的能力。这主要表现为对国际化知识的掌握不足，对其他国家和民族的文化知识也十

---

① 在《教育部办公厅、中央组织部办公厅关于组织开展 2017 年国家"万人计划"教学名师遴选工作的通知》（教师厅函〔2017〕2 号）中，关于"申报遴选条件"有如下规定：国家"万人计划"教学名师人选，应忠诚于党和人民的教育事业，全面贯彻党的教育方针，为人师表，师德高尚；长期从事一线教学工作，培养优秀青少年有突出贡献；对教育思想和教学方法有重要创新，教学成果和教育质量突出；在教育领域和全社会享有较高声望，师生群众公认。对于高等学校教师申报者同时应具备以下条件：1. 申报教学名师的普通本科院校人选应具有高级专业技术职务，近 6 学年（2010～2016 学年）主讲课程的平均课堂教学工作量不少于 96 学时/学年，其中每学年必须为本科生主讲一门课程（医学专业任课教师按教学时数计算，本科教学工作量平均不少于 60 学时/学年，含案例教学和临床带教）。2. 申报教学名师的高等职业学校人选应具有相关企事业单位一线实践工作经历，具有高级专业技术职务，近 3 学年（2013～2016 学年）承担本校教学任务（包括实训、实习等实践课程）不少于 180 学时/学年。3. 非现任校级领导。4. 非国家"万人计划"其他类别申报者和国家"万人计划"领军人才入选者。

分有限（我国高校的小语种培养能力也十分薄弱，① 客观上造成了我们难以学习其他国家和民族的文化、历史和传统）。其中，最大的不足就是我国高校教师的外语能力普遍较低，无法与国外学者开展交流，也就难以在国际组织中开展工作。同时，高校教师外语能力的不足，也抑制了高等学校开展国际学生培养工作的能力（由于高等学校无法提供完整和足够数量的可以用外语授课的专业和课程，也就无法招收来华留学的学生），国际化水平受到严重制约。

高校教师缺乏国际化基本素养的主要原因既有高等教育的原因，也有基础教育的原因。从高等教育的角度看，长期的片面而又狭窄的专业训练使我们所培养的大学生知识面狭窄，相关学科知识不足。从基础教育角度看，应试教育和分科教育导致高等学校录取的学生在知识结构上先天不足，知识单一。加上外语教学不重视应用，导致几代学生的哑巴外语（学

---

① 秦夕雅在《"一带一路"小语种人才结构性短缺　高校培养需顶层设计》（2016-07-08，07：44：17，《第一财经日报》，http://finance.jrj.com.cn/2016/07/08074421165063.shtml）中分析了我国高等学校小语种人才培养情况，现摘录部分内容如下：教育部的统计数据显示，我国 2010~2013 年外语专业招生的 20 个"丝路"小语种中，11 个语种每个语种的在读学生不足 100 人。其中波斯语、土耳其语和斯瓦希里语 3 个重要语种，学生在 50~100 人之间。而希腊语、希伯来语、乌尔都语、孟加拉语、尼泊尔语、普什图语、僧伽罗语和菲律宾语等 8 个语种均不足 50 人。基于"一带一路"倡议的开放性，其沿线所覆盖的国家范围尚无明确划分。若从东南亚、南亚、西亚、北非、中东欧、中亚、独联体、中国以北区域的国家来看，明确划入"一带一路"范畴的国家有 64 个。按照这 64 个国家计算，目前单就北京外国语大学而言，已经开设了其中 54 个国家官方语言的相关专业。北京外国语大学教务处副处长苏莹莹向本报记者表示：剩下的 10 个国家中，不丹是中国的邻国中唯一一个没有跟中国建交的国家。若将不丹排除在外，仍有 9 个国家的官方语言在国内高校本科专业设置中尚属空白，北外计划将在 2017 年年底之前全部覆盖。"世界上的国家，在经济总量上有大小，但是从政治和文化意义上看，每个国家都是这个世界中同等重要的一员。伴随国家的发展，我们利益的触角已经延展到世界的每个角落，处处面临着语言和沟通的问题。"北京外国语大学副校长贾文键教授向本报记者表示，当我国船员被索马里海盗劫持，需要懂索马里语的外事人员去交涉，此时就没法用 GDP 来衡量索马里语这一专业的价值。以上海外国语大学为例，如果把英语、俄语、阿拉伯语计算在内，目前上海外国语大学已经开设了 13 个"一带一路"所覆盖国家的语种专业。其中，非通语种有 10 个，在校生一共不到 150 人。像希腊语、越南语、希伯来语、土耳其语、印地语专业这五个专业每四年才招一届，每届只招 12 人。在全球战略布局和利益拓展过程中，世界发达国家都把关键语言人才的培养上升为国家战略的一部分。孙晓萌一直在呼吁：对于一些关键语言的专业布点，学校可以动用力量去布局。但是从更宏观和长远的角度看，"一带一路"急需有效的语言人才培养、使用和储备机制，这需要国家进行通盘思考和顶层设计，以规避未来"一带一路"实施过程中可能遭遇的风险和阻力。

生的口语和听力普遍较差），缺乏用外语交流的信心。这些当年毕业的学生正是我国现在高等学校在职教师队伍的主体，这些不足必然会导致他们缺乏国际化意识和参与国际化的能力。

此外，高等学校缺乏高校教师参与国际化政策制定的机制，教师不了解国际化进程中对教师基本素养的要求。教师对于国际化活动的目的、任务和素质等基本要求都不清楚，当然也就无法提高他们自身的国际素养。

（三）缺乏基本的国际化资源

我国大多数高校教师还习惯于在国内的学术交流，构建国内的学术圈。鉴于前文所述的原因，我国高校教师还普遍缺乏构建国际学术组织的能力。这种能力的缺乏主要表现为两个方面。

首先，缺乏与国际同行建立学术友谊、交学术朋友的能力。我国高校教师普遍缺乏在各自学科领域内建立学术友谊和交学术朋友的能力；不仅如此，有些教师对于国外学者还有一些排斥的心理，不愿意与这些外国学者开展深层次的学术交流和研究。众所周知，友谊是要通过具体的活动才能建立起来，仅仅靠简单的学术会议这种粗浅的方式是难以建立起真正和持久的学术友谊和学术朋友圈。而如果在各自学科领域缺乏学术朋友的沟通和帮助，其国际化活动是无法进行的，学术水平也是难以快速提高的。

其次，缺乏建构本领域国际学术界或者学术圈（在英语翻译中都是 Academic Circles）的能力。对于一个研究者来说，是否能够进入自己研究领域的学术圈子，是一个现代学者开展学术研究的基本配置（标配）。不能进入这个学术圈子就意味着这个研究者难以获取所研究领域的最新、最完整的学术信息（例如有哪些国际学术期刊和学术研究平台等），也就难以寻找学术研究的突破口，当然其所研究的成果也难以获得同行的认可和尊重。我国高校绝大多数教师就是处在国际学术圈子的外面，也很少参与到相应的国际学术组织并很少经常性地参加这些学术组织开展的各种活动。从严格意义上讲，这些教师都不是一名称职的研究者，长期下去，高等学校的人才培养质量确实令人堪忧，超越国际学术水平的愿望恐怕只能是一种梦想。

出现上述现象的主要原因，前文在很多地方已经做了分析，这里不再展开。需要特别强调的是，高校教师外语能力缺乏（一些教师连一篇没有过多语法错误的外语学术论文都写不出来，写出来的论文却又不知道该往哪个期刊投稿发表）、国际交流信心不足（一些教师看见外语的文章和网站就头痛，说明他们内心就排斥和畏惧各种外语信息）是其中特别重要的原因。

（四）开展国际化活动的形式单一

从我国高等学校教师参与国际化活动形式来看，大多数高校教师还习惯于将国际化活动理解为举办国际学术会议、邀请国外学者来校作学术报告和课堂教学、出国参加学术会议等形式。但对于高校教师来说，参与国际化进程的方式远不限于这些活动，国际化活动的方式多种多样。我们可以从高校教师的基本职责来简单作一分析。

从高校教师的教学工作来看，国际化活动就可以不仅包括邀请外籍教师来校从事课堂教学，还可以合作开展课堂教学（在一个课堂上与外籍专家同台授课），就教学内容共同协商备课、研究教学方法、组织教学进程，就专业建设、课程体系建设和教学内容构建等方面共同开展教学研究。与此同时，国内高校教师也可以到国外高校开展上述教学活动。

从高校教师的科学研究角度看，教师的国际化活动就不能局限于上述的邀请专家作一个学术报告、参加一次学术会议，而是就各自学科领域在选定的方向上与外籍专家在境内外共同开展研究（如研究选题的确定、研究方案的设计、研究方法的选择、研究人员的组织、研究成果的发表等）。此外，还需要参加学科领域的国际学术组织及其举办的学术活动，力争担任这些学术组织的负责人，主导学术组织的各种活动，拥有更多的学术话语权。这样的研究活动才能真正是国际化的研究，也才能产生有影响的研究成果。

从高校教师开展智力服务的角度来看，他们不仅要参加国际学术组织活动，还要积极投身到其他国际组织中去担任职务开展活动。目前，世界上各种国际和地区组织数量和种类繁多，这些组织也需要大量的高级专业人才提供智力服务。如果能够进入这些组织开展工作，将对国家的各方面的发展十分有利。然而，我国目前在这些本应该有中国人参加的组织中却很少看到我们中国人的身影，高校教师作为国家的专门高级人才应该积极参与到这些组织中去。

从上述对高校教师参与国际化进程的多角度分析来看，我国高校教师参与国际化的途径多种多样，但是遗憾的是，我国高校教师在这些方面的表现都不令人满意：国际化活动方式单一、合作教学和研究流于形式、缺乏在国际组织和相关学术机构工作的经验。这些缺憾在很大程度上降低了教师发展的效益，浪费了高校教师的人力资源。

出现上述现象的原因主要还是教师自身国际化能力不足、对国际化活动内涵理解模糊、对国际化活动的相关信息了解不全面不及时等。当然，高等学校和国家各级政府缺乏相应的政策工具予以帮助也是其中不可忽视的原因（基于我国高等教育国际化的现实，政府要特别善于研制激励性政策工具）。这些都在前文中作过分析，这里不再重复。

（五）参与国际化活动的价值观需要进一步端正

高等教育国际化是全球化的衍生物，而全球化对于民族国家的解构是有一定促进作用的，也就是说对于大多数发展中国家来说，参与全球化过程对于民族国家的改革和发展具有较大的政治风险。因为"全球化浪潮的全面推进，迅速改变着传统的生活方式和观念。全球化进程中，作为世界政治活动的主要行动者——民族国家的内外生态、结构和功能也在发生变化，并引发了国内公民对其认同感或消解，或强化的变迁。国家认同是民族国家合法性及其构建的首要前提，全球化引发的认同危机给民族国家带来了巨大挑战"[①]。而且"冷战结束后，长期性的民族政治冲突在全球范围，尤其是在非洲大陆和东南亚激增，其总数大约占到世界正在发生的民族冲突的80%"[②]。因此，我们在鼓励高等学校教师参与国际化进程时一定

---

① 王卓君、何华玲：《全球化时代的国家认同：危机与重构》，《中国社会科学》2013年第9期。
② 参见 Monty G. Marshall and Ted Robert Gurr, "Peace and Conflict 2003: A Global Survey of Armed Conflicts, Self-Determination Movements, and Democracy," University of Maryland, Center for International Development and Conflict Management (CIDCM), 2003, pp. 12-17。转引自周光辉、刘向东《全球化时代发展中国家的国家认同危机及治理》，《中国社会科学》2013年第9期。

要牢牢把握国家安全、民族团结和领土完整这些最严厉的底线，树立坚定的政治信念。

此外，在鼓励高校教师参与国际化活动时，我们在政策导向上也要正确把握好国际化与本土化之间的关系。因为过多地强调高等学校培养制度的接轨，或许会妨碍高等学校的本土化发展。我们之所以强调高校教师在国际化活动中要树立正确的政治价值观是因为高等教育国际化是一柄双刃剑，如果不做好充分的防范工作，可能会使高等学校在参与国际化进程中遭受在政治上、文化上和制度上难以挽回的损失。

二 高校学生参与国际化进程面临的困境

高等学校的学生是高等教育国际化政策的另一个重要客体，其在国际化进程中所能发挥作用的重要性并不亚于高校教师的作用。从长远的角度来看，高校学生作为年轻一代，他们的思想更加开放、视野更加开阔、知识结构更为合理，这些都是高等教育国际化活动所必须具备的素养。因此，青年学生的国际化能力会超过教师。从这个意义上看，高等学校在推进国际化进程中，更要尽可能调动学生的积极性，为他们提供必要的政策和政策工具。但是，我国高校学生目前在参与国际化活动中还面临着不少困境。

（一）参与国际化的途径十分有限

国内绝大多数高校学生目前能够参与国际化的途径主要局限于两个方面：出国参加短期学习交流和出国留学攻读学位。前者的国际化活动实际上只能给少数学生增加了一些体悟国外高校的学习过程，很难说能够有多少学术水平的提高和专业知识的理解。而且学生能否参与这样短期的学习体验活动并不能够由学生自主，因为高等学校在开展这样的活动时是要进行一定的选拔，不是所有想参加这样活动的学生都有机会参加进去。对于出国攻读更高层次学位的学生来说，虽然具有较大的自主性，但实际上能够有机会出国留学并拿到学位的学生人数也是寥寥无几。

高校学生参与国际化途径十分有限的原因有三个方面。

首先，国内高等学校与国外高等学校能够建立密切稳定的学生短期交流的数量有限,对于国内高水平大学来说,如果选择国际一流大学开展学生交流,这些国际一流大学参与的积极性并不高(处于高不成低不就的状态);而如果选择在国际上不知名的高等学校开展合作,又觉得不符合自己的期望。而地方普通高校能够寻求合适的国外高等学校开展合作的难度则更大。这就使得我们的高等学校每年能够选派出去的学生数量十分有限,即便如此,不少学校还难以做到学生交流活动开展的可持续性。

其次,高等学校尚未能将组织学生出国开展短期学习活动制度化,出国留学与国内学习之间衔接缺乏完善的机制。不少高等学校并没有将学生出国短期学习作为学生能否毕业和获取学位的必要条件,而只是针对少数学生(如实验班、拔尖人才培养等方式)提出非强制性要求,实际上只是一种锦上添花的行为。而对于那些有意愿出国攻读学位的学生来说,不少学校也没有设计合理的机制(如学分的衔接、学习时间的衔接、课程衔接等),致使学生无法在短时间内达到完成国内外高校的学位要求。

最后,不少学生对于出国攻读学位存有畏难情绪:一方面,出国攻读学位需要完成十分复杂的申请程序、大量的申请资料准备和外语考试的准备,这需要他们花费较多的精力来完成(实际上,如果学生不是在入学之初就做好准备的话,到了高年级的时候就更加困难了)。另一方面,对国外高校的攻读学位的信息掌握有限,不知道该如何选择。这些困难的存在也使得不少学生不得不打消了出国攻读学位的念头。

(二) 参与国际化的素养有待进一步提高

与目前在职的高校教师相比,在校学生在外语能力方面整体上要略高一些,但是学生在专业知识和专业能力、学术视野方面仍然有明显的不足,外语交流能力与国际化活动所要达到的要求仍然有较大的差距。口语表达能力并没有彻底改观,哑巴外语的现象仍然存在:在学校内外举办的许多国际学术会议上,大多数大学生还不能有效地与外籍专家开展交流、大胆提问,甚至听不懂外籍专家报告内容的学生大有人在,主动与外籍专家用外语进行交流的学生并不多见。

出现这种状况的主要原因在于我国的外语教学思想不正确:从学校开始,我国各级各类学校的外语教学一直强调语法学习而忽视了学生的听力和口语的训练。过度追求语法学习使得学生不敢开口与外国人说话，生怕说错了句子让外国人笑话。当然，我们的大学生与国际专家接触的频率低也是一个很重要的原因，校园里难得见到外国人，没有语言的实践经验，使得本来就信心不足的学生更不知道如何与外国人交流。

（三）缺乏必要的经济支持

一些成绩突出而且有意愿参与国外学习经历的学生因为得不到足够的经费支持（包括学校的资助和家庭的资助都不足）而难以实现自己出国开展短期交流和到国外大学攻读学位的愿望。实际上，国家和高等学校在资助学生到国外学习的政策方面也存在着不平衡的现象。总体来看，国家和学校比较重视对自然科学领域学生的资助，忽视了一些人文社会科学的学科特点，存在重理轻文等问题。这也导致了不少学习人文社会科学的学生难以有机会出国学习和开展相应的国际学术交流。

之所以在政策上出现这种偏向，是因为政策主体对人文社会科学的国际化交流认识不足，误以为国家最需要的是自然科学人才，而实际上我们的人文社会科学的人才的需求也十分迫切。从国家和民族发展的长远角度看，人文社会科学人才对改造社会和促进社会发展所能发挥的作用可能更深远。

（四）参与国际化经验积累不够

我国高校学生在整体上缺乏从事国际化的经验，这除了上述各种状况之外，还有许多表现：几乎没有学生能够到各种国际组织去工作和学习（即便一些诸如"外交学""国际关系学"等具有浓厚国际化色彩的学生在校学习期间也很难有在国际组织工作和学习的机会）；对各类国际组织的性质及其作用的了解也十分有限，对世界主要国家的文化、历史、传统等方面的知识也知之甚少。这些方面的不足都很难让我国的高校学生能够积累国际化的经验。缺乏国际化经验的主要原因在前文的多处分析中都已经涉猎，不再重复分析。

（五）学成后回国服务意愿不足

学成后不能和不愿意回国服务的现象在发展中国家的留学教育中普遍

存在，我国的留学生中也存在着这样的情况。"发展中国家留学毕业生外流不归长期以来一直困扰着这些输出国，而且留在国外的大都是其中的精英分子，导致发展中国家人才外流，抑制了这些国家发展高新产业和新兴行业，造成了某种程度的人才短缺—产业低端—低收益的不良循环。中国也不例外。因此，包括中国在内的发展中国家的高等教育，如何面对高等教育国际化带来的激烈竞争，无疑成为一大前沿问题。"[1] 我国自改革开放以来，通过国家派出、自费留学、单位派出等方式，出国留学的人数逐年上升，但是回国工作的人数并不理想。近年来，随着国家经济实力的提高，虽然出现了留学回国人数上升的趋势，但是每年仍然有数以万计的留学生没有回国为国家经济建设服务。[2]

出国留学人员不归或不及时归国的原因有很多。首先，正在实施的相关政策有不完善的地方。如"我国的留学政策是'支持留学，鼓励回国，来去自由'，它的积极意义是显而易见的，但随之而来的尴尬是留学生长期滞留国外不归，造成了大批高级人才的流失。这是很值得我们

---

[1] 宋宏：《高等教育国际化前沿问题审视与回应》，《学术界》（双月刊）2008年第6期。
[2] 教育部国际合作与交流司在《教育部公布2009年度各类留学人员情况统计结果》（http://www.moe.gov.cn/s78/A20/gjs_left/moe_851/201006/t20100628_90108.html，2018-02-21 23：30访问）中出国与回国人数的情况如下：2009年度我国出国留学人员总数为22.93万人，其中，国家公派1.20万人，单位公派0.72万人，自费留学21.01万人。2009年度各类留学回国人员总数为10.83万人，其中，国家公派0.92万人，单位公派0.73万人，自费留学9.18万人。2009年度与2008年度的数据相比较，出国留学人数和留学回国人数增长态势明显。出国留学人数增加4.95万人，增长了27.5%；留学回国人数增加3.90万人，增长了56.2%。从1978年到2009年底，各类出国留学人员总数达162.07万人，留学回国人员总数达49.74万人，有62.3%的留学人员学成后选择回国发展。截至2009年底，以留学身份出国，在外的留学人员有112.34万人，其中82.29万人正在国外进行专科、本科、硕士、博士等阶段的学习以及从事博士后研究或学术访问等。2009年2月20日，国际合作与交流司在教育部公布《2008年度各类留学人员情况统计结果》（http://www.moe.gov.cn/s78/A20/gjs_left/moe_851/tnull_48301.html，2018-02-21 23：34访问）中内容如下：根据教育部统计，2008年度我国各类留学人员情况如下：2008年度各类出国留学人员总数为17.98万人，其中，国家公派1.14万人，单位公派0.68万人，自费留学16.16万人。2008年度各类留学回国人员总数为6.93万人，其中，国家公派0.75万人，单位公派0.50万人，自费留学5.68万人。从1978年到2008年底，各类出国留学人员总数达139.15万人，留学回国人员总数达38.91万人。以留学身份出国、目前在外的留学人员有100.24万人。其中73.54万人正在国外进行本科、硕士、博士阶段的学习以及从事博士后研究或学术访问等。2008年度与2007年度的数据比较，出国留学人数和留学回国人数表现出增长态势。出国留学人数增加3.52万人，增长了24.43%；留学回国人数增加2.49万人，增长了55.95%。

思考的问题"。① 其次,我国高等教育的发达程度同发达国家相比还有相当大的差距。在国外大学学习的吸引力远大于在国内大学学习的吸引力。当然,国家整体经济发展的水平、质量以及我国的科学技术水准(包括科研条件和人际环境等方面)与发达国家存在的差距也是不少留学生不愿回国的重要原因之一。

(六) 留学目的地国的选择比较单一

留学生选择留学目的地国在很大程度上反映出我国年轻一代对高等教育国际化的一种态度和价值取向,从更深层次上看,留学目的地国家的选择也反映出我国整个社会对个人发展的价值选择。不过,作为高等教育国际化政策主体在面对留学生整体上的选择出现单一化和片面化的时候,要理性思考一个问题并从政策设计上加以引导:这种单一化的留学目的地国家选择与民族进步之间是否存在负效应的问题,即这种单一化的选择会不会对我们民族进步与发展产生抑制和消极的作用。

从教育部及相关研究机构公布的关于留学生的大量数据来看,虽然我国每年出国留学生的规模庞大而且呈现出逐年增加的趋势,但是我国高校学生在选择留学目的地国家上显得比较单一,② 大多数学生选择去美国、英国、澳大利亚等少数国家(见图 4-1)的大学去留学,而对于"一带一

---

① 李联明、吕浩雪:《高等教育国际化进程中制约国际学生流向的主要因素》,《比较教育研究》2004 年第 6 期,第 71~75 页。
② 从国别分布来看,面向美国、英国、加拿大等教育发达国家选派 93865 人,占国家公派人员总数的 87.72%,为持续学习借鉴世界教育科技强国发展经验提供了保障。从学科分布看,国家公派出国留学人员主要选择了国家发展建设急需的理、工、农、医等学科。其中攻读工科的 36.54%、理科 15.47%、医科 6.68%、农科 3.17%,人文社科专业占 38.14%。在地域分布方面,小伙伴们的选择惊人的一致!2016 年度,超过九成的留学人员选择美国、英国、澳大利亚等 10 个国家,其中赴英语国家的留学人员占总人数的近八成(77.91%)。党的十八大以来,我国留学人员目的地国前十名基本保持平稳。(参见青词占学的《2016 年教育部最新大数据 出国留学成为越来越多人的选择》,https://baijiahao.baidu.com/s?id=1561417668129677&wfr=spider&for=pc,2018-02-22,22:03 访问)根据胡润研究院研究,英国和美国是中国富人理想的子女留学国家:高中及以下年龄段的中国富豪子女中有 28.7% 希望到英国留学,26% 希望到美国留学;本科及以上年龄段的富豪子女中有 36% 更希望到美国留学(参见刘瑞柏的《最新出炉:2016 年出国留学行业统计分析报告》,http://www.sohu.com/a/127707551_455364,2017-03-02 18:25)。

路"沿线国的选择关注度太低，我们对此感到担忧。① 因为随着"一带一路"倡议的深入推进，我们对沿线国家语言人才的要求越来越迫切，而目前我们对这些人才的储备还十分欠缺，有可能会因此而制约"一带一路"的进程和速度。

图 4-1 2016 年我国留学生选择留学目的地国家分布情况②

我国出国留学的留学目的地比较集中于少数英语国家的主要原因至少有两个方面。

首先，我国高等教育国际化政策主体在研制相关政策时，将关注重心放在少数发达国家，对于发展中国家重视程度不够。其深层原因就是我们希望无论是公派留学还是自费留学，都应该到发达国家学习最先进的科学

---

① 国家海外发展战略的实施催生新的人才需求，也可能促使留学目的国选择的多元化。"一带一路"倡议的提出，"中拉论坛"以及 APEC 会议的举行等都在一定程度上提升了相关国家的留学关注度。以"中拉论坛"为例，其在成立后，极大地推动了中国与西班牙语国家的经贸往来，刺激了市场对西班牙语人才的需求。目前中国掌握西班牙语的人才存量不足 2.5 万人，这与巨大的市场需求存在较大缺口，相关国家留学人才将成为重要的供给来源。此外，随着"一带一路"倡议的不断推进，非通用语言人才需求量在大幅增加，而人才供给却跟不上日益增长的需求。目前和中国建交的 175 个国家中，约有 95 种通用语种，其中只有 54 种语言在中国大陆开设了语言课程，而在"一带一路"沿线国家近 40 种官方语言中，中国大陆能够开设的相关语言课程仅为半数。外语能力强、专业知识扎实的留学人才成为"一带一路"人才储备的重要来源，这也在一定程度上刺激中国留学生向相关国家分散（参见刘瑞柏的《最新出炉：2016 年出国留学行业统计分析报告》，http：//www.sohu.com/a/127707551_455364，2017-03-02 18：25）。

② 参见青词占学的《2016 年教育部最新大数据 出国留学成为越来越多人的选择》，https：//baijiahao.baidu.com/s？id=1561417668129677&wfr=spider&for=pc，2018-02-22，22：03 访问。

技术，以便回国后加快我国科学技术发展的速度、促进我国经济发展水平。对于包括中国在内的发展中国家来说，这样的留学政策及其价值导向无可厚非，而且在相当长的时间内这样的政策选择是最为合理的。但是，从长远发展的角度来看，出国留学并不仅仅是为了学习最先进的科学技术，还应该学习世界各国的历史、文化、政治制度、法律传统，还要了解世界各国的经济水平、资源分布、战略资源等许多方面。这就需要在国际化政策方面拓宽视野，扩大留学选择国别的范围。因此，今后在制定高等教育国际化政策时应该多视角、多元素地思考问题。

其次，学生语言能力的局限。20世纪五六十年代，在片面学习苏联经验的时候，我国各级各类学校学习的外语基本上都是俄语，包括英语在内的其他外语都成了小语种。改革开放以后，我国各级各类学校的外语语种由俄语转为英语。在校学生学习的主要是英语（主要是为了帮助学生能够学习美国等英语国家的先进科学技术），而忽视了其他语种的教学，发展中国家的语言人才的培养人数屈指可数，这就使得我国出国留学的学生主要选择国家被限制在讲英语的国家。

第三节 我国高等教育国际化政策内容面临的问题

在本书的第二章第三节《高等教育国际化政策内容研究》中，我们将政策内容界定为政策主体在制定政策时所体现出来的价值指向、政策的文本形式、政策文本的数量以及政策制定的程序四个方面。这里我们将围绕这四个方面所面临的问题开展分析。

一 高等教育国际化政策价值指向不够准确

高等教育国际化政策的价值取向表现在政策文件之中，但实际上是政策主体的意志表达。政策的价值指向决定着政策的实施效果、效益，也决定着政策工具的选择和政策评价手段的采用，所以，政策的价值指向在政策中发挥着核心和灵魂的作用，高等教育国际化政策的价值指向亦是如此。从我国高等教育国际化政策实践过程来看，目前面临的主要问题有以下四个方面。

(一) 高等教育国际化政策目的指向面较为狭窄

从我国目前已经出台的有关高等教育国际化活动的文件来看，基本上还是将高等教育国际化定位在出国留学和科研合作等方面。但从上文的分析中我们已经看到高等教育国际化的内容远不止这两个方面。"纵览《中华人民共和国教育法律法规规章汇编》可以发现，我国实际上并不存在高等教育国际化这一政策领域，与高等教育的国际化实践最为接近的政策领域是'教育对外与港澳台交流与合作'。"① 在留学生政策中，重点是如何派出留学生以及派往哪些国家，对于来华留学生的政策安排还不尽完善；在留学生的学习内容和科研合作方面，政策的重点在于自然科学而人文社会科学的合作与交流在整体上还比较薄弱。1978 年 6 月 23 日，邓小平在听取了教育部工作汇报后表示："我赞成留学生的数量增大，主要搞自然科学。"② "要成千成万地派，不是只派十个八个。"③ "教育部要有一个专管留学生的班子。"④ 现在看来，我们的政策设计仍然没有走出自然科学这个领域，而中国目前的综合国力、科学研究水平以及中国在国际舞台上的地位已经发生了巨大变化，如果还局限于自然科学就显得有些落伍了。

此外，从我国高等教育国际化政策的整体来看，国家层面的战略设计中对于高等教育国际化的重要性在内容上还体现得不力。例如，在《中共中央国务院关于深化教育改革全面推进素质教育的决定》（1999 年 6 月 13 日发布）、《中共中央办公厅、国务院办公厅关于深化教育体制机制改革的意见》（2017 年 9 月 24 日）、《中共中央关于全面深化改革若干重大问题的决定》（2013 年 11 月 12 日中国共产党第十八届中央委员会第三次全体会议通过）等类似的重要文件中都没有提及"国际化"这个概念，更谈不上高等教育国

---

① 金帷：《改革开放以来中国高等教育国际化政策的嬗变：基于数据与政策的联结》，《中国人民大学教育学刊》2012 年第 4 期。
② 邓小平：《同教育部几位负责人的谈话（1978 年 6 月 23 日）》，见《邓小平思想年谱（一九七五——一九九七）》，中央文献出版社，1998，第 71 页。
③ 邓小平：《同教育部几位负责人的谈话（1978 年 6 月 23 日）》，见《邓小平思想年谱（一九七五——一九九七）》，中央文献出版社，1998，第 71 页。
④ 邓小平：《同教育部几位负责人的谈话（1978 年 6 月 23 日）》，见《邓小平思想年谱（一九七五——一九九七）》，中央文献出版社，1998，第 71 页。

际化了。此外,在《教育督导条例》(中华人民共和国国务院令第 624 号,2012 年 8 月 29 日国务院第 215 次常务会议通过,自 2012 年 10 月 1 日起施行) 中,应该增加高等学校对国际化办学情况的监督与指导。当然,我们并不能因此而否定我国政府在高等教育国际化方面的努力和已经取得的成效。①但是从总体上看,高等教育国际化还没有能够上升为国家战略。

(二) 高等教育国际化政策负制性内容过多

这里所谓的"负制"是指负面性制度或抑制性、限制性制度。从理论上说,无论是哪一领域的政策,出现负制的政策都是正常的现象,也是政策实施的必要选择。但是,一个政策领域中如果出现过多的负制性制度设计则往往会制约这个领域政策实施的效果。高等教育国际化作为高等教育发展的一种途径在我国还是一种新生事物,② 因此,在制度设计上宜制定

---

① 朱文、张浒在《我国高等教育国际化政策变迁述评》(《高校教育管理》2017 年第 2 期) 一文中,介绍了我国政府在高等教育国际化方面所做的努力,现摘录部分内容如下: 1998 年出台的《中华人民共和国高等教育法》提出"国家鼓励和支持高等教育事业的国际交流与合作",其目的是明确国际交流与合作对高校全面发展的重要意义,同时也是希望高校能够积极与境外教育机构开展教育、学术、管理等多方面的交流与合作。1999 年发布的《面向 21 世纪教育振兴行动计划》的中心思想是确立国际交流与合作的必要性,从鼓励高校开展国际交流与合作转变到对高校提出具体任务要求,目前是从思想上确立国际化战略的思维,给予高校政策上的扶持。2004 年出台的《2003—2007 年教育振兴行动计划》进一步将国际合作与交流提升到战略高度,要求高校加大国际合作与交流的力度。最为关键的一项政策是 2010 年颁布的《国家中长期教育改革和发展规划纲要 (2010—2020 年)》,该项政策首次明确使用"国际化",将国际交流与合作纳入国际化这一体系,为大学国际化创造出更好的政策环境。我国签订了多项涉及高等教育多方面的协议,其中不乏双边影响极大的教育协议,如与法国政府签署的《中法教育交流协议》,与德国政府签署的《关于相互承认高等教育等值的协定》。通过签订这些协议,我国学历学位体系得到国际认可。此外,我国还与国外机构进行合作,保持双边交流与合作渠道的畅通,对彼此间的合作进行日常管理,如中国与俄罗斯设立"中俄教文卫体合作委员会秘书处",实现高等教育合作与交流模式的体制化、正规化。
② 马克思辩证唯物主义观点认为,新事物是相对于旧事物来说的。凡是符合事物发展的必然趋势,具有强大生命力和光明前途的事物就是新事物;反之就是旧事物。区分新旧事物的根本标准不在于出现时间的先后、力量的强弱及形式新奇与否,而在于是否符合历史发展的必然趋势。新事物产生之初,总是不完善的、弱小的,但它在与暂时强大的旧事物的斗争中,最终会取得胜利。因为新事物符合历史发展的必然趋势,它萌芽、产生于旧事物之中,是对旧事物的"扬弃",即抛弃了旧事物中的消极的、过时的、腐朽的因素,吸取了旧事物中的积极的、合理的因素,并且形成了它自身的特点。与旧事物相比较,新事物更完善、更高级、更优越,具有更强的适应力,因此新生事物必然要取代旧事物,这是不可避免的。

更多的"正制"性（与"负制"概念相对应，这里所谓的"正制"是指正面性制度或促进性、激励性制度。）政策以鼓励和促进新事物的成长和发展。

在我国高等教育国际化进程中，我们的政策既有正制性制度设计，也有负制性制度设计。现在面临的问题则是负制性政策过多，这在前文的分析中已经作了分析。这就使得高等学校在开展国际化活动中变得畏首畏尾、进退维谷，难以有效地推进国际化进程，制约了高等学校的人才培养质量的提高和科学研究水平在国际上的领先速度。

（三）高等教育国际化政策中国际规制的内容过少

所谓国际规制是指为国际社会确立的行动准则和行为规范，而高等教育国际化政策规制就是指在国际社会共同推进高等教育国际化进程中为更好地完善高等教育国际化的各方面工作而制定的行动准则和行为规范。"可以看出，全球治理不可避免地带有意识形态的痕迹，但因此而让国家远离全球化潮流显然也不合时宜。较之一般的赞成与反对，寻求使全球行动机制更加具有合法性、在制度上更为完善的方式具有更为重要的意义。"[1] 我们这里要强调的不是国际高等教育领域有没有相关的准则和规范，而是说我国作为高等教育大国是否能够引领国际高等教育领域并作为发起国制定相关的准则和规范。这是一个国家高等教育能否被国际社会所接纳和是否已经成为高等教育强国的重要标志和判断标准。

"全球化背景下的国家认同呈现为消解与重构、削弱与强化并行的特征。民族国家必须对自身的结构功能做出调适和创新，强化国家认同，推进民族国家的再构建。"[2] 这说明国际化不仅仅是某一方面的工作，而是事关民族国家认同和生存的重大利益关切，高等教育国际化也是同样的道理。然而，从目前我国高等教育国际化政策制定的现状来看，我们在为国际高等教育建章立制方面的文件暂未发现，而我们所能够看到的更多的是加入某个组织并接受其制定的政策，参与高等教育国际化政策制

---

[1] 郁建兴、徐越倩：《全球化进程中的国家新角色》，《中国社会科学》2004年第5期。
[2] 王卓君、何华玲：《全球化时代的国家认同：危机与重构》，《中国社会科学》2013年第9期。

定的地位比较被动。从长远来看，中国作为具有悠久文化历史的国家和高等教育大国应该肩负为国际化建章立制的责任，这才符合中国在世界舞台上的地位。

（四）高等教育国际化政策中弘扬中华民族文化的内容较少

在我国出台的有限的高等教育国际化政策文件中，明确表述要弘扬中国文化的内容并不多见，有些表述也比较含蓄。如"高等学校境外办学应当优先举办具有中国高等教育比较优势或者特色的学科，并充分考虑所在国家（地区）的需求及发展特点。国家鼓励高等学校在更为广泛的学科领域开展境外办学活动。高等学校境外办学授予中国学历、学位的，其专业设置、学制应当符合中国有关规定，切实维护中国高等教育的质量标准和信誉"。[①]《中华人民共和国中外合作办学条例》（2003年3月1日，2003年2月19日国务院第68次常务会议通过，2003年3月1日中华人民共和国国务院令第372号公布自2003年9月1日起施行）第三十条："中外合作办学机构应当按照中国对同级同类教育机构的要求开设关于宪法、法律、公民道德、国情等内容的课程。"文件内容仍然十分含蓄，关于弘扬中华民族文化的表述不够明确。我们希望今后国家在制定相关政策和法律法规时能够更加明确提出弘扬中华民族文化的要求。

出现上述四个方面不足的主要原因在前文的分析中大多已经做了分析，这里特别需要强调的还是自信：对中华民族文化的自信。这一点在中央的十九大报告中对"四个自信"做了翔实的表述，但需要加以落实，高等教育国际化就是一个非常好的落实途径。

二 高等教育国际化政策的文本形式不够丰富

政策文本的形式反映的是政策主体的地位和实施效力，也能够体现对政策客体覆盖面的关注。通常情况下，政策文本形式越丰富则对政策客体的覆盖面越宽，对于细节的关注会越多，因而可操作性也会随之增强。高

---

① 见《高等学校境外办学暂行管理办法》（教育部令第15号），2002年12月31日。

等教育国际化是一项复杂的系统工程，涉及到诸多方面，所以必须有丰富的政策文本加以对应才能有效地推进高等教育国际化进程。但目前我国高等教育国际化政策文本的形式还比较单一，大多数还是狭义的政策文件，相应的法律法规文件还不够丰富，这在很大程度上会影响高等教育国际化工作的实施效力。

（一）国家层面的法律法规文本缺乏

从我们在全国人大和国务院网站所搜集到的最新法律法规文件来看，目前通过法律法规这样的文件来规范高等教育国际化的工作形式太少。法律特别是基本法性质的法律是国家意志的体现，在实施过程中具有非常硬的刚性和强制性，其对实施对象行为规范所发挥的作用要远大于政策文件的要求。正因为如此，西方发达国家在国家治理过程中特别重视对管理对象进行立法，这是国家治理比较成功的基本经验。高等教育国际化是发展高等教育和促进社会进步的重要举措，涉及广泛的利益主体，具有十分重要的社会价值，仅仅依靠政策文件的实施往往达不到我们所期望的目标。因此，必须通过立法的方式来推进，更加便利于高等学校与国际组织和其他国家高等学校开展合作。

我们目前在高等教育国际化的立法工作方面，无论是广度还是深度都还有很大的填补立法空白的空间。"高等教育国际化的发展，给各国高等教育制度和政策不断提出新课题，如国际化与区域化的关系，发展中国家要不要保护本国大学利益，大学办学自主权的界定，国际统一标准的建立等等。这一系列问题也成为这一时期世界高教学术界和政府当局所反思或前瞻的问题。"[①] 依法治教需要立法，高等教育国际化更需要立法。从高等教育国际化长远的角度看，国家不仅要制定相应的国内法，还要独立自主的开展国际立法工作，在国际上确立中国式的高等教育各方面的标准。

虽然"我国政府也非常重视高等教育国际化的发展。但我国的高等教育国际化政策往往注重宽宏而大，多为概况性和原则性规定，忽略了具体

---

① 宋宏：《高等教育国际化前沿问题审视与回应》，《学术界》（双月刊）2008 年第 6 期。

而微，可操作性不强，同时没有相关的配套法规加以细化，缺乏明确的针对性。如 1995 年颁布的《中华人民共和国教育法》将教育的国际化纳入法治轨道，其第 67 条规定国家鼓励开展教育对外交流与合作；1999 年出台的《中华人民共和国高等教育法》也作了类似的原则性规定。两部法律的规定都很规范，但总体来说比较抽象，操作性不强。如教育经费的投入使用和监督、社会办学的权利和义务、学校办学自主性等方面，都只有大体的方向和原则，缺乏具体可行的标准。政府与学校的职责不明，目标不清晰，缺乏有效监督。因此，我国政府在制定高等教育国际化政策内容时，除了原则性规定外，应注重具体性和可操作性，使相关政策能够在实际实施中得到切实有效地执行"。[①]

（二）地方政府和高等学校政策内容创新性不足

地方政府和高等学校是实施高等教育国际化政策的主体，其政策制定的重心应该放在可行性方面。这就需要这些政策在遵循国家宏观政策基本原则下，根据区域特点和高等学校国际化的实际创新性地制定可行性政策。但是，从当前地方政府和高等学校已经制定和实施的政策来看，过多地照搬国家高等教育国际化政策的一般要求，未能真正理解国家政策的精神和原则，缺乏对国家政策的创新。这种简单搬用国家政策而缺乏因地制宜进行政策创新的做法，不仅不能真正达到国家政策的期望，反而容易僵化国家的高等教育国际化政策，进而导致各地和高等学校国际化工作的失误。

出现上述困境的主要原因在于我们对于高等教育国际化立法经验的不足和长期依赖政策进行管理的习惯。中华人民共和国成立以来，对高等教育进行系统立法工作始于 20 世纪 80 年代，但法律文本的形式一直非常单一，主要是《中华人民共和国学位条例》和《中华人民共和国高等教育法》。除此之外，国家对于高等教育和高等学校的管理主要依赖各项政策。这就容易造成一种误解，即对高等教育事业的管理可以用政

[①] 李娅玲、李盛兵：《美国高等教育国际化政策的历史变迁及启示》，《高教探索》2016 年第 10 期。

策来代替法律法规，因而忽视了对高等教育的立法工作，高等教育国际化进程中同样如此。

三 高等教育国际化政策文本的数量不足

对于政策客体的规范并不是政策文本数量越多越好，而关键是看政策内容是不是能够真正反映政策客体的实际情况，是否满足政策客体的多方面需求，是否明确政策客体的责权利三者之间的关系。但是，政策文本的数量不足也会导致因为覆盖面不够而使得政策客体的责权利关系不明，进而导致现有政策失效或失败。高等教育国际化正面临着政策文本数量不足的困扰。

（一）法律法规文本数量太少

从我们在国家权力机关网站所搜集到的法律法规文献来看，我国对于高等教育国际化这项工作的立法工作的重视程度还未能达到国际化本身工作所需要达到的要求。其表现为首先是缺乏专门的法律文本，只是在相关的法律文本中通过部分条款中提及高等教育国际化工作。其次是法律法规文本数量太少，只有《中华人民共和国宪法》、《中华人民共和国教育法》和《中华人民共和国高等教育法》这三部法律。此外，还有国务院颁布的几部法规性文件，如《外国文教专家工作试行条例》（1980年10月，国发〔1980〕270号）、《关于授予国外有关人士名誉博士学位暂行规定》（1989年2月27日，学位字〔1989〕003号）、《关于普通高等学校授予来华留学生我国学位试行办法》（1991年10月24日，国务院学位〔1991〕14号）和《中华人民共和国中外合作办学条例》（2003年3月1日，国务院令第372号）。从这些文件中，我们可以看出，无论是国家的法律还是法规，与国际化相关的文本数量十分有限，而且时间十分久远，最近的法规也只是在2003年。而高等教育国际化工作进展到现在，这些法律法规文件的内容是否还能满足现在国际化的需要令人怀疑。

好在教育部及部分部委制定了数量较多的部门规章，在很大程度上弥补了上述文本数量的不足及覆盖内容的不足（见表4-1）。

表 4-1　教育部及部分部委制定的有关高等教育国际化的部门规章一览

序号	制定部门	文件名称	发布时间	备注
1	国家教育委员会	《对外汉语教师资格审定办法》	1990年6月23日	国家教育委员会令第12号
2	国家教育委员会	《高等学校聘请外国文教专家和外籍教师的规定》	1991年8月10日	教外办〔1991〕462号
3	国家教育委员会	《关于开办外籍人员子女学校的暂行管理办法》	1995年4月5日	教外综〔1995〕130号
4	国家教育委员会	《关于外国留学生凭〈汉语水平证书〉注册入学的规定》	1995年12月26日	教外来〔1995〕68号
5	国家教育委员会	《中外合作举办教育考试暂行管理办法》	1996年5月10日	教考试〔1996〕4号
6	教育部	《自费出国留学中介服务管理规定》	1999年8月24日	教育部第5号令
7	教育部	《自费出国留学中介服务管理规定实施细则（试行）》	1999年8月24日	教育部第6号令
8	教育部、外交部、公安部	《高等学校接受外国留学生管理规定》	2000年1月31日	教育部、外交部、公安部令第9号
9	教育部	《高等学校境外办学暂行管理办法》	2002年12月31日	教育部令第15号
10	教育部	《2003年来华留学工作方针》	2003年1月10日	（未查到文号）
11	教育部	《中华人民共和国中外合作办学条例实施办法》	2004年6月2日	教育部令第20号
12	教育部	《汉语作为外语教学能力认定办法》	2004年8月23日	教育部令第19号
13	教育部	《来华留学生医学本科教育（英语授课）质量控制标准暂行规定》	2007年7月10日	教外来〔2007〕39号
14	教育部、财政部	《国家公派出国留学研究生管理规定（试行）》	2007年7月16日	教外留〔2007〕46号

续表

序号	制定部门	文件名称	发布时间	备注
15	教育部	《普通高等学校外国留学生新生学籍和外国留学生学历证书电子注册试行办法》	2007年11月22日	教外厅〔2007〕5号
16	教育部	《国家建设高水平大学公派研究生项目学费资助办法（试行）》	2009年10月22日	教财厅〔2009〕4号
17	教育部	《留学回国人员科研启动基金管理规定》	2002年5月15日修订	（未查到文号）
18	教育部、财政部、国家发展改革委	《关于印发〈统筹推进世界一流大学和一流学科建设实施办法（暂行）〉的通知》	2017年1月24日	教研〔2017〕2号
19	教育部、外交部、公安部	《学校招收和培养国际学生管理办法》	2017年3月20日	教育部、外交部、公安部令第42号
20	国家留学管理基金委员会	《〈资助出国留学协议书〉签约、公证办法》	（时间不详）	（国家留学基金委网站查不到发布时间信息）
21	国家留学管理基金委员会	《国家留学基金资助人员派出和管理若干问题的规定》	1996年	（国家留学基金委网站查不到发布日期）
22	财政部、教育部	《关于印发〈国家公派出国教师生活待遇管理规定〉的通知》	2011年6月24日	财教〔2011〕194号

注：表中文件均根据国家部委官方网站上呈现的文件收集整理而成。

（二）高等学校的相关规章制度空白点较多

为了能够较为准确地把握我国高等学校在国际化工作中的政策建设情况，我们对进入"世界一流大学"建设的42所高校[①]的学校与国际化工作相关的部门如教务处、人事处、国际交流与合作处（港澳台办公室）、研究生院、科研管理部门等职能部门的网页进行了校内政策文件的检索。

从这些信息中我们大致可以看到，42所高等学校在国际化政策建设方

---

① 这些能够被国家列为"世界一流大学"建设的42所高等学校应该能够代表着我国目前高等教育最高水平，因此在高等教育国际化方面应该也是最为领先的，而这些学校在国际化工作的政策制定的情况必然也能够整体反映出我国高等教育国际化的水平。

面存在着诸多方面的不足。

第一,国际化文件建设的积极性不高。从我们对这些高等学校的国际化文献的检索中,我们发现大多数高等学校在推进国际化工作过程中,不太注重制度文件建设。例如,许多学校大量用通知的形式代替政策的制定(这在各校的国际交流与合作部门的网页上表现得最为明显,大量的国际交流与合作工作都是以发通知的方式来实现的,那么我们不禁要问,这些通知背后的政策和法律法规依据在哪里呢?),这是管理不规范、不成熟的表现。因为通知这种文本形式并不是正式和规范的"立法"形式,具有较多的随意性和不确定性,因而对于政策客体的约束性、规范性都不足,权威性也不够,对于推动政策客体行为的力度也有限。

第二,国际化政策文件的数量不足。上述42所高等学校已经公布的国际化相关的规章制度的文本数量十分有限,平均每所学校制定的有关国际化方面的规章制度数量为10.9个(如果把这个数量放在学校各部门已经出台的文件总数量的比较中去看,其比例是十分低的)。很多学校的部分部门出台的文件中竟然没有发现一个国际化方面的文件,不知道这些部门是不是在参与国际化活动,也不明白这些部门如何开展国际化活动。

第三,对于留学生学习管理的重要事项缺乏文件规定。对于留学生在学校期间学籍上如何管理,绝大多数学校缺乏相应的文件规定,用国内学生的学籍管理代替对国际学生的学籍管理。这是不是意味着我们在对留学生的学籍管理与国内学生的学籍管理一致呢?如果一致的话就应该在相关文件中加以说明。但实际上,各校对于留学生的学籍管理与国内学生的学籍管理是不一样的,例如,对学位的学分规定、学位论文写作的要求、课程内容要求、留学生的奖惩等都与国内学生的要求有差别。如果没有相关的规章制度,如何做到对留学生在校学习的规范化管理呢?在校园里,留学生的行为表现得比较另类,与我们的规章制度不完备之间有没有内在关系呢?

第四,缺乏留学生的思想政治教育方面的规章制度。从我们检索到的42所高等学校有关国际化规章制度中,没有看到一所学校对于留学生的思想政治教育方面的政策规定。这与学校在学生学籍管理方面的政策设计在逻辑上发生了冲突,即如果留学生在学籍管理上与国内学生一致的话,那么，留学生在中国接受教育也必须接受与中国学生一样的思想政治教育（教育形式方面可以有一定的变通），否则就不应该授予中国高等学校的学位（依据《中华人民共和国学位条例》）。从这个角度看，高等学校应该在留学生的思想政治教育政策制定方面有所作为。

第五，缺乏外语版国际化政策文件。除部分学校国际合作与交流部门的政策被翻译成外文以外，其他相关职能部门的国际化文件被翻译成外语的政策文本十分有限，不少学校就没有将政策文件翻译成外语，这显然不能满足国际化工作的需要。例如，目前面临的一个共同的问题就是来华留学生如果不懂中文的话，就很难了解我国高等学校留学生的政策，这在很大程度上挫伤了他们来华留学学习的积极性。对于国外学者开展学术交流来说也存在着这个问题。

第六，学校科研管理部门存在国际化政策空白。42所高等学校的科研管理部门（如科技处、社科处、科研处等类似名称的职能部门）的网站上找不到一个有关国际化方面的文件。这就让人觉得十分不可思议。因为高等学校开展国际化活动，科学研究是一条重要的途径，在很大程度上其重要性超过了人才培养这个途径。我国高等学校的学科建设水平提高的捷径之一便是开展国际学术交流和科研合作，那么，作为学校科研管理部门如果连这方面的政策都没有，如何与国外学者开展国际合作研究呢？

第七，国际化政策文件的时间普遍较短。不少学校的国际化工作有关文件大多是近5年以来出台的，5年前制定的文件数量十分有限。这种状况是不是在一定程度上说明，我国高等学校对国际化工作只是近几年才予以重视的呢？如果高等学校真的是这样一种状态的话，那么，我国高等教育国际化工作推进的难度就非常大了，需要我们重新认识高等教育国际化的价值和意义。

出现上述这些空白点的原因在本书的前文都已经作了分析，主要还是高等学校对于开展国际化的作用不够重视，没有认识到国际化活动的价值和意义。也没有感受到国际化带来的压力，误以为参不参加国际化活动对学校的办学并没有什么负面作用，更不会对学校的发展有什么损伤。

四 高等教育国际化政策制定的程序有待进一步优化

高等教育国际化的基本特点就是"国际性",即高等教育国际化政策的主体和客体都是多元的。这就需要政策主体在政策制定的程序上要尽可能适应这种多元化主体的需要,特别是在参与国际间和国际组织的高等教育国际化政策和法律的制定,如果不完成规范的程序,则文本的法律效力就难以体现出来。由于国际间和国际组织的程序只能按照国际惯例来实施,所以,我们在这里讨论高等教育国际化政策制定程序主要局限于国内政策和法律法规制定程序。实际上如何根据不同的文化背景和国情建立合理的决策制度、决策程序,采用科学的技术和手段,往往是制定一个较好政策的关键。

(一) 征求相关利益者的意见不够

政策的本质是关于利益的分配和再分配,不管是在地区间、民族间还是阶层间,政策实施的结果总是反映了不同人、不同集团、不同社会力量的利益。因此,政策的民主化和科学化原则要求政策制定主体在政策研制过程中要充分尊重政策的利益相关者的利益。政策制定的民主化和科学化原则要求在政策制定的过程中,保障不同人、不同集团的利益要求有充分发表意见的机会,政策能最大限度地反映各种利益团体的意志。"在这个新的世界里,最普遍的、重要的和危险的冲突不是社会阶级之间、富人和穷人之间,或其他以经济来划分的集团之间的冲突,而是属于不同文化实体的人民之间的冲突。"[①] 高等教育国际化政策的制定也应遵守政策制定的这两项基本原则。但是,在高等学校这个层面,在制定校内的相关规章制度的过程中,并未能充分尊重和反映教师与学生的意见,也未能建立相应的机制。

(二) 政策实施效果的反馈信息收集不足

从政策学的角度来看,所有的政策主体在制定政策时都不可能"多"

---

① 〔美〕塞缪尔·亨廷顿:《文明的冲突与世界秩序的重建》,周琪等译,新华出版社,2010,第6页。

"快""好""省"（同时达到这些要求只能是政策制定者的理想和追求的目标，但基本上是不可能实现这样的理想。）。也就是说，几乎每一项政策通过一定时间的实施以后都需要对原有的政策进行修订和完善。为了更好地使政策通过修订和完善变得更加具有实施效果，就必须加强对政策实施过程中的各种信息进行收集和整理，并将这些信息及时反馈给相关政策主体。从整体上看，不少政策制定主体还是比较习惯于重视政策的制定和实施，但却不够重视政策实施过程中效果的信息收集和反馈。"高等教育国际化进程中，合作的内涵、范围、形式在发展，但同时竞争因素也在增长，并且越来越呈现出发达国家强势吸引发展中国家高教资源的态势。因此，发展中国家如何面对这种国际化的竞争、如何维护自身权益，便成为备受关切的问题。"[①] 如果政策主体仍然坚持"发射后不用管"的方式，则高等教育国际化政策的效果就很难达到政策本身所期望的效果了，政策水平就难以提高。

出现这种现象的主要原因在前文中也有所分析，如对国际化的价值和意义缺乏深刻的感受，无论是学校还是师生大多还觉得是一件可有可无的工作。另一方面，政策主体和政策客体对于政策民主化和科学化的认识不足，治理理念还需要有一个较长时间的认识和实践过程。但是，全球化和国际化已经不可能给予我们政策主体和客体更多的时间来认识和习惯其特征。"不可否认，全球化正在促使各国政府从传统的善政走向现代的善治。这为构建公民国家认同提供了制度空间和参与平台。但也应看到，在市场经济体制的背景下，政府常常屈从于企业和个人的要求，过于强调效率，放弃诸多公共职能，各类政策措施往往引发相关利益主体不顾事实的非议，这使公民对国家经济管理能力产生了严重的信任危机。"[②]

更为重要的原因还在于国际化政策的利益群体及其利益内容比较模糊，无论是政策主体还是政策客体对于国际化过程中的利益还缺乏深刻的感受，致使他们不太关注国际化政策的制定。

[①] 宋宏：《高等教育国际化前沿问题审视与回应》，《学术界》（双月刊）2008 年第 6 期。
[②] 王卓君、何华玲：《全球化时代的国家认同：危机与重构》，《中国社会科学》2013 年第 9 期。

第四节 我国高等教育国际化政策工具面临的问题

从本质上讲，政策工具是实现政策目标的路径和机制；从技术上讲，政策工具是政府运用的多种混合治理技术。教育政策工具与教育政策关系紧密，在实际施政的时候，往往会出现政策与政策工具相互置换和替代的现象，也存在着政策文本自身包含着政策工具的现象。

国外学者按照不同标准将政策工具划分为多种不同的具体类型。Howlett 和 Ramesh 以政府在提供物品和服务时的参与程度为标准，将政策工具划分为强制型、自愿型和混合型三类；Rothwell 和 Zegveld 依据政策产生影响的不同层面，将政策工具划分为供给型、环境型和需求型三类。Klein Wooithnis 和 Lankhnizen 按照政府运用资源的不同将政策工具划分为信息型、权威型、组织型和财政型四类等。Ingram 等按照政策目标的不同将政策工具划分为命令型、劝导型、制度变迁型和能力建设型四类。其中 Rothwell 和 Zegveld 的分类法内容最全、应用最广。

虽然对于政策工具内涵的界定见仁见智，但是，大多数研究者认为，可以将政策工具理解为是政府出台的一系列支持社会经济发展的政策措施的统称。据此，我们可以认为，高等教育国际化政策工具就是由相关权力机关制定的为达成高等教育国际化政策目标而使用的一系列手段、方法和措施等多方面的集合、总和（系统集成）。国内学者通常将教育政策工具分为财政补贴、税收优惠、金融信贷、政府管制、政府采购、公共服务等。这些政策工具同样可以在高等教育国际化政策的实施中加以使用。但是，为了有效使用这些政策工具，我们还必须面对高等教育国际化政策工具目前面临的一些困境。

一 强制型政策工具使用过度，但法制化程度有待提高

所谓强制型政策工具，是指政策工具制定主体凭借自身的权力和权威强制性要求或迫使政策客体应该为和不应该为的各种政策手段和措施，已达到某项政策所要实现的目标。通常我们所看到的法律法规、高等学校制定的各种规章制度中奖惩制度等一些硬性规定和要求应该都可以被视为强制型政策

工具。强制型政策工具的最大优势就是目标明确、要求准确、便于操作和评估，但也存在着缺乏灵活性和民主性的问题。因此，对于这类工具的使用应该有明确的范围和时间的要求，同时还需要经常性地适时调整方向和力度。

在我国，中央政府和高等学校的行政部门通常处于权威和权力的中心，因而其发布实施的政策权威性最高、国家意志力的表达最为显现。在社会发展的特定时期，强制型政策工具往往能够发挥特别有效的作用。但同时，我们也应该看到，各级政府和高等学校也存在着"强制型政策工具使用过度，但法制化程度不高的问题"① 这一比较普遍的现象，孙科技在《政策工具视角下的异地高考政策执行研究》一文的研究中也表达了同样的观点。② 在高等教育国际化政策工具运用过程中，各级政府特别是在高等学校这个层面，也较为普遍存在着强制型政策工具使用过度、法制化程度不足的问题。主要表现为，现有的大多数政策工具都是规定国际化政策

---

① 王法硕、钱慧在《基于政策工具视角的长三角城市群智慧城市政策分析》（《情报杂志》2017 年第 9 期）一文中指出：长三角城市群智慧城市建设中强制型政策工具使用最为频繁。从三大类政策工具使用总体分布来看，强制型政策工具远高于混合型和自愿型政策工具，在智慧基础设施、智慧民生、智慧管理与智慧产业等政策子系统强制型政策工具也高于其他两种工具，这一特征在 B 类市表现尤为突出。具体来看，强制型政策工具中的三种工具使用结构不均衡，"直接提供"使用占比过高。这说明当前长三角智慧城市建设中政府主导色彩过浓，原因可能在于智慧城市项目专业性强、资金投入较大且回报率不明显，很多项目本身属于公共物品或准公共物品范畴，与大多数中小企业相比政府和大型国有企业更具备建设运营此类项目的条件和能力。值得注意的是"法律与规制"的使用频次较低，特别是在 B 类市其使用率仅占强制型工具总数的 4%。进一步梳理政策文本后发现，各地政策中一般只是笼统地强调加强制度化建设，而对于相关法律法规、行业标准、监管措施、考核办法的名称、内容、出台时间等缺少详细说明。

② 孙科技在《政策工具视角下的异地高考政策执行研究》（《黑龙江高教研究》2017 年第 9 期）的论文中也表达了同样的观点：以强制型政策工具为主导，其他类型政策工具使用不足。异地高考政策的再分配性特征，决定其在执行过程中需要凭借国家权威的约束机制，充分使用各类强制型政策工具。因此，在异地高考政策执行中，强制型政策工具居于主导地位。而自愿型和混合型政策工具的使用则显不足，比如，在异地高考政策执行过程中，混合型政策工具的使用仅局限于权力下放与信息发布，对于契约、补贴和税收等其他工具则鲜有涉及。由上述可知，从中央政府颁布《方案》确立异地高考政策执行必须与当地城市功能定位、产业结构布局和城市资源承载能力相协调的原则，到地方政府设置宽严不一的异地高考准入标准，都体现政府作为执行公共权力的主体，通过制定或调整政策执行规则，发挥规范政策执行主体行为的作用。无论是中央政府还是地方政府，也都积极开展政策试验，为政策的顺利执行奠定了基础。异地高考政策与其他领域的政策不同，异地高考政策的目标群体主要是随迁子女。异地高考政策执行失真不仅不能满足随迁子女异地升学的正当需求，反而会对他们的身心健康造成不良影响。

客体必须做什么或者应该做什么的命令式文本。如，"高等学校应当按照国家有关规定确定并公布对外国留学生的收费项目及收费标准，并以人民币计价收费"。① "高等学校应当对申请来华学习者进行入学资格审查、考试或考核。录取标准由学校自行确定。对使用汉语接受学历教育者，应当进行汉语水平考试。"② "出国前系在校学生的公派研究生出国留学，应及时办理学籍和离校等有关手续。推选单位应在国家规定的留学期限内保存档案和户籍"③；等等。在高等学校的规章制度中这样的政策工具文本也很多。

出现上述现象的主要原因在于，一方面，受长期的计划经济体制管理思想的影响，各级政府部门和高等学校的行政部门已经习惯于运用命令式的手段实施政策；另一方面，强制型政策工具本身的高效、集中资源能力强等优势，使得政策主体喜欢运用这种工具推进政策的实施。

二 不同类型政策工具使用不均衡

通常情况下，政策主体在运用政策工具时应该多种政策工具并用，较为均衡地使用相关政策工具，不能只使用少数几种政策工具而忽视了其他政策工具的价值。"某项政策工具的使用频率较高，并不能认为这是一个问题，而有可能是落实创新驱动发展战略的实际需要造成的。然而，这并不代表可以轻视其他行之有效的政策工具。"④ 也有研究者提出同样的看法，他们认为，我国各级政府在使用政策工具时存在着"命令工具使用过溢，激励、能力建设、权威重组工具使用不足"⑤ 的现象。

---

① 教育部：《高等学校接受外国留学生管理规定》（中华人民共和国教育部令第9号）。
② 教育部：《高等学校接受外国留学生管理规定》（中华人民共和国教育部令第9号）。
③ 教育部、财政部：《国家公派出国留学研究生管理规定（试行）》。
④ 李丹、王欣：《政策工具视阈下中国创新驱动发展政策研究》，《中国科技论坛》2017年第7期。
⑤ 李廷洲、焦楠、陆莎等在《"十二五"期间我国教师政策计量分析与前瞻——基于政策工具视角的文本计量研究》（《中国教育学刊》2016年第9期）一文中指出："命令工具无须额外的资源投入，政策影响容易控制，易于规避不确定性，可以迅速、便捷、低成本地达至政策目标，这是其被大量使用的重要原因。命令工具最适合的情境是政策目标清晰、手段明确，各层级政府之间目标比较一致，且政策执行机构拥有充分的资源和良好的运行机制。在当前我国行政管理体制改革不断深化、政府职能加速转变的背景下，中央和地方各级政府的教育事权与支出责任划分并未明确，政府有关部门职责权力并未理顺，良性的教师政策执行运行机制尚未完善。这种背景下大量使用命令性政策工具，容易引起政策执行机构和目标群体选择性地执行政策甚至抵制政策，引起政策失真。相对而言，"十二五"期间教师政策体系中对命令工具的使用存在过溢现象。"

我国地方政府在运用政策工具中比较容易出现偏爱某些政策工具而忽视甚至抛弃另一些政策工具的现象，在高等教育国际化政策工具使用方面也存在着类似的现象。例如，高等学校在推进高等教育国际化政策方面通常使用较多的是约束性的政策工具，过多要求教师和学生不应该做什么，如果做了将会受到什么样的惩罚，相对而言鼓励性政策工具的使用就显得明显不足。这样的政策工具的长期使用，必然会降低师生参与国际化进程的积极性。

出现这种现象的原因与上述强制型政策过度使用是有关联性的，即不同类型政策工具使用不均衡。① 其更深层次的原因是高等学校对高等教育国际化并没有真正重视，不愿意在高等教育国际化过程中投入应该投入的物质条件。例如，不少高等学校一方面要求教师晋升职务必须要到国外工作一年，但是，另一方面设置了许多成果的门槛，如水平测试、教师要承担相当部分的经费、回国后工资补贴的条件限制等。总之，让人感觉出国进修好难，回国后收入有了很多损失而学校或学院不予补贴和承认，甚至有些学校或学院还要扣发出国进修人员的岗位津贴，取消年终绩效分配，等等。如此自相矛盾的政策工具如何能够有效推进师生参与国际化进

---

① 李丹、王欣在《政策工具视阈下中国创新驱动发展政策研究》(《中国科技论坛》2017年第7期)一文中，从多个方面分析了政策工具使用不均衡的现状：1. 不同类型政策工具使用不均衡。当前各省市创新驱动发展专项政策中，较为广泛使用环境型政策工具和供给型政策工具，而需求型政策工具使用不足。同类型政策工具中子工具使用不均衡。在环境型政策工具中，被使用最多的是策略性政策，占内部百分比为39.71%；被使用最少的是税收优惠，占内部百分比为5.05%。在供给型政策工具中，被使用最多的是人力资源培养，占内部百分比为35.62%；被使用最少的是科技信息支持，占内部百分比为4.57%。在需求型政策工具中，被使用最多的是外包，占内部百分比为47.78%；被使用最少的是贸易管制，占内部百分比为7.78%。某项政策工具的使用频率较高，并不能认为这是一个问题，而有可能是落实创新驱动发展战略的实际需要造成的。然而，这并不代表可以轻视其他行之有效的政策工具。2. 不同创新驱动过程的政策工具使用不均衡。当前各省份的创新驱动发展政策工具主要分布于创新前端驱动和创新后端驱动，而在创新过程驱动中政策工具使用频率较低。当前各地区聚焦于大量投入创新资源、完善创新基础设施建设以及扩大创新产业规模，而对优化配置创新资源、科技成果转化的政策支持力度不足。3. 各省份政策工具分布情况与中央趋同。这种状况一方面可以说明地方的创新驱动发展专项政策能够贯彻中央的创新驱动发展专项政策的精神，但是另一方面，则产生了地方政策照搬照抄中央政策的问题，各地的创新驱动发展专项政策缺少地方特色，无法有效解决当前地方所面临的创新驱动发展过程中存在的问题。个别省份只是将中央政策中的关键数据替换了一下，而其他内容与中央政策相似度很高。

程呢？

三 政策工具选择与运用的利益关涉不足

我国地方政府和高等学校在施政过程中，时常存在着"政策工具选择与运用的利益关涉不足、有效性不高，政策工具选择与应用的系统组合程度低"① 等现象。这就是说，我国的政策工具在选择和使用的时候对于相关利益者的呼声和诉求关注不够，运用的政策工具比较单一化，未能配合相关政策工具且充分发挥政策工具的系统性作用。这种现象的存在会对政策实施的效果产生很多负面影响，从而导致教育的不公平和不公正，容易激化社会矛盾，其政策自身的目的也难以实现。"世界教育大国的经验表明，充分有效利用政策工具是达到转变职能、简政放权和职权法授目的的重要手段，从而实现促进公平、提高质量和推进终身学习的政策目标。高

---

① 贾建国在《政策工具的视角：我国民办学前教育发展的政策分析》（《现代教育管理》2017年第8期）一文中通过研究发现，学前教育的政策工具运用存在多方面的不足：1. 政策工具选择与运用的利益关涉不足。当前，我国民办学前教育政策工具的选择主要秉持的是一种"工具主义"的立场，在这种模式之下政府是政策工具选择的主要主体，多数情况下只考虑了政策工具与政策目标的匹配关系，而忽视了政策对象、政策环境等问题。进一步讲，实践中三种政策工具选择和运用的主要主体是发展和改革委员会、财政、教育等部门和民办幼儿园举办者，而民办幼儿园教师、学生家长等重要的利益主体常常不被重视，甚至被排除在外。2. 政策工具运用的有效性不高。一是权威工具运用普遍存在"一刀切"现象。以民办幼儿园准入制度为例，多数地区对民办、公办幼儿园并没有实施（真正的）分类准入，而是采取相同（相似）的标准和方式来进行统一管理，这就导致实践中民办幼儿园的准入门槛普遍过高，不仅限制了民办幼儿园的发展，也在一定程度上加剧了"入园难、入园贵"问题。二是激励工具运用的力度不足。以普惠性民办幼儿园经费补贴为例，由于财政补贴额度低且缺乏有效的经费使用监管机制，因此并没有能够充分发挥出财政资金的激励作用，许多民办幼儿园的保教质量提升效果未能真正体现出来。三是能力建设工具运用的针对性不强。以教师培训为例，当前民办幼儿园教师的培训内容、方式基本上参照公办幼儿园，没有能够真正关注民办幼儿园师资队伍的实际情况，很难满足他们的独特需求和切实帮助他们提升专业素养。3. 政策工具选择与应用的系统组合程度低。总体来看，目前我国政府在民办学前教育政策工具的选择和使用上，对政策工具之间的功能关系认识不足，存在比较严重的单一性与碎片化现象，各种政策工具的组合使用并未受到太多重视，很多时候常常试图使用单一的政策工具解决公共问题，这在很大程度上影响和制约了政策实施的效果。如对民办幼儿园的监管主要采用准入制度、年检制度等权威工具，经费补贴等激励工具的使用还比较零散、系统衔接度不高，无法有效调动民办幼儿园改善办学条件以达到办园标准的积极性。

等教育国际化政策工具亦是如此。"① 例如，利用拨款工具助推政策目标实现，利用标准工具助力教育质量提升，利用国际评价工具推动教育改革，利用信息披露工具加强社会监督。

然而，在高等教育国际化政策制定时，高等学校往往会在教师聘用、解聘和权益保障等政策供给方面显得力不从心，政策工具数量相对不足。"1998 年《新西兰高等教育国际化评估》也注意到了这个局限性（指新西兰国际化的视野、使命、目标或策略都相对有限），该评估报告指出'新西兰的高等教育机构缺乏国际化的文化'以及'尽管有利的国内形势，却几乎没有国际化政策'。"② 面对上述不足，高等学校不能无所作为，而应该主动思考，不断提供丰富的政策工具促进高等学校国际化进程。

另外，我们应该意识到"全球化的过程是不同的文明主体之间的交往和互动，由于不同文明基本价值、历史、习俗、心理等方面的异质性，文明之间的冲突便难以避免。关键的是，全球化是一场以西方国家为主体的世界性活动，苏东剧变也在一定程度上强化了西方人对自由主义傲慢的自信，因而文化层面的全球化往往表现为非西方国家对所谓西方的'普世主义'的反抗，其中最为典型的是伊斯兰原教旨主义复兴运动"。③ 我国是一个多民族的国家，国内各民族之间团结协作共同为中华民族复兴而积极努力。因此，我们在推进高等教育国际化进程中，必须运用多元化的政策工具满足各民族的多样化的需要。

出现上述现象的主要原因一方面在于各级各类政策主体已经习惯于计

---

① 贾路南在《公共政策工具研究的三种传统》(《国外理论动态》2017 年第 4 期，第 56 页)一文中围绕政策工具的形成过程、选择标准、实施背景、作用机理以及变革路径等主题，通过科学学研究中的范式划分方法，将西方政策工具研究梳理为政府干预、结构功能和治理等三种传统。干预主义传统重点关注政策工具在政府管理中的应用；结构功能主义传统将政策工具看作政策体系不可或缺的功能构成；治理传统强调分权化时代各种促成治理主体共同行动的途径。公共政策问题日益复杂化的发展趋势，需要三种传统致力于理论建构层面的合作。未来应以效用、政治和社会等共享平台为基础，探索政策工具功能与选择过程、技术特性与合法性、正式的制度安排与非正式的制度安排相结合的研究进路。

② 蒋晓萍：《高等教育国际化模式探微——基于新西兰的案例分析》，《西南农业大学学报》（社会科学版）2009 年第 9 期。

③ 王卓君、何华玲：《全球化时代的国家认同：危机与重构》，《中国社会科学》2013 年第 9 期。

划经济的管理方式，善于运用行政力量主导政策的制定和政策工具的供给；另一方面，相关领域政策工具分配的体制机制不够完善，使得政策主体实施政策工具供给时难以完全考虑相关利益群体的诉求。这些在前文中都已经作过分析，不再细述。但对于政策主体来说，不能因此而忽视了利益主体的合理诉求。因为"国家不仅要继续扮演自由市场的建构者、守护人的角色，还要利用和改善广泛的福利政策以实现社会公正。无论从理论上还是从实践中看，在未来社会中，福利政策不会被削弱，而是以一种更有利于维护公民利益的形式存在。这无疑是各国政府获取民众支持，稳固其统治的必然选择；也是西方福利主义共识达成后不可轻易放弃的社会政策。放弃福利制度意味着将激发比坚持它多得多的社会矛盾，由此产生的社会代价使自由社会的一体化能力不堪重负"①。高等教育国际化政策中也含有不少具有福利性质的政策，充分考虑政策及其工具的福利性有助于高等教育国际化工作的深入。

第五节 我国高等教育国际化政策评价面临的问题

政策评价是对政策在实施过程中面临的困境、实施效果和应对举措等方面，通过多种信息处理做出科学的价值判断的过程。政策评价是"政策圈"的一个必要环节，通过政策评价可以有效地避免政策失效，提高政策水平和质量，帮助政策主体更加科学地做出决策。在国内外政策领域里普遍存在着对政策评价工作比较薄弱的问题，我国的高等教育国际化政策评价也存在着诸多困境，使得我国高等教育国际化政策评价难以深入。

一 科学评价理论尚未建立

人类社会已经发展到几乎每一项工作的开展都需要首先进行理论研究并以理论为指导的阶段，理论的价值可谓达到人类社会发展以来空前的水平。简单地说，没有科学的理论就没有正确的行为。对于高等教育国际化政策的评价，目前面临的首要困难就是尚未建立科学的评价理论。这不是

---

① 郁建兴、徐越倩：《全球化进程中的国家新角色》，《中国社会科学》2004 年第 5 期。

说我们没有评价理论或者教育评价理论，而是说缺乏针对高等教育国际化这项工作所建立的评价理论。我们之所以做出这样的判断主要基于以下三个方面的现状。

首先，高等教育国际化政策评价方法选择困难。从理论的角度说，并不存在着一种普遍的可以对所有工作都能准确评价的方法，针对高等教育国际化政策过程应该有其独特的准确的评价方法。但是，现行的针对高等教育国际化政策的评价方法大都是简单沿袭政策评价的方法。尽管这些评价方法也能够对高等教育国际化政策做出一定的诊断和价值判断，但这种诊断和判断是否能够真实地反映了高等教育国际化政策的本质和价值取向则值得我们思考。

其次，高等教育国际化政策评价中定量评价不足而定性分析有余。定量评价与定性评价的关系问题一直是人文社会科学评价特别是政策评价中的十分难以得到妥善解决的问题，因为人文社会科学（包括政策科学）中许多评价对象难以通过量化的方式进行。在这种情况下，研究人员不得不使用定性评价的方法开展评估，但定性评价往往得出的结论又显得不够精确和有说服力。高等教育国际化政策评价中也面临着同样的困境，成为制约高等教育国际化政策评价进一步科学化的瓶颈，这就需要相关研究人员通过寻找更加科学的方法特别是现在使用得比较多的大数据挖掘方法尽可能多地使用定量方法评价我国高等教育国际化政策的效果和效益。

最后，高等教育国际化政策评价结果信度不足。这是上一个问题必然的延续。由于对高等教育国际化政策评价缺乏值得人们信赖的定量评价手段，因此，所得出的对高等教育国际化政策的评价结论往往缺乏足够的信度。人们希望看到各种评价机构给出的评价结论能够准确、清晰和有说服力，如果仅仅只是定性评价给出的原则性结论，那么其可信度就难以被接受。为此，需要相关政策评价机构在做定性评价的同时，尽可能多地融入定量评价的信息，将定量评价和定性评价有机结合起来，增强高等教育国际化政策评价的信度。

二　政策主体在"管""办""评"中的角色不够清晰

政策主体在政策研制、实施和评价中的作用一直是困扰我国各级政策主体准确治理社会事务的一个困境。近年来，随着治理理念的逐步深入和政府机构改革的不断深化，国家提出政策主体要正确处理好"管""办""评"的关系问题，这为科学合理评价高等教育国际化政策提供了明确的思路。2003年国务院颁布了《中华人民共和国中外合作办学条例》，[①] 在该条例的第三十五条规定："国务院教育行政部门或者省、自治区、直辖市人民政府教育行政部门及劳动行政部门等其他有关行政部门应当加强对中外合作办学机构的日常监督，组织或者委托社会中介组织对中外合作办学机构的办学水平和教育质量进行评估，并将评估结果向社会公布。"

从这个条例中我们可以读取这样四条信息。

第一，明确了政策主体的主要职责是"加强对中外合作办学机构的日常监督"即政府的职责是"管"。这从一个角度说明，政府将从以往的"管""办""评"不分的状态中分离出来，这是对计划经济体制下管理体制的一个非常大的革命——敢于放权，这是特别值得肯定的，也是治理领域的一大进步。

第二，明确了社会中介组织与政策主体（政府）之间的关系。中介组织是接受政府组织或者委托，也就是说，中介组织和政府之间是组织与被组织或者委托与被委托的关系。那么，这里就有几点疑问：如果政策主体没有组织和委托社会中介组织的话，这些社会中介组织是否有权对中外合作办学机构的水平和质量进行自主评估呢？或者说，如果社会中介组织自主评价了中外合作办学机构的办学水平和教育质量，政策主体是否可以自动认可其评价结果呢？

第三，明确了社会中介组织的职责即"对中外合作办学机构的办学水平和教育质量进行评估"。这里也有不够明确的地方，如这些中介组织在评价中外合作办学机构的办学水平和教育质量的各项指标如何确定？是政策主体独立确定还是中介组织独立设计？抑或是政策主体与中介组织合作设计？

第四，该条例中写道，"并将评估结果向社会公布"。这是指对评价结果的处理，向社会公布固然可以让受教育者及其家长了解中外合作办学机

[①] 该文件2003年2月19日由国务院第68次常务会议通过，2003年3月1日中华人民共和国国务院令第372号公布，自2003年9月1日起施行。

构的办学水平和教育质量，从而决定是否去这些学校接受相应的教育。但是，这里主体并不明确。从文字结构的逻辑关系来看，这个公布结果的主体似乎是政策主体，似乎又像是中介组织。无论如何，这个主体不明确（含糊）也反映出政府和中介组织之间的关系不太清晰。

从上述四条信息中，我们仍然感觉到政策主体在对高等教育国际化政策评价过程中并未能清晰地界定"管""办""评"三者之间的关系，即各自的角色不够清晰。例如，中介组织能否自主发起评价行为？能否自主设计评价指标？中介组织自主评价结果政府是否认可？评价结果能否自主发布？这些方面在该条例中都还表述得比较模糊。

三 社会中介机构在评价中的作用未能充分发挥

在高等教育国际化政策评价方面，我国社会中介组织所发挥的作用目前还是十分有限的，这从上文中对《中华人民共和国中外合作办学条例》的分析中可以窥见一二。在高等教育国际化政策评价中，中介组织未能充分发挥作用主要表现在两个方面。

首先，难以看到相关中介组织所发出的声音。目前在国内从事高等教育国际化政策评价的中介组织不仅数量有限而且所产生的影响也十分有限。在媒体高度发达的今天，在高等教育国际化政策评价方面，非常难以看到相关中介组织对社会公众所发出的评价被政府机构所采纳的信息。虽然，现在不少留学机构在其网站上也会对国外教育机构进行一定评价和信息展示，但是这些机构的评价信息是否权威，是否被政策主体所采纳呢？

其次，尚未产生专门的有影响的相关中介组织。甚至难以列举出专门从事高等教育国际化政策评价的中介组织的名称来。上述诸多中介组织建立的网站所提供的信息还不能算作严格意义上的评价，更多的是宣传和广告。因为严格和科学的评价有一套规范，有大量的数据分析和一定的定性分析，而这种分析一定是持续的并且有权威机构认可的。但是，目前的这些留学中介机构尚缺乏这些素质。

实际上，"在全球化时代，国家处于一种新的情境之中。全球主义与区域主义从外部挑战国家主权，地方主义则从内部削弱国家主权与统合力。民族国家的架构式微,民主政治开始向国家层次以上(如'跨国民主'政治)及国家层次以下(基层民主、公民社会的各种社会团体)发展。但这并不意味着民族国家的消失,以民族国家为互动主体的国际架构依然存在,而民族国家的未来,将更加趋向于在国内治理和国际治理中扮演日益重要且合作的角色,也就是说,民族国家不只是联结全球与地方不可绕过的中间环节,而更是多层次合作网络中的一个成员,是与各种跨国力量竞争或合作的一支力量。民族国家的作用将在'多中心的政治世界'中得到巩固和调整。"① 在这种情况下,社会中介组织不仅在国内扮演许多中间环节和链接作用,而且可能会走出民族国家的范畴在国际上扮演中间环节和链接的作用。所以说,中介组织的作用有可能会越来越大,而对高等教育国际化政策评价只是其中的一项职能而已。

上述两种现象如果继续发展下去,类似上述条例对高等教育国际化的要求也就难以落实,对高等教育国际化政策评价工作就会落空。我们希望政府部门能够制定相关的鼓励性政策,帮助和扶持一批社会评价的中介组织,等到这些组织成熟以后便充分放权使其自主开展评价工作,这对于高等教育国际化进程的推进是必不可少的一个环节。

四 评价所需要的基本信息不够健全

所有的评价都离不开对数据的收集和处理,对于高等教育国际化政策的评价也需要有大量的数据作为基础和依据,这些数据除了依靠评价机构的调研、实际考察、访谈等手段获取之外,更多的还是主要需要政策主体提供数据,因为政策主体拥有获取大量政策数据的基本条件。这就导致了在高等教育国际化政策评价方面,对于相关数据的获取出现了一个悖论:如果政策主体委托社会中介组织来开展评价,这些组织却难以获得所必需的数据,政策主体出于对某些数据的保密等原因不能提供给社会中介组织,或者不愿意提供给社会中介组织,这就使得中介组织无法开展准确的政策评价。如果由政策制定主体来主导高等教育国际化政策评价,则社会民众对所评价的结果的信度产生质疑,认为政策主体出于自身对政策的偏

---

① 郁建兴、徐越倩:《全球化进程中的国家新角色》,《中国社会科学》2004年第5期。

向或者倾向所提供的这些数据不真实不可靠。

高等教育国际化政策评价中存在的这种悖论现象,其问题的焦点在于对数据的获取是否健全、完整和必要。如果是政策主体委托中介机构开展评价的话,则中介机构与政策部门之间必须有一种互相信任而又能够基于保护公众利益的原则基础上建立契约关系,这样中介机构便可以方便获取政策评价所需要的数据(当然中介组织还需要做大量的问卷、访谈、调研、实际考察等方式获取其他数据)对高等教育国际化政策开展评价。

如果政策部门坚持自己评价,就必须公开必要的基于公众利益最大化原则所应该公开的数据,并将政策评价的结果公之于众,以获取民众的信任和支持,并采取切实有效的措施保护民众的知情权和质疑权。因为保护民众的这两项权利有助于国家认同,有助于高等教育国际化政策能够得到最广泛的支持。"国家认同体现的是共同体成员与国家政权系统之间的关系,是公民对以政治权力为基础的国家的组织、制度与法律体系的政治性认同。而只有以公共权力为核心的国家的组织、制度与法律体系获得了公民普遍的自觉认同时,一个国家的稳定与发展才获得了充分的合法性基础。"① 高等教育国际化政策评价中,提高政府部门评价的信度也是提高民众有更多的对国家的认同。

出现上述诸多问题的主要原因在于长期以来计划经济体制的管理习惯。由于受我国历史文化传统和计划经济管理思想的影响,一段时期以来,我国各级政府部门在政策制定和实施的过程中,并没有严格区分政策主体、实施主体和评价主体,即政策都是由有一定权力的机构独立制定出来的,各领域政策主体往往也是实施的主体和评价的主体。在高等教育国际化政策制定、实施和评价过程中也存在着类似的情况。这就容易出现政策主体在"管""办""评"中的角色不够清晰,社会中介机构在评价中的作用未能充分发挥,评价所需要的基本信息不够健全等一系列问题。

为了进一步说明这个问题,我们来分析一下传统的管理理念指导下的政策过程流程(如图4-2)。

---

① 周光辉、刘向东:《全球化时代发展中国家的国家认同危机及治理》,《中国社会科学》2013年第9期。

政策主体 → 政策文本 → 政策实施 → 政策客体 → 政策评价

图 4-2　管理理念指导下的政策过程流程

从图 4-2 中，我们可以看到，在传统的管理理念指导下的政策流程中，政策主体在其中扮演着绝对统筹的地位，从政策的制定、实施以及实施效果的评价等每一个环节，都是政策主体来完成的，政策客体以及其他利益相关者难以参与其中，其积极性也难以发挥。此外，在上述政策流程中，政策客体中的政策执行者与政策所要实施的对象并没有有效地区分开。

假设某省级地方政府出台一项旨在增加中小学校教师工资的政策，上述政策流程可以这样来描述：省级地方政府显然是政策制定的主体，它负责政策文本的研制并将这个政策贯彻到中小学校教师工资落实中去，那么中小学校自然就成了政策的客体，这项政策实施的效果如何，也是这个省级地方政府自己开展评估——通常情况下是通过发布一个报告或者在媒体上发一个新闻稿进行报道，说明这个政策如何合理、如何得到广大教师的拥护、教师的工作积极性得到了提高等。

但是，实际上这个政策客体也是实施政策的一级机构，并不完全是这个地方政府政策实施的对象，真正的对象应该是增加工资这项工作本身，无论是中小学校还是这些学校的教师，都是政策的实施者，也是该项政策下位层面的主体。可见，在上述政策流程中，政策客体中还隐含着一种政策的主体，但是由于被隐藏下来而得不到尊重。因此，这样的政策是不是能够真实反映中小学校及其教师的真实需要以及这项政策的实施效果如何就值得商榷了。

实际上，政策研制本身就包含着"研"和"制"的两个方面，这就意味着政策的出台过程需要研究和制定两个环节，因而至少需要两个不同的主体。近年来，在治理理念的指导下，我国各级政策主体在政策的研制过程中，注意发挥学者的积极性，通过课题立项和委托研究等方式，参加重大政策的研制。这就事实上出现了政策主体的双元化——显性政策主体

(S_1）和隐性政策主体（S_2）。如果考虑到 S_2 在政策研究过程中要从政策客体那里搜集信息、听取政策客体的合理诉求，那么，政策的主体就又多出了一个 S_3（利益相关者）。此外，政策的基层执行部门能否有效执行上级部门政策，他们也需要参与政策的制定，也就是政策主体 S_4。此外，政策的效果如何应该由独立的第三方来实施，这个第三方组织虽然不是政策研制的参与者，但也不是政策的实施对象即不是政策的客体，我们应该将其视为独立主体 I。因此，我们在研究政策主体时，必须统筹思考这样的问题，S_1、S_2、S_3 和 S_4 之间应该建立什么样关系才能保证政策研制的科学性和合理性呢？为了理清 S_1、S_2、S_3 和 S_4 以及 I 之间关系，我们有必要梳理一下在治理理念指导下的政策过程（见图 4-3）。

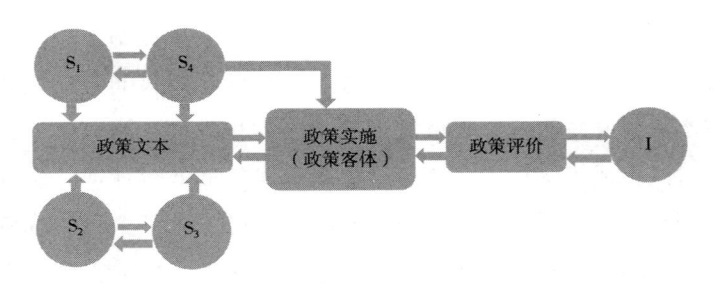

图 4-3　治理理念指导下的政策过程流程

图 4-3 中，S_1 为政策制定的权力机构，S_2 为政策的研究者（通常为政策或学科专家），S_3 为政策的利益相关者，S_4 为政策执行者，I 为第三方评价机构。从中我们可以看出，政策主体已经由原来单一的有权力的机关，变成了多元化的主体集合；政策客体变成了政策实施过程本身，即政策如何落实的具体工作；作为第三方的独立评价机构的作用被凸显出来，成为政策流程中的一个独特构成要素。

为了更好地实现对高等教育国际化政策的有效评价，我们不妨依据图 4-3 中所呈现出来的原理，明确政策主体与客体以及评价独立主体之间的关系。而如果不能从图 4-2 中所呈现的关系中尽快走出来，高等教育国际化政策评价就难以提高其信度。

第五章 高等教育国际化政策的比较研究

高等教育国际化政策本身就是国际领域关注的问题，因此，我们在研究高等教育国际化政策时，一定的国际比较研究是十分必要的。比较研究的目的在于使我们在对高等教育国际化政策研制方面能够拥有更宽广的视野，从而帮助我们更科学地制定高等教育国际化政策。

第一节 高等教育国际化政策主体的比较研究

纵观世界各国，由于其国体和政体的不同，其高等教育国际化政策主体也存在着很大的差异，而这种差异在很大程度上影响甚至决定着高等教育国际化政策制定和实施的效果。为此，我们有必要对目前世界上在高等教育国际化进程上发挥作用较为突出的几个高等教育发达国家的高等教育国际化政策主体及其作用开展比较研究，以便从中汲取合理的思想和经验。

一 美国高等教育国际化政策主体

美国不仅是一个高等教育发达国家，也是一个扮演高等教育领导者角色的国家，其在高等教育国际化方面所发挥的引领性作用值得我们关注。美国联邦政府和州政府在促进其高等教育国际化进程中主要是通过立法的方式进行的。其高等教育国际化政策主体也大致可以分为三个层次：联邦政府、州政府和高等学校。

（一）联邦政府在高等教育国际化政策制定中的作用

美国从英国独立出来以后制定的宪法中，明确规定对于教育的立法权被授予地方政府即州政府。根据美国宪法的精神，联邦政府将教育发展的权利与义务赋予了各州。也就是说，教育立法的主体在各州，即教育立法的地方分权制。实际上，州政府在教育立法过程中又授权学校和非政府组织开展教育立法或参与教育立法。但是这并不表明美国政府在对教育管理上无所作为，相反，联邦政府可以通过拨款立法和司法判例间接对教育进行管理，以实现联邦政府的意愿。在推动美国高等教育国际化方面，联邦政府一刻也没有放松对这个进程的推动作用。

二战刚刚结束，美国的一批政治精英就开始盘算着如何通过教育特别是高等教育为美国获取最大的政治、经济和文化利益。实际上，美国政府早在1948年就"通过了《美国新闻与教育交流法案》（又称《史密斯·蒙特法案》），成立教育交流服务机构，分享教育、艺术和科学领域的成果等。该法案为后来的教育交流访问项目建立了基本框架"。[①] 随后，"杜鲁门于1949年提出《第四点计划》（也称《技术援助落后地区计划》），使得高校的知识与技术援助成为战后美国高等教育国际化的一个重要领域"。[②] 这是美国政府推动高等教育国际化的前奏。但是，美国的援助向来都不是免费的午餐，而是或明或暗地带有某些附加条件的，"1998年，美国国务院教育文化事务管理局就发布了一份题为《美国在国际教育中的领导地位：失去的优势》的报告，对美国国际教育状态做了全面分析，指出了存在的问题，引起了许多美国大学的注意，并由此推动了美国大学有关高等教育国际化的讨论"。[③] 加快了美国高等教育国际化进程。

美国联邦政府之间也经常性地开展合作，共同推进高等教育国际化。"政府最高层推动，总统出面签署相关政令，联邦政府跨部门推动教育国际化政策。比如，2000年4月，由总统签发《国际教育政策备忘录》；同年11月，总统签发《国际教育周总统宣言》；每年由美国国务院和联邦教育部共同主持年度性国际教育周，以显示美国政府在促进国际教育中的领

---

① Nancy L. Ruther, Barely There, *Powerfully Present: Thirty Years of U. S. Policy on International Higher Education*, New York: Routledge Falmer, 2002, pp. 62-64.
② Ellen Mc Donald Gumperz, *Internationalizing American Higher Education: Innovation and Structural Change*, Berkeley, California: Center for Research and Development in Higher Education, University of California, 1970, pp. 8-38.
③ 仇鸿伟：《高等教育国际化与中国的战略选择》，《大学》（学术版）2012年第10期。

导地位，显示国际教育文化交流对于继续保持美国在全球事务中的领导地位和吸引并培养未来外国领导人的关键作用。除国务院与联邦教育部的合作以外，美国国际开发署、国防部以及其他许多联邦政府机构都积极支持重大的国际教育政策并提供资金支持。"①

（二）州政府在高等教育国际化政策制定中的作用

从形式上看，美国各州政府是直接管理高等教育的主体，这是美国宪法赋予州政府的基本权力。但是实际上，各州对高等学校的管理主要通过各州的立法机构行使立法权来实现的，州政府作为行政管理机构并不直接管理属于高等学校自身的事务，而是赋予高等学校高度的自治权力。在高等教育国际化方面，各州政府也是通过这两条途径加以推进的。

首先，州议会在推进高等教育国际化方面的立法作用。州议会是州政府的最高权力机关，通过制定本州范围内适用的法律来规范州内部的各项事务。州政府对于高等教育的管理是依照本州议会机关制定的相关法律而进行的，对于高等教育国际化的推动也是如此。州议会在高等教育国际化方面的作用主要是通过立法的方式进行的。例如，为了鼓励各高等学校（包括私立高等学校）开展国际化活动，需要向高等学校提供财政拨款。美国州教育主管部门是无权决定给每所高等学校的拨款额度，这个拨款额度要通过州议会的立法形式来决定。所以，在美国，每一所高等学校每年都会收到一个州议会的拨款法案，其中会明确拨款数额和拨付的理由（理论上说，如果高等学校对此拨款不满意，是可以依据此法案诉讼州议会的。）。这才是真金白银，因而"美国的大学校长们对于联邦政府教育部的尊重远不如对为其提供资助的所在州议会的尊重。在这样的情况下，美国联邦政府想要出台统一的高等教育国际化政策基本上是不可能的"。②

其次，州政府及其教育主管部门的行政管理作用。州政府对高等学校的国际化活动的推动工作除了上述的立法行为之外，还可以通过美国各州政府中的州长等主要行政官员或教育行政主管部门主要官员参与学校董事

---

① 周南照：《教育国际化的若干国家政策比较和世界态势反思》，《世界教育信息》2013 年第 4 期。
② 仇鸿伟：《高等教育国际化与中国的战略选择》，《大学》（学术版）2012 年第 10 期。

会的形式行使对高等学校的管辖权力。在美国的各高等学校都设有理事会（或者董事会、治理委员会等机构），例如，在《宾夕法尼亚大学手册》中就规定："宾夕法尼亚大学是在宾夕法尼亚州的宪章下成立的非盈利性法人团体。在宪章的指示下，董事会对大学里一系列事务拥有最终的责任。"在学校董事会人员构成①中，州长是非投票的当然董事，他会代表州政府参加学校董事会并参与学校的决策，高等学校的国际化政策的实施和推进自然也要体现州政府的意志，而并非完全由高等学校自主行使相应的权力。

（三）高等学校在高等教育国际化政策制定中的作用

高等教育国际化的实际践行者自然是高等学校，所以，美国各级各类高等学校在国际化过程中所发挥的作用不可小觑。而且，美国社会公众和各级学校对教育国际化的高度共识与积极支持也强化了国际化的效果。"美国一项有关国际教育的国家调查报告显示，在普通民众中，93%的人认为关于国际问题的知识很重要；86%的人相信大学的外国留学生能丰富美国学生的学习经验；75%以上的人支持大学对学生学习国际课程、外语以及获得海外学习或实习经验的要求。美国教育理事会《美国大学校园国际化概览》的调查结果表明，55%的研究型大学已将国际化列入大学的教育宗旨；66%的大学已建立致力于推动教育国际化的专门机构或委员会。"②实际上，高等教育国际化具体政策的制定和实施都是通过高等学校制定的

---

① 在《宾夕法尼亚大学手册》中，学校董事会成员构成如下（编者注）：1. 当然董事（非投票）：宾夕法尼亚州州长和宾夕法尼亚大学校长，在各自的任期内。2. 特许董事（投票）：10人，从那些任职不少于5年的董事中选出，任职到退休。3. 任期董事（投票）：通常是30人，一个任期5年。任期董事一般连任，通常只任2届，也就是10年任期。以下其他投票种类的职位也适用10年这一最长期限。4. 校友董事（投票）：校友协会的会长；8个地方性校友董事，每一个来自一个地区；5名一般（临时）校友董事，由校友会选出，任期5年。地区性校友董事一般不继任，但是可以参选其他类型的董事。5. 名誉董事（非投票）：特许董事到70岁以上可任命为名誉董事。其他类型的董事，任期超过5年的，达到70岁以上的，或特殊情况下，年龄稍小一点，也有资格参选名誉董事。6. 联邦董事（投票）：4名非选举产生的官员，由以下宾夕法尼亚州议会代表——参议院临时主席、参议院少数民族领导、众议院发言人、众议院少数民族领导来任命（他们中每个人有权依据《1994-25A法案》任命一名联邦董事）。

② 周南照：《教育国际化的若干国家政策比较和世界态势反思》，《世界教育信息》2013年第4期。

校内规章制度来实现的,所以,高等学校在国际化方面承担着具体执行者的角色。

(四) 非政府组织在高等教育国际化政策制定中的作用

美国政府通过鼓励非政府组织的介入,参与和推动高等学校的国际化工作,其中最为人们所熟知的当属富布莱特基金会。该基金会成立之初就成为美国政府特别倚重的组织,为了配合该基金会的活动,实现该基金会的目的,美国政府还制定了一系列法律支持《富布赖莱特计划》的实施。如"《美国新闻与教育交流法案》就提出拨款维持对赴美外国学者的资助,继续执行国与国的交流,外国货币可以继续用于支付外国富布莱特学者在美国的旅行费用。1952 年 6 月,国会通过了《富布莱特的共同安全法案修正案》,教育交流款项可通过'二战'租借协议产生的对应基金提供。1954 年后,美国对外过剩农产品出售所获得的款项也部分地支持了《富布赖莱特计划》"。[1] 这些法律的支持和富布莱特基金本身所倡导的增进人类社会理解的理念相结合,使得该基金会在推进高等教育国际化方面取得了不少成果。

美国政府还积极支持富布莱特基金会与其他基金会等非政府组织之间开展合作,共同推进美国高等学校开展国际化活动。如,"2011 年,富布莱特项目同美国国家健康研究所福格蒂国际中心合作设立《富布莱特-福格蒂公共健康奖学金》(Fulbright-Fogarty Fellowships)项目,资助美国医学院和健康领域的研究生到东亚太平洋地区、中南亚、撒哈拉以南非洲和西半球资源有限地区从事公共健康研究"[2]。

除了富布莱特基金会之外,美国还有众多其他社会组织也在积极参与并推动高等教育国际化进程。这些"基金会、专业团体等非政府组织在制定和推动教育国际化政策中发挥着举足轻重的作用。它们不但通过自己的政策报告和向国会的提案对国际教育的政策走向产生重要影响,而且还为

---

[1] 孙大廷、孙伟忠:《美国高等教育国际化政策的文化输出取向——以"富布赖莱特计划"为例》,《黑龙江高教研究》2009 年第 5 期。

[2] Fulbright-Fogarty Fellowships Awards in Public Health,2015-01-30,http://u.ful-brightonline.org/ulbright-fogarty-fellowships-in-public-health.

不同的国际教育项目和计划提供不同形式的资助"。① 这些社会组织包括美国科学基金会、美国高等教育理事会、美国国际教育协会、美国大学理事会等。

这些非政府组织参与高等教育国际化的目的主要有两个方面。

首先，保持美国在世界的领导地位。如同前文美国政治精英要保持美国在世界上的霸主地位一样，美国的这些文化精英也持有同样的价值观，他们希望通过高等学校参与的国际化进程，培养美国所期望的世界领袖人才，从而保持美国在世界的领导地位。"在《国际教育的综合性国家政策》的国际政策文件中，美国高等教育理事会提出的美国国际教育目标是：培养国际专家、增长国际知识，以应对国家的战略需要；加强美国解决全球问题的能力；提高公民与劳动力的国际素质。由此可以看出，美国政界、教育界、科学界、企业界和基金会等都把国际教育目标与增强国家创新能力、提高国际竞争力、保持世界领导地位密切联系起来。"② "2012年，美国国际教育协会的《开放门户》指出，'要保持竞争性，美国高等教育必须与美国社会在过去二三十年内因思想、技术、人员和信息日益迅速的流动而造成的快速全球化保持同步。'该报告还强调，现在高等教育比以往任何时候都更加需要承担一种'全球性的使命'。"③ 可见，美国政界和学术界在推进高等学校国际化方面的目的高度一致。

其次，宣扬美国的价值观。富布莱特基金创始人希望全世界的学生和教育工作者通过交流，能从不同视角、从与自己不同的视角观察事物以及熟悉其他文化，这是创建相互理解的关键。但是"《富布赖莱特计划》的美国学者常常成为美国价值体系的载体，充当意识形态渗透的工具。1989年我国出现政治波动时，美国政府的一份文件就评价说：'从目前形势看，

---

① 周南照：《教育国际化的若干国家政策比较和世界态势反思》，《世界教育信息》2013年第4期。
② 周南照：《教育国际化的若干国家政策比较和世界态势反思》，《世界教育信息》2013年第4期。
③ Institute of International Education, "Open Doors Educational Exchange Data from Open Doors 2012," http://www.iie.org/opendoors.

我们派出的富布莱特教授在宣传美国文化,宣传美国文明中起着关键作用。这些教授携带的宣传美国民主的小册子在北京的学生中广泛传阅'"。[1] 这就充分暴露了该基金会的真实目的:打着相互理解的幌子达到颠覆别国政权的企图,更加充分说明,美国在推行高等教育国际化方面是有着深刻的政治目的,而不仅仅是学术交流和人才培养。

二 加拿大高等教育国际化政策主体

加拿大是实行联邦制的国家,也是英国在北美的重要殖民地,根据 1867 年英国议会通过的《不列颠北美法案》(British North American Act) 规定,加拿大获得了法律上意义的独立,但是联邦政府并没有太多的权力,大多数权力属于各省政府,这与美国的体制十分相似。在对高等教育管理方面,联邦政府也没有被赋予直接管理的权力。

(一) 联邦政府在高等教育国际化政策制定中的作用

1867 年 7 月,英国议会通过了《不列颠北美法案》,"该法案确立了加拿大自治领 (the Dominion of Canada) 和加拿大联邦政府的成立,下辖魁北克、安大略、新斯科舍以及新不伦瑞克四省"[2]。据《不列颠北美法案》,加拿大实行联邦制,一部分权力归属联邦政府,一部分则归各省政府。由于彼时加拿大高等教育规模太小以至于没有引起联邦政府的注意,所以规定各省对其辖区内的教育事务独立负责,将管理教育的权力留给了各地方政府,因此在加拿大并没有联邦层面的教育政策。从当今世界各国高等教育及其管理体制的角度来看,加拿大或许是唯一一个从来没有国立大学,没有全国性高等教育法案,甚至没有一个指定负责高等教育事务部门的发达国家,在高等教育的协调方面,省/行政区政府始终起着核心作用。

尽管如此,加拿大联邦政府还是会通过财政干预等手段对本国高等教育发挥一定的作用。例如,"联邦政府通过诸如《加拿大研究席位计划》

---

[1] 孙大廷、孙伟忠:《美国高等教育国际化政策的文化输出取向——以"富布赖特计划"为例》,《黑龙江高教研究》2009 年第 5 期。
[2] 〔加拿大〕格兰·琼斯:《加拿大高等教育——不同体系与不同视角》(扩展板),林荣日译,福建教育出版社,2007,第 2 页。

（Canada Research Chairs Program）、《加拿大创新基金会》（Canada Foundation for Innovation）等创新机制对研究型大学进行重点投资，《加拿大研究席位计划》通过在本国的许多大学设立新的研究席位以吸引全世界优秀的科研人才到加拿大从事研究工作；加拿大创新基金会将对研究基础设施（如新的实验室、设备等）进行投资。这些变化都将对加拿大高等教育产生重大的影响。"[①] 与此同时，加拿大联邦加强政府部门间协调，共同发挥对高等教育国际化政策的影响，"在没有联邦教育部的情况下，在加拿大外交与国际贸易部发挥协调作用的同时，还成立了由加拿大大学协会和加拿大国际教育署以及有关教育团体组成的'加拿大国际教育营销联盟'来共同促进国际教育营销。……注重把少数'国际教育的优先市场'（如中国和印度）作为教育服务贸易资源配置的重点"[②]。这说明，加拿大联邦政府虽然不能直接管理全国高等学校，但是并没有放弃对高等教育的关注，特别是近年来随着高等教育国际化势头迅猛发展，联邦政府渴望更多地介入对高等学校的发展过程中来。

加拿大联邦政府对高等教育国际化的促进主要通过专项拨款的方式进行。例如，"2000年加拿大启动了《国际首席科学家计划》，首期拨款9亿加元，全加65所高校的上千名学者获此资助。在2009年宣布的8项研究合作伙伴关系项目中，有两个项目小组来自中国。2002年发布的《加拿大创新战略》提出，为实现研发绩效处于世界前5名的目标，联邦政府要为高校科研提供直接和间接费用，要促进科研成果的商业转化，要加大跨国界学术合作的经费资助力度。2010年加拿大政府拨款2亿美元，引进了19名来自美国、欧洲、南美洲的杰出科学家，加入加拿大13所大学，开展环境科学与技术、自然资源与能源、生命科学与技术、信息通信技术等四大领域的学术合作研究"[③]。正是这些项目式的资助计划，使得加拿大高等学校在国际化进程中扮演着重要的角色。

---

① 黄复生、魏志慧：《高等教育的国际化与多样化——访加拿大高等教育知名学者格兰·琼斯教授》，《开放教育研究》2008年第3期。
② 周南照：《教育国际化的若干国家政策比较和世界态势反思》，《世界教育信息》2013年第4期。
③ 李书恒、郭伟：《国际化背景下的教师发展：加拿大经验借鉴》，《中国高等教育》2012年第5期。

（二）省政府在高等教育国际化政策制定中的作用

按照 1867 年英国议会通过的《不列颠北美法案》（British North American Act）规定，各省对于本区域内的高等教育负有直接管理的权力，同时也承担着促进本省高等教育事业发展的义务，省级政府必然会在促进高等教育国际化政策方面发挥主导作用。正如加拿大著名教育家格兰·琼斯教授所言："可能加拿大高等教育发展的最大启示就是，加拿大高等教育系统允许地区差异，并让当地政府在高等教育的发展中发挥重要作用，这一模式具有多方面的收益。我认为，高等教育的独立和自治使加拿大各大学以创新的途径开展教育和进行科学研究。为满足当地的需求，加拿大各省能自由地设立独具特色的学校类型。"[1] 这无疑满足了高等教育国际化的基本制度要求，也提供了基本的政策保障。

省级政府在促进高等教育国际化方面主要发挥两个方面的作用。

首先，通过拨款促进高等学校参与国际化活动。虽然大学的管理是自治的，但是大学的运行经费则列入各个省政府的财政拨款预算，加拿大几乎所有大学的经费都来自省级政府和联邦政府的专项拨款，所以，从这个意义上看，加拿大的高等学校几乎都是公立的。高等学校在开展国际化活动过程中所需经费也主要依赖省级政府的拨款。

其次，通过省际间的协作促进高等学校的国际化进程。例如，为了"采取措施增加学生在高等教育系统内的流动性，使学生能从一所大学转入另一所大学，或在新的求学过程中以前的学历证明能被承认，……加拿大好几个省的政府部门建立了政府理事会（Government Councils），以促进本省大学机构之间的学分互认和转换。学生流动是高等教育国际化的一个重要组成部分，学分转换将提高终身学习和劳动力市场的动态变化"。[2] 省级政府相关部门的协作，提高了高等教育国际化政策制定的效率，也加快了各高等学校国际化的步伐。

---

[1] 黄复生、魏志慧：《高等教育的国际化与多样化——访加拿大高等教育知名学者格兰·琼斯教授》，《开放教育研究》2008 年第 3 期。

[2] 黄复生、魏志慧：《高等教育的国际化与多样化——访加拿大高等教育知名学者格兰·琼斯教授》，《开放教育研究》2008 年第 3 期。

(三) 高等学校在高等教育国际化政策制定中的作用

在加拿大，高等学校始终是国际化的真正主体，因为加拿大的大学管理都是自治的，学校的发展目标、规模、方向、管理均由董事会委托校长制定和实施。近年来，"高校对国际化越来越重视，绝大多数的大学都设立有主管国际化的校长，学生、教师以及管理人员对国际化参与性不断提高。"① 例如，"滑铁卢大学成立了'国际关系顾问委员会'，工作重心是制定高等教育国际化的长远战略规划，并依据出现的问题定期组织会议，提出相关建议"②。有效地加快了学校国际化的步伐。

随着欧盟地区高等教育一体化进程的推进，加拿大高等学校深受欧盟高等教育一体化的启示，也意识到国际化对高等学校发展的重要性，因而，在加拿大各高等学校的发展规划中，"国际化几乎无一例外地被给予了高度重视。不列颠哥伦比亚大学在面向 21 世纪的战略规划中，把国际化列为同人事、教学、科研、社区建设并列的五大工作板块之一"③。该校校长 Martha C. Piper 在 2000~2001 年度报告中指出："21 世纪的好公民不仅仅要求是一个好邻居，更应具有全球性的良知，而且懂得我们生活所在的社区不是我们住房所在的邻里，而是我们生存所在的世界。"④ 这就大大地拓宽了办学的视野。

(四) 社会组织在高等教育国际化政策制定中的作用

在加拿大的高等教育国际化进程中，社会组织也参与其中并在其中发挥着极为重要的作用，尤其是在加拿大联邦政府对高等教育发挥影响有限的情况下，政府更希望社会组织能够主动参与到高等教育国际化过程中来。这其中加拿大大学学院联合会（Assoeiation of Univesrities and Colleges of Canada，AUCC）发挥了特别突出的作用，1997 年 9 月，该联合会"作

---

① 刘一彬：《本土化与国际化的融合：加拿大高等教育发展的特点及其启示》，《学术论坛》2010 年第 6 期。
② 马立红、王文杰：《加拿大滑铁卢大学国际化的特色与启示》，《黑龙江教育》（高教研究与评估）2014 年第 6 期。
③ http://www.publieaffalsr.ube.ea/annualreports/index.
④ http://www.publieaffalsr.ube.ea/annualreports/index.

为全加拿大大学的代表，发表了关于国际化的声明。声明指出，全球化不仅改变了经营方式、生产方式和贸易方式，而且改变了整个社会的组织方式。大学的国际化远不只是个人之间、大学之间跨国界的合作，而是关于教和学的必要的、生死攸关的一场变革。它对于加拿大高等教育未来的教育质量，对于加拿大国家的未来是必不可少的。国际视野和观点不仅可以保持高等教育和科学研究的质量，改善生活质量，还可以确保加拿大在21世纪的优势地位"。[①] 不仅如此，"作为加拿大高等院校的团体组织，AUCC自20世纪90年代就开始追踪调查它的会员校国际化活动的深度和广度，以便了解全国高等院校在教学和学习、科研和社区服务方面国际化发展的情况。20年来，AUCC组织发布了一些高质量的高等教育国际化的调查报告"[②]。这些报告的公布在引领加拿大高等学校国际化方向和进程方面起到了很好的导向作用和警醒作用。

另外一个对加拿大国际教育和发展起着重要作用的机构是加拿大国际教育办公署（Canadian Bureau for International Education，CBIE）。"CBIE是一个全国性的、非营利的会员组织，涉及国际教育的各个方面，曾与联合国组织、世界银行、加拿大外交和国际贸易部、加拿大国际发展署、外国政府、加拿大及其他国家的私营机构广泛合作，以推动本国及其他国家国际化教育的发展，是加拿大教育界与其他国家交流的一个平台。"[③] 而且"高等教育国际化已经成为全社会的共识和共同努力的方向，无论高等教育还是中等教育，无论政府部门还是民营企业，都在积极推动、加速这个进程。除了有AUCC，加拿大社区学院联合会（Association of Canadian Community Colleges，ACCC）等跨学校的协会进行面上的推动以外，还有加拿大国际教育局（Canadian Bureau for Intenational Education，CBIE），加拿大教育中心网络（Canadian Edueation Center Network，CECN）等专业性机构去协调和实施，还有联邦政府的外交外贸部（Department of Foerign

---

[①] AUCC Statement on Internationalization and Canadian Universiites，AUCC，1997.
[②] 钱均、夏慧言：《教育民间组织在高等教育国际化中的作用及启示——以加拿大高等教育国际化发展为例》，《理论与现代化》2014年第4期。
[③] 钱均、夏慧言：《教育民间组织在高等教育国际化中的作用及启示——以加拿大高等教育国际化发展为例》，《理论与现代化》2014年第4期。

Affairs and International Tarde, DFAIT) 和国际开发署 (Canadian Intenrational Development Agency, CIDA) 提供国际合作项目支持"。①

社会各界对于高等学校的国际化活动也给予了广泛的支持。特别值得一提的是枫叶银行（Scotia Bank）。② 为了促进加拿大大学的国际化，枫叶银行与 AUCC 从 1996 年起，颁布了《AUCC 国际化优秀奖》，以表彰在高等教育国际化方面成就突出的加拿大大学。③ 这些社会组织的介入无疑激发了加拿大众多高等学校国际化的热情，提高了加拿大高等学校在世界高等教育领域的地位。

三 英国高等教育国际化政策主体

英国作为近现代世界高等教育发祥地之一，具有悠久的高等教育国际化的历史和传统，进入 21 世纪以来，英国也积极参与欧盟的高等教育一体化进程，并在其中贡献了英国特有的智慧。

（一）英国政府在高等教育国际化政策制定中的作用

英国政府对于高等教育国际化问题从认识上看是比较早的，"英国政府出台了一系列留学生资助方案，增加奖学金资助力度，如《海外研究生奖励计划》（1980）、《志奋奖学金计划》（1983）、《中英友谊奖学金计划》（1987）、《英国本科生奖学金计划》（1987）等，这些资助计划为留学生的发展提供了保障，1984 年在英留学生数量恢复到 1980 年以前的水平。"④

为了实现上述目标，英国政府"把国际教育作为一种高技能、可持续

---

① 吴言荪在《加拿大高等教育国际化的思考》（《学位与研究生教育》2004 年第 6 期）一文中详细介绍了枫叶银行在高等教育国际化方面工作内容：枫叶银行与 AUCC 从 1996 年起，颁布了"AUCC 国际化优秀奖"，下设五个奖项："①学生参与：让本国和外国学生共同努力促进大学的国际化；②大学与民营企业合作：让大学与民营企业合作共同促进国际化；③课程改革：鼓励大学把国际视野与教学结合起来；④发挥教授对于国际化的积极性：鼓励大学调动教授促进大学国际化的积极性；⑤促进国际化的资源：鼓励大学利用各种渠道对国际化提供人力的、经费的和技术的支持。"
② "Towards a More Globale Campus: Intenrationalization Initiatives of Canadian Universities 1998," http://www.auee.ea/en/intenrational/awadrs98.htm.
③ 吴言荪：《加拿大高等教育国际化的思考》，《学位与研究生教育》2004 年第 6 期。
④ 易红郡：《英国高等教育国际化策略：留学生视角》，《湖南师范大学教育科学学报》2012 年第 1 期。

的出口产业，由跨部门、跨组织合作推动教育国际化。在政府的支持下，包括英国大学联合会、英国文化委员会、英国皇家学会在内的许多部门联合行动，采取有效措施，扩大英国国际教育市场"。①"英国政府 2011 年增长评估报告又进一步提出创建高等教育全球化综合咨询服务机构（HE-Global Integrated Advisory Service），联合英国商务与投资部、英国大学协会、英国企业创业技能部、英国研究委员会、英国高等教育国际机构等多家政府和利益相关部门，协同推动英国高等教育机构的跨国教育。"② 近年来，英国在国际教育市场上占据了较多的份额，为英国带来了较为丰厚的收入。

英国高等教育具有重视质量的传统，而且有争取更多世界教育市场份额的欲望，迫使英国更加严格控制境外办学的质量。"为保证英国高等教育的国际声誉，英国高等教育委员会于 1995 年 10 月颁布了《高等教育境外合作办学实施准则》。该准则特别强调境外办学的教学水平和教育质量。比如规定学生入学资格、课程设置、学制都必须与英国国内的相应规定保持一致，英国大学必须完全控制考试和评估方法等等。"③ 但是，如果固守英国自己的标准而忽视了与世界其他国家高等教育制度的接轨或融合，也不利于英国高等教育国际化政策的实施。

（二）英国高等学校在高等教育国际化政策制定中的作用

英国高校在推进高等教育国际化进程上态度非常积极，主动建立各种跨国组织并制定相应的政策，"这些跨国发展的组织形式有：公立大学间的跨国合作；公立大学间教学计划的跨国'特许'；公立与私立学校间的跨国合作；公立与企业大学间的跨国合作。其跨国办学的模式大致分为两类：一种是英国某一大学和国外同行共同新建一所大学，合作开展教学和科研工作；另一种是英国某所高校在境外与外国大学联合培养大学生。而

---

① 周南照：《教育国际化的若干国家政策比较和世界态势反思》，《世界教育信息》2013 年第 4 期。
② 杨晓斐：《英国高等教育国际化的程度、困境与战略对策——国际学生视角》，《高教探索》2016 年第 1 期。
③ 李振全、陈霞：《英德法三国高等教育国际化政策比较研究》，《科技进步与对策》2004 年第 11 期。

授课方式又可分为两种：一是在境外实施教学的全过程；二是学生在当地读完两年或大部分课程，最后一年或最后一阶段转入英国大学继续就读。"① 这种跨国培养学生的体制扩大了英国高等学校开展国际化的机会。因此，"高等学校在政府政策支持下，通过不同的办学模式，积极拓展海外教育市场。可以说，英国是在海外举办高校合作办学项目最多的国家之一。"②

英国的高等学校，即便是那些被认为十分保守的古典大学，在推进国际化方面也是持积极的态度，并采取积极的措施。例如，"为招收更多的留学生，大多数英国高校都设有国际事务办公室，英国文化委员会在世界110多个国家设有派驻机构。这些机构一方面协助校方招收外国留学生，为高校扩大宣传效果，或委托英国文化委员会到海外开展留学生教育咨询服务，或直接派人到国外举办教育展览"③。这充分反映了英国高等学校对于国际化的积极态度。

（三）英国社会组织在国际化政策制定中的作用

英国的诸多社会组织对于高等教育国际化政策的制定也充满热情，"英国大学联合会（Uinvesriites UK，UUK）无疑是众多英国著名学校组织中最有影响力的一个。如同美国大学联合会在美国的地位那样，英国大学联合会以发出'英国大学的关键心声'而著称。作为英国各大学执行首脑的代表机构，英国大学联合会内部成立了两个特别的协调机构致力于高等教育国际化，它们分别是英国高等教育国际联合会和英国高等教育欧洲联合会。"④ 这两个联合会的成立在推进英国高等教育国际化进程方面发挥了积极的作用。

英国社会组织积极参与国际化政策的研制，"英国高等教育国际联合

---

① 李振全、陈霞：《英德法三国高等教育国际化政策比较研究》，《科技进步与对策》2004年第11期。
② 周南照：《教育国际化的若干国家政策比较和世界态势反思》，《世界教育信息》2013年第4期。
③ 詹春燕：《高等教育国际化策略——英国经验及其启示》，《湖北社会科学》2008年第4期。
④ 曾满超、王美欣、蔺乐：《美国、英国、澳大利亚的高等教育国际化》，《北京大学教育评论》2009年第2期。

会主要任务在于提供数据和相关分析、提供会议要点以便共享信息、确保同步思维和适当合作。而英国高等教育欧洲联合会则把重心放在如何增强英国教育部门在波洛尼亚进程和欧盟政策的发言权上，并且出版名为《当月欧洲》的月刊，这本杂志每月会更新有关欧洲高等教育的新闻咨询。另外，英国高等教育欧洲联合会还会发表相关说明，这些说明涵盖了所有欧洲大学在各种事项上的具体信息。"①

（四）积极参与欧盟和其他国家高等教育国际化政策的制定

英国政府在大力发展留学生教育及境外合作办学的同时，还积极参与欧盟的高等教育国际化项目，即"积极参与欧盟国家高等教育和研究计划，以参与 ERASMUS 计划的《校际合作计划（ICPs）》为例，1987~1994 年，英国一直是这一计划最大的合作国家，参与师生流动和合作教育计划的数量为批准的校际合作计划的 20%，英国学生有近 1 万人参与该项目"。② 通过参与欧盟的国际化项目，英国在高等教育领域乃至文化领域，更加深入地融入欧洲这个传统的群体中，英国在这个群体中的地位得到了充分的凸显。

在英国政府的推动下，"英国高校和学生组织积极参与，它们在促进欧洲学分转移、组织研讨会、开发联合学位等方面发挥了重要作用"③。欧盟高等教育一体化是欧洲国家高等教育国际化的重要举措，而英国在其中扮演着特别重要的角色。在政府积极推动欧盟高等教育一体化的过程中，高等学校也不甘寂寞，主动开展国际化活动。这些高等学校"积极与境外高校签订证书互认协议，在与欧盟教育合作的进程中也加快了英国境外学历互认的步伐。目前欧盟各成员国大学间在尝试进行学分交换，英国高校积极采纳。据统计，英国在参与欧洲《学分转换制》的院校平均增加了 76%"。④

英国还注重加强与欧盟以外国家的高等教育领域的合作，特别是注意

---

① 曾满超、王美欣、蔺乐：《美国、英国、澳大利亚的高等教育国际化》，《北京大学教育评论》2009 年第 2 期。
② 詹春燕：《高等教育国际化策略——英国经验及其启示》，《湖北社会科学》2008 年第 4 期。
③ 易红郡：《英国高等教育国际化策略：留学生视角》，《湖南师范大学教育科学学报》2012 年第 1 期。
④ 裴文英：《引进国外教育资源，推进中外合作办学》，《江苏高教》2003 年第 3 期。

加强与发展中国家的合作。例如"《英国—印度研究计划》（UK-India Research Initiative）就是一个在欧洲以外寻求伙伴合作的例子。这个计划为推动学术交流的研究计划提供2100万美元的资金援助，其中包括授予联合博士学位项目以及支持对于英国文化的学习和海外教育机构"。① 此外，"英国政府确立了8个优先国家和1个地区作为未来英国国际教育的核心伙伴，分别是中国、印度、巴西、沙特阿拉伯、哥伦比亚、土耳其、墨西哥、印度尼西亚以及海湾地区。"② 近年来，英国许多高等学校也开始加强与中国高等学校的合作与交流，且形式多样，合作内容越来越深入。

四　日本高等教育国际化政策主体

日本在二战以后作为战败国的特殊国情下，被迫开始了高等教育国际化（主要是适应美国化）的进程，在20世纪80年代后的30年中，日本先后出台了一系列高等教育国际化的政策。③ 进入21世纪以来，在经过前一段时期高等教育国际化实践的经验和教训的基础上，政府不断在调整高等教育国际化政策。

（一）日本政府在高等教育国际化政策制定中的作用

日本政府比较重视高等学校的国际合作，特别是"在促进国际学生流入方面，政府通过颁布政策，发挥了核心作用。1983年日本政府颁布了

---

① Labi, A., *Britain expand: foreign-student recurimtment*, The Chinese of Hihger Edueaiton, 52 (34), 2006, p.55.
② HM Government, *International Education: Global Growth and Prosperity*, Department for Business, Innovation and Skills, July 2013, p.19.
③ 有研究者指出，"日本真正意义上的国际化始于20世纪80年代初。自1982年《2000年的日本——具备国际化、高龄化、成熟化》报告提出"必须以国际视野看待一切问题"的国际化口号之后，金融国际化、日元国际化、农业国际化、教育国际化，国际化趋势在日本陆续出现。时任日本首相的中曾根康弘也一再强调，日本越是要成为国际化国家，就越要思考……如何在世界上传播日本文化。（参见马岩的《日本留学生政策在高等教育国际化发展进程中的演变》，《苏州科技学院学报》（社会科学版）2011年第12期，第64页）也有研究者认为"日本早在70年代中期，随着经济地位的提高，便提出了高等教育国际化的口号，并将此目标作为本国发展高等教育的重要战略任务之一。经过20多年努力，现在，日本高等教育国际化的工作，已经取得了令人瞩目的成绩。高等教育国际化的思想，也已经成为政府、办学者和全社会的共识"（参见张光著《日本高等教育国际化的进程》，《比较教育研究》1997年第3期）。

《2000 年 10 万人计划》，目标是通过到 2000 年招收 10 万国际学生，从机构和国家两个层面促进高等教育国际化。该计划重视提高教育和研究质量，为国际学生提供奖学金和学费减免，在增加国际学生数量方面获得了成功"。① 在"留学政策上，日本政府大力促进海外留学。在 2007 年的《教育再生会议第二次报告》中将留学生政策提到国家战略角度，确定今后的留学生政策不仅是教育政策，同时也包括了外交政策及产业政策"。② 但是，这种政策在很大程度上取决于政府投入的财力。

为了应对 2008 年的世界金融风暴所带来的冲击，尽快使国家走出风暴阴霾，日本在推动高等教育国际化方面，加大政策投放力度，先后制定了一系列政策，包括 2008 年的《招收 30 万留学生计划》、2009 年的《日本顶级大学全英语授课项目》（即《G30 项目》）、2011 年的《大学的世界展开力强化项目》、2011 年的《再造日本计划》、2012 年的《迈向全球的日本计划》（即《Go Global Japan 项目》）、2014 年的《Super Global University 项目》（简称 SGU 战略）等。但是近年来，新的国际国内形势的出现给日本高等教育提出了新的问题。③ 为此，"日本文部科学省于 2014 年启动《Super Global University 项目》（简称 SGU 战略），对精选出来的 37 所高校实施财政援助，以促进高等教育的国际化程度"④。

为了持续推进高等教育国际化进程，日本政府确立了高等教育国际化目标。"2006 年 12 月在修改的《教育基本法》中，日本将'培养为国际社会的和平与发展做贡献的态度'新列为教育目标之一。2009 年 4 月第 84 回综合科学技术会议上通过了《最尖端研究开发支援计划（FIRST）》，其

---

① 曾小军：《日本高等教育国际化：动因、政策与挑战》，《高教探索》2017 年第 6 期。
② 卢冬丽、董维春：《日本高等教育政策的国际化进程研究》，《江苏省高等教育学会教育经济研究委员会成立大会暨第一届江苏省教育经济学术年会论文集》，2013 年 7 月 12 日。
③ 这里所说的问题是指"泰晤士世界大学年度排名中，国际化程度（international outlook）单项最高分值为 100，而日本大学得分普遍未超过 30，远低于国际化程度较高的中国香港和新加坡地区。日本私立名校庆应义塾大学及早稻田大学更是跌出了前 400 名。于是，2013 年 5 月安倍政府制定了《日本再兴战略》，围绕教育问题，特别提出了提高大学世界排名的长期目标：在未来 10 年里，力争使日本有 10 所大学进入世界排名前 100 名的行列中"。（参见孟莉莉的《日本"超级国际化大学"战略对中国高等教育国际化的启示》，《管理工程师》2016 年第 1 期，第 52 页）
④ 孟莉莉：《日本"超级国际化大学"战略对中国高等教育国际化的启示》，《管理工程师》2016 年第 1 期。

目的就是站在全球化战略视角,推进世界尖端研究开发,增强日本中长期的国际竞争力,并将研究成果返还于国民和社会。"①

(二) 日本高等学校在高等教育国际化政策制定中的作用

总体来看,在高等教育国际化过程中,日本中央政府始终扮演着主导者的角色,高等学校扮演着配合者角色积极支持中央政府的各项政策,并将这些政策转化为校内的规章制度,快速付诸实践。高等学校在国际化过程中主要在课程建设方面加强改革,以便完成政府所要求的留学生政策要求。例如,"在教育研究内容上,跨学科、新兴领域受到重视,政府极力推进大学教育的国际化和全球化。日本政府从 2002 年至 2006 年实施了《21 世纪 COE 计划》,重点支持了 93 所大学,创建了 274 个卓越的研究基地,其目的就是在日本大学中建立若干以学科方向为单位的世界最高水平的研究基地,推动有关大学能够具有国际竞争力、具有独特个性的世界最高水平大学"②。大学则负责将这种政策付诸学校的课程建设中去。表 5-1 中所展示的正是日本高等学校在课程建设方面所做的努力。

表 5-1　2011~2015 年大学拓展力事业立项项目分布

	中国、韩国	美国	东南亚	俄罗斯	印度	土耳其	中南美	其他	合计
国际关系	6		8	1		1	1	3	20
经济、商业	1			3				1	5
科学技术	1	2	1		4		2		9
文化、教育	1	4	6	1				1	13
能源、环境			3			1	4		8
食品、健康			4						4
农林业			1			1			2
工程	2	1					1		4
合计	11	7	23	5	4	3	8	5	66

资料来源:依据日本学术振兴会公布的"加强大学世界拓展力事业"2011 年至 2015 年评审结果,统计作成此表。

---

① 《最先端研究开发支援》,http://www8.cao.go.jp/cstp/sentan/about.html。
② 卢冬丽、董维春:《日本高等教育政策的国际化进程研究》,《江苏省高等教育学会教育经济研究委员会成立大会暨第一届江苏省教育经济学术年会论文集》,2013 年 7 月 12 日。

(三) 日本社会组织在高等教育国际化政策制定中的作用

日本社会组织也比较支持政府所推动的高等教育国际化政策，"日本在高等教育国际化的进程中，政府与地方，学校与社会，多方配合，并且采取了种种措施，制定了一系列的法规和政策，有力地促进教育国际化工作的开展"①。正是由于日本社会各方面的支持和努力，日本的高等教育国际化政策才能得到较为有效的实施。

第二节　高等教育国际化政策客体的比较研究

在本书的第二章《高等教育国际化政策国内外研究现状》中，我们将高等学校的教师和学生作为国际化政策的客体来看待。因此，在本章我们将重点分析美国、加拿大、英国和日本等国家高等学校教师和学生在高等教育国际化政策中的作用。

一　美国、加拿大、英国和日本高校教师在高等教育国际化政策中的作用

高等教育国际化政策在实施过程中最终需要高等学校来实施，而高等学校国际化的具体落实离不开教师的支持和参与，因此，高校教师成为国际化的关键因素和最终的决定因素。美国、加拿大、英国和日本的高等学校教学和科研活动都有一个共同特征，那就是高校自主和学术自由。这就决定着这些国家的高校教师在高等教育国际化政策实施中发挥着特殊作用。这些作用主要表现为以下几个方面。

（一）积极参与国际化项目

在美国，由于政府和学校在国际化工作中有比较大的经费投入，高校教师对于国际化工作有较高的积极性，因为"自'二战'以后，美国越来越清楚地看到传播美国文化、吸收世界各国的学者和学生对于实现美国的全

---

① 张光：《日本高等教育国际化的进程》，《比较教育研究》1997年第3期。

球战略具有十分重要的意义。在美国政府开展的为数不多的教育项目中，国务院教育文化事务管理局负责的'富布莱特项目'（Fulbright Program）、全球教育项目（Global Educational Programs Plans）、学生交流项目（Exchange Programs）、英语项目（English Language Programs）等四大项目都是围绕美国全球战略展开的"。① 而这些项目实际参与者基本上都是由美国高等学校的教师来完成的。

国际化离不开教师队伍的国际化，而教师队伍国际化的一项重要指标就是高等学校教师是否能够充分开展国际学术流动。美国高等学校"教师的流动也是双向的——美国教师的流出与国际教师的流入。对前者而言，高校表现出了日益增长的热情和支持。在2002年，只有46%的高校支持教师出国进行研究；但这个数字已经上升到了2006年的58%"。② 学校的支持加速了教师的国际流动，反之亦然。

在加拿大，早在1990年加拿大教育署就在"《没有国界和边界的教育》报告中，要求国内各大学把国际化作为自己的组织目标之一，并制定相关政策来推进和保证国际化进程"。③ 1997年9月，加拿大大学学院联合会（Assoeiation of Univesrities and Colleges of Canada，AUCC）作为全加拿大大学的代表，又"发表了关于国际化的声明，指出仅仅有大学校长对国际化的承诺、把国际化列入大学的发展目标是远远不够的，必须制定一系列的政策措施：①学校行政有承诺和鼓励国际化的政策；②有按照国际科技发展前沿和国际学术动态支持课程改革、更新教学内容、鼓励跨国界研究合作的学术措施；③创造国际科技合作的环境；④开展全校性或全社区的跨文化、跨国界的服务活动或课外活动；⑤争取各级政府和社会各界对大学国际化的支持和关心。声明最后指出，把加拿大人带入21世纪需要新知识、新技能、新途径和新姿态，如果教育中没有国际化的视野和观点，将是一事无成的"。④ 加拿大大学学院联合会的这

---

① 仇鸿伟：《高等教育国际化与中国的战略选择》，《大学》（学术版）2012年第10期。
② 曾满超、王美欣、蔺乐：《美国、英国、澳大利亚的高等教育国际化》，《北京大学教育评论》2009年第2期。
③ 陈芳：《加拿大高等教育国际化政策及评析》，《煤炭高等教育》2005年第6期。
④ AUCC Statement on Internationalization and Canadian Universiites, AUCC, 1997.

项国际化声明中的 5 项内容中，主要内容都是要通过高等学校在教育教学改革中加以实施的，而承担这些任务的则离不开众多教师的参与和支持。

在英国和日本，高校教师也是通过各自国家所制定的各种项目参与国际化活动，在本章的第一节中所展示的英国和日本政府包括高等学校都有一系列国际化项目，而这些项目的实际参与者自然主要是高校教师。

（二）参与学校国际化政策的制定

美国高校教师在学校内部的国际化工作中也发挥着重要作用，美国有众多基于高校的协会并且多与高等教育国际化有关。例如，"美国教育协会（ACE）有一个促进国际化的特别分支——国际行动中心。该中心的主要行动包括：支持高级领导者和机构层面的团队，提升校内的国际化；连接美国和其他国家的高校领导者；研究美国高校的国际化及其他主题；协同和建议与国际化有关的事务；与其他国外组织的合作"[①]。可见，ACE 在学校国际化政策方面所发挥的作用是十分重要的，而其中的主要成员则是来自高等学校的教师。此外，"美国大学协会（AAU）是一个代表美国和加拿大 60 所顶尖研究型私立高校的非营利组织，主要专注于国内的对研究型大学有重大影响的体制的研究，包括研究经费、研究和教育政策、本科生与研究生教育等。同时，该机构也组织大学的领导者们讨论这些对国际化有重大影响的议题。"[②] AAU 的特点是它的国际性，该组织特别关注大学内部政策研究，其研究工作必然会对大学的国际合作产生直接的影响，这些研究中不乏高校教师的积极参与。

与美国的高等教育国际化一样，加拿大高校教师在参与学校的高等教育国际化政策制定方面也发挥着积极作用，这主要体现在加拿大高等学校内部的各种委员会的工作制度中。加拿大高等学校内部的各种委员会都对教师人数做了明确规定，这就保证了教师能够通过常态化的合法机制参与学校国际化政策的制定。

---

① 曾满超、王美欣、蔺乐：《美国、英国、澳大利亚的高等教育国际化》，《北京大学教育评论》2009 年第 2 期。

② 曾满超、王美欣、蔺乐：《美国、英国、澳大利亚的高等教育国际化》，《北京大学教育评论》2009 年第 2 期。

在英国，高校教师不仅参与国际化项目的活动，而且通过参与各种活动来影响学校国际化政策的制定。英国高等学校具有独立自主的传统，英国政府甚至允许一些历史悠久和高水平大学自己立法，如《牛津大学法》《剑桥大学法》等。英国高等学校办学自主权主要在大学内部的学院，国际化政策的制定权也主要来自学院，而学院在研制国际化政策过程中离不开教师的参与和支持。

英国高校教师不仅在校内的国际化政策方面发挥直接的作用，而且通过表达否定的态度来影响国家的高等教育国际化政策的制定。例如，"2010年11月3日，英国政府正式采纳布朗报告，宣布从2012年起，英格兰大学学费将上涨为每年6000到9000英镑。这一宣布立即引起大学生和高教雇员更为强烈的不满，全英学联（NUS）和英国大学与学院工会（UCU）号召大学生和大学教师发动大游行，抗议政府的涨价提案"[①]。正是教师和学生的抗议行为，导致英国政府不得不做出了很大的妥协，对于大学学费设置了不少有利于学生特别是家庭困难学生的限定。

日本高校深受英美等西方国家高等学校办学的影响，在学校的办学理念和学校内部的管理体制和机制方面，基本上照搬了美国高等学校的模式，教师在学校教育教学活动中有较多、较大的自主性，如教学工作被视为一种学术活动，而学术活动就必须遵循学术自由的原则和要求。这些体制机制和理念共同作用的结果就是日本高等学校教师在学校国际化政策方面可以发挥直接的作用，其参与的路径与上述各国高等学校教师的参与途径大致相似。

二 美国、加拿大、英国和日本高校学生在高等教育国际化政策中的作用

高校学生作为学校教育教学活动的主体之一，对于学校的国际化工作有着义不容辞的责任，也是他们的基本义务。美国、加拿大、英国和日本高校学生始终关注并参与学校的国际化政策的制定和实施。

---

① 史雪：《经费削减引发英国高等教育变局，解析四大变局》，腾讯网，2011年1月4日，https://edu.gg.com/a/20100104/000199.htm。

（一）积极参与国际化项目

从本章的第一节《高等教育国际化政策主体的比较研究》的分析中，我们可以看出，美国、加拿大、英国和日本各国政府为了推进各自国家的高等教育国际化进程，都制定了一系列的国际化项目，而这些项目中的相当多的项目的实施都是针对学生的，也就是说，学生在高等学校国际化项目的推进中始终扮演着发动机的作用。

在美国，"为了推进国际教育，自'二战'以后，美国先后出台了《美国新闻与教育交流法》（1948年）、《国防教育法》（1958年）和《国际教育法》（1966年），……强调美国是国际高等教育的主导者，美国高等学校的任务是吸引世界各国的精英进入自己的校园，通过学生交流和学者的学术合作项目传播美国的价值"[①]。可见，如果没有高校学生的积极参与，所谓"传播美国价值"的设想恐怕就要落空了。事实上，美国高等学校在推进国际化的过程中，主要是通过校内的课程设置及其相关的研究来展开的。"在1960年代末，美国的一位学者巴兹就提出高等教育的国际化应该囊括课程设置的国际化、培训的跨国流动、跨国性研究、研究者和学生的跨国流动以及一个确保教育支持与合作的国际系统。这个概念中的大部分内容都已经被研究者们继承并融入今天关于高等教育国际化的讨论当中。"[②] 而高等学校这些举措也是离不开学生的参与和支持的。

在加拿大，联邦政府和省政府在帮助高等学校国际化的过程中，也主要是通过设置各种国际化项目来实现的，这些项目的实际践行者也需要学生的参与。与美国的情况略有不同的地方是由于加拿大人口较少、国土幅员辽阔，自然资源更加丰富，因而加拿大更加重视招收来自世界各国的留学生来加拿大留学，而且在签证发放、奖学金的拨付方面比美国更具弹性，为留学生来加拿大留学提供了更多的便利。这在很大程度上为国内外学生提供了更多参与国际化项目的机会，项目的实施效果也更为明显。大量留学生的到来也激发了加拿大政府和高等学校设置国际化项目的积极

---

① 仇鸿伟：《高等教育国际化与中国的战略选择》，《大学》（学术版）2012年第10期。
② 曾满超、王美欣、蔺乐：《美国、英国、澳大利亚的高等教育国际化》，《北京大学教育评论》2009年第2期。

性，两者相互促进、共同发展。

英国高等学校学生参与政府国际化项目的积极性也很高涨，这得益于政府为学生提供了诸多优惠政策。例如，英国"政府要求，按照9000英镑上限收取学费的大学必须作出特殊安排，帮助家庭较为贫穷的学生，以防高额学费拒他们于校门之外。另外，政府还将建立总额为1.5亿英镑的奖学金，可为家庭经济条件差的1.8万大学生支付两年学费。学生可以申请国家助学贷款，工作后开始还贷的年收入门槛也从目前的1.5万英镑提高到2.1万英镑，如果30年后还没有还清，剩余贷款将一笔勾销"。[1] 这样的优惠政策自然会得到学生的热烈回应，国际化项目的实施也就更加顺利。

日本在推动高校学生参与国际化项目中也是绞尽脑汁，制定了一系列法律法规（这在前文中已经有了分析），学生通过这些项目获得了更多参加国际化交流的机会，同时也为来日本留学的学生提供了更多学习机会。当然大量亚洲国家留学生的到来，也刺激了日本政府扩大国际化项目的热情。可以说，高校学生对于日本高等教育国际化项目的积极参与，加快了日本高等教育国际化的步伐。

（二）参与学校国际化政策的制定

美国高校学生在参与学校政策制定方面的权利和机会几乎与教师相当，美国高等学校的各种委员会中，很多委员会按照学校规定赋予学生一定席位和相应的权利。"在美国，根据国家的有关法律和学校章程，高校学生可以参加从学校到学院各个层次的许多委员会的工作，并有固定的席位数量，这就使得学生行使决策和管理的权利有了法定的依据。例如，宾夕法尼亚大学的大学治理委员会（Governing Council，也译为管理委员会）是一个议事机构和具有广泛代表性的论坛，它的设置是为了全盘考虑学校各方面的活动，特别是注意学校的教育目标和那些影响到教员、职工和学生共同利益方面的事情。它可以提议总体的方针政策，另外可以给校长、

---

[1] 《综述：英国大学涨学费几家欢乐几家愁》，新华网，http://news.Xinhuanet.com/world/2010-12/13/c-12875101.htm。

教务长和学校的其他官员提出建议。大学治理委员会有权初步拟订方针性提议，同时也可根据由学校行政官员及其各种学术分支提交上来的方针做出自己的判断。就是在地位如此重要的大学治理委员会中也有学生代表组成。"① 由此可见，学校的高等教育国际化政策自然也少不了学生的参与和支持，学生的话语权在学校是有法律保障的。

加拿大高校学生参与学校决策的机制与美国高等学校学生参与高校决策的机制基本相同，这里不再单独说明。

在英国高等学校的国际化活动中，课程的国际化是一条重要途径，英国高等学校"课程的国际化可以通过流动项目将课程去国家化并将欧洲元素引入学术院系，重点是学术院系课程的国际化而不是学院或者国际办公室实行国际化"。② 而"另外一种国际化课程的方法是增加可供选择课程的种类。英国高等教育质量评估委员会允许学生旁听海外课程，同时英国MBA 联盟也指定 MBA 项目的质量标准"。③ 此外，一些古典大学在自己的校园内也采取了各具特色的国际化途径，④ 这些学校国际化的政策制定和举措的实施，都与这些学校学生的积极参与是分不开的。

日本高等学校内部管理体制在二战后深受美国高等学校的影响，高校

---

① 黄明东、蒋立杰、黄俊：《高校学生自主管理学校理论之构建》，《教育研究与实验》2013年第1期。
② Damme, D. V., "Quality Issues in the Inetrnaitonalization of Higher Education," *Higher Education*, 2001, 41, pp. 415-441.
③ Welch, A. R., "The Peripatetic Professor: The Internationalization of the Academic Profession," *Higher Education*, 1997, 34, pp. 323-345.
④ 曾满超、王美欣、蔺乐等在《美国、英国、澳大利亚的高等教育国际化》(《北京大学教育评论》2009年第2期) 中较为详细地介绍了牛津大学国际化的举措，文章指出："牛津大学的当代国际化的理念在 2005~2006 年的学校计划中得到阐述。在学术研究、教学以及直接贡献社会等方面追求卓越成为国际化的目标。它包括：使国际化研究穿越大学学科的谱系形成学科间的互动，通过研究和牛津大学毕业生的技能来在社会、地区、国家和国际上产生巨大贡献，同时吸引、发展并且保持高端的教职员工，通过建立在学术和潜能上的公平测试来招收最好的国内和国际学生。一位国际战略主任管理着这一系列旨在加强牛津国际关系、全球声望和国际竞争力的内在统一的战略。这些策略包括：国际学生的招收和资助、国际性教职员工和学生的一体化、所有学生国际教育经验的积累和国际的合作（研究和教育）。这些都是教务团队的国际化策略。在牛津大学的国际学生办公室，来自国外的学生可以找到如何通过签证和移民程序以及如何更好地在英国大学学习的建议。该办公室还为国际学生出国交流管理奖学金并且协调在全球展开的本科生录取面试。牛津大学学生会的一位副主席为所有国际学生提供建议和服务。牛津大学语言中心为那些需要额外帮助的学生提供英语资源和服务。"

学生虽然没有美国高校学生那么多的参与学校决策的机会，但是日本高等学校却十分重视听取学生对学校管理的意见和建议，也建立了一定的沟通渠道。在高等学校的国际化进程中，学生可以通过这些渠道表达他们的意愿，从而直接或间接地参与学校国际化政策的制定。

第三节　高等教育国际化政策内容的比较研究

在本书的第二章第三节《高等教育国际化政策内容研究》中，我们将政策内容界定为"政策主体在制定政策时所体现出来的价值指向、政策的文本形式、政策文本的数量以及政策制定的程序四个方面"。下面我们将从这四个方面分析美国、加拿大、英国和日本等国高等教育国际化政策内容。

一　美国、加拿大、英国和日本高等教育国际化政策的价值指向

美国政府之所以如此极力推进高等教育国际化政策制定和进程的加速，是有其多方面战略目标的。

首先，确保美国经济在世界的领先地位。"自'二战'后开始，随着美国在世界上地位的改变，美国联邦政府开始重视本国高等教育国际化，制定相关政策，促进高等教育国际化的发展。自'二战'后到21世纪的今天，美国的高等教育国际化政策经历了从战后的外交援助为主的政策推进，到20世纪80年代后以确保全球经济竞争力为核心的政策驱动，再到21世纪的从防御到以维持世界领先地位为战略的政策转变。"[1] 与此同时，美国的高等学校在二战后也经历了一个快速发展时期，进而带动了世界高等教育快速发展。但是，在这一轮高等教育发展的"黄金时期"，能够从高等教育发展中得到"黄金"的只是这些少数发达国家，而那些发展中国家却并未尝到"黄金"的味道，甚至一些贫困落后的非洲国家至今还深陷于高等教育发展的泥潭之中而不能自拔。

---

[1] 李娅玲、李盛兵：《美国高等教育国际化政策的历史变迁及启示》，《高教探索》2016年第1期。

美国通过大力发展高等教育获取和吸收了全世界各国的科技精英和各方面优秀人才，他们的到来迅速促进了美国科学技术在各领域的进步，使美国在短时间内成为科技强国进而成为世界上的经济强国。可以说，通过加快发展高等教育美国从世界人才市场上分得了最大一块蛋糕，美国的高等教育为美国赢得了不可计数的利益。为了进一步扩大高等教育的这种发展所带来的红利，美国政府积极推进高等教育国际化，试图更大规模更持续地吸纳世界最优秀人才来美国为其谋求经济和社会利益。进入21世纪，美国的高等教育优势逐渐耗尽，大批发展中国家出现了人才回流的趋势，加之美国经济也出现了颓废的势头，特别是近年来，以中国为代表的发展中国家的迅速崛起，引起了美国各界精英的高度关注，也在相当大范围的精英中产生了越来越浓厚的焦虑情绪，这更加激起了美国政府对高等教育国际化的重视。

其次，实现美国文化霸权的战略企图。文化霸权一直是以欧洲为代表的西方发达国家积极推行的战略，也是积淀在这些国家不少民众心灵深处的一种民族扩张的基因之中，一有机会便会滋生出来。长期以来，这些西方发达国家一直以欧洲为中心，视欧洲文明是世界上最先进的文明，始终以他们所构建的标准来评判和要求其他非欧洲国家和民族的发展，如果不按照他们的标准行事，就会受到制裁和威胁，进而通过各种手段（侵略、掠夺、殖民、宗教、经济、教育）实现他们在世界文化霸权的诉求。美国就是这种文化霸权诉求的典型代表和强力推进者。在高等教育领域，美国也是挥舞着民主与自由两面大旗，极力美化美国高等教育政策和体制机制，积极以美国的所谓标准推行高等教育国际化，而缺乏对其他国家相应标准的尊重和学习的耐心。"美国是教育国际化的倡导者，但在制定和实施高等教育国际化政策过程中，一直把追求文化霸权作为其重要向度，通过吸收外国留学生、课程国际化、加强学者交流、派遣学生出国等多种手段，实现美国文化和核心价值观念的输出。"[①] 进入知识经济社会阶段以后，"由于美国政治、经济、军事、科学技术的实力整体上升，世界影响

---

① 孙大廷、孙伟忠：《美国高等教育国际化政策的文化输出取向——以"富布赖特计划"为例》，《黑龙江高教研究》2009年第5期。

力显著提高,开始实施文化霸权战略。"① 美国政府再次打出了高等教育这张牌,试图通过高等教育国际化来实现这种文化霸权野心,而且高等教育国际化也确实是其野心实现的有效而又比较隐晦的手段。

最后,不断输出美国价值观。二战结束以后,"随着美国经济的强大,尤其文化基因和资本主义扩张性决定的'救世主'和'传教士'的文化心态逐渐显现出来,进而把美国自己所欣赏的、反映人的逐利本性的并不高雅的世俗文化及由此形成的文化价值观视为普世的,通过各种手段尤其是通过教育,输送给尚未有社会心理准备的其他民族和国家"②。"2000 年 4 月,克林顿总统发布了《高等教育国际化的备忘录》,更加积极地开展国际教育与交流活动,以培养亲美的社会精英。"③ 美国高等教育国际化政策尤其突出国家政治安全的利益。"高等教育国际化政策无处不体现政府为了美国国家利益、战略需要与维护世界霸主的地位的需要。"④ 2002 年美国教育理事会发表的《超越"9·11":国际教育的综合国家政策》中就强调"增加留学生数量",他们认为"目前美国大学校园内的 500000 名留学生也给美国提供了教育下一代世界领袖———一种无价的外交政策资产———的机会"。⑤

美国中央情报局原局长杜勒斯说过:"如果我们能教会苏联的年轻人唱我们的歌曲并随之舞蹈,那么我们迟早会教会他们按照我们要求他们采取的方式去思考问题。"⑥ "美国国务院的《门户开放报告》(Open Doors Report)的数据显示:2009~2010 学年,美国 18.5% 的国际学生来自中国,36.4% 来自亚洲国家。美国助理国务卿安·斯托克不无得意地说:'仅上一学年(2009~2010 学年),我们有 70 万名国际学生进入各个大

---

① 孙大廷、孙伟忠:《美国高等教育国际化政策的文化输出取向——以"富布赖莱特计划"为例》,《黑龙江高教研究》2009 年第 5 期。
② 孙大廷、孙伟忠:《美国高等教育国际化政策的文化输出取向——以"富布赖莱特计划"为例》,《黑龙江高教研究》2009 年第 5 期。
③ 杨启光:《当代不同国家高等教育国际化政策发展模式》,《现代大学教育》2008 年第 5 期。
④ 杨启光:《当代不同国家高等教育国际化政策发展模式》,《现代大学教育》2008 年第 5 期。
⑤ 李爱萍:《美国国际教育:历史、理论与政策》,云南大学出版社,2005,第 174 页。
⑥ 王莉:《世纪之交的世界格局》,https://wenku.baidu.com/view/d92d61df50e2524de5187e3c.html,2012 年 3 月 14 日。

学,为美国经济增加了 200 亿美元的收入。在美国完成学业以后,这些学生将回到他们的祖国,成为理解美国社会和价值的领导人。'"① 这是赤裸裸通过输出价值观达到颠覆别国政府的政治目的,而且美国也确实达到了这个政治目的——曾经强大一时的苏联瞬间就被解体了。这对于我们今天的每一个发展中国家来说,是一个血淋淋的教训,务必要始终保持高度的警惕和清醒的头脑,千万不要被美国霸权主义者的花言巧语所迷惑。

　　加拿大联邦政府心里很明白,高等教育国际化对于加拿大社会经济、文化的发展是一次极好的机遇,"加拿大高等教育国际化的目的是以跨国界、跨文化的视角与高等教育机构的教学、科研和服务功能相结合,培养具有国际化意识且具有跨文化竞争力的加拿大学生,以便加强国家的科技竞争力,从而维护国家安全及友好睦邻关系。"② 联邦政府很多部门也持有同样的观点,例如,"加拿大的外交与国际贸易部把国际教育看成'加拿大未来繁荣的一个关键驱动力',把教育国际化作为加拿大政府官方政策与规划的一个战略组成部分"③。按照加拿大大学学院联合会(Assoeiation of Univesrities and Colleges of Canada,AUCC)的说法就是"其核心是培养具有国际视野且具有跨文化竞争力的加拿大学生,维持加拿大的科技竞争力,维护国家安全及友好睦邻关系;其要素是学生流动、课程、国际学生、教师交流、国际合作开发项目及研究;其目的是创造和传播全人类所证实的知识"。④ 高等学校的国际化活动"是对经济全球化的若干反应之一。其核心是:第一,培养具有国际知识(Intemationally knowledgeable)且具有跨文化竞争力(Inter-cultuarlly competent)的加拿大学生;第二,维持加拿大的科技竞争力,维护国家安全及和平睦邻关系"⑤。可见,我们在

---

① 仇鸿伟:《高等教育国际化与中国的战略选择》,《大学》(学术版)2012 年第 10 期。
② 刘一彬:《本土化与国际化的融合:加拿大高等教育发展的特点及其启示》,《学术论坛》2010 年第 6 期。
③ International Education:A Key Driver of Canada's Future Prosperity ,http://www.international.gc.ca/education/report-rapport/strategy-strate-gie/toc-tdm.aspx? view=d.
④ 张亚伟:《从中加高等教育比较中看大学的治理》,《郑州轻工业学院学报》(社会科学版)2006 年第 1 期。
⑤ AUCC, *Interllationalization at Canadian Univesrities:The Changing Landscape*,http://homer.auee/en/intematin-dex.html.

研究加拿大高等教育国际化政策时，决不能忽视其联邦政府在高等教育国际化政策方面的贡献和作用。

英国政府对于高等教育国际化不像美国政府那样有着浓厚的政治色彩，其主要热情在于通过国际教育能够为其带来的丰厚经济利益。① 英国学者大卫·艾略特对这一点看得很清楚："自 1979 年执政以来，英国保守党很少提到'高等教育国际化问题'，但这并不重要，重要的是我们可以从英国政府的一般性政策（包括教育政策）的本质中，解读出高等教育国际化政策的内涵。我们将这些政策的主旨概括为：为了使英国贸易在欧盟更具国际竞争力，尤其是使英国能够开拓亚洲和拉丁美洲市场，必须促使有技能的人力资源流动起来……如果说高等教育在广义上包含了特定的国际化目标，那么通过自费留学生出口教育服务，就最大限度地体现了该目标的价值。"②

---

① 关于英国推动跨国学生流动的动因，张惠、冯光能、赵俊娟等在《英国高等教育国际化发展趋势：促进学生输出流动》（《黑龙江高教研究》2018 年第 3 期）作了较为系统的分析，他们认为有三个方面的动因。首先，国家战略的需要。国际化是当今高等教育可持续发展的一部分，推动跨国学生流动也是属于各国在人才培养中的重要国家战略。进入 21 世纪以来，世界各大国在留学生教育方面进行大刀阔斧的改革，尤其在生源方面展开了激烈的竞争。英国政府期望借助其语言的优势和一流的教育资源，使其在国际教育市场的竞争中拔得头筹。自 1999 年开始，先后推出了《国际教育首相倡议计划》和 2006 开始的《首相倡议计划》二期战略发展规划，这一些战略的提出都是为了建立具有本国特色的"英国教育"，进而实现英国国家教育的可持续发展，维持在国际教育市场的领先地位。此项战略计划不但促进了人才的输入和输出，同时也发展了英国国家教育的海外合作关系。其次，拉动经济的需求。英国推进留学生流动的最主要动因还是来自经济利益的驱使。留学生的流动给英国带来了巨大的经济利益。2014 年，根据英国大学校长联盟《高等教育行业对英国经济的影响》的报告得出，英国大学每年为国民经济创造 730 亿英镑的产值。如果把此作为一个行业来看待，英国高等教育创造的产值高于文化媒体、酒精饮料、纺织和服装等行业。在英国，大学除了收取留学生的学费外，还能享有政府的拨款，这也极大地鼓舞了 50 多所正规大学积极地扩大留学生的规模。英国文化协会报告显示，预计到 2020 年，英国的外国留学生人数将达到 87 万，同时，教育收入预计达到 200 亿英镑。最后，国际人才培养及引进需求。基于国际人才培养及引进的需要，是英国积极推动跨国学生流动的重要动因之一。随着全球化进程的推进，各国均推崇"人才强国"的发展战略。只有在人才培养上抢得先机，才能在发展上站在制高点上。推动留学生的流动同时也能促进本国学生的国际视野、国际意识以及对跨国文化的包容性，从而适应多元化世界的发展。据统计，英国 40% 的大学科研人员和 50% 的博士生均来自海外，海外留学生能给英国带来每年 55 亿英镑的经济收入。以此得出，国际人才是英国科学文化发展的重要支柱，英国政府在国际人才的培养及引进上的需求将会进一步增加，同时也将更加积极地推进跨国学生的流动。

② 仇鸿伟：《高等教育国际化与中国的战略选择》，《大学》（学术版）2012 年第 10 期。

日本政府大力推进高等教育国际化的主要目的在于解决其国内面临的诸多问题特别是经济发展动力不足的问题。① 因为"自20世纪90年代初以来，日本高等教育机构面临一系列挑战，包括经济全球化，市场力量对高等教育的影响，18岁人口数持续下降，全球层面高等教育竞争增强，等等。为应对这些挑战，日本政府和高校一直在积极推动高等教育国际化。有论者指出：1990年代世界范围内的国际化总的来说是一种合作性努力，其动因主要基于政治、文化和学术；如今，世界范围内高等教育国际化动因日益转向经济动因，努力通过教育出口或吸引更多外国学生来增加收入"。② 而且，日本高等学校也确实从留学生的学费中得到了较为可观的收益。

二 美国、加拿大、英国和日本高等教育国际化政策的文本形式

美国、加拿大、英国和日本等国在制定国家政策方面有一个共同的特征，那就是加强立法，这是与这些国家的国体和政体密切相关的。从四个国家的国体来看，他们都是资产阶级统治的国家，所以，从本质上看，这些国家都存在着统治阶级和被统治阶级，国家保护的是资产阶级的利益。政体是由国体决定的，在政体方面，虽然英国和日本还有一个形式上的女

---

① 有研究者提出日本高等教育国际化的目的为三个方面。第一，日本认为高等教育国际化是提高大学科研水平，振兴经济的需求。经历经济危机的日本进行了反思，振兴经济须依赖于提高有独创性的科技研发实力，大学科跨学科化和国际化则是提高科研水平的必由之路，希望大学能够培养具有适应信息化和全球化时代的创新型人才（李昕21）。第二，发展跨国教育服务贸易，应对生源危机，拉动经济增长的需要。20世纪80年代后期，随着人口增长率的降低，日本逐渐进入"少子化"时代。据统计，18岁大学适龄人口最高峰为1992年，为205万人。然后逐年下降，至2000年减至146万人，2012年减至119万人，综合实力与竞争力不强的大学陷入生源危机（张济洲，2013）。有关研究显示，发达的留学生教育不仅可以扩大自己文化的影响，而且可以带动本国经济的发展（菲利浦，2006）。因此，发展留学生教育则成为带动教育发展的新的增长点。第三，谋求政治大国地位，扩大日本国际影响力的需要。随着日本战后经济大国地位的确立，80年代后历任首相的施政纲领明确表露出要从"经济大国"走向"政治大国"的意图，如中曾根康弘首相就提出"要在世界政治中提高日本的发言权"（刘军明，2008）。为了实现这一意图，日本把培养并掌握亲日文化的他国未来领导人是作为发展留学生教育的一项重要目标的，通过吸引外国精英人才到日本学习，增强这些人对日亲善程度，为日本树立国际形象、巩固国际地位奠定基础（邓秀华，2003）。

② Kreber, C., "Different Perspectives on Interna-tionalization in Higher Education," *New Directions for Teaching & Learning*, 2009, 10 (118), pp. 1-14.

王和天皇，但这四个国家都是实行议会制的方式管理国家。这就决定着这些国家在管理国家事务的政策设计中必然以议会制定的法律文本的形式为主体，而作为轮流执政的政党政策无法直接转变为治理国家的政策，因而政策文本形式在这些国家出现得非常少。

美国、加拿大和英国，因为历史的原因，中央政府不能直接管理高等教育更不干涉高等学校的实际办学行为。但是，事关国家和民族进步的高等教育事业国家不能没有自己的态度和价值倾向，这就迫使这些国家的中央政府只能采取迂回措施，那就是通过主要是拨款的立法方式鼓励和引导本国的高等学校向着政府期望的方向办学，在高等教育国际化方面也是如此。因而，我们通常看到的这三个国家在推进高等教育国际化政策方面所能呈现出来的政策文本大多数是法律文本即《×××法案》，即便在州政府（中央政府的微型化）这个层面亦是如此。而类似我国的《通知》《意见》《纲要》《决定》之类的政策文本形式在中央政府和地方政府都十分少见，而且英国政府还鼓励和允许高等学校可以自己立法，如《牛津大学法》《剑桥大学法》等。

日本有中央集权的传统，对于高等学校的办学管理比较严格，在具体的法律条文中对于高等学校实际办学行为也涉及得比较具体，以便体现天皇对高等学校办学的意志，但其政策形式也主要是法律文本。在二战结束之后，受美国的制约和影响，大学强调有更多自主性，国家实行的也是资产阶级的议会制度，相比于美国、加拿大和英国，政府对高等学校办学的管理仍然十分具体，但是政策文本的形式还是法律，地方政府也是通过立法的形式来规范和管理高等学校的办学行为，高等教育国际化政策的政策文本也是如此，且很多法律是与拨款紧密结合在一起，特别是从2004年开始日本政府对全部国立大学进行了法人制度的改革之后，让各大学从吃"皇粮"的行政机构转型为市场化的运营法人。日本中央政府无力承担大学的全部财政支持，对于大学的管理更是主要通过专项（项目）拨款方式引导大学的办学方向，而这些拨款的依据就是立法。我们在前文的分析中看到的众多法律就具有这个特点，在推进日本高等教育国际化方面，政府采取的就是这样的举措。

此外，上述四国特别是英国①和美国在推进高等教育国际化方面，由于这些国家在许多国际组织的主导地位，决定着他们除了加强国内立法之外，还积极参与和主导高等教育国际化的国际法的制定，如《欧洲联盟神圣宣言》（Solemn Declaration on European Union）、《单一欧洲法令》（Single European Act）、《可米特计划》（COMETT Programme）、《伊拉斯莫计划》（ERASMUS Programme）、《林瓜语言计划》（LINGUA Programme）、《波洛尼亚进程》（Bologna Process）、《欧共体高等教育备忘录》（EC memorandum of Higher Education）、《里斯本公约》（Lisbon Convention）、《索邦宣言》（Sorbonne Declaration）、《布拉格公告》（Prague Announcement）、《柏林公告》（Berlin Announcement）、《卑尔根公报》（Bergen Communique）、《伦敦公告》（London Bulletin）、《鲁汶公报》（Leuven communique）、《布达佩斯公报》（Budapest Communique）等。这些高等教育国际化的国际法也是上述国家高等教育国际化的重要法律渊源，在推进这些国家的高等教育国际化方面发挥着一定的作用，值得我们关注。"比如，英国文化委员会作为对外执行文化交流的主要机构，已在世界200多个主要城市设立办事处，通过与当地有关部门、多边组织、高等院校等机构的合作，推广英语教学，提供英国大学课程资讯，开展留学生教育咨询服务，促进国际教育文化合作。又如，英国大学联合会内部设立了英国高等教育联合会和英国高等教育国际联合会，前者负责增强英国教育部门在《波

---

① 孙钰在《英国高等教育国际化政策研究》（《淮南师范学院学报》2009年第3期）中介绍了英国政府在参与欧洲高等教育一体化进程中，除了积极参与相关国际法制定之外，还积极利用这些法律指导本国高等教育国际化。该文指出："1987~1990年是欧洲共同体成员国之间教育合作的关键时期，这时期颁布并实施了旨在推动欧洲国际化学生交流和教师交流的《伊拉斯谟计划》（ERASMUS），以其中的《校际合作计划》（ICPS）为例，1987~1994年，英国一直是这一计划最大的合作国家，参与师生流动和合作教育计划的数量为批准的校际合作计划的20%。英国政府认为，学生可以通过亲自参与学习欧洲史、欧洲地理及文化和语言，同时取得国外学历（含学分），扩大眼界；而教师可以通过交流计划促进自身的专业发展，获得更多的国际思想。""英国在积极响应欧盟关于高等教育国际化政策的同时，还通过一系列法律、政策不断完善和推进本国的国际化。它为了吸引外国留学生采取了以下措施：改革奖学金制度，增加给外国留学生提供的奖学金数额；扩大在国外的招生宣传和留学服务咨询工作，为此，在国内外还设立有专门的负责机构；积极改革课程和学制，开设有吸引力的课程，改革文凭的授予，改善对留学生的服务；等等。这些政策为高等教育国际化的发展提供了有力的保障。"

洛尼亚进程》和欧盟政策制定过程中的发言权，后者负责提供国际教育数据及分析，这种跨部门的合作大大提高了英国教育软实力的国际影响力。"①

由于美国、加拿大②和英国属于判例法系国家，因此，在这些国家的高等教育国际化方面除了上述的制定法之外，应该还存在着一部分法院判例。但是，从我们目前所掌握的文献来看，暂未发现高等教育国际化方面的法院判例，但是值得给予同样的关注。

三 美国、加拿大、英国和日本高等教育国际化政策的文本数量

由于上述四国管理高等教育事业的政策文本主要是法律，加之政府不能直接管理高等学校的实际办学行为，因此，在政府层面高等教育国际化政策文本的数量必然是十分有限的，这些国家的各级政府在推进高等学校的国际化工作中基本上秉持"够用即可"的原则进行立法。也就是说，上述四国在鼓励高等学校国际化工作方面，并不追求法律文本的数量和体系是否完备，而是关注每一个法律文本能否发挥出所期望的结果。

但是，美国各州议会在每年对本区域内高等学校实行拨款的时候，采取的是"一事一议"的原则，即在对每一所高等学校上一年度办学质量评估的基础上，实行不同数量和要求的拨款方案，也就是说，州议会每年要为所在区域内的高等学校就拨款事项通过一个专门的拨款法案。当然，这些每年一度的拨款法案中也自然会涉及每所高校的国际化事务。由于是每年一度的制定法案，因此，仅从文本的数量来看，州政府对于高等学校的立法文本数量是比较庞大的。从这个角度看，美国高等教育国际化的法律文本数量比较多。

加拿大的情况也很相似。陈芳在分析加拿大高等教育国际化政策时，

---

① 周南照：《教育国际化的若干国家政策比较和世界态势反思》，《世界教育信息》2013年第4期。
② 加拿大是一个制定法系和判例法系混合的国家。但是加拿大主要属于英美法系国家，其魁北克省是一个例外，这是一个法国殖民地，法语人口占多数的地方，有自己的民法典，具有大陆法系的明显特征。——本书作者注

指出"加拿大为了确保其在国际上的地位,政府及高校采取一系列政策,如政府方面的资助政策、签证政策、相互承认学历、工作与居留政策。高校层面的教学语言、学费及生活费、入学考试要求、住房、课程国际化、引进国际认可的结业文凭、奖学金等"。① 可见,其政策指向十分明确,体现出"够用即可"的立法原则。

此外,上述四国关于高等教育国际化政策文本数量较多的还是在高等学校这个层面,因为在这些国家高等学校有相当大的办学自主权,在很大程度上,高等学校是否开展国际化以及如何开展国际化主要取决于高等学校自身,政府并不能强制要求高等学校必须做和如何做。实际上,这些国家的高等学校的国际化程度和水平也是千差万别的,说明高等学校的态度和积极性并不是一致的,那些著名高校和教育资源充分的高等学校国际化积极性较高,因此,制定的校内政策文本的数量也就比较多,反之亦然。

四 美国、加拿大、英国和日本高等教育国际化政策的制定程序

美国、加拿大、英国和日本都号称"民主和法制"国家,因而在其国内立法上比较注重立法程序建设及其实施,因而每一部法律的出台都有明确的立法程序。涉及高等教育国际化立法方面的法律的制定亦是如此。关于这些国家的立法程序,国内外已经有大量的著作和学术论文做了介绍,限于本书的篇幅,我们在这里并不打算介绍这些国家在关于高等教育国际化政策方面具体的立法程序,而是简要说明这些国家高等教育国际化政策的某些立法特点。

美国在推进高等教育国际化方面,特别重视加强对外语教育的立法。1958 年出台的《国防教育法》规定:"由联邦政府直接拨款建立现代语教学研究中心,设立《外国语和地区研究奖学金项目》,资助美国大学教师海外学术交流和国外学者来美合作。为将外语教学和区域研究全方位渗入到高等教育各层次、多学科、多类型的教育合作与交流之中。"② 到了 1961

---

① 陈芳:《加拿大高等教育国际化政策及评析》,《煤炭高等教育》2005 年第 6 期。
② 李娅玲、李盛兵:《美国高等教育国际化政策的历史变迁及启示》,《高教探索》2016 年第 1 期。

年,"美国国会又通过了《教育和文化交流法案》(即《富布莱特·海斯法案》),寻求'通过教育和文化交流增进世界人民间更好的相互了解,从而改善和加强美国的国际关系'。法案规定向在国外求学的美国人和在美国学习的外国人,资助文化和'特殊方面'的访问交流,通过美国教师去国外访学支持美国的外语培训和地区研究。"①

冷战结束后的 1991 年,"联邦政府颁布《国家安全教育法案》,旨在加强语言教学及区域与国际方面的研究,为本科以上层次的学生提供海外学习和研究奖学金,为大学加强国际交流合作提供资助。而 2000 年颁布的《高等教育国际化的备忘录》和克林顿总统签署的《美国国际教育政策执行备忘录》(Executive Memorandum on International Education)则非常明确地阐述了教育国际化的目标是培养精通外语和全球文化知识的世界领袖,以确保美国的世界领袖地位。"② 布什政府期间,更加重视外语教育,"2006 年,布什在美国大学校长国际教育峰会上正式提出《国家安全语言行动计划》(National Security Language Initiative,NSLI),拨款 1.14 亿美元加强美国民众对紧缺外语——阿拉伯语、汉语、印地语、波斯语、俄语及其他语种的掌握能力,确定三个亟待提高的量化目标,即掌握外语、高水平外语使用者和外语教师人数及待遇的提高。"③ "还设有资助学习'关键语言'的《基尔曼奖学金》"④ 和《重要语言奖学金项目》(Critical Language Scholarship,CLS),⑤ 以及由国家安全教育项目(NSEP)资助,侧重对于美国国家安全极为重要的地理区域、语言和专业领域的《伯仁奖助学金》(Boren Scholarships and Fellowships)。⑥

---

① 孙大廷、孙伟忠:《美国高等教育国际化政策的文化输出取向——以"富布赖莱特计划"为例》,《黑龙江高教研究》2009 年第 5 期。
② 李娅玲、李盛兵:《美国高等教育国际化政策的历史变迁及启示》,《高教探索》2016 年第 1 期。
③ 李联明:《"9·11 事件"后美国高等教育国际化的五个发展趋向》,《比较教育研究》2007 年第 7 期。
④ Benjamin, A., " Gilman International Scholarship, Program Overview," 2014 - 08 - 05, http://www.iie.org/en/Programs/Gilman-Scholarship-Program/About-the-Program.
⑤ "The Critical Language Scholarship Program," 2015-01-30, http://www.clscholarship.org/.
⑥ "Boren Awards for International Study," 2015-01-30, http://www.Borenawards.org/.

美国的《国防教育法》的颁布和实施在二战以后的美国教育史上具有里程碑意义。在该法律颁布以后的很长一段时间，其中的很多内容被多次修订，"关于外语教育的条款多次被扩展，进入 21 世纪后，尤其是'9·11'事件的发生，外语教育、区域研究和文化扩展能力再一次受到联邦政府和国会的高度关注。2003 年，美国众议员霍尔特（Rush D. Holt）向国会提交了《国家安全语言法案》。2005 年，参议员阿卡卡（Akaka）和另外 3 名参议员一起向参议院提交了《国家外语协调法案》（National Foreign Language Coordination Act）。该法案提出了建立统一的国家外语协调委员会，设立国家'语言主任'（National Language Director），协调教育部、国防部、国内安全部等几十个部门，统一国家外语政策。同年，美国国防部发表了白皮书《国家外语能力行动倡议》，其目的是适应国家外语和文化能力战略的急迫需求。在这一系列倡议的推动下，2006 年 5 月布什总统正式签署颁布《国家安全语言启动计划》"[①]。美国政府如此高度重视外语教学立法背后的战略意图，[②] 特别值得我们深思和借鉴。

美国政府还善于把握高等教育国际化的世界维度，从全球战略的视角思考国际化问题，早在 1966 年，美国制定了《国际教育法》，这是"世界上第一个以国家名义制定的国际教育法规出台，对国际教育的管理、财政资助、实施途径等各方面做了全面的规定"。[③] 为从此以后的美国高等教育国际化奠定了法律基础。

加拿大和英国在高等教育国际化方面的特点是十分重视高等学校课程的国际化，我们认为这是一种务实的态度，因为高等学校是否能够真正开展国际化，其最终的落脚点必然会是课程的国际化。"滑铁卢大学

---

① 孙大廷、孙伟忠：《美国高等教育国际化政策的文化输出取向——以"富布赖特计划"为例》，《黑龙江高教研究》2009 年第 5 期。
② 周南照在《教育国际化的若干国家政策比较和世界态势反思》（《世界教育信息》2013 年第 4 期）中指出："进入 21 世纪，从建立外国学生信息监管系统到近年联邦政府把阿拉伯语、波斯语、汉语、韩语等列为'国家安全语言'，政府出资支持扩大这些语言的教学上，我们都可以清楚看出，包括外语学习在内的国际教育已经与美国的国家安全和全球战略密切相联，成为保障国家安全计划和保持世界领导地位战略的组成部分。"
③ 李娅玲、李盛兵：《美国高等教育国际化政策的历史变迁及启示》，《高教探索》2016 年第 1 期。

在选修课中设置了国际化的课程,学校对学生选修国际化的课程持鼓励和支持的态度,希望学生能够通过选修国际化的课程,拓展国际视野,增强对国际课程的了解。滑铁卢大学课程国际化有尤其独特的方法(见表 5-2)和策略(见表 5-3),策略中涉及课程设计中的所有要素。"[1]加拿大高等学校的课程国际化在众多大学[2]中有不同的举措,可谓是各具特色。

表 5-2 滑铁卢大学课程国际化方法

课程国际化方法	特点
Add-on 课程中增加国际化内容	易于实施,课程内容和课程大纲基本不变
	举例:在课程的作业中增加国际的、跨文化的内容
Curricular infusion 课程注入	要求在课程设计中准备和重新思考国际化的内容
	举例:在课程目标中强调学生跨文化知识、态度、行为的发展;课程作业或阅读中反馈不同的观点和视角
Transformation 课程改革	难以实施,尤其是一些特殊的学科领域
	主要目标:在课程中强调多元文化的背景,促进学生国际化能力的发展

资料来源:Bond, S., *Engaging educators*: *Bringing the world into the classroom*, Canadian Bureau of International Education (CBIE): Ottawa, 2003。

---

[1] 马立红、王文杰:《加拿大滑铁卢大学国际化的特色与启示》,《黑龙江教育》(高教研究与评估)2014 年第 6 期。

[2] 参见 AUCC of Canadian University Efforts to Intenrationalize the Curriculum, 2000,"关于课程的国际化,卡尔加里大学早在 1997 年就在本科课程改革中对课程的体系架构提出了七项要求:①有明确的研究领域;②有确定的跨学科内容;③有国际化内容;④有与专业目标相关的经验内容;⑤师生之间有广泛而深入的相互交流;⑥与科研结合;⑦有明确的关于知识、能力培养的专业教学大纲。关于课程的国际化,卡尔加里大学还提出了一系列措施:①每个专业有国际化的活动,比如国外实习、一学期国外学习或合作教育经历;②外语列为专业必修课;③提供外国大学的远程教育课程;④文理科专业提倡"双专业",其中一个是与国际有关的或地区性研究;⑤把国际关系研究或地区性研究作为辅修专业;⑥不断开出关于国际问题的新课程;⑦通过补充范例、案例研究、项目、论文、辅助读物,使当前的课程国际化;⑧利用在校的外国学生、教师开出适当的课程;⑨为学生与国外大学的师生网上交流提供方便;⑩尽力开拓国际联系。卡尔加里大学在 2000 年 1 月到 2001 年 12 月花两年时间将 81 个本科专业和 5 个研究生专业按照上述计划进行了课程改革。"

表 5-3 滑铁卢大学课程国际化策略

国际化课程设计的要素	国际化课程的策略
国际化学生学习成果：在课程中应培养学生的国际能力：知识、技能和态度	国际化的学习成果是影响学生国际化学习的重要因素，应强调学生学习的认知、效果和行为三个方面举例：在课程结束后，学生应该能够： 1. 讨论该门课程在加拿大和其他国家的发展情况 2. 评价和比较该课程对世界产生的影响 3. 分析该课程的国际化发展趋势
国际化的课程内容：为了发展学生的国际视野，学生需要哪些国际内容和社会联系？	阅读和学习课程资料，从不同文化视角探讨课程中的观点 阅读本专业领域的国际期刊 讨论关于专业实践的跨文化议题 采用不同国家和文化的实例和个案研究
国际化的教学活动：哪些学习活动和任务能够帮助学习者拓展国际视野和接受评价	用国际的或跨文化的视角演练或研究学习任务 设计活动，通过小组和合作项目的形式，使国际和本土学生合作完成教学活动 跨文化学习活动与模拟练习相结合 要求学生分析国际新闻中的媒体报道，采访国际学生或有国际工作经历的专业人士
国际化的评价方法：学生可以完成哪些评价任务，通过评价能够展示学生国际化视野的丰富	学生对自身国际视野的发展进行自我评价 要求学生在活动中展示自己的文化，同时能够融入其他国家的文化 要求学生向真实的或模拟的国际/跨文化的听众传递信息

资料来源：Bond, S., Engaging educators: Bringing the world into the classroom, Canadian Bureau of International Education (CBIE): Ottawa, 2003。

英国在课程国际化方面有十分丰富的经验，近年来，英国政府不断通过立法和专项拨款的方式，鼓励高等学校开展课程的国际化。"英国在课程的国际化建设方面主要采取以下五种策略。一是开设专门的国际教育课程。在国际的框架下讲授某种学科，使学生意识到所有国家的相互联系及世界共同的普遍性问题。二是在现有的课程中加入国际性的内容，这些内容紧密关注国际上本学科的最新动向，及时让学生了解最新研究成果。三是开设注重国际主题的新课程。如英国著名的曼彻斯特商学院，其课程当中贯穿了国际化为主题的课程，如国际商务、国际战备、国际管理战略等课程。四是地区性或国别研究的课程。如，曼彻斯特商学院的以'欧洲研究'为主题的课程，允许学生花 10 星期去研究欧盟各国的经济发展特点，其中包括去巴黎和布达佩斯等地进行实地考察。五是建立国际交换课程网络。通过交换课程可以补充学校教学计划中未能设置的课程，同时，使学生体验不同的文化背景。"① 可见，英国高等学校的课程国际化既注重思想建设，也注重课程内容建设，特别是课程内容的国别性建设，还不断更新课程内容。

日本在高等教育国际化立法方面的最大特点是通过立法鼓励高等学校在国内广泛开展国际理解教育，"在高等教育领域，新设了国际关系、国际政治、国际经济、国际文化等专业或院系，大学中冠以'国际'之名的学科 1988 年有 38 个，1998 年达到 112 个"②。这些国际理解教育还体现在日本的相关法律之中。例如，"2006 年 12 月，新修改的《教育基本法》中增加的五项'教育目标'之一为：'培养为国际社会的和平与发展做贡献的态度。'国际化首次正式写入教育宪法，被赋予前所未有的法律地位。"③ 日本新修改的《教育基本法》中对于国际理解教育还有更多的说明和规定，④ 反映出日本政府对于国际理解教育的重视。

第四节　高等教育国际化政策工具的比较研究

在本书的第二章第四节《高等教育国际化政策工具研究》中，我们认为政策工具一定是一种手段和方法、举措，通过这些手段、方法和举措实

---

① 转引自詹春燕《高等教育国际化策略——英国经验及其启示》，《湖北社会科学》2008 年第 4 期。
② 臧佩红：《试论当代日本的教育国际化》，《日本学刊》2012 年第 1 期。
③ 臧佩红：《试论当代日本的教育国际化》，《日本学刊》2012 年第 1 期。
④ 《教育基本法》中关于国际理解教育的内容还有："尊重传统与文化，爱养育我们的国家与乡土，培养为国际社会的和平与发展做贡献的态度。"也就是说，针对日本人的国际化，一方面强调"国际视野""理解外国"，具有外向性、开放性的一面；同时又强调"爱国心""传统"，具有内向性、保守性的一面。这两个侧面，统一于日本的教育国际化政策之中。此外，2010 年 6 月，日本制定了新国家发展战略《新增长战略——"活力日本"复兴方案》，旨在促进与亚洲及世界的大学、科技、文化、体育、青少年等的交流与合作，加强培养活跃的国际型人才，教育国际化进一步被纳入日本国家的总体发展战略（参见臧佩红《试论当代日本的教育国际化》，《日本学刊》2012 年第 1 期）。

现政策主体的意愿。可见，政策工具既具有政策性也具有工具性，下面我们将围绕政策工具的这个特点分析美国、加拿大、英国和日本等国在高等教育国际化方面的政策工具。

一 美国高等教育国际化政策工具

美国特殊的政体决定着联邦政府在推进高等教育国际化方面所能够使用的政策工具十分有限，其主要使用两种政策工具：激励性政策工具、帮助性政策工具和干涉性政策工具。

（一）联邦政府的激励性政策工具

激励性政策工具是美国联邦政府使用得最多的政策工具，也是在美国这个特殊国情下最有效率的政策工具。使用这种工具的最常见的办法就是通过各种拨款法案鼓励高等学校在国际化方面应该开展什么样的活动，如果高等学校要想拿到这笔经费，就必须按照方案中规定的要求实施，否则，就得不到联邦政府的这笔资助。可见，是否开展国际化、如何开展国际化以及国际化程度达到多高的水平，并非联邦政府决定，而是由高等学校自己决定，因为这些拨款均非强制性要求，而是由高等学校自己选择。

联邦政府除了通过立法方式提供拨款之外，还通过立法的方式鼓励非政府组织建立基金的方式，鼓励高等学校参与国际化活动。最为著名的就是福布莱特基金和卡内基基金，这些基金组织每年为高等学校的国际化活动提供的经费甚至超过联邦政府提供的经费数。

（二）联邦政府的帮助性政策工具

美国联邦政府除了通过制定各种拨款法案资助高等学校开展国际化之外，还提供大量的帮助性服务，例如，联邦政府教育部会尽其所能提供各种信息、发布统计数据、介绍国内外高等教育发展动态，帮助高等学校了解国际化方面的各种信息，为高等学校开展国际化活动提供参考。同时，联邦政府还通过搭建各种平台，为高等学校开展国际化活动提供帮助。例如，"始于 1990 年 11 月的《跨大西洋教育合作机制：欧盟美国计划》（EU-US）（包括了高等教育领域的合作），始于 1994 年 12 月的北美自由贸易区

《高等教育三边合作计划》，以及同期由三国政府基于合作协议框架下设立的《北美高等教育交流项目》（The Program for North American Mobility in Higher Education）等都是美国政府搭建的高等教育国际化合作平台。"① 这些平台的搭建，不仅方便了高等学校的国际化活动，而且间接地为高等学校提供了资金的支持，扩大了高等学校国际化的渠道。

（三）地方政府的干涉性政策工具

相比于联邦政府对高等学校的不直接管理高等学校，州政府对于高等学校的管理要直接得多，尤其是对州立大学，州政府的管理权限要大得多。"州政府通过整合董事会、协作董事会或计划单位等控制州立大学的诸如高校校长任命、录取标准和预算计划等核心决策。提供资金、贷款、奖学金和调整录取标准等仍然是州政府最重要的国际化策略。"② 这一系列政策工具的使用，在很大程度上可以对州立高等学校的国际化进程发挥主导作用。

二 加拿大高等教育国际化政策工具

加拿大各级政府对于高等教育国际化所采取的政策工具与美国十分相似，但是加拿大联邦政府对于高等学校的拨款数量相比较美国则显得捉襟见肘、力不从心，因为加拿大联邦政府没有专门管理教育的政府机构，教育管理权归省级政府。各省教育经费基本依靠自筹，联邦政府虽然也提供一定的经费资助，主要用于普及中小学教育。联邦政府只是在参与国际间有关国际法的签订，其中有些国际法中涉及高等教育问题。因而，在高等教育国际化政策工具使用的重心在省级政府和高等学校内部。

（一）省级政府的激励性政策工具

省级政府几乎承担着区域内高等学校所有的开支，在这一点上有点类

---

① 李娅玲、李盛兵：《美国高等教育国际化政策的历史变迁及启示》，《高教探索》2016年第10期。
② Barcco et al., "Policy Enviornments and System Design: Understanding State Governmence Structures," *The Review of Higher Education*, Volume 23, Number 1, Fall 1999, pp. 23-44.

似于我国高等学校的拨款方式，也正是从这个角度来看，加拿大的高等学校都是公立高等学校，没有私立高等学校。当然，这并不是说高等学校在经费上就毫不作为，完全依赖政府的拨款，相反，高等学校也通过自身的科研和服务等方式筹集办学经费。特别是在国际化进程中，扩大留学生录取数量就是获取办学经费的重要途径之一。由于高等学校的办学经费主要依靠政府的拨款，学校的国际化活动在很大程度上受到政府的制约。所以，加拿大各省级政府为了促进高等学校的国际化进程，也会通过类似于美国州政府的拨款立法方式，指导高等学校的国际化方向和进程。当然，高等学校也有一定的自主权，但相比于美国高等学校，加拿大高校的经费自主权是有限的，特别是高等教育国际化方面。因为不接受政府的经费支持，就意味着高等学校会面临着巨大的财政压力，所以，省级政府在国际化方面的鼓励性政策工具的使用效果会更加有效。

（二）省级政府的服务性政策工具

加拿大在省级政府层面设有管理省域内的教育管理机构教育部，省级教育部也承担着大量的为高等学校的服务性工作，其服务功能发挥得也十分有效，其服务内容类似于美国联邦政府的教育部，主要是提供信息、数据和高等教育国际动态，从而为高等学校的国际化提供政策性参考，省级教育部并不对高等学校的国际化活动提出强制性要求，而是由高等学校自己选择。

省级政府教育部的重要功能之一就是加强省际间高等教育的交流与合作，由于不是联邦政府的管理机构，因此，在高等教育国际化方面也不可能参与国际间的组织和协调工作，更不可能参与国际组织和国际间的条约等国际法性质的签订。实际上，加拿大的省级教育部在国际化活动中除了通过专项拨款之外，其他方面的作用也是有限的。

（三）高等学校丰富多样的政策工具

加拿大高等教育国际化的实际主体是高等学校，而高等学校在参与国际化过程中所使用的政策工具是丰富多样的，主要包括以下两个方面。

1. 确定国际化战略的政策工具

加拿大的不少大学在开展国际化活动时，通常都要在学校的发展规划中明确自己的国际化战略，从而为学校国际化明确方向。例如，在加拿大颇有影响的"《滑铁卢大学第六个十年计划（2007—2017）》突出国际化特色。滑铁卢大学在 2006 年制订了《追求全球卓越：抓住加拿大发展机遇——滑铁卢大学第六个十年计划（2007—2017）》"，① 通过类似于我国的五年规划促进该校的国际化。② 实际上，"滑铁卢大学在 1957 年建校之初就把合作教育作为学校重要的发展战略，合作教育是滑铁卢大学最大的办学特色，合作教育中体现了国际化的特色。滑铁卢大学的合作教育原来只接受本国学生，如今该校从数学学院试点接收外国学生，现已将合作教育扩展到多个学院。……到 2001 年 6 月滑铁卢大学已经与 60 多个国家签署了 150 个校际合作协议、38 个谅解备忘录。"③ 这说明，学校确定国际化战略的这个政策工具确实能够发挥作用。

2. 为留学生提供"量身定做"的多样化服务政策工具

加拿大许多高等学校为了吸引更多优秀的留学生，采取了一系列针对不同国别和群体的留学生需要的定制式的服务手段，方便来加拿大留学。"为了扩大留学生生源，特别是招收优秀的本科生，不列颠哥伦比亚大学采取了以下措施：①精编图文并茂、简洁翔实的招生资料，方便学生索取；②按不同国家、地区，制定相应的招生策略，确保外国学生的平均绩点数（GPA）与同专业的加拿大学生相当；③选取一些新来的外国学生作为样本，调查他们来校学习的动因、未来的成就、对学校的满意度、毕业

---

① "Pursuing Global Excellence: Seizing Opportunities for Canada University of Waterloo Sixth Decade Plan（2007 - 2017），" http：//secretariat, uwaterloo, ca/Sixth Decade Plan Final, pdf, 2014-3-5.

② 马立红、王文杰在《加拿大滑铁卢大学国际化的特色与启示》[《黑龙江教育》（高教研究与评估）2014 年第 6 期] 中指出，《计划》中的第十五条详细阐述了国际化的具体策略，强调滑铁卢大学要成为加拿大最具国际化特色的、国际知名的大学，要使至少 25% 的本科生有在国外进行学术性、服务性或者合作性工作的经历；强烈鼓励所有滑铁卢大学学生拥有第二外语的口语和写作能力；学生宿舍中形成加拿大学生与国际学生混合居住的"地球村"；为国际学者设立 12 个访问的岗位和在本科生奖学金制度基础上设计 60 种国际性的奖励措施。

③ 马立红、王文杰：《加拿大滑铁卢大学国际化的特色与启示》，《黑龙江教育》（高教研究与评估）2014 年第 6 期。

后继续留校深造的意愿;④与加拿大另外 9 所研究型大学协商,在亚太基金会建立的加拿大教育中心提出吸引优秀外国学生就读 10 所研究型大学的对策;⑤校务委员会的招生分委会审查在不列颠哥伦比亚省的在读留学生的英语入学水平,确定是否把该省中学 12 年级的英语中等成绩作为本省外国优秀学生的预入学分数线;⑥发动海外校友帮助招收外国学生,先在韩国、中国台湾、新加坡和马来西亚试点;⑦在海外利用远程教育开设一、二年级的学分课程,然后转学到本校就读;⑧鼓励教授与国外大学联办专业,一、二年级在国外授课,然后继续到本校就读;⑨因成绩优异而将被录取入学的外国学生,还要考虑其在以英语为第二语言培训班(ESL)的成绩。"① 这些非常贴心的服务举措,引起了广大留学生的兴趣,得到了他们的认可。近年来,加拿大各高等学校留学生人数急剧上升,引起了美国、日本、中国等国家的关注。

三 英国高等教育国际化政策工具

英国中央政府在对本国的高等教育管理方面采取的是"放任"的态度,高等学校拥有充分的办学自主权,尤其是古典大学,(如牛津大学、剑桥大学等),办学自主权更多。虽然中央政府也有一个近似于教育部②这样的行政管理机构,其名称和职能虽然不断变化,但有一点是不变的,那就是中央政府的这个教育管理机构主要负责对中小学的教育进行管理,而对于高等教育采取的是"放任"的态度。

(一) 英国政府的激励性政策工具

在推进高等学校国际化工作中,中央政府主要采取的是充分发挥大学的办学自主权,同时,加强专项拨款支持高等学校开展国际化活动。英国政府成为教育国际化的主导力量。"英国政府提出《首相国际教育战略》,

---

① *Bridge to the 21st Cenutry*, internationalialzton at UBC.
② 1944 年英国政府将中央教育署改为教育部,1964 年改称教育和科学部,1991 年又改称为教育部,1995 年将教育部与就业部合并,称为教育与就业部(Department of Education and Employment),2001 年又改称为教育与技能部(Department for Education and Skills),2010 年称为教育部(Department of Education),是英国政府一个负责儿童保护和教育问题部门。

加强国际高等教育伙伴合作关系，政府启动《首相国际教育五年计划》，明确提出使英国继续成为'国际教育市场领袖'。2003 年，英国政府发布的《高等教育白皮书》从政策上给予大学更大的自主办学空间，并提供基金，鼓励大学开展世界一流研究及创新知识转换。2007 年，英国政府专门成立创新、大学与技能部，与英国文化委员会等其他政府组织合作，着力推动高等教育国际化。"[①] 英国政府还通过其他手段为高等学校的国际化工作铺平道路，例如，"为方便国际学生来英留学，英国增设了签证申请中心，简化了签证办理程序，缩短了办理签证的时间，还对国际学生的入学程序、学习事务、福利和投诉等方面做出了具体详细的规定。这些规定主要包括 1995 年发布的《教育机构与留学生工作规范》、1992 年的《留学生高级学位管理》、1997 年的《迪尔英报告》等"[②]。这些工具的实施，为高等学校的国际化工作的顺利实施提供了基本的政策保障。

（二） 英国政府在线课程建设的政策工具

进入 21 世纪，英国政府将目光瞄准到网络技术上，组织和支持高等学校通过网络技术开设国际化的课程，吸引更多的海外学生学习英国的课程。英国政府希望"通过网络提供学位课程，在国际间建立国际性虚拟大学，并被英国政府作为今后高等教育发展的重中之重。2001 年 2 月，英国高等教育基金理事会拟定了一个雄心勃勃的《E-University 计划》，准备联合全英国大学的力量，建立一所网络大学，目标是在 2005 年吸引超过 75000 名海外远程教育学生"。[③] 在线课程是一个非常有效率的教学方式，"通过开放大学和其他大学提供的优质网上课程，使开放学习、移动学习及其学分承认机制成为推动教育国际化的强大力量。由于开放大学的质量保障体系已使其在英国大学中名列前茅，英联邦学习共同体（Commonwealth of Learning）和其他大学提供的优质'电子课程'已得到越来越多外国学生的认可"[④]。吸引了

---

① 周南照：《教育国际化的若干国家政策比较和世界态势反思》，《世界教育信息》2013 年第 4 期。
② 曹丽群：《中国生源使英国学校起死回生》，《参考消息》2004 年第 4 期。
③ 马丁·特罗：《美高等教育政策比较》，张小琴译，《国际高等教育研究》2000 年第 4 期。
④ 周南照：《教育国际化的若干国家政策比较和世界态势反思》，《世界教育信息》2013 年第 4 期。

众多外国学生的学习目光，在高等教育国际化进程方面发挥了引领作用。

（三） 英国政府资助留学生的激励性政策工具

虽然英国政府在资助外国留学生政策方面有过起伏，但是，总体上看，英国政府还是比较大方地设置留学生教育方面的奖学金，制定了不少优惠政策。"首先英国政府为了吸引外国留学生，采取积极的奖学金政策。英国现行的奖学金制度主要由三个部分组成：①政府奖学金；②学术团体奖学金；③高校奖学金。政府奖学金除政府间双边文化教育交流奖学金项目（由英国文化委员会、外交部文化关系司负责，经费由财政部下拨外），外交部和英国文化委员会也与外国（含地区政府）签有奖学金双边协议，以资助海外学生和研究人员赴英研修。"[①] 与此同时，英国政府还"实施优惠政策和奖学金制度，加大吸引留学生力度，尽力扩大留学生市场。近年来，英国在海外增设签证申请中心，简化签证手续，对于来自欧盟国家的学生，不仅可免交在英教育费用，还可享受英国政府提供的免费医疗保险。为吸引海外学生，英国提供包括政府奖学金、学术团体奖学金、高校奖学金等形式的优厚奖学金。此外还设立'海外研究生奖励计划'，主要用于吸引优秀的国际人才"。[②] 这些政策工具的使用，在扩大留学生规模方面确实见效。

（四） 充分利用校友资源的政策工具

英国的高等教育历史悠久，在国际上有很大的影响，尤其是其校友遍布全世界且大多数是各个领域的精英和著名人物。英国政府看到了这些校友的价值和作用，"充分利用国际上英国大学校友网络资源优势，推动英国对外政策的实施。英国外交与联邦事务部将会同国际上的英国大学校友组建全球网络联盟，以志奋领奖学金项目为平台，大量吸纳校友官员，并积极开发志奋领校友中央数据库，帮助确保遍布全球的英国大学校友长期参与英国高等教育国际化活动。此外，英国政府将建立更广域的跨部门项

---

① 李振全、陈霞：《英德法三国高等教育国际化政策比较研究》，《科技进步与对策》2004年第11期。
② OECD, Education at a Glance 2012, Paris: OECD, http://www.oecd.org.

目,将每年从英国大学毕业的国际学生和政府资助奖学金计划校友组建成全球性校友联盟。目前世界许多国家领导人与英国大学有深厚的校友渊源。"① 这一政策工具的使用,得到了校友的广泛支持,使得英国高等学校的国际化工作顺利了许多。

(五) 高等学校追求一流学术的政策工具

尽管英国政府在推进本国高等教育国际化方面使用了不少政策工具,但是这些工具的使用对于高等教育国际化主体的高等学校来说,都属于外围性政策工具,真正发挥作用的还是高等学校自身。英国高等学校的国际化活动有得天独厚的优势,那就是政府的"放任"态度使得高等学校在国际化活动中能够放开手脚、独立自主。各高等学校在实际推进国际化过程中使用的政策工具也不尽相同,但是有一点是各高等学校特别看重的,那就是追求世界一流的学术水准是各种政策工具的核心。圣安德鲁斯大学的"《2008—2018年学校发展规划》,其中对于国际化发展战略进行了以下说明:学校在国际化进程中,优先考虑的是鼓励追求世界一流学术研究的精神,为学生提供具有国际竞争力和适应国际环境的学习经历。仅仅宣称是世界一流而缺少有力的证明是难以令人信服的,我们的学术水平应按世界一流标准给予评判。与外国学术机构开展合作研究不仅能够创造学术研究的突破点,也能获得提高学术研究质量的相关知识"。② 可见,英国高等学校在国际化进程中仍然十分重视对各自学术水平的追求,并不因为国际化中的经济利益而放弃学术水平。

四 日本高等教育国际化政策工具

总体上看,日本高等教育国际化进程的主导者仍然是日本中央政府,相比较英国,日本高等学校在国际化过程中则显得比较被动,即便是在实行高等学校法人化以后,这种状况也未能得到太大的改观。

---

① 杨晓斐:《英国高等教育国际化的程度、困境与战略对策——国际学生视角》,《高教探索》2016年第1期。
② 仇鸿伟:《高等教育国际化与中国的战略选择》,《大学》(学术版) 2012年第10期。

(一) 日本政府的激励性政策工具

日本政府在激励性政策工具方面主要是鼓励学生采取多种形式出国学习，这在其他发达国家中还没有像日本这样如此重视学生外派留学。"日本鼓励学生利用寒暑假期间到国外进行 10~20 天的修学旅行，以增加学生与外国文化接触的机会，增强其对世界各国的了解和认识。2008 年，日本实施出国修学旅行学生总人数为 179573 人。"[①] 与此同时，"为鼓励学生出国留学，2012 年日本实施了《迈向全球的日本计划》，目标是通过送学生出国，获得外国大学学分，增加出国学生数量，到 2016 年将有 16000 名学生出国留学；教育文化体育科学和技术部（MEXT）给国际学生提供的奖学金或其他资助的财政预算大约是 280 亿日元，为增加日本学生出国留学人数的预算大约是 92 亿日元。"[②] 这种激励性政策工具的使用，极大地调动了日本学生到国外留学的积极性。

(二) 鼓励高等学校海外合作建校的政策工具

日本政府积极推进海外校际合作交流，鼓励高等学校努力在海外开设分校。主要举措包括三个方面："一是开展国际教育合作，一直鼓励各学校特别是高等院校与国外学校建立友好学校关系。2009 年日本与国外建立友好学校关系的高等院校共有 890 所，其中公立大学 466 所，私立大学 424 所，国外友好学校数达到 1695 所。二是在海外建立分校，日本高校于上世纪 80 年代末开始在海外建立分校，90 年代中期已在 7 个发达国家建立 26 所分校，其中美国有 15 所。三是提高与海外大学签订国际交流协议数量。日本采取联合培养、合作研究等方式，积极与海外大学签订双边协议，1984 年签订 763 个协议，至 1994 年增加到 3023 个。"[③] 高等学校赴海

[①] 日本文部科学省：《平成 20 年度高等学校等における国際交流等の状況について》，2010 年 1 月 28 日。

[②] Hideto Matsumoto, "World University Rankings and Internationalization of Japanese Universities," *RIHE International Seminar Reports*, 2016, 6 (24), pp. 53-56.

[③] 日本文部科学省：《平成 20 年度高等学校等における国際交流等の状況について》，2010 年 1 月 28 日。

外开展国际合作办学无疑提高了日本高等教育在国际上的影响力，也使得日本在国际上获得了更多的话语权。

（三）鼓励大学引进外籍教师的政策工具

高等学校国际化水平的重要指标之一就是大学里承担重要课程的外籍教师数量的多少，通常情况下，一定数量的外籍教师在学校的教育教学中能够在培养学生的思维方式和研究方法等方面，拓展学生的视野，帮助学生获得更多视角思考和解决问题的能力。"为增强大学的研究能力，日本政府通过《世界顶级国际研究中心建设（WPI）计划》，支持日本国际性大学建立高度国际化的研究中心，来自世界各地许多研究人员被邀请加入这些研究中心，从事全球最高标准的研究。政府还通过《增强研究型大学执行力计划》（URA）帮助大学聘请大学研究管理者，URA 的主要工作是推动研究国际化，促进产学合作，帮助申请竞争性基金。"[①] 通过这些举措，日本高等学校外籍教师的比例有了一定的改善（见表 5-4）。

表 5-4　日本高校及世界名校外籍教师比例（2009 年）[②]

	日本高校	加州大学伯克利分校	麻省理工学院	哈佛大学	耶鲁大学	剑桥大学	牛津大学
总数（所）	352514	1772	1522	2902	2902	4090	4553
外籍教师（名）	17600	528	112	1119	899	1699	1775
所占比例（%）	5.0	29.8	7.7	38.6	31.0	41.5	39.0

从表 5-4 中我们可以看出，虽然日本高等学校平均外籍教师的比例（5.0%）离美国和英国的世界一流大学还有比较大的差距，但是日本政府能够意识到这个问题并采用一定的政策工具试图解决这个问题的态度和认识却值得赞赏。

---

① 曾小军：《日本高等教育国际化：动因、政策与挑战》，《高教探索》2017 年第 6 期。
② Ikuko Okugawa, "Internationalization of Higher Education in Japan: The Aim and Challenge at the University of Tsukuba," *Inter Faculty*, 2014, 5 (26), pp. 119-132.

第五节　高等教育国际化政策评价的比较研究

在第二章第五节《高等教育国际化政策评价研究》中，我们从政策评价的价值取向、政策评价的内容、政策评价的主体和政策评价的手段四个方面开展研究。这里我们仍然从这四个方面分析美国、加拿大、英国和日本等四国的政策评价。

一　美国、加拿大、英国和日本高等教育国际化政策评价价值取向

政策评价的价值取向与政策本身的价值取向具有一致性，政策的价值取向是政策评价价值取向的基础。美国、加拿大、英国和日本四国的政策评价的价值取向大致可以分为三个方面：政治的价值取向、经济的价值取向和文化的价值取向。

（一）政策评价的政治价值取向

上述四国高等教育国际化政策评价的政治价值取向十分明显，尽管从形式上看，这些国家都是通过立法等形式打着维护国家战略利益的旗号，但是这些国家的资产阶级性决定着，高等教育国际化政策实施的最终目标必然是为资产阶级统治这一政治目的服务，根本上是维护资产阶级利益的。在这一点上，美国和日本表现得尤为明显。近年来，中国周边很多国家积极来中国学习治国理政的经验，但却遭到西方国家的集体打压。例如，"柬埔寨越向大陆学习发展的经验，西方越嫉妒和仇视。专家认为，西方打压柬埔寨就是为了做给东盟国家看，即凡是对华友好的国家都会遭到围堵。西方不允许洪森借鉴'中华模式'实现国家的快速发展。如果柬埔寨取得成功，无疑将证明'中华模式'的正确性，对很多亚非国家产生吸引力。西方最担心的就是自身模式和标准遭到抛弃。制裁柬埔寨、阴谋推翻洪森，就是为了扼杀这种可能，维护西方霸权"[①]。在西方高举制裁大

[①]《西方开始打压这3个亲华国家，担心"带路倡议"终结霸权？》，搜狐，http://sh.qihoo.com/pc/detail?url=http%3A%2F%2Fwww.sohu.com%2Fa%2F224183824_512882&check=47a54442cc0b2fa4&sign=360_0de6261f，2018-02-27 10：17。

棒不断威胁的手段中，不乏向这些国家强行销售其高等教育模式，从而达到其政治目的。高等教育国际化的政治价值取向必然会影响社会组织和政府对高等教育国际化政策评价的价值选择，也就是说，高等学校的国际化并非高等学校"任性"的行为，而是在通过高等教育国际化的进程中隐含着政治目的。这些国家在评价高等学校的国际化活动中必然会思考其政治性。大家不要以为诸如"富布莱特基金"真的是如此大方地资助你自由开展科学研究，其申报条件中其实已经有了很明显的政治倾向，其申报资格和研究内容中人为设置的那些条件难道没有说明这个政治价值取向吗？

（二）政策评价的经济价值取向

政治是经济的集中表现，上述四国的资产阶级的政治性决定着这些国家高等教育国际化的经济价值取向也必然是资产阶级性的。在国际化进程中表现为通过高等教育国际化的方式获得更多的政府资助和国际学生学费的大量流入。特别是 2008 年世界金融危机爆发以后，这些国家总体上表现为经济下滑、失业率不断攀高，国家财政支持高等学校提高人才培养质量的财力越来越捉襟见肘，大量招收留学生几乎成了这些国家增加高等学校收入的不二选择。"对于美国而言，高等教育国际化主要出于市场和商业考虑，以解决国内的财政危机。对于欧洲而言，高等教育国际化主要在于推动波洛尼亚进程，尽快实现欧洲高等教育体系的一体化，尤其是学生、教师的流动，课程的一体化，学历认证的一体化。OECD 的立场就是糅合这两种立场，要求共识。不过，由于秉承新自由主义理论，它更倾向于持有高等教育商品化的观点。"① 就连十分固守自己传统和质量观的英国高等学校也不得不降下身段招收来自发展中国家的留学生。有鉴于此，在对高等学校开展国际化政策评价时，其经济价值（包括数量和质量）也成为必然的价值选择。

（三）政策评价的文化价值取向

文化虽然具有共同性，但是文化在一定时期和一定区域内也与一个国

---

① 周晨琛：《OECD 和 UNESCO 高等教育国际化政策的比较研究》，《洛阳师范学院学报》2013 年第 3 期。

家的政治和经济发生密切的相互依赖的关系，一个国家和民族的文化要服务这个国家和民族的政治经济需要。同样，在上述四国的高等教育国际化政策实施时，其中一个很大的动因就是要通过国际化这个途径输出这些国家的文化（思想、观念、价值、态度等）。一个国家如果赤裸裸地推销自己的文化，也许被输入国会抵触和对抗，甚至发生地区战争，但是通过招收留学生在课堂上向这些学生灌输文化时就变得更加温和和容易被接受（这些分析在前文的不少地方已经作了较多的分析）。有鉴于此，这些国家在对高等学校国际化政策实施效果开展评价时，必然会将国际化进程中是否达到输出文化这一效果作为评价的重要方面。也就是说，如果这些国家高等学校在开展国际化过程中没有能够实现价值观输出这一目的，则这些学校会被认为是不成功国际化的高等学校。

二 美国、加拿大、英国和日本高等教育国际化政策评价内容

美国、加拿大、英国和日本等国对高等教育国际化政策评价的内容大致可以从高等学校办学过程来进行分析。主要包括对国际化目标、教师发展、学生发展、教学内容和教学手段等方面的评价。

（一）国际化目标的评价

显然上述四国的价值取向正是各国开展高等教育国际化政策评价的目标，亦即各国在对高等学校国际化内容开展评价时首先要考察高等学校的国际化是否达到了国家的政治目标、经济目标和文化目标。如果高等学校实现了这些目标则被视为成功的国际化，这就意味着高等学校可以从政府和社会组织中获得更多的经费和政策资助，反之则反。

（二）国际化教师发展的评价

高等学校的国际化自然离不开教师的参与和支持，而教师的自觉参与的前提就是其自身综合素质是否达到国际化活动的需要。例如，国际化至少需要教师具备两个方面的素质：开阔的学术视野和良好的外语交流能力。因而这两方面的素质就是高等教育国际化政策评价的重要内容。实际上，上述四国的高水平大学中，师资队伍的整体学术素质是比较高的，具

备了开阔的学术视野这一国际化基本素质。但是，这些高水平大学的教师外语能力并非达到国际化所要求的水平，实际上，除了本国语言（如英语）之外，能够用第二种语言开展学术交流的教师人数并不多。我们可以做一个假设：如果不是世界上大多数高等学校教师学习过英语（事实上的世界语），那么上述四国高校教师开展国际化的影响力是十分有限的，因为他们并不会用其他语言进行交流，而他们用非英语表达时别人是听不懂的。遗憾的是，上述四国特别是美国、加拿大和英国在对高等学校开展国际化评价时并没有意识到这个问题的严重性。

（三）国际化学生发展的评价

所谓的学生发展评价除了对学生自身的素质开展评价之外，更多的评价则是对学生的来源国（包括种族、信仰）、数量等方面开展评价。不能排除在美国、英国和加拿大等国在文化中还或多或少地存在着种族、宗教和民族的歧视，这种歧视在对留学生的留学申请、奖学金的评定和签证的发放等方面也会时隐时显地表现出来。高等学校在开展国际化活动中，也并非因为片面追求经济利益而放弃他们对外来留学生上述诸多方面的审查和评价。东西方在冷战时期，这些国家对留学生评价更加严厉。

（四）国际化教学内容的评价

对教学内容的评价主要涉及课程的设计。近年来，这些国家在课程设计上会更加注重尊重留学生的需要，尽可能方便留学生的选择。例如，加拿大部分高等学校为了方便那些英语能力较弱留学生的需要，专门开办尽可能多的用留学生本国语言进行教学；或者为留学生提供更多更方便的英语培训，帮助留学生提高语言能力。在课程设计上也注重针对留学生的需要设计更加个性化的课程模块，满足学生多样化需要。因此，各国在评价高等学校国际化活动效果时，课程内容的灵活性、个性化、多样化及是否提供语言帮助等方面就成为评价必然会关注的内容。

（五）国际化教学手段的评价

近年来，随着在线课程的开展、推广和逐渐成熟，上述各国在对高校国际化内容开展评价时，也将教学手段是否信息化作为评价的重要内容之一。教学手段是实现教学内容是否有效传播的基本途径，同样的教学内容用不同的教学手段进行教学后，其教学效果也会有很大的差异。正因为如此，上述各国在对各自高等学校国际化评价时，也十分重视对教学手段的评价。而在线课程（MOOC、SPOC）等教学手段效率最高、覆盖面最广，自然也就成为这些国家评价高等学校国际化效果时最为青睐的观测点。

三 美国、加拿大、英国和日本高等教育国际化政策评价主体

国内的很多文献在介绍西方国家教育评价时，过多地看到了社会中介组织的作用，甚至因此完全否定了政府和学校在评价中的作用，这就误导了国内研究者的思路，认为在美国、加拿大、英国和日本对高等教育国际化政策评价的主体中根本就没有政府和高等学校的身影，其实这是我们自己误导自己。实际上，在上述四国中，对高等教育国际化政策评价中，其评价主体除了社会中介组织之外，政府和高等学校同样是评价的主体。

（一）政府在评价中的主体作用

在美国、加拿大、英国和日本，政府在高等教育国际化政策评价中仍然扮演着最为重要的角色，而非如某些研究者所谓的那样完全依赖社会组织评价的意见行事。前文曾经分析过这些国家政府对高等教育国际化进行拨款的程序，其中一个必不可少的环节就是对高等学校上一年度办学的综合评价并依据这一评价决定本年度拨款数额和使用规则，对所拨款开展一定的指导和要求。当然，国际化作为这些国家高等学校办学的一种手段，自然也在政府评价的范畴之中。拨款的数量决定着高等学校的生存和发展，公立高校更是如此，而政府的上述评价直接影响着拨款数量。对此，我们还能罔顾事实地说政府在高等教育国际化政策评价中无所作为吗？

（二）高等学校在评价中的主体作用

高等学校是实行国际化的主体，如何开展国际化、开展哪些方面的国际化、开展的国际化效果如何，只有高等学校自己最有体会、感受最深，所以高等学校对国际化效果的评价应该最具有权威性。因此，过分相信社

会组织的评价结果而忽视甚至将高等学校排除在国际化质量的评价之外，无论如何都是缺乏法理、政策和理论依据的。实际上，这些国家的高等学校在学校的办学过程中各部门也基于部门的职能不断对国际化水平和效果开展评估，而且这些评估会直接影响各部门的政策导向和政策的制定。因此，我们在研究高等教育国际化政策评价主体的时候，不要忽视高等学校这个评价主体的作用。

（三）社会中介组织在评价中的主体作用

上述四国的社会中介组织对高等学校国际化工作的评估也分为不同的类型：专职型的中介组织和专业性的学术组织。前者专门对高等学校的人才培养开展多种形式和多种类型的评价，高等教育国际化政策评价只是该组织的多项评价工作中的一项。这些组织的评价更多反映的是社会非专业人士对高等教育国际化的认识，因此，这些评价的结果未必能够反映国际化本身的规律和特点，虽然相对于高等学校来说，这些机构更具有中立性。比较能够反映高等学校国际化工作本质和规律的评价应该是一些专业性学术组织的评价。

在这四个国家中，这些学术组织比较多，且对高等教育的发展未来都有比较科学的认识，因而对包括高等教育国际化政策评价更加科学、客观，能够反映高等学校的需要，并且通过评价为高等学校的国际化提供建议和指导。例如，加拿大的 AUCC 就提出，"加拿大高等教育办学者认为高等教育国际化不仅仅是简单地把学生送到国外去或者是吸引外国学生到本国学习，其内涵应更为广阔，如更加注重学生外语的学习，并把外语与专业课程有机地结合起来，更有利于与国外机构的合作；通过交换学生项目、选派学生到国外短期实习，开展与国外高校的科研合作；互派教师、访问学者以及开展高校间的国际合作等等举措"[①]。类似的建议在上述四国的学术组织中还有很多，他们通过评价给高等学校的国际化活动出谋划策，在推动所在国的高等教育国际化政策研制方面发挥了特别有价值的指导作用。

---

① 张亚伟：《从中加高等教育比较中看大学的治理》，《郑州轻工业学院学报》（社会科学版）2006 年第 1 期。

四 美国、加拿大、英国和日本高等教育国际化政策评价手段

高等教育国际化的复杂性决定着高等教育国际化政策评价手段的多样性。从总体上看,美国、加拿大、英国和日本对高等教育国际化政策评价本身十分重视,因为只有通过严格的评价才能提高各自高等教育的水平,从而确立其在国际高等教育中立于不败之地的地位。总体上看,这四个国家在高等教育国际化政策评价中所使用的手段如下。

(一) 加强对评价的立法

上述四国在对高等学校国际化活动成效开展评价时特别重视相关的立法工作尤其是体现在对高等教育质量监控的立法之中。例如,"英国国家和社会对高等教育的监控是从 20 世纪初开始的,但真正采取强化措施还是 80 年代以后。他们制定了一系列文件和法律,如《教育改革法》《高等教育:新框架》《继续和高等教育法》,这些法案使英国高等教育出现重要改革"①。同时,这些法案的实施也为国际化评价的实施提供了法律依据。在美国也制定了类似的法律帮助高等学校开展评价。

(二) 制定评价标准

要开展评价就必须首先确立评价的标准,对高等教育国际化政策的评价亦是如此。这四个国家都很注意对评价标准的建设,而英国尤为突出。②

---

① 詹春燕:《高等教育国际化策略——英国经验及其启示》,《湖北社会科学》2008 年第 4 期。
② 沈玉宝在《英国高等教育国际化的动因、特点及启示》[《北京教育》(高教版) 2012 年第 2 期] 中较为完整地介绍了英国政府和高等学校开展国际化评价的标准和内容。文章指出,"为保证英国高等教育的国际声誉,英国高等教育委员会于 1995 年 10 月颁布了《高等教育境外合作办学实施准则》(共十五条)。该准则特别强调境外办学的教学水平和教育质量,如规定学生入学资格、课程设置、学制都必须与英国国内的相应规定保持一致,英国大学必须完全控制考试和评估方法等。此外,于 1996 年和 1997 年两次对境外合作办学单位进行实地考察。根据该委员会建议,从 2001 年起,英国开展的合作办学项目(含境内外两类)必须经过质量保证署(1997 年前为高等教育质量委员会)检查达标后,方可实施。80 年代以来,在高等教育规模扩张和经费紧张的情况下,英国政府对高校自我质量保证的可靠性加强了监管,专门成立评估机构,强化外部对高校的绩效评估,通过科层机制的方法控制高校的质量和效率。当前,英国高等教育质量保证的基本假设是:学术标准和质量是有权授予学位的院校的责任。英国大学都有自己的内部质量保证程序,(转下页注)

例如，米德尔赫斯特（Middlehurst）教授通过对英国高等教育进行研究，做出了有关英国高校国际化策略的研究报告。该报告总结了英国大学国际化指标所涵盖的范围（见表5-5）。①

表5-5 英国大学国际化指标

海外学生的招生	海外校区
远程教育	海外合作伙伴
对学生支持及引导	语言培训
课程改革及教学方法	人力资源
校级项目	国际活动的组织
教师与学生的融合	提高校园多元化
国际研究项目及合作	学生交流
英国学生在国外学习	知识交流
教师交流	在海外的工作机会

日本政府在评价高等学校的国际化水平时则是以国际组织的大学排行的指标作为自己的评价依据。为提高日本大学的国际知名度，安倍内阁采纳的《日本复兴战略》强调，"大学改革是未来的关键领域，政府将努力使10所以上的大学在10年内成为全球排名前100名的顶级大学"②。

（接上页注②）大多依据高等教育质量保证署的评估要求，并结合本校的实际情况，逐渐形成和完善了内部教学质量保证体系。学校通常设立校级学术委员会和院系学术委员会两级机构，分别根据各自职责来保证教学质量。学校在其办学定位和战略规划的一系列文件和报告中均明确提出对教学质量持续改进的目标和计划，其内部质量保证的主要内容包括学校组织机构、课程、程序和方案、质量保证政策、程序和质量管理以及学生学习情况。外部质量保证的作用是确认内部质量保证机制能够有效地发挥作用。英国高等教育严格的质量保障系统成就了高质量的教学和研究，大大提高了英国高等教育的国际竞争力。英国大学的科研质量评估，也是根据国际标准来判断研究成果所达到的水平而进行评价排名的。同时，英国政府通过科研质量评估体系的评价来推动和保障相关学科达到国际先进水平，尽力发挥英国高等教育的优势，保持和增强其国家竞争力。

① 冯晋豫、孙旭东：《英国高等教育国际化优先选项》，《世界教育信息》2012年第12期。
② Hideto Matsumoto, World University Rankings and Internationalization of Japanese Universities, *RIHE International Seminar Reports*, 2016, 6 (24), pp. 53-56.

"这是日本政府第一次在官方政策文本中提出要提高日本大学的世界排名。由于引用指数一般占世界大学排名权重的30%，提高引用指数成为提高日本大学国际排名的有效方法。"① 这种举措看似没有标准，但实际上是更通用的更高水准的评价标准。

（三）建立评价机制

为了加强对高等学校国际化人才培养质量的监控，英国政府和高等学校建立了较为完整的评价机制。② 英国高等学校在建立评价机制方面主要采用四种方式，即"一是在内部建立有效的质量管理的内审体系开展专业自我评估，这是高校自身提高教育质量和迎接外部质量评估的重要基础；二是英国政府于1997年成立的高等教育质量保障署定期对高校的教学质量和学术研究进行评估，其评估结果通过网站和出版物公之于众，保证了英国高校的办学水平；三是高等教育质量保障署对英国高校海外合作教育机构的教学进行监管，从2001年起海外合作办学项目必须经过质量保障署检查达标后方可实施，确保海外学位授予的标准及课程质量；四是民间新闻机构的监督评估。自1997年起，《泰晤士报》每年都以民间立场公布英国大学排行榜。它从政府审计报告、大学年报等可信度高的材料中采集数据，从教学质量、科研水平、入学成绩、生师比、图书和计算机设施、获得第一和第二学位的学生比例、就业率等方面进行排名。由于指标设计合

---

① 曾小军：《日本高等教育国际化：动因、政策与挑战》，《高教探索》2017年第6期。
② 易红郡在《英国高等教育国际化策略：留学生视角》（《湖南师范大学教育科学学报》2012年第1期）介绍了这个机制，文章指出，"英国建立了严格的质量保障体系，1997年成立的高等教育质量保障署，旨在通过评估为巩固和提升高等教育质量提供保障。为保证英国高校的办学水平，便于海外学生选择相应的学校，英国政府定期对高校的教学质量和学术研究进行评估，其评估结果将通过网站和出版物公之于众。为确保海外学位授予的标准及课程质量，增强英国高校海外办学的信心，高等教育质量保障署还对英国高校海外合作教育机构的教学进行监管。从2001年起英国开展的海外合作办学项目必须经过质量保障署检查达标后方可实施。英国高校内部也建立了有效的质量管理机制，设立了负责质量保障和提高的机构，开展专业自我评估，这是英国高校自身提高教育质量和迎接外部质量评估的重要基础。一些新闻机构和民间组织，如《泰晤士报》、《每日电讯报》、《金融时报》、《卫报》、某些工商企业和专业团体等，从自身利益和社会利益出发，也经常对高校的教育质量进行监督和评估，其中以新闻媒介进行的评估影响最大。

理，数据来源可靠，具有较高科学性和社会信度，该排行榜成为英国及国际社会衡量英国高校质量与水平的重要依据"。① 这四种措施构成了英国大多数高等学校开展国际化质量评价的基本机制，从中可以看出这个机制是多个评价主体共同合作的结果，值得大家借鉴。

---

① 李文波：《英国高等教育国际化的驱动力和策略》，《科技创新导报》2015 年第 9 期。

第六章　我国高等教育国际化政策主体责任研究

政策学中有一个基本观点，即政策部门在设计各项制度时所秉持的是"性本恶"的假设：即所有人都具有"恶性"，如果不从制度上加以防范，这种"恶性"就会被充分利用、放大，从而危害社会和组织的健康。因此，在政策制定和制度设计上，强调约束和惩罚，规定人们不该做什么，如果做了会承担什么样的责任，受到什么样的处罚。但实际上，每个人虽然有"恶"的一面，同时也具有"善"的一面，而且大多数人是积极向善的，因为这是社会的基本道德要求，故有"人之初，性本善"之说。作为政策研制和实施部门在制定政策时，不仅要有约束和惩罚的政策，也要有规范性政策和激励性政策，目的是告诉那些性善的群体怎样做和这样做会受到什么样的奖励。只有把握性善和性恶两个方面，制定多种形式的政策，才会使政策能够发挥其应有的效应。高等教育国际化政策的制定同样应该遵守这样的基本原则。

第一节　明确高等教育国际化政策的价值取向

中国是一个发展中国家，基于中国国情和高等教育发展的需要，我们在开展国际化的过程中，不能简单搬用西方国家高等学校国际化的举措，更不能简单运用西方国家的价值取向。我们希望中国高等学校在开展国际化的过程中树立中国特色的价值取向。

一　学习和掌握最先进核心科学技术

我国目前虽然在经济总量上跃居世界第二，在科学技术上也取得了一系列重大成就，在不少科技领域处于先进或领先水平，但是我们必须冷静地看到，我国在不少核心科技领域中与发达国家相比还有很大的差距，而这种差距的存在严重制约着我国的综合创新能力。所以，我们在鼓励高等学校开展国际化活动中，首要的价值取向应该是学习和掌握发达国家的核心科学技术并在此基础上创新发展，最终实现我国科学技术在国际上的整体领先水平。在这样的价值取向下，我们希望政府在公派留学生的选派政策上有选择性和针对性，即针对那些处于弱势学科和科技领域重点派出留学生并且给予更多的奖励政策，鼓励学成归国的学子从事科学研究和教学工作，而不是简单地创办一个企业。因为创办企业只能受惠少数人群，而从事科研和教学，能够让更多的人受惠并具有可持续性、创新性。

二　弘扬中华民族传统文化

全球化是高等教育国际化的动因，但是"高等教育国际化不等于全球化，更不是高等教育'全盘西化'"。[①] 我们必须在接受西式高等教育的基础上创新高等教育新模式。西方高等教育的最大特点是学科化，即将人类社会和自然界的万事万物归纳为几个学科领域，让人们在每一个领域里深入研究。这种学科化的优势在于人们对每一个领域有了清晰和准确的认识。但是，学科化也造成了研究者研究视野的局限性，从而导致对客观世界认识的片面性，进而造成我们对世界的错误认识，犹如"盲人摸象"。而中华民族的传统文化如中国哲学强调的是整体性和系统性（中医理论最为典型。近年来，西方医学也开始反思西医的诊断和治疗技术的合理性，中医理论的观点逐步引起西医的关注），更能够准确认识、理解和解释客观世界，特别是对目前西方自然科学无法理解的现象做出更为准确的分析和解释，再次证明了中华民族传统文化的魅力和价值。因此，我们在鼓励

---

① 陈昌贵、翁丽霞：《高等教育国际化与创新人才培养》，《高等教育研究》2008 年第 6 期。

高等学校开展国际化活动时,牢固树立弘扬中华民族传统文化的价值取向具有特别重要的意义。①

伴随着我国国际地位的逐步提升,中华民族传统文化的价值也日渐凸显,国际上已经开始涌现出一股研究中华传统文化的热潮,越来越多的学者和留学生来华学习和研究我国的传统经典。"2008 年下半年至今的全球金融危机和欧美债务危机加速了世界经济权力转移的进程,进一步推动了西方及其他国家对西方文明的反思,促使许多国家更加珍视本国传统文化。在这一进程中,中华传统文化的价值备受世界各国的重视,中国开始将弘扬传统文化上升到国家战略的高度,坚持中国传统文化本位,致力于通过文化开放、大力吸收其他文化的精华而实现民族文化复兴。有鉴于此,新的文明交融正在中华大地上展开,中国不仅为世界新文明的形成做出贡献,也迎来了引领世界文明潮流的战略机遇。"② 积极开展和推进高等教育国际化是抓住这个战略机遇的最佳和最有效的手段。

三 培养友华的精英人才

我国外交政策的一个基本理念就是和平发展、不称霸,为此我们在发展中必须要得到世界各国的支持,我们希望"海内存知己,天涯若比邻",但各国都有自己的利益考虑,也有自己的发展思路。我们不能也不应该将

---

① 门洪华在《关键时刻:美国精英眼中的中国、美国与世界》(《中国社会科学》2012 年第 7 期)一文中提醒我们:"要深刻认识到中国文化建设面临的诸多难题,尤其是国家文化软实力亟待提升。中国当前处于市场开放、观念更新、社会转型、文化重塑的特定历史时期,要成为一个真正的全球性大国,完成在国内建设和谐社会、在国际上建立和谐世界的目标,需要重点关注软实力建设。文化交流是促成软实力提升的重要途径,也是增进相互理解与信任、从社会层面化解分歧与冲突的良方。当前,中美文化交流愈加丰富,从战略层面考虑加强交流已成共识。沈大伟教授建议中国可参照美国经验加强文化交流机制建设,这包括:参考美国富布莱特计划(Fulbright Program),在教育部设立高端教育交流项目;参考美国国务院国际来访者项目(International Visitors Program),在外交部设立国际访问计划;参考艾森豪威尔基金会(Eisenhower Fellowships),在外交学会设立精英学者项目。这些建议颇具启发意义。""当然,我们应清醒认识到,美国对华政策是两面的,一方面推进双边关系发展,对扩大中美合作抱有期待;另一方面在安全战略上对华防范心理明显,对中国政策走向不断提出要求甚至施压,力促中国朝着美方所期望的方向演变。"

② 门洪华:《关键时刻:美国精英眼中的中国、美国与世界》,《中国社会科学》2012 年第 7 期。

我们的意志和发展模式凌驾在别国头上,而是本着相互借鉴、相互学习、相互欣赏的态度开展国际合作。为了实现这样的目标构建这样的国际环境,在高等教育国际化方面就应该坚持为他国培养对华友好的精英的价值取向,使这些来华留学生回到自己祖国时能够解释和宣传中国的国际观,促使自己的祖国与中国一起和平共同发展,实现人类文明的共同繁荣。

有人指出,"由于'现代性'首先源自西方先行的现代化国家和地区,它不可避免地带有其西方先见和视阈,因而对于非西方世界来说,其观念扩张必定具有强势话语的特征,而由它所支撑的全球化社会运动及其普遍化也必须接受异质的或至少是与之不同的文明或文化的批评与检审。"[1] 我们扩大来华留学生规模、培养友华人士,从文化交流的角度来看,实际上也是不同文化的碰撞、批评和检审的过程,对于促进人类文明进步具有积极作用。

四 提高中国的国际战略地位

当今世界最大的国际关系就是中美之间的国际关系,中美两国关系决定着世界政治、经济的走向,也是国际关系的晴雨表。"从某种角度上看,中美关系正在走向正常而成熟的双边关系。两国关系近年来的发展证明,大国竞争并不必然带来危机与战争。中美关系开始体现出互补性(Complementary)、合作性(Cooperative)、建设性(Constructive)、竞争性(Competitive)、创新性(Creative)的特征,一种复合相互依赖(Complex Interdependence)的双边关系正在形成,这是我们乐观其成的。"[2] 中国要能够稳固地提高自己在国际上的战略地位,必须要处理好中美之间的大国关系。我们在推进高等教育国际化政策过程中,应该秉持提高中国的国际战略地位的价值取向,在维护好中美之间关系中发挥建设性作用,增加中美两国学者、学生和人民之间的互信和理解。

提高中国的战略地位,必须要走独立自主的发展之路,简单复制的制

---

[1] 万俊人:《经济全球化与文化多元论》,《中国社会科学》2001年第2期。
[2] 门洪华:《关键时刻:美国精英眼中的中国、美国与世界》,《中国社会科学》2012年第7期。

度肯定是行不通的。那些"认为欧洲（或西方）的现代化发展模式可以被简单复制的人们忘记了两个最基本的事实：一是在欧洲文明发展的真实历史中不仅有科学、理性、自由、民主等被欧洲人自己提炼、归纳和总结出来用以传播的内容，也曾经出现过像社会达尔文主义、法西斯主义之类的为欧洲人自己认为是不光彩而加以反对、加以掩盖的东西。欧洲工业文明的发展一直伴随着'羊吃人'的残酷，人变机器的无奈，对殖民地的疯狂掠夺，以及无数次惨绝人寰的战争。如果西方模式是可以效仿的，那么被仿效的就不可能仅仅是积极的一面，而不包括遭到反对、被掩盖起来的另一面。二是这个所谓历史上唯一成功的西方发展模式从一开始就建立在其他一些国家和地区不发展的基础上。如果要那些还没有发展起来的国家接受剥夺者的模式，那么还有哪些国家和地区可以作为刀俎之下的鱼肉呢？"①

---

① 周弘：《全球化背景下"中国道路"的世界意义》，《中国社会科学》2009年第5期。在该文中，作者进一步论述了在国际化进程中，坚持独立自主的必然性和重要性。文章引用毛泽东主席总结过的一段话，非常形象生动，毛泽东主席说过："自从一八四零年鸦片战争失败那时起，先进的中国人，经过千辛万苦，向西方国家寻找真理，……只要是西方的新道理，什么书也看。向日本、英国、美国、法国、德国派遣留学生之多，达到了惊人的程度。……学了这些新学的人们，在很长的时期内产生了一种信心，认为这些很可以救中国。……要救国，只有维新，要维新，只有学外国。……帝国主义的侵略打破了中国人学西方的迷梦。很奇怪，为什么先生老是侵略学生呢？"文章继续分析道，"老师为什么要打自己的学生"的原理终于被中国人认识了：这就是马克思所描述的，西方的资产阶级到处都在用自己的面貌改造世界，"推行所谓的文明"，"正像它使农村从属于城市一样，它使未开化和半开化的国家从属于文明的国家，使农民的民族从属于资产阶级的民族，使东方从属于西方。"因此，在发达国家的世界体系中，根本就没有中国的独立地位，在西方"老师"的蓝图中，中国这个学生不应当自己发展起来，而只能充当西方的附庸。在"老师"的铁蹄下，中国人终于认清了西方资产阶级文明、资产阶级民主主义和资产阶级共和国方案的真实面目。"中国在没有接受西方发展模式的条件下，通过对于西方经验独立自主的借鉴和消化，找到了一条适合中国的发展道路，从而丰富了人类的社会实践，挑战了西方经验唯一正确的神话，中国将市场和社会主义管理有机结合的国家结构也会通过继续的自我完善而影响到市场主导的世界力量格局。""在实践中，我们可以看到，尽管有些国际经验看上去是具有普遍性的，例如工业化和现代化，但是对于这些外来经验的吸收和消化却总是个体的和特殊的。有些经验适用于中国，有些经验却只适合于印度或其他国家。因此将自己的模式强加于人的做法应当为国际规则所唾弃，而尊重其他文明的态度应当得到广泛提倡。""由于中国是在拒绝了外来干预的情况下，主动学习国外经验而取得成功的，中国没有，也不会向外输出自己的发展模式，不会通过任何方式把自己的价值强加于人，而是相信，具有同等智慧的世界各民族人民都能够找到适合于自己的发展道路。"

近期,《外交争端升级沙特开足马力制裁加拿大 杀鸡儆猴给西方看?》一文引起很多媒体关注,"沙特《利雅得报》援引阿卜杜勒·阿齐兹国王公共图书馆馆长费萨尔教授的话称,此次外交危机升级的主要原因是加拿大外交官缺乏基本常识,反映出西方文明与阿拉伯文明之间的冲突。他认为,加拿大外交官不了解沙特建国的历史,西方国家企图用'自由主义'价值观改变沙特人民的思想,还认为实现现代文明的捷径是接受西方的思想、原则、价值观等,这显然是一种自大的想法。"① 这再次说明,西方文明的霸道性和愚昧性。

为此,有研究者提出"中国需要进一步制定一个与自己国家发展进程和利益需要相适应、符合国际组织发展现实、能承担国际义务和实现自身权利的国际组织战略。参与国际组织是实现国际教育合作的必然途径。我国高校应积极地加入国际性高等院校联合会,如联合国教科文组织、国际大学联合会、英联邦大学联合会等重要的国际性教育组织,这些机构对高校间的互访、合作科研、联合办学和开展各种学术交流起着桥梁式的作用。……为了扩大我国高校在这些国际教育组织中的影响力。更进一步维护国家利益,这就要求我们积极参与国际组织及其制度的创建和改造,使国际组织规定的原则、决策程序更加有利于促进中国的利益,让中国声音在国际教育组织中的影响力越来越大"。②

第二节 建立公平正义的高等教育国际化政策研制程序

能否建立公平正义的政策研制程序是政策是否能够有效实施的基本前提。每一项政策的出台都应该履行基本的程序,尽可能让政策的利益相关者有机会参与政策的制定。高等教育国际化政策的制定亦是如此。

---

① 《环球时报》驻埃及特约记者贾法、本报特约记者显扬:《外交争端升级沙特开足马力制裁加拿大 杀鸡儆猴给西方看?》,https://new.qq.com/omn/20180809/20180809A07H9B.html,2018-08-09访问。
② 周文鼎:《我国高等教育国际化的宏观思考》,《江汉论坛》2010年第9期。

一 提高国际化政策部门政策研制的程序意识

程序意识是政策研制者必须牢固树立的，如同立法一样，政策的研制过程也需要遵守基本的程序。高等教育国际化政策大多是一种复合型的政策，涉及的面比较宽，如果不能严格执行一定的程序，很容易造成政策的失误进而搭配国际化工作遭受挫折。最近 10 年，一些法学界学者在批评政策制定者的时候常用一个词——"任性"。"任性"在汉语中有褒义和贬义两种截然不同的含义：第一种含义是指听凭秉性行事，率真不做作；第二种含义则是指"恣意放纵，以求满足自己的欲望或达到自己某种不正当的目标，或执拗使性，无所顾忌，必须按自己的愿望或想法行事"。[1] 法学界学者在使用"任性"这个概念往往是指第二种含义。从高等教育国际化政策制定的程序角度看，政府必须放弃"任性"的态度，牢固树立程序意识。因为"在林林总总的失信现象中，政府失信最具破坏作用。因此，推进社会信用体系建设，政府必须率先垂范，必须首先取信于民。若要政府时时处处守信，就必须健全以程序为核心的权力运行机制，让政府工作人员时时恪守法律边界，不越雷池半步"。[2] 可见，政策研制的程序是与社会信用、法制、权力运行机制等和谐社会构建要素密切相关。在高等教育国际化政策的制定过程中，程序必须是合理的。

二 加强国际化政策部门间的协调和合作

除了必须树立程序意识之外，政策制定部门还必须加强协调和合作。因为"我国目前在高等教育国际化方面的政策有《中华人民共和国中外合作办学条例》和《高等学校接受外国留学生管理规定》等若干条例，显然还不足以全面规范和保障新时期高等教育国际化的运行。在国家管理机构上，国际化的活动除教育部门外，还牵涉到公安、人事、外交等多个部门，也使得国际化活动运作复杂化。比如一些烦琐的审批和手续，令人望

---

[1] 百度百科:《任性》, https://baike.baidu.com/item/%E4%BB%BB%E6%80%A7/3167? fr=aladdin, 2018-06-08, 21: 07 访问。

[2] 本报特约评论员朱恒顺《政府企业个人，都无权"任性"》, http://news.sina.com.cn/pl/2016-06-14/doc-ifxszmaa1972694.shtml, 2018-06-07, 22: 21 访问。

而生畏，耗费相关人员许多时间与精力。要进一步推进高等教育国际化，使其在培养创新人才上发挥应有的作用，就应加强对国家相关政策的研究与制定工作，并按照制度设立专门的机构进行管理"。① 若要使得国际化工作得以有效实施，这些部门就必须合作，发挥多部门政策统合的集合效应。

在加拿大，其高等教育国际化涉及诸多方面，② 因此就成立了国际教育办公署（CBIE），其是为数不多的促进高等教育国际化的一个政府机构。"其日常活动包括：奖学金管理、民间及公共部门改革、科研与信息服务、宣传、培训项目、为国际教育者和会员提供服务，为在加学习的外国人和

---

① 陈昌贵、翁丽霞：《高等教育国际化与创新人才培养》，《高等教育研究》2008年第6期。
② 许青云在《加拿大高等教育国际化的思考与启迪》[《河南大学学报》（社会科学版）2008年第5期] 一文中介绍了加拿大高等教育国际化政策涉及的领域：加拿大联邦政府为推进高等教育国际化进程，不仅要求国内各大学把国际化作为自己的目标之一，而且还制定了相关政策来推进和保证国际化进程。（1）签证政策。加拿大的签证政策比美国宽松，报名参加三个月以上的非母语英语或非母语法语课程学习的学生可以持旅游签证到加拿大学习。（2）相互承认学历。相互承认学历，又称学分互换与学位等值。随着世界各国大学相互合作，不断发展和推进国际化的进程，学期制度、学分制度、学位制度、学衔制度将逐步趋于统一。学生可以在两个以上的国家的有关院校中流动，双方可以相互承认学生的学分，同时可得到对方学校的学位证书（学位等值）。1997年4月11日，欧洲50多个国家的代表在葡萄牙里斯本召开的专业国际高教会议上，正式签署了欧洲地区和国家相互认可高等教育学位证书的协议；另外，签署协议的国家还有加拿大、以色列、俄罗斯和美国。加拿大的多伦多大学、麦吉尔大学，中国的北京大学、复旦大学、香港大学，美国的密执安大学等16所研究型大学，于1997年创立了"21世纪大学"，并协定成员高校之间学生学分相互承认，鼓励学生跨国界流动。（3）资助政策。加拿大政府提供的大部分资助只限于研究生。加拿大各大学对外国学生提供经济援助的政策不同，不少学校只负担学费不提供其他费用；有的学校提供奖学金或校内兼职工作；有的学校对外国学生不予以任何资助或至少在入学的第一年不予以资助。加拿大为留学生提供的奖学金，是根据学生学习成绩、课外活动和参与社区义务工作几方面的综合表现而颁发的。学生的家境贫富不影响申请奖学金的结果，一个学生可同时申请不同种类的奖学金。（4）工作与居留。过去，加拿大的全职留学生只能在校内做兼职工作，这种情况不需要由加拿大移民局（Citizenship and Immigration Canada）授予工作权。学生不能在校外打工，除非该学生参与了经学校核准的研究项目和培训项目的工作，同时还需得到加拿大移民局授予的工作权才行。经移民局授予工作权后，学生可在校园里从事研究生助教工作。学生如果从事的是与其研究项目密不可分的工作，也可得到工作权，而不需要加拿大人力资源发展部（Human Resources Development Canada）的确认。学生毕业后，从公共基金机构毕业的学生经移民局授予工作权后，可在直接与其研究领域相关的工作岗位上工作一年以上，配偶和家属可以打工，但必须申请到工作权。从2005年5月起，加拿大放宽对外国学生在加拿大打工的限制，即凡是在加拿大公立大专或大学学习的外国留学生，毕业后可以在加拿大合法工作的时间延长为两年。

在其他国家学习的加拿大人提供教育交流、奖学金、培训奖励、实习机会以及技术援助,是加拿大教育国际化的一个'催化剂'。"[1] 可见,该机构建立的价值就在于能够发挥统筹和协作的作用,从而提高高等教育国际化政策实施的效率。

三 及时主动处理政策反馈信息

从提高政策实施效率和不断完善政策的角度来看,及时收集和处理政策实施过程中的各种信息,并将这些信息用于新一轮政策修订的依据也是制定政策程序不可或缺的一个环节,是"政策环"的首要程序之一。正因为政策反馈信息如此重要,才使得我们应该提醒政策制定部门必须主动及时处理政策反馈信息。相比于国内高等教育政策,高等教育国际化政策由于涉及其他国家和国际组织的高等教育事务,因此,更需要我们关注相关政策在实施过程中多种信息,从而及时修订和调整,以免我们在高等教育国际化过程中使我国的高等教育利益受到损害。

第三节 积极参加国际组织并努力赢得更多话语权

高等学校要参加高等教育国际化进程就必须主动参加各种高等教育领域的国际活动,而参与国际组织是最直接、最有效和最便捷的途径。从我国高等教育国际化的现状来看,显然我们在参加国际组织的意识方面还存在着诸多的不足。为此,我们的政府、高等学校和社会组织应该利用多种途径参加国际组织,从而使我国高等教育赢得更多的话语权。

一 积极组织各种形式的高等教育合作与交流活动

在推进高等教育国际化进程中赢得更多话语权的最好的途径,就是通过国家各级政府(甚至包括有影响力的高等学校)积极组织以高等学校为

---

[1] 钱均、夏慧言:《教育民间组织在高等教育国际化中的作用及启示——以加拿大高等教育国际化发展为例》,《理论与现代化》2014年第4期。

主体的社会多种主体共同参与的各种形式的高等教育合作与交流活动,邀请世界著名高等学校和相关的国际组织来中国开展科学研究。因为只有我们自己主导的高等教育合作与交流,才能在国际上看到越来越多以中国城市或高等学校命名的国际合作项目(如《北京×××合作纲要》等等)或法律文本(如《××大学宣言》等),久久为功,我们的高等教育在国际上的话语权自然就会强起来。

近年来,我国中央政府在此方面的意识特别强烈,在以国家形式开展的国际交流与合作中,把经济合作与文化教育合作紧密地结合在一起。美国联邦政府特别重视并擅长于推进高等学校的国际合作与交流,美国联邦教育部原部长邓肯一直强调要通过国际教育实现全球成功。他说:"我们必须重点关注把国际视野融入我们的所有课堂。正是通过教育和交流,我们才能成为全球社会更好的合作者和竞争者。"[①] 美国政府对于高等学校国际化的重视源自于其对高等教育国际化独特的认识,二战结束以后,美国的综合国力迅速攀升,为了保持美国在国际上长久的霸权地位,美国一直把"国际教育看作是全球竞争的一个基石,它对国际教育的高度关注基于以下四方面现实对学生'全球素质'的新要求:经济竞争与全球就业能力,超越国界的全球性挑战,国家安全与外交,美国社会的多元性。美国的国际教育愿景体现在四大方面:一是面向全体学生的世界一流教育,二是全体学生具备全球需要的素质,三是国际标准规范和吸取其他国家经验教训,四是教育外交和扩大国际接触"。[②] 我们希望党中央和各级政府继续在扩大经贸、安全等领域的合作中融入高等教育事业合作的元素。

加拿大的高等学校主动开展国际合作的意识也很强烈,其准官方机构的 AUCC 还发表了关于高等教育国际化的声明:"仅仅有大学校长对国际化的承诺并把国际化列入大学的发展目标还远远不够,必须制定一系列的政策措施,即学校领导层要有承诺和鼓励国际化的政策,按照国际科技发展前沿和国际学术动态支持课程改革、更新教学内容、鼓励跨国界研究合

[①] US Department of Education, *Succeed Globally through International Education and Engagement*, U. S. Department of Education International Strategy 2012–2016.

[②] US Department of Education, *Succeed Globally through International Education and Engagement*, U. S. Department of Education International Strategy 2012–2016.

作，创造国际科技合作的环境，开展全校性或全社区的跨文化、跨国界的服务活动或课外活动，争取各级政府和社会各界对大学国际化的支持和关心。"① 在 AUCC 的号召下，加拿大高等教育国际化质量逐年提高。

二 组织学者深入研究高等教育规律，主导国际高等教育发展走向

高等教育具有多种特征，无论社会赋予其多少种职能，其中一项职能是永恒的，那就是培养人才，否则就不是高等教育了。所以，高等教育的发展必须依赖其自身的规律，这就需要高等教育领域的学者进行深入研究。高等教育国际化也应该围绕人才培养这个核心来进行，为此，各级政府和高等学校必须组织学者深入研究高等教育规律，在高等教育理论和思想上占据世界高等教育最高点，主导世界高等教育理论研究的方向。

当代高等教育的大多数知名学者来自美国等西方国家的重要原因就在于这些国家和高等学校的大力支持，美国之所以能够成为高等教育强国的根本原因就在于它一直主导着世界高等教育理论研究的走向，引领着高等教育改革的动向。所有这一切都必须依赖高等教育学者的深入研究。"美国科学基金会赞助了许多国际问题研究和科学、技术、工程与数学等专业领域的知识创新项目；国际教育协会 2012 年以《国际教育作为高校的优先重点：每所学院和大学董事会成员应该具备的知识》为题的白皮书对促进美国高校国际化产生了积极影响。美国大学理事会在 2002 年发布的《"9·11"之后：国际教育的综合国家政策》提出了国际教育的国家政策目标、21 世纪人力资源的紧迫需要、国际教育的国家战略，论述了联邦政府在教育中的作用，对于调整'9·11'以后的教育国际化政策起到了实质意义的推动作用。"② 我国高等教育研究者不乏在国内的影响力，但是在国际上的影响力还需要进一步扩大，我们希望政府和高等学校能为这些有志于开展高等教育研究的学者提供更多机会和政策支持。

---

① 刘一彬：《本土化与国际化的融合：加拿大高等教育发展的特点及其启示》，《学术论坛》2010 年第 6 期。
② 周南照：《教育国际化的若干国家政策比较和世界态势反思》，《世界教育信息》2013 年第 4 期。

三 加大资金支持力度，鼓励高等教育界参加国际组织活动

开展高等教育国际化无疑少不了充足的经费支持，从发达国家的经验来看，开展高等教育国际化的经费主要来自政府。例如，"1946年，美国国会通过的《富布莱特法案》，首创了国家、政府资助学生和学者双向国际交流模式，使美国成为世界各国学者汇聚之地和国际学生教育中心。同时，美国政府还开启富布莱特交换项目，设立奖学金，支持本国学生到国外大学、外国学生到美国大学深造或从事研究。这是高等教育历史上具有划时代意义的事件，开启了国际化的先河。这一模式很快为很多国家效仿，拉开了现代高等教育国际化的帷幕"[①]。英国政府在鼓励高等教育界参加国际组织活动方面也是煞费苦心，"英国政府是高等教育国际化进程的重要推动者，从政策和法律支持等方面发挥了关键的作用。如2007年布朗首相把创新、大学与技能部从教育与技能部分离出来，[②] 使之成为政府推动高等教育国际化的核心，与分布在世界各地的包括英国文化协会分支机构在内的各类政府组织合作，共同推动高等教育国际化"[③]。该机构"作为负责高等教育国际化的专业部门，联合国际机构'向部长和决策者们提供有关本国教育向国际推广的深度与广度的支持、意见和指导'。除此之外，它还主导着发展、促进同类似于中国这样重要的国家在教育上的合作。英国政府对中国的重视体现在每年对中英教育部部长级高峰会议的组织、对《卓越人才奖学金》和《中英优秀人才》的资助以及设立一个特别的中国行动小组以便双方更好的合作并增进相互理解"[④]。

此外，美国"早年的《国防教育法》为大学开展国际问题研究和军工产品研究提供直接资助；《富布莱特-海斯法案》使国际教育交流计划

---

① 李娅玲、李盛兵：《美国高等教育国际化政策的历史变迁及启示》，《高教探索》2016年第1期。
② 分离后，组件成立了"联合国际机构"。——编者注
③ 沈玉宝：《英国高等教育国际化的动因、特点及启示》，《北京教育》（高教版）2012年第2期。
④ 曾满超、王美欣、蔺乐：《美国、英国、澳大利亚的高等教育国际化》，《北京大学教育评论》2009年第2期。

获得国会拨款；《国际教育法》强调联邦政府在实施与管理国际教育中的责任；《国家安全教育法》提出新的奖学金计划，进一步奠定国际化在高等教育战略中的优先发展地位。近年，美国已有 20 多个州制定了有关促进国际教育的州一级法规"。① 进入 21 世纪以来，加拿大社会组织也积极鼓励高等学校开展国际组织活动。"2003 年 12 月，AUCC 提出把'高等教育全球化'列为加拿大的优先合作领域。同时，各个大学也把创建国际化校园、建设国际化师生队伍作为提高教育质量的重要举措。据统计，至 2007 年，64％的加拿大大学聘任国外教师讲课，53％的教师具有国外经历，59％的教学课程有国外教师参与授课，75％的大学目前都有国际合作项目，合作对象最多的是中国和印度。"② 为了促使高等学校主动开展国际化活动，英国政府制定了许多让高等学校产生压力的法律，迫使高等学校主动国际化。例如，"英国的《继续教育和高等教育法》规定，高校要面向市场和社会办学，而政府在办学经费和学生招录方面引入了竞争机制。在经费上，政府只承担主要办学经费，高校要以竞争的方式来获取经费。办学经费不足的部分要靠高校自身采取招收海外学生、转让技术、开发产品等方式来获得"③。近年来，我国各级政府和高等学校在鼓励高等教育界参加国际组织活动方面的经费投入逐年增加，为推动我国高等教育国际化提供了较为坚实的经费基础，我们希望政府能够更多地将这些投入法制化和常态化。

四 主动向相关国际组织推荐和派出专家

国际组织是我们开展高等教育国际化的基本单位，从中华人民共和国外交部网站（http：//www.fmprc.gov.cn/web/gjhdq_676201/gjhdqzz_681964/）上我们看出，与我国有一定关系的国际组织有 70 多个，此外还有联合国的分支机构 33 个。但是，遗憾的是，在这些众多的国际组织中很

---

① 周南照：《教育国际化的若干国家政策比较和世界态势反思》，《世界教育信息》2013 年第 4 期。
② 李书恒、郭伟：《国际化背景下的教师发展：加拿大经验借鉴》，《中国高等教育》2012 年第 5 期。
③ 张泰金：《市场经济与教育》，《外语界》1994 年第 3 期。

少有中国人担任其中的负责人,至于这些机构中的工作语言用中文的则更是少之又少。这不能不引起我们的关注和反思:为什么会出现这种情况?在这些机构中,与高等教育国际化内容相关的组织也不少,如果任凭这种现状继续发展下去的话,对于我国的高等教育国际化进程的推进肯定是不利的,在这些组织涉及高等教育国际化事务中获得话语权则几乎是不可能的。为此,我们希望我国各级政府及其相关职能部门,要利用自己的职能责任,向国际组织大力推荐和派出各种类型的专家,发出中国的声音,展示中国的方案。

五 主动参与国际组织间法律文本的建设进程

国际组织的运行必须依赖组织要求而制定相应的国际规则(国际法),而根据国际法的特点和原则,这些组织内部的成员国或机构在讨论和制定这些规则的时候,一定是希望通过这些规则使自己的利益最大化。可见,能不能在参与这些国际组织并在其中表达自己的诉求,是维护本国利益的重要途径。高等教育国际化进程也应该如此。因此,我国各级政府和高等学校应该在各自的领域内主动参与国际组织间法律文本的建设进程,维护我国高等教育国际化的利益并尽可能最大化。

第四节 鼓励高等教育国际化政策客体创新体制机制

高等教育国际化政策实施中的体制机制创新,不仅需要政府和高等学校不断开展创新,更为重要的是高校教师和学生要主动参与这个创新,因为他们是高等教育国际化政策实施过程的最为重要的客体,他们的态度和努力程度是国际化质量的决定性因素。

一 鼓励教师和学者创建国际学术组织

当今世界很多国际性学术组织大多是由学者倡导创立并逐步发展起来的,这也符合西方学术发展的历史:近现代意义的大学起源于欧洲中世纪,而这些大学都是由学者自愿组建的(欧洲"大学"一词的最初的含义就是"学者行会"),可见学者自主创建学术组织在西方国家是有深厚的历史渊源。而高等教育国际化这个概念的提出及其推进也不乏这些国际学术组织的倡导的作用,可见国际学术组织在高等教育国际化政策制定及其实施等方面都发挥着政府难以替代的作用。

我国高等教育研究者和高校教师普遍缺乏创建国际学术组织的意识和能力,长期学习西方科学技术所形成的思维定式,使得大多数人已经习惯于跟在别人后面参与一些国际学术交流与合作,而不知道其实我们自己也是可以牵头成立国际性学术组织的。当然,要让学者和教师主动组建成立学术组织,在我国如果得不到政府(包括高等学校)政策上的支持是难以进行的。所以,各级政府特别是高等学校主管部门和高等学校自身必须积极制定政策,鼓励学者和教师在自己认为是优势的学科领域,创建国际学术组织是提高我国高等教育国际化政策水平的重要途径。

二 成立主要由教师和学生组成的国际化工作委员会

为了有效调动高等学校内部的国际化资源,各高等学校有必要组建相应的机构,目前,已经有不少的高等学校在原有的"国际合作与交流部(处)"的基础上成立了学校层面的协调机构如国际化工作委员会或者国际化工作领导小组,等等。这些机构的组建无疑会有效地促进高等学校国际化工作的深入开展,但是,这些机构中的成员几乎没有教师,更谈不上有学生的参与了。从机制建设的角度来看,目前高等学校设置的这些机构中没有师生是一个很大的缺陷。在美国、加拿大、法国等国家高等学校里,类似于上述各类机构中,除了学校职能部门的管理人员之外,还必须有一定比例的教师和学生(类似于议会中的席位数)[①] 代表参加。陈洁、吴景松、钟逸在欧洲高等教育权力演变和发展的基础上,总结出"欧洲高等教育权力重心必然从贵族统治与神权统治,向国家行政权力统治并逐渐转向与学术权力、学生权力共同治校的发展趋势,并指出发生转变的主要因素是法律的作用是权力迁移的条件、民主与正义是权力重心转移的推动

---

① 参见黄明东、武陈金莲、黄俊《美国高校教师参加学校管理的制度保障探析》,《中国高教研究》2014 年第 1 期;黄明东、蒋立杰、黄俊《高校学生自主管理学校理论之构建》,《教育研究与实验》2013 年第 1 期。

器、'文化资本'构成权力系统的根基三个方面"。① 这再次说明,我们要关注高校学生在国际化中的地位和作用。

高等学校的国际化工作的落实必须依赖教师和学生,国际化不仅仅是行政行为,更多的是学术行为,行政管理人员本身是不可能完成国际化任务的。所以,要使国际化任务圆满完成,在学校的相应机制中让教师和学生长期处于缺席的状态是不正常的,也不符合学术活动的规律,值得我们深思。

三 成立国际化的学生社团组织

中国高校的学生社团组织中国际学生参与度并不高,主要还是本国学生,这样的社团组织本质上还不能算是国际化的学生社团组织,当然更谈不上是国际化的学生社团交流活动。加拿大的高等学校比较注重学生社团活动的国际化,这在各所高等学校的相关文件中做了明确规定。例如,"不列颠哥伦比亚大学在战略规划中明确提出:①努力使校园国际化:增加外国学生,鼓励加拿大学生参加海外学习项目,增加教职工交流人数,积极承办国际活动;②加强研究本国和世界各地原住民的文化和历史,增加原住民学生;③发挥地理优势,集中开展与亚太地区、美洲和欧洲的学术研究合作;④发展国际间的科研合作"②。在这些活动中,不少活动是通过学生社团组织来完成的,其提出的"校园国际化"的理念值得我国高等学校肯定和借鉴。

四 建立国际化经费投入制度,鼓励学生到海外学习

开展国际化离不开经费的支持,在西方主要国家中,政府和高等学校都会在鼓励学生赴海外学习、积累国际化经验方面舍得花钱。2000年10月,美国联邦政府响应"《2000年国际进修机会法》(The International Academic Opportunity Act) 法案精神,拨款150万美元用于吉尔曼奖学金

---

① 陈洁、吴景松、钟逸:《欧洲高等教育权力嬗变及其因素探析》,《理工高教研究》2003年第3期。

② "Trek 2000: UBC's Vision," http://www.vision.ube.ea/in-dex.html.

项目（Gilman Scholarship）。该奖学金向有意赴海外进修的美籍低收入家庭学生、社区学院学生、残疾学生以及有不同种族背景的学生（这些学生被称为美国出国留学生中的非传统学生）提供为期一年（含一年以内）的海外研习机会。鼓励这些学生到欧洲和拉丁美洲以外的留学目的国学习，以增加学生对这些地区文化的了解"。①

2004 年 1 月，"美国国会拨款 25 万美元成立了'亚伯拉罕·林肯海外留学委员会'，负责制订美国学生海外留学的国家发展战略。2005 年 11 月委员会发布了《全球竞争力与国家需要：100 万人留学》（Global Competence & National Needs：One Million Americans Studying Abroad）的报告。这份报告构建了到 2017 年时每年派出 100 万大学生到海外学习的宏伟蓝图：政府自 2007 年起拨款 5000 万美元启动新的留学资助项目，通过每年追加资金，到 2011 年时使项目年度金额达到 1.25 亿美元。如此，至 2017 年，该项目将使海外美国留学生人数达到每年 100 万人，占美国高校本科和大专年度毕业人数的 50%。"②"与'百万人留学海外计划'相呼应，2009 年美国参议院出台了《2009 年参议员保罗·西蒙留学基金法》（Senator Paul Simon Study Abroad Foundation Act 2009），将海外留学教育正式确立为美国大学教育的一部分。这一新立法还建立了一个创新的机构以提供资金支持学生出国留学。同时法案要求美国高等教育机构解决目前阻碍学生的留学能力的校内因素——课程、教师参与、学院领导、计划项目。"③ 这一系列举措为美国学生海外学习提供了较为充足的经费，推动了学生赴海外学习的热潮。

五 建立国际化课程学习机制

国际化的最终落脚点便是学生的课程学习，而要实现课程学习的国际化，就必须建立一套国内外学生便捷的学习机制。英国在推进高等教育国

---

① Benjamin A. Gilman, International Scholarship, Program Overview, 2010, http：//www.iie.org/en/Programs/Gilman-Scholarship-Program/About-the-Program.
② Commission on the Abraham Lincoln Study Abroad Fellowship Program, Global Competence & National Needs, 2005, p.11.
③ NASFA, International Education：The Neglected Dimension of Public Diplomacy, http：//www.nafsa.org/public policy.sec/public diplomacy internationalizing/, 2011-01-06.

际化的过程中，一方面在国内高等学校的录取方面降低入学标准，"在学生招录方面，政府放宽入学门槛，学生只要具备相应的入学资格，就可以在全英范围内自由选择感兴趣的大学和课程。"① 另一方面，创新境外办学模式。英国鼓励高等学校在境外办学模式上尽可能多样化。例如，高等学校的"境外办学主要有 3 种模式：一是英国高校选择与境外一所大学合办一所新的大学或者开设分校，并联合科研活动和合作教学；二是英国高校与境外大学合作共同培养学生，基本方式对学生在本国进行全课程教学或者学生在本国先读完部分课程再前往英国合作大学继续深造；三是向境外合作大学提供远程高等教育课程，及通过现代科技手段实施认可的远程教学，学生读完规定的课程且成绩合格者，就可获得相关的学位和证书"。②

英国高等学校在境外办学方面，积极改革课程内容和学习方法，他们的"课程创新还包括使语言习得成为必须要求或者选择性要求、在教学内容和方法上考虑外国学生的特殊需求、欧洲学分互转计划以及与英国合作的海外国家授予学士学位项目"。③ 这样，就使得境内外学生在英国的学习渠道更加畅通、方便，更加个性化和人性化，学生的高等教育质量逐年提高，吸引了世界各国学生来英国留学和开展研究。

---

① 钟焜茂：《英国高等教育国际化战略解读》，《世界教育信息》2013 年第 12 期。
② 张惠、冯光能、赵俊娟：《英国高等教育国际化发展趋势：促进学生输出流动》，《黑龙江高教研究》2018 年第 3 期。
③ Hale, A. and Tijmstra, "Euorpean management edueation", I netrmanilo, 1992（5）.

第七章 我国高等教育国际化政策客体权益研究

高校教师和学生是否可以花费必要的精力和时间投入国际化活动中去，是高等学校国际化是否成功的重要因素。为此，国家的政策和法律法规中应该明确高校教师和学生在国际化进程中的权利和义务，高等学校必须依照国家的政策和法律法规要求，保障师生能够在国际化过程中真正履行各自的权利和义务。

第一节 依法争取国际化进程中的权利

根据我国现行教育法律和政策，结合高等教育国际化工作的实际需要，高等学校的教师和学生，在开展国际化活动中应该拥有下列有关权利。

一 自主开展国际学术交流与合作的权利

在遵守我国现行法律法规、政策和不损害国家利益的前提下，高校教师和学生应该拥有自主参加各种国际性的学术交流与合作活动。2010年，我国国务院发布的《国家中长期教育改革和发展规划纲要（2010—2020年）》（以下简称《教育规划纲要》）第一次全面系统地把高等教育国际化确定为国家教育的发展战略方向之一。为了实现这一战略，必须调动广大师生的积极性，主动参与到高等教育国际化的方方面面中去。伍慧萍在分析德国高等教育国际化政策框架时，指出"1998年联邦议院通过了高校总法第四次修改法，其目标在于保障21世纪德国高校的竞争力。此部高校总法修改法要求调整高校的学习结构，以适应国际化的需要。德国的高教政策制定者正不断完善高校立法，调整德国高教体制和学习结构的设置，推行一系列与国际接轨的学习计划，以提高德国高校体制的国际竞争力"。① 这说明，德国早就意识到高等教育国际化的重要价值，并通过立法的形式来促进高等学校的国际化工作。英国政府为了鼓励国际教师到英国大学任教，专门调整了其移民政策。"按照特伦不莱的说法，现在这种接纳国际员工的趋势主要应该归功于几项新的移民政策，例如 2002~2003 年为了提高高技术人员在英国工作的数量而实施的高技术移民项目（Highly Skilled Migrant Progarm）。在这项政策实施四年以后的 2007 年，英国大学 20%的教职员工来自海外，在 2005~2006 年，27%被聘请的员工来自于海外。"②

为了保证高校师生能够有效地参与国际化进程，学校应该创造条件鼓励师生主动开展国际学术交流与合作，并将师生的这一行为作为他们人才培养工作的基本权利予以尊重。为此，学校必须依据国家政策和法律法规制定学校范围内的规章制度保证师生的这个权利。

二 自主选择留学目的地国家和专业的权利

1978 年 6 月 23 日，邓小平同志作出了关于扩大派遣留学生的重要指示，实行"支持留学，鼓励回国，来去自由"的政策，学习国外先进科学技术知识和管理经验。改革开放以来，我们国家在公派留学生政策方面基本上执行的是政府主导留学目的地国的办法。这种方式的最大优势就是在国家支付留学经费有限的情况下，能够培养国家最缺乏的人才，提高了留学政策的效率。但是，也存在着部分留学生留学（包括在校学生。下同）的国家和专业并不是自己喜欢的情况，从而降低了他们学习的积极性。我们希望国家留学基金委今后能够加大公派留学经费的统筹力度，实行由留学人员自由申报，留学基金委直接资助派出而与留学人员所在单位脱钩，不需要留学人员所在单位资助经费，留学基金委对申请人员只做资格审查，无须对其学习目的地国和专业进行审查，资格审查也无须留学人员单位签署意见。保证非公职留学人员真正做到"来去自由"和选择自由。

---

① 伍慧萍：《德国高等教育国际化的政策框架及措施分析》，《德国研究》2000 年第 2 期。
② Rudzki, R. E. J. The Application of a Strategic Management Modle to the Internationalization of Higher Edueation Institutions, *Higher Edueation*, 1995, 29 (4), pp. 421-441.

三 师生自主参加国际学术组织的权利

随着全球化和国际化的不断深入,国际性的学术组织的数量也在与日俱增和不断更新。这就为我国高等学校的国际化提供了更多的机遇,为此,高等学校应该制定宽松政策鼓励师生主动、自主地参加国际学术组织,开展学术交流,不断增加中国学术地位和学术话语权。"我认为大学教授在国际化进程中扮演着关键的角色。如果教授拥有国际化经历,他们就可以通过讲课和讨论会与学生分享这样的经历。"[①] 我们希望学校将相关审批权限下放到基层学术组织,委托基层学术组织开展合法性审查,即该国际学术组织是否违反我国的法律或者对我国构成不利影响或者仇视、敌视我国政府和人民。

四 要求有关方面给予一定经费资助的权利

参加国际化活动自然离不开经费的资助,对于高校师生来说,他们有权向学校、政府机构和相关部门申请国际化活动所需的经费。尤其是对于在校学生,他们参与国际化活动更需要各方面予以经费支持,因为他们没有经济收入。目前,高等学校师生在开展国际化活动中,例如参加学术会议、开展国际合作研究、学生短期校际交换学习或短期学术交流,有时候还需要教师和学生自己解决一部分费用。这样的行为显然不符合国际化大趋势的要求。所以,学校、教育主管部门、政府相关机构和社会组织应该树立资助高校师生开展国际化活动是自己应尽义务的观念,竭尽全力帮助高校师生积极参与国际化活动。

第二节 依法履行国际化进程中的义务

高校师生在开展国际化活动中既要积极争取自己的权利,也不要忘记自己应尽的义务,主动参与国际化进程,在此过程中做出自己的贡献。

---

① 黄复生、魏志慧:《高等教育的国际化与多样化——访加拿大高等教育知名学者格兰·琼斯教授》,《开放教育研究》2008 年第 3 期。

一 大胆承担国际组织分配的任务

高等学校的基本职能决定着高校师生在国际化进程中,不仅要开展人才培养和科学研究的任务,同时,还要主动提供各自的智力服务。尤其是在国际组织中,往往更需要确定的是我们的师生能够提供哪些智力服务以及服务质量如何。从目前的情况来看,我们国家的高校师生在推进国际化进程中,大胆参与国际化组织并为其提供包括智力服务在内的人数极为有限、主动性不足,更谈不上提高智力服务的质量。出现这种状况的根本原因在于政府、高校以及师生等各方面的参与意识不强,政府为高校师生参与国际组织提供的机会较少。从师生的角度看,他们中大多数人参与国际组织的知识结构和能力结构都还有较大的提升空间,因而参与国际组织并大胆承担任务的信心不足。为此,高等学校必须立即着手在人才培养过程中特别重视加强对学生的国际化治理能力的培养,提高他们承担国际组织任务的信心。

二 在国际学术交流活动中积极宣传民族文化

教育具有意识形态的属性,高等教育亦是如此,国际化高等教育也不能摆脱这个本质属性,西方学者对此并不否认。如何体现和反映国际化中的高等教育的这个属性?从高校师生应尽义务的角度来看,就是应该在国际组织和国际学术交流中大力弘扬中华民族的优秀文化。当今世界的地区冲突和国家间的冲突,表面上看是经济冲突和军事冲突,但本质上看都是文化的冲突或者说是与文化有着不可分割的、千丝万缕的联系。这就需要各区域、各民族、各国家之间不断加强文化交流与沟通,表明各自的意图,多站在对方的角度思考问题。

中华民族传统文化历史悠久,上下五千年,其中不乏优秀的可以解决当今很多社会和国际难题的方案。中华民族文化"和而不同"的和谐发展观是我们优秀文化的集中体现,对于当今世界的经济发展和社会进步有着极高的借鉴价值。但是,以西方为代表的社会并没有能够真正理解其精神实质。因此,高校师生在推进国际化进程中,有义务向世界各国介绍和宣讲我们的这些优秀文化,争取他们的理解和认同,构建人类和谐社会。

三 积极开发国际化课程

在高等学校，课程是人才培养、科学研究和智力服务的汇聚点和基本途径，在国际化进程中课程建设可以帮助高等学校国际化工作落到实处。西方主要国家特别重视国际化进程中的课程研发和建设。北欧的芬兰、瑞典等国家，近年来在开发课程并进行国际化方面不惜投入大量的人财物，积极寻找国际合作伙伴，中国成为他们的首要目标。为此，我们应该端正态度、制定政策、积极应对，可以将其作为课程开发国际化的积极尝试。

英国历来重视并在开发国际化课程方面扮演着欧洲领跑者的角色。"为了吸引留学生，英国高校尽可能提供多层次、多形式的学习课程，如学位课程、基础学位课程、文凭与证书课程、语言课程等，同时英国重视国际化课程的开发与建设。国际化课程旨在培养学生在全球化和多元文化社会环境中的生存能力。20世纪90年代以后，英国高校国际化课程的数量和比重迅速增加，很多大学开设了涉外专业和课程，如世界经济、国际经济法、国际商务、国际金融、国际贸易、国际政治、世界文化等，这些课程的开设增强了对海外学生的吸引力。英国国际化课程的主要形式有：开设专门的国际教育课程、在现有课程中加入国际化元素、开设国际主题的新课程、地区性或国别研究课程（如曼彻斯特商学院开设的《欧洲研究》和《亚太研究》）、建立国际网络课程等。"[①]

国际化课程的建设和实施的最终实施者和践行者自然是高等学校的教师和学生。欧洲地区对国际化进程中课程的重视应该引起我们的警醒，高校师生应该将其作为自己必须完成的义务来积极对待。为此，高校师生必须通过多方面努力提高国际化课程建设的素养，在新一轮国际化课程竞争中处于不败之地。中国在近代化和现代化进程中并没有表现出自己的智慧，因而在近代化和现代化进程中处于被动挨打的局面。今天，我们在国际化课程建设进程中如果不能把握好机遇，历史留给我们中华民族的可能还是遗憾。

---

① 易红郡：《英国高等教育国际化策略：留学生视角》，《湖南师范大学教育科学学报》2012年第1期。

四　主动完成校际交流活动

我国目前的大多数高等学校中，对于在校的大学生来说，积极参与国际化的途径是非常有限的。通常采用的方法大多数是为学生提供国际间的校际短期交流活动和少量的学术交流活动。那么在途径极为有限的情况下，在校大学生更应该珍惜这个机会，平时在学习过程中要主动提高自身的综合素养，特别是在外语、国际关系、国际政治和世界历史等方面积累知识，培养自己开展国际化的意识和能力。在学校没有更多资源可以利用的情况下，大学生不妨利用现在的互联网这个工具主动联系国外大学和国外科研机构，大胆介绍自己、展示自己的思想和科研选题，积极参与这些机构的日常活动。

"为了吸引更多的优质生源，英国政府出台了一系列国际学生的资助政策，增加了奖学金的资助力度。这些资助政策主要包括1980年出台的《海外研究生奖励计划》、1983年的《志奋奖学金计划》、1987年的《英国本科生奖学金计划》、1987年的《中英友谊奖学金计划》等。2004年，英国提供了100多万英镑的研究生奖学金，资助中国、印度和俄罗斯等国的优秀国际学生到英国就读。"①

第三节　着力提升政策客体的国际化素养

为了更好地促进我国高等教育深度融入国际社会，提高高等学校的国际化水平，高等学校师生努力提高自身的国际化素养。这一点对当下的中国来说，具有特别重要的现实意义。因为从总体上来看，我国高等学校师生的国际素养并不理想，亟须提高和培养。为此，应该从以下三个方面加强。

一　牢固树立国际化的意识

从目前我们对本课题研究所做的访谈结果来看，我国大多数高等学校的教师和学生普遍缺乏国际化高等教育的意识。主要表现为大家在人才培养方案的制定、教学内容的选择、教学方法的使用、招生制度的设计、学校相关制度的

---

① 曹丽群：《中国生源使英国学校起死回生》，《参考消息》2004年4月8日。

制定等过程中，还习惯于狭隘的专业教育，把人才培养的目标仅仅定位于国内的某个行业、某个区域，课程内容的设计上对于国际学术发展的动态关注不够，等等。然而，西方发达国家则表现出很强的国际化意识，例如，"从政策层面上看，欧盟对于高等教育国际化的举措主要集中在对高等教育国际化理念的重视、高等教育机构人员的跨国交流以及跨国教育资格认证等方面的策略。这些措施和策略将深刻影响到各成员国高等教育系统的结构性措施，并必将大大促进欧洲高等教育国际化的发展"[1]。在这些政策的推动下，高等学校的教师和学生的国际化意识必然也会被激发出来。

近年来，北欧国家在高等教育国际化方面异军突起，诸如赫尔辛基大学、拉普兰大学、斯德哥尔摩大学等，师生员工的国际化意识非常强烈，他们会利用一切机会特别是国际学术交流的机会，不厌其烦、苦口婆心地推介各自的各种教育资源。此外，不少教师也会利用出国访问的机会，滔滔不绝地在各国高等学校里推介其教育资源，这种"传道式"锲而不舍的推介精神确实值得我们学习。显然，我国高校师生还非常缺乏这样的意识，甚至羞于推介我们的高等教育资源。可见，我们提出高等学校教师和学生牢固树立国际化意识确实不是一句空话和套话，而是我们必须面对的严峻的现实。如果我们的教师和学生都把国际化工作的推介看作政府或高等学校的事情而与自己的工作无关的话，我国高等学校的国际化工作真的没有太多的出路和前途。

二 努力掌握国际化的相关知识

高等学校的教师和学生若能真正发挥国际化工作的主人翁作用，还必须具备国际化的相关知识，这是他们开展国际化活动的基本条件。我国高校的教师和学生的国际化知识并不丰富，甚至对于少数高等学校的师生来说简直可以说是国际化知识相当的贫乏。虽然，我们现在还不能准确界定国际化知识的内涵，但是至少可以列出其大致的类型，如世界各国的文化、风土民情、历史、政治、经济、教育等方面的知识。这些知识的掌握固然可以通过普通的学校教育来得到，但是更多地需要我们的教师和学生

---

[1] 曾志东、施式亮：《欧盟政策对我国高等教育国际化的启示》，《求索》2008年第6期。

主动学习和获取这些知识，并将其视为提高个人素养的基本要求。但是，遗憾的是我们的不少教师和学生习惯于只关注自己狭隘的专业领域的那么一点点知识而忽视了对上述这些知识的学习和掌握。

美国政府和高等学校特别重视学生对国际化知识的学习和领会。"2013 年，美国国务院和美国国家地理杂志学会合作设立的《富布莱特美国国家地理杂志数码故事奖学金》（Fulbright-National Geographic Digital Storytelling Fellowship），资助美国学生针对任一全球重要主题在国外最多三个国家、一年学术时长的旅游和数码故事记述。"① 这样的举措，无疑促进了大学生对世界其他国家和民族文化的理解和体悟，其对国际化的认识自然要深刻得多。

荷兰乌特勒支大学研究生院院长、知名高等教育教授马瑞克·范德文德（Marijk van der Wende）在 2017 年 6 月 23 日出版的《大学世界报》（总第465 期）上刊文，认为"各种高教体系唯有更具开放性，才能为培养具有全球视野的大学生以及解决全球性挑战做出自身的贡献"。② 我国高等学校特别是"双一流"高等学校现在并不缺乏办学经费，但是有多少学校能够有类似于国际化发展较好的高等学校的这种制度设计呢？这说明，我国高等学校在培养学生和教师的国际化知识方面还没有意识到其重要性，我们希望高等学校在人才培养过程中，能够将部分经费投入国际化人才培养方面。

三　提升自身的国际化能力

总体上看，高等学校教师和学生参与国际化进程的能力还相当薄弱，这些能力至少包括语言能力、信息处理能力、组织协调能力和学习能力等。③ 高校师生应该在这些方面不断提升自己的能力，青年学生更要加强

---

① Fulbright-National Geographic Digital Storytelling Fellowship, 2015 – 01 – 30. http://www.us.fulbrightonline.org/about/types-of-grants/fulbright-national-geographic-digital-storytelling-fellowship.
② 周岳峰编译：《高等教育国际化应更具开放性》，《社会科学报》2017 年 8 月 17 日，第 7 版。
③ 姚望在《我国高等教育国际化的思考》（《中国成人教育》2014 年第 23 期）一文中，特别分析了国际化进程中大学生应该具备的素质，他认为，全球化背景下，高校应当注重培养学生的以下素质。第一，较强的外语应用技能。语言是人际交流的　（转下页注）

这些能力的锻炼，主动参与国际化进程。美国政府注重通过国际化进程对青年学生国际化能力的培养，并希望他们成为国际化的领袖人才。"进入21世纪以来美国联邦政府对高等教育国际化的关注在深度和广度上都有新的拓展，原因在于，美国迫切地需要通过高等教育国际化的教育功能为美国培养具有全球化意识的美国青年；借助高等教育国际化的公共外交功能为美国与世界搭建新的国际关系，继而维护美国的国家安全与领导地位。"① 此外，美国政府还通过立法的形式为国外留学生的培养创设良好的环境，将其视为本国高等教育的一部分而对其能力进行培养。"2007年《美国竞争力计划》（American Competitiveness Initiative，ACI）提出要提供最好的环境，以吸引世界各地的最顶尖的学生、科学家和工程师，让美国成为世界上从事学习和科学研究的最有吸引力的地方。2009年美国参议院出台的《2009年参议员保罗·西蒙留学基金法》（Senator Paul Simon Study Abroad Foundation Act 2009）将海外留学教育正式确立为美国大学教育的一部分。同时法案要求美国高等教育机构清除目前校内阻碍学生留学的因素，如课程、教师参与、学院领导和计划项目等。"② 这些举措的实施，不仅提高了

（接上页注③）桥梁，高等教育越是国际化就要求培养的人才具有外语能力，只有具备较强的外语表达能力与应用能力，才能在彼此交流中既吸收外国文化精粹又能够将我国优秀文化传统广泛传播。然而，当前我国高等教育培养的人才外语水平普遍偏低，大多是"中国式的外语"，与外国人交流存在很大障碍。这一问题会严重影响高等教育与国际接轨的历程，削弱其参与国际交往的力量。因此，培养我国人才的外语应用技能应当引起社会各界的重视。第二，国际化观念。只有具备较强的国际化观念才能以全球性眼光看待问题，才会有动力学习更为宽泛的知识，如国际惯例、国际礼仪等。我国高等教育在培养学生国际化观念方面还有待完善，各级政府应当加强财政支持，鼓励高校在课程结构上进行变革，逐渐建立与国际社会接轨的课程体系以增加学生的国际性知识。第三，民族责任感。高等教育的国际化使得多种异域价值观念不断拥入我国，这对于高校的广大青年学生而言，一定程度上增加了他们人生观的困惑。所以，越是国际化就越要加强爱国主义教育，国际化人才应当既有国际意识，又有民族责任感，在国际交往中将中华民族传统文化发扬光大，提升我国"软实力"。第四，创新能力。我国历来都重视创新性人才的培养，在国际化过程中，我们要培养的人才既要能够适应国际、国内环境的变化，又要能够在新环境下进行创新性工作，这种创新能力包括应变能力、决策能力以及综合实践能力。因此，高校需要开设培养学生创新能力的课程体系，并将其贯穿他们的学习与生活中。特别要注意培养学生的求新意识，鼓励其在学业上发表与他人不同的观点。

① 丁玲：《从联邦政府的行动透视21世纪美国高等教育国际化》，《高等教育研究》2011年第4期。
② 丁玲：《从联邦政府的行动透视21世纪美国高等教育国际化》，《高等教育研究》2011年第4期。

本国青年学生国际化能力，也培养了外国留学生的国际化能力。

  国际化能力的锻炼固然需要学生自身的努力，但是，教师的教育教学往往会发挥更有效的作用。这就需要教师自身提高国际化能力，进而更好地为学生国际化能力提供指导。

第八章 我国高等教育国际化政策内容构建研究

高等教育国际化政策涉及政策价值指向、政策的文本形式、政策文本的数量以及政策制定的程序等方面。本章将围绕这四个方面展开研究，以便为我国高等教育国际化政策内容的科学化提供依据。

第一节 主动组织国际化政策设计活动

主动组织国际化政策设计活动，不仅是政府的责任和义务，更是高等学校和师生特别是教师应有的义务（当然也可以理解为是他们的权利）。高校教师作为学术人员理应了解并及时把握学术研究的动态，具备一定的学科发展方向的展望和预测能力与意识，这就为高等学校组织国际化政策设计提供了基本保证。

一 持续跟踪高等教育国际化动向

高等教育国际化是一个动态的过程，也是一个快速变化的过程。其间的许多举措和方案的设计如同战场的战机一样稍纵即逝，必须及时把握。在这一点上，西方发达国家的行为值得我们学习。

（一）鼓励学者通过学术交流了解国际高等教育的最新进展

高等教育国际化活动的实际参与者主要是学者特别是高等学校的教师，因为一名高校教师特别是研究型大学的教师，其重要职责之一就是开展科学研究，而高等教育国际化的重要内容就是学术交流。高等学校的学生也责无旁贷。高校教师的工作重点是把握自己熟悉领域学术研究的最新进展，尤其是要具有敏锐的学科发展最新进展的认知能力，关注那些似乎并不引人瞩目但很可能成为这些领域下一步的重点的细微信息。在把握这些进展和细微信息后，经过自己的思考并立即将其转化为教学内容，传授给学生，鼓励学生做更多的关注和思考。学生的重点是通过课程学习把握本领域的最新内容，尽快消化并努力创新，从而为学科和自己的学术发展积累知识和经验，提高自己的创新能力。

（二）通过驻外机构关注国际高等教育的动态

驻外机构是关注国外各种信息的合法机构，高等教育国际化也应该属于这些机构关注的范围。我国的驻外机构很多，除了政府的使领馆（办事处等）之外，还有一些非政府的国际机构和经济、文化领域的机构。我们必须发挥这些机构各自的工作岗位优势，及时准确把握高等教育国际化方向动态，特别是政策层面的各种动态，并将这些信息通过多种途径通报高等教育相关机构，为高校师生的教学和科研提供最新信息。应该说，进入21世纪以来，我国的各种驻外机构在促进我国高等学校的国际化方面做出了很大的贡献，不少驻外机构鼓励在国外学习和交流的教师和学生开展专项研究，为促进我国高等教育的发展提供了大量的信息，正在成为我国高等教育国际化的重要手段。今后，这些机构还需要做更多的高等教育国际化所需要的政策信息和教学、科研信息方面的工作。

（三）关注媒体信息，不断跟踪国际高等教育走向

当今时代是高度信息化的时代，几乎每个人都可以成为一个媒体信息中心。与此同时，每个人每天也都在接受海量的信息。这就需要我们采用大数据分析和处理的手段从这些海量信息中搜寻和归纳我们所需要的有价值的信息。高等教育国际化就是如此。这就需要高等教育国际化机构特别是高等学校的相关机构设置专门的机构、配备专职人员关注这些信息。这些机构要定期召集师生开研讨会，会议的目的一方面是要将自己掌握的信息告诉师生；另一方面，也将机构本身掌握的信息通报教师，大家共同研讨，分析高等教育国际化的走向，为学校国际化政策的制定提供依据，从

而主动引导国内高等学校开展国际化。

二 不断倡导高等教育国际化理念

倡导高等教育国际化理念意味着我国政策制定部门特别是高等学校必须从思想上始终处于主动思考问题的状态，而不是一味地跟着别人后面学习。我们不反对学习别国的成功经验，而更需要的是主导高等教育国际化走向。

（一）主动寻找高等教育国际化制度的新增长点

由于我国现代化高等教育起步较晚，与西方少数发达国家相比，我们对高等教育发展规律的把握并不十分准确，因而在制定相关政策的时候不可避免地要"东张西望"一下。但是，在面对这些发达国家设计国际化制度时，我们要具有相应的制度设计创新能力和敏感性。例如中国高等工程教育专业认证从 2006 年开始启动，到 2016 年正式加入《华盛顿协议》①总共经历了 10 年时间。但在此期间，我们的思维方式一直是采用何种方式加入该协议，而不是我们思考如何通过自身努力来倡导签订一个以中国为主导的更有价值的《×××协议》。这说明我们在国际政策制定方面缺乏信心和意识。我们不妨思考一下：为什么《华盛顿协议》在这些国家能够由民间工程专业团体发起，而我们却连一点设计类似制度的意识也没有？我们应该在看到别人进行制度设计时思考如何寻找政策和制度的创新点。只

---

① 据"百度百科"介绍：《华盛顿协议》于 1989 年由来自美国、英国、加拿大、爱尔兰、澳大利亚、新西兰 6 个国家的民间工程专业团体发起和签署。该协议主要针对国际上本科工程学历（一般为四年）资格互认，确认由签约成员认证的工程学历基本相同，并建议毕业于任一签约成员认证的课程的人员均应被其他签约国（地区）视为已获得从事初级工程工作的学术资格。2013 年，我国（中国大陆）加入《华盛顿协议》成为预备成员，2016 年年初接受了转正考察。燕山大学和北京交通大学代表国家成为《华盛顿协议》组织考察的观摩单位。2016 年 6 月 2 日，中国（中国大陆）成为国际本科工程学位互认协议《华盛顿协议》的正式会员。《华盛顿协议》规定任何签约成员须为本国（地区）政府授权的、独立的、非政府和专业性社团。《华盛顿协议》是国际工程师互认体系的六个协议中最具权威性、国际化程度较高、体系较为完整的"协议"，是加入其他相关协议的门槛和基础。2016 年 6 月 2 日，在吉隆坡召开的国际工程联盟大会上，全票通过了我国加入《华盛顿协议》的转正申请，我国（中国大陆）成为第 18 个《华盛顿协议》正式成员。

有主动寻找到制度和政策的创新点，才有可能提出创新性理念。

（二）不断创新中国特色的高等教育理论

我国高等教育历史悠久，有丰富的高等教育思想和人才培养经验。虽然早期教育家的教育思想中并没有严格区分高等教育思想和基础教育思想，但是人才培养的基本规律具有普遍性。随着高等教育体系逐步成熟，相应制度不断完善，我国古代教育家对于高等教育的认识逐步形成了思想体系。进入近代社会以来，虽然我国曾经多次片面学习苏联高等教育和西方发达国家高等教育，但是我们从这些学习中也有过中国式的本土化和反思。所有这些，在我们今天开展高等教育国际化过程中，都可以加以总结和归纳，从而创造出具有中国特色的高等教育理论。国际化也是民族化，没有民族性就没有国际性。只有构建出我国特色的高等教育理论，我们才有资格参与高等教育国际化活动。

（三）充分利用国际舞台表达我们的观点

关于如何利用国际舞台阐释我们对于高等教育改革、人才培养制度等的观点，在前文多处有所涉及和阐释，其原因和重要性在此不再赘述。但是，我们这里要特别强调的是，我们在表达对于高等教育制度、内容、方法等方面的观点时，在不涉及国家重大利益和原则的前提下，一定要基于学术的态度、科学的方式和学者的角色进行交流。这一点，美国等西方国家通过富布莱特基金会的方式就值得我们借鉴和反思。

三 鼓励高等学校创新国际化制度设计

高等学校作为国际化工作的最终实施主体，其制度设计直接影响着国际化工作的质量和水平。"联合国教科文组织《关于高等教育的变革与发展的政策性文件》中提到：'高等教育的开展与管理获得成功的前提之一是与国家和整个社会有良好的关系。这种关系应当建立在学术自由和学校自治的原则基础上。要使任何一所高等院校始终成为自由探索的场所，始终在社会上发挥创造、思考及批评作用，没有这两条原则是不行的，虽然国家可以而且应当起到促进及制定规章制度的作用，但应提倡高等院校自治。同时，整个社会经济环境也迫使高等院校与国家和其他社会部门建立联系并承认他们应向社会负责。'"① 在充分尊重我国社会发展和国情的基础上，国家和地方政府应该加大放权的力度，给足高等学校国际化办学的主体办学权，鼓励高等学校开展制度创新。

（一）以国际化视角不断完善人才培养方案

高等学校的人才培养方案是高等学校进行人才培养的基本依据和重要文件，过去我们在制定人才培养方案时更多的是基于国内各方面发展现状要求来设计的，而对于国际社会发展关注得不足，导致我国高等学校在开展国际化活动中有许多不适应且质量难以提高（例如，大多数高等学校没有外文版的培养方案，使得许多来华留学和希望来华留学的学生无法选择希望学习的课程）。所以，高等学校在今后的国际化过程中，一定要基于国际视角思考和设计人才培养方案，在课程结构和内容上保持与国际学术同步的水平。正在建设的世界一流大学的人才培养方案要有力争在课程结构和内容保持世界领先水平的意识并为此付出努力，培养世界一流人才。

（二）创新灵活的学分制度

世界各国高等学校在学分设计上有很大的差异，这为高等教育的国际化的推进增加了很多制度上的障碍。欧盟在20世纪就已经意识到这个问题的存在，并着手通过建立一系列机制试图解决这个问题，随着欧盟一体化进程的加快，各国在学分制度设计上基本解决了诸多障碍。欧盟高等教育一体化进程中的许多制度改革和设计值得我们在开展高等教育国际化方面借鉴。其中核心思想就是在学分设计上能够有多元和多边的灵活的接轨机制，既方便中国学生出国留学，也方便来华留学生的学习。目前，这样的机制尚未建成，需要高等学校继续努力，尽快消除制度上的障碍。

---

① 周晨琛：《OECD 和 UNESCO 高等教育国际化政策的比较研究》，《洛阳师范学院学报》2013 年第 3 期。

(三) 建设具有高度统筹能力的基础保障体系

上述制度的实施需要有相应的政策工具做保障,这就是高等学校在实施国际化人才培养过程中,打破原有的思维模式,建设具有高度统筹能力的基础保障体系。我国高等学校目前所运行的这套保障体系尚不足以应对国际化人才培养的需要,不少职能部门根本就没有将国际化纳入自己的管理视野之中,而是局限于自己的"一亩三分地"。例如,部门之间在国际化活动中基本上没有相应的协调机制,碰到一些涉及国际化工作的难题时,仍然只能靠开协调会的形式来解决。试问:国际化事务那么多,难道都要靠协调会解决吗?所以,高等学校必须首先弄清楚国际化活动的构成要素,在此基础上,重新构建学校的组织机构并明确各自的职责,形成常态机制而无须召开协调会来解决问题。

高等学校在基础保障方面,要善于运用现代信息技术,特别是高水平大学更要发挥各自的学术优势,通过信息技术把学术优势转换为国际化优势。"新的信息技术在国际化进程中也扮演了一个相当重要的角色,但是我认为不同类型的机构利用信息技术的方式也有所不同。新技术应用最明显的例子就是用于支持远程教育,无疑,这些技术为地理分布分散的人群提供了更多接受高等教育的机会。现在,学生可以参加其他国家的大学通过远程教育方式提供的课程;即使他们没法去其他国家,他们也可以获得国际化的经历和了解。但是对于那些最精英的大学来说,新的信息技术同样也在国际化进程中扮演着重要的角色,这是因为他们可以组织主要的视频会议讲座,并邀请一流的学者参与,或者将新兴通信技术作为国际化研究合作的基础。"[①] 在国家已经公布的世界一流大学的建设过程中,能否把握信息技术是高等学校能否建成世界一流的关键环节。

在我国的高等教育国际化进程中,还普遍存在着一种现象,即"中外合作办学的实践及政策滞后与偏离。中外合作办学政策与实际发展情况相比相对延后,可以说中外合作办学实践反过来推动了政策的实施。

---

① 黄复生、魏志慧:《高等教育的国际化与多样化——访加拿大高等教育知名学者格兰·琼斯教授》,《开放教育研究》2008 年第 3 期。

在此之前，我国基本没有与国外院校或世界一流大学共同合作办学的经历，缺乏实践与经验的积累。但改革开放以后，中外合作办学成为我国高校发展的趋势之一，国际化成为许多重点院校的建设目标之一，合作办学这一模式则是推动高校发展的捷径。这就导致其发展速度远远超过现实的预期，而政策所搭建的框架结构并不能有效起到促进作用。从政策中不难发现，其所倡导的发展理念呈现不断更新的态势，其主要目的是从政策层面引导中外合作办学，但政策赶不上实际情况成为影响政策有效性的障碍"。[1] 中外合作办学只是我国国际化办学的形式之一，但就是这样的办学形式在很多高等学校里也没有形成完备的统筹机制，造成很多办学单位在人才培养过程中举步维艰，困难重重，严重降低了办学单位的积极性和工作效率。

第二节 丰富高等教育国际化政策渊源

政策渊源是否丰富反映出一个国家的民主化、法治化、规范化程度和质量，通常情况下，政策渊源越丰富，民主化、法治化、规范化程度越高，反之亦然。高等教育国际化质量的高低与其渊源是否丰富有着十分密切的联系。

一 拓宽国家层面高等教育国际化政策渊源

毋庸置疑，国家是推动高等教育国际化的最终和最强大、最持久的政策主体，中国如此，西方国家亦是如此。"英国高等教育的国际化之所以能发展如此迅猛，国家政策的支撑是个不可或缺的因素。为了保持英国在招收国际学生中的领先地位，政府制定了一系列促进高等教育国际化的政策。这些政策主要包括1963年的《罗宾斯报告》、1992年的《留学生高级学位管理》、1997年的《迪尔英报告》、1999年的《首相行动计划Ⅰ》（全称为《首相关于国际教育的行动计划》）[2] 以及2006年的《首相行动

---

[1] 朱文、张浒：《我国高等教育国际化政策变迁述评》，《高校教育管理》2017年第11期。
[2] "About the PMI", http://www.ukcisa.org.uk/pmi/index.php, 2010-08-20.

计划Ⅱ》①等。"可见，国家对于高等教育国际化政策设计的态度必然会影响地方政府和高等学校。所以，丰富高等教育国际化政策渊源，必须首先从国家层面的政策主体开始。

（一）作为高等教育主管部门要积极思考政策的开源

高等教育国际化毕竟属于教育这个范畴，因此，在国家层面的高等教育国际化政策制定中，国家高等教育主管部门必须发挥引领作用，积极思考并通过建立相应的机制获取各相关部门在政策研制方面的大力支持。如何思考高等教育国际化政策渊源开源这个难题，我们认为可以从高等教育国际化的过程各个环节的构成要素来把握。例如，高等教育国际化的目的、目标、手段、主体、内容、工具、评价等。虽然学界对于高等教育国际化政策环节的构成要素见仁见智，但是这些基本要素应该包含这些。我们不妨从这些要素下手做更加深入的思考，然后制定政策规划、设计相应的政策。

（二）相关部门必须积极支持协同发力

高等教育国际化不仅是教育主管部门的事业，而且也是国家、民族和社会进步的共同的事业，有鉴于此，国家层面的其他各部门都应该基于各自职能的视角思考高等教育国际化工作，主动制定并积极支持国家教育主管部门的工作，共同研制相关的政策。如果能够做到这一点，那么我国高等教育国际化政策的渊源自然就会变得更加丰富多彩。

（三）立法部门也必须主动思考高等教育国际化走向

立法部门是国家的最高权力机关，必须发挥这种优势主动立法，为上述各部门制定的政策提供坚实的法制基础，为高等教育国际化进程保驾护航。从总体上看，与美国、英国等西方发达国家在高等教育国际化立法的状况相比，我国立法机关在高等教育国际化立法方面还有很大的提升空间

---

① "PMI 2 Overview"，http://www.briti-shcouncil.org/eumd-pmi2-overview.htm，2010-08-26。

（当然，我们也必须看到，我国与这些国家体制上的差异也在很大程度上导致了我国与这些国家之间在法律渊源上的数量差异）。通过改革开放四十年的发展和进步，我国在教育立法上已经取得了很大的成就，教育法律体系基本构建。今后的立法重点应该是不断完善这个体系的空白，而高等教育国际化方面的立法正是众多空白中的主要点。我们呼吁国家立法机构在此领域加大立法力度、加快立法速度。

二 促进地方政府开发高等教育国际化政策渊源

地方政府在高等教育国际化政策渊源拓展中扮演着桥梁和中层统筹者的角色，其所发挥的作用不亚于中央政府教育主管部门的作用。地方政府在动用教育资源方面可以更直接、更有效，其与高等学校之间更接近，因而能够精准地推动高等学校的国际化工作。

（一）深入调查研究把握高等学校国际化需求

制定政策的前提是必须找到政策的需求，即发现问题并针对问题研制政策。地方政府高等教育国际化政策渊源是否丰富也是需要找到其中的问题，为此，地方政府各部门特别是高等教育主管部门必须主动到高等学校及社会相关部门开展调查研究，掌握本区域高等教育国际化的现状第一手资料，研究出现问题的原因。在此基础上，与各相关部门通力合作，制定精准的高等教育国际化政策。

（二）加强地方立法保证国际化政策落地

地方政府的高等教育国际化政策要有效付诸实施，离不开地方立法部门的支持与合作。这是因为，一方面，通过地方立法可以使得国际化政策更有法律依据，或者将某些政策转化为地方法规，进而使得政策具有更多的刚性和权威性，有利于政策的有效实施；另一方面，立法部门中学科专家相对比较多，特别是立法部门可以吸收更多学者参与立法（这一点比行政部门有更多的灵活性），有利于准确把握高等教育国际化政策的正确导向，有效推进高等学校的国际化。

（三）提供多样化的政策工具鼓励高等学校开展国际化活动

无论是地方政府还是高等学校，推进国际化政策渊源是否丰富也与地方政府各部门所能够设计的政策工具有着直接的关系，政策工具的有效使用在很大程度上可以弥补政策渊源的不足。通常情况下，政策工具越丰富，政策渊源也会随之增加，反之亦然。但是，尽管政策工具的使用可以丰富政策渊源，但是也不能滥用政策工具，否则会适得其反，因为过多地采用政策工具也会抑制相关部门出台政策的积极性，从而减少政策的数量和来源。高等教育国际化政策工具也是如此，这就需要政策制定部门要把握准确，既不要出现政策工具缺位的现象，也不要出现政策工具滥用的现象。

从我国目前高等教育国际化政策发展的现状来看，地方政府对于促进高等学校国际化的政策工具总体上并不多，还没有到滥用的程度，而是处于需要增加数量的阶段。因此，地方政府适时制定并出台较多数量的政策工具有利于高等学校开展国际化工作。

三　鼓励高等学校自主拓展高等教育国际化政策渊源

高等学校对于国际化的认识和态度决定着高等教育国际化的水平和效果，而高等学校是否愿意开展国际化也与其高等教育质量密切相关。"美国的高等教育国际化水平无疑与其较高的高等教育质量密切关联，对于精英研究型大学，国际化是提高质量和竞争力的重要手段。与此相应，多所精英研究型大学也都有明确有力的国际化举措和各自特点鲜明的国际化战略。例如，麻省理工学院将国际化视为联通高等教育和企业的桥梁，哥伦比亚大学则充分利用其地处纽约的优势和大量国际学生申请的历史。"[①] 可

---

① 曾满超、王美欣、蔺乐在《美国、英国、澳大利亚的高等教育国际化》（《北京大学教育评论》2009 年第 2 期）中列举了杜克大学、耶鲁大学和加州大学伯克利分校等三所学校的国际化策略，其中，对于加州大学伯克利分校的国际化策略介绍如下：加州大学伯克利分校把自己的角色定位为既要保证和增强其作为杰出学术领袖的成功地位同时也保持其特有的公共使命感和特征。该校发现全世界的其他高校已经越来越认识到拥有更多有想象力的国际化项目的重要性。学校的战略沟通办公室在 2005 年曾表示，结成新的更有效的国际伙伴关系对加强研究能力、学生的智力和职业发展以及高校对地区 （转下页注）

见，高等学校的国际化工作需要从学校的多个方面着手，各级政府必须积极支持，鼓励高等学校创新国际化政策。高等学校可以从以下几个方面丰富国际化政策渊源。

（一）积极研制提高办学水平的政策

高等学校办学质量决定着国际化的水平和效果。不能想象一个办学水平低下的高等学校能够有效地开展国际化工作。因为只有高等学校自身办学质量高，才能引起国际同行的关注，国际教师和学生才会愿意开展合作与交流，否则单方面的国际化是没有可持续性的。为此，学校应该在提高办学质量方面下大功夫、下苦功夫，制定丰富多样的政策。2018年6月21日在四川成都，教育部部长陈宝生在新时代全国高等学校本科教育工作会议上的讲话中指出，大学生的成长成才不是轻轻松松、玩玩游戏就能实现的。有调查分析（中国大学生学习发展研究和全美大学生学习的数据调查和分析），我国大学课堂的挑战性和美国高校相比还是有差距的，高校还存在一些内容陈旧、轻松易过的"水课"，有人说，现在是"玩命的中学、快乐的大学"，这种现象应该扭转。青春是用来奋斗的，对中小学生要有效"减负"，对大学生要合理"增负"，提升大学生的学业挑战度，合理增加课程难度，拓展课程深度，扩大课程的可选择性，激发学生的学习动力和专业志趣，真正把"水课"变成有深度、有难度、有挑战度的"金课"。

陈部长所讲的这些现象在我国高等学校有一定的普遍性。我们认为，为了更好地促进高等教育国际化进程，高等学校在提高人才培养质量方

（接上页注①）经济发展的贡献都有重大意义。对伙伴关系的关注是要强调与海外高校的平等合作的关系以及拓宽学生的体验。该校认识到国际化使得学校和整个加利福尼亚州保有竞争力，也能与21世纪研究型大学的需求和机遇保持同步。该校国际化的一项新举措是创建国际战略发展的职位。该职位具体包括创建一套博士教育的更有效的国际化新模式，整合本科生以项目为基础的研究和教学方法以及把国际研究与本地经济发展对接的多个部门的模式。负责该职位的人需要通过利用高校现有的能力与加州大学全部十所分校一道工作并整合出新的多边合作研究活动、课程体系和联合项目。另外融入这些活动中的还包括建立与全球伙伴大学的多层面合作关系、应对重要并且实际的多个学科挑战、提升科学技术领域与人文社科领域的教师和学生在国际范围内的合作以及拓展国际兴趣和整个加州地方社区的需求。

面，不妨从教育部部长陈宝生提到的这几个方面研制政策。当务之急是应该尽快加强课程建设，从课堂教学中给大学生增负，加大大学生的学习压力，倒逼大学生多读书、多思考。

（二）积极研制方便来华留学生的政策

有不少高等学校抱怨难以招收国际学生来校学习。抱怨是无能的表现。高等学校应该反思为什么自己的学校缺乏吸引力，应该如何增强自己的吸引力。其中，除了高等学校普遍存在办学水平不高的主要原因之外，高等学校还是可以有所作为的。例如，可以集中在少数学科和专业上着力，提高水平，扩大美誉度。还有尽量方便来华学生的学习，在住宿条件、饮食服务、学习资料翻译、耐心咨询等方面都可以提高来华学生的关注度。

（三）积极研制鼓励师生出国进修和留学的政策

国际化是一个双向的过程，如果我们吸引不了来华留学生和外籍教师来校学习和工作的话，那我们就要增加派出教师和学生出国学习和交流的人数，加大相应的投入。在2010年国务院发布的《国家中长期教育改革和发展规划纲要（2010—2020年）》中明确提出，"到2020年将建成一批国际知名、有特色、高水平的大学，若干所大学达到或接近世界一流大学水平"；[①] "在国际合作方面，通过联合培养、暑假学校、短期考察等方式，分期分批将学生送到国外一流大学学习和交流，鼓励学生利用国外条件开展科学研究工作，尽快融入学科领域或国际一流科学家群体"。[②] 日本政府非常重视高校师生的国际交流，"不仅积极向国外派遣留学生，还积极派遣大批的教师和科研人员到海外进修或访问研究，以提高教育国际化水平。据统计，1995年，日本派往国外的学者共为41965人，到2009年已

[①] 国务院：《国家中长期教育改革和发展规划纲要（2010—2020年）》，《中国高等教育》2010年第3期。

[②] 国务院：《国家中长期教育改革和发展规划纲要（2010—2020年）》，《中国高等教育》2010年第3期。

增加到134939人，其中2004年人数最多，为137407人"①。

我们要相信这些师生回国后一定能够带来许多有价值的人才培养工作所需要的信息，转变他们的观念，开拓他们的思维视野。而这些要素都是提高高等教育水平必备的，有了这些要素，我们就能更快地建设世界一流大学，我们的国际化目标也就实现了。"1997年，欧盟委员会发表了《走向知识化欧洲》的报告，强调加强欧盟的教育、培训和人才培养。在报告中，欧盟委员会声称要逐步建立一个开放和充满活力的欧洲教育区，让欧洲大陆的高等学校在世界上更具吸引力。"② 我国高等学校应该抓住这个契机，大量派出师生到欧盟地区学习和交流。

四 社会组织要积极参与拓展高等教育国际化政策渊源

社会组织积极参与国际化政策制定在前文也多次提及，这方面西方国家也有现成的经验。例如，美国"不同渠道的资金投入保证教育国际化政策的实施。首先是联邦政府的支持，其政策法规的重要内容就是规定拨款数额或比例；其次是多种基金会等非政府组织；再次是工商企业等私营部门；还有大学等教育机构从自身预算中支出的用于国际教育交流合作的专项经费"③ 从中我们可以看到社会组织在国际化政策制定和实施中的作用。

我国社会组织目前还没有成为有较强影响力的社会力量，但是，从长远来看，社会组织成为国家治理的主体之一是必然趋势。2016年11月9日，由广州市民政局指导成立的广州社会组织学院正式揭牌。④ 该学院是国内首家在民政部门正式登记注册、具有独立法人资格的社会

---

① 日本文部科学省：《国際研究交流の概況》（平成20、21年度），2010年10月7日。
② 曾志东、施式亮：《欧盟政策对我国高等教育国际化的启示》，《求索》2008年第6期。
③ 周南照：《教育国际化的若干国家政策比较和世界态势反思》，《世界教育信息》2013年第4期。
④ 《广州社会组织学院》，百度百科，https：//baike.baidu.com/item/%E5%B9%BF%E5%B7%9E%E7%A4%BE%E4%BC%9A%E7%BB%84%E7%BB%87%E5%AD%A6%E9%99%A2/20197053；《广州社会组织学院揭牌成立 致力搭建人才培育平台》，新浪广东，http：//gd.sina.com.cn/news/xy/2016-11-09/detail-ifxxnety7812546.shtml，2018-07-15，10：43访问。

组织学院，致力搭建人才培育平台。这是一个新鲜事物，值得各方面给予关注。这也许标志着社会组织正在走向社会治理的中心，它们对高等教育国际化政策的研制和实施一定能够发挥其他主体无法替代的作用。

第三节 构建合理的高等教育国际化政策结构

合理的高等教育国际化政策结构是高等教育国际化有效实施的基本保证，该政策结构既要与现行的宏观政策结构保持一致，也要结合国际化的实际需要在原有的政策框架内进行扩展与创新，走出原有政策中的不合理窠臼。

一 确定合理的高等教育国际化政策的构成要素

从系统论的角度来看，分析一个事物的结构，必须首先弄清楚构成该事物的基本元素。万事万物都可以有自己的结构，因而也都有独特的构成要素。高等教育国际化政策亦是如此。但是，当我们确定高等教育国际化政策结构时，是运用系统论的逆向思维，即首先明确功能，然后循着这个功能去设计我们所需要的结构和相应的要素。我们姑且把这种思维方法或理论基础称为"反系统论"。由此可见，确定合理的高等教育国际化政策结构的构成要素至少要分为三个阶段。

（一）确定高等教育国际化的目标

确定高等教育国际化政策目标的目的在于为其功能提供方向和依据。高等教育国际化是一个动态的过程，我们不可能确立一个一劳永逸的政策目标，必须紧盯国际化的动态和走向，及时调整我国的高等教育国际化目标。同时，还要根据各个高等学校的不同情况设计不同的政策目标。在确定高等教育国际化政策目标的过程中，无论是中央政府还是高等学校，都要主动听取各个学科专家和学者的意见，甚至要了解大学生的意愿。

（二）设计高等教育国际化政策功能

有了上述政策目标，接下来就是要根据这个目标来设计政策的功能。同一个目标可以通过不同的功能来实现，亦即并不是政策目标和政策功能是一一对应的关系，而是一对多的关系。这就为各级政策主体设计政策功能提供了广泛的思维空间和创造范围。其中高等学校作为高等教育国际化具体实施主体，更要发挥自身优势、结合自身需要设计最优的功能。这就需要各级政府及其教育主管部门更多地放权，赋予高等学校更多的自主权，鼓励高等学校在政策功能设计上大胆创新。

（三）确立高等教育国际化政策构成要素

确立了高等教育国际化政策的功能之后，再根据这个功能来确立构成要素就变得顺理成章、水到渠成了。我们可以根据这个功能的设计范围，确立政策的要素，例如，政策主体的范围、政策客体的条件、政策评价的方式、政策完善的路径等。因校而异、因区域而异，八仙过海，各显神通。果真如此，必然会出现百花齐放、百家争鸣的丰富多彩的局面，我国高等教育国际化政策构成要素会更加丰富和合理。

二 理顺各构成要素之间的逻辑关系

理清了政策构成要素并不一定就能发挥最佳的效果（功能），还需要进一步理清这些要素之间的逻辑关系，使得它们之间不会相互干扰而丧失系统的整体功能。这就需要政策设计部门必须了解每个政策要素的性质和特征，从而合理放置这些要素在结构中的位置，打破常规的思维方式。例如，我们通常在设计政策要素的时候可能首先要确定的是政策主体，因为只有主体确立了才能有人去思考政策客体等一系列其他要素。但是，这个思维方式是不合理的，因为政策的本质是达成政策的目标并为实现这些目标而解决其中存在的问题。如果一个政策没有了目标和所要解决的问题，那么这个政策就是一个毫无价值的虚拟政策，本质上说就不是政策而只是一个文本而已。由此可见，我们确立高等教育国际化政策构成要素时，首先必须以寻找和解决问题为基础，围绕解决这些问题来构建政策要素。例如，为了解决高等学校的学术伦理问题，就必须先把学术伦理问题的现状和原因弄明白，然后再去构建所需要的要素，如哪些部门参与、如何参与、如何设计解决路径等。

三　建立要素与部门间运行机制发挥政策结构最大功能

通常情况下，政策要素的背后会对应诸多的部门（既有政府的机构，也有高等学校内部的职能部门，还有社会组织），这些部门承担着不同的职责（功能），那么在上述逻辑关系确立后，也就事实上确立了这些要素背后的各部门之间的逻辑关系（通常称之为工作关系）。从传统的管理学的角度看，这些部门往往是平行的流水式的关系，如果一个环节不能有效发挥其功能（支持工作），那么这个平面上的逻辑关系链条就会断裂而无法"继续流水"，相反，上游的水势越大，下游的洪灾也就越大。这就需要在这个逻辑关系链条之上有一个能够发挥协调的疏通堵塞的机构和工具。从这个角度来看，完全依靠"治理"理论的观点是不能解决上述的堵塞，而管理理论则能够有效发挥疏浚排涝的功能。

日本在推进高等教育国际化方面非常重视各部门的合作与协调机构的建设。"日本考虑到国内教育改革的实际情况，于1984年成立了跨部会的临时教育审议会简称"临教审"，作为中央教育审议会的补充。临教审从1985年至1988年发布了四次咨询报告，提出要适应国际化发展，为全世界培养人才和发展科学文化的改革目标。1987年9月日本依据临教审的建议又设置了大学审议会，为高等教育改革提供更详尽的措施建议。1988年6月，日本文部科学省公布了题为《发展国际间的理解和合作——通过各种教育、科学、文化和体育活动》报告，概述了增进国际间的理解和合作的有关策略以及在教育、科学、文化、体育的国际化方面应该做出的努力。"[①] 我们希望在高等教育国际化政策构成要素确定以后，各级政策主管部门要根据各自的具体情况设计上述协调机构，使高等教育国际化政策能够得到有效实施，政策功能得到最优发挥。

---

① 日本文部科学省：《平成20年度高等学校等における国際交流等の状況について》，2010年1月28日。

第四节 借鉴发达国家高等教育国际化政策研制经验

我们首先必须树立这样一种观念，即"借鉴"并不是"照搬"和"片面"引进，而是根据我国的国情有选择性地"学习"。这就是所谓的"洋为中用"原则。这就需要我们具有实事求是的态度和理性思考的能力。

一　充分理解各国高等教育国际化政策产生的背景

每个国家所制定和实施的政策一定有其特殊需要，这就是政策产生的背景。背景不同，解决同一个问题的政策及其工具也不尽相同，所以，我们在研究和借鉴其他国家的政策时，务必弄清楚该政策产生的背景。同时，我们还要明白，政策制定的主体并没有优劣之分，并不是发达国家的各项政策都是优质的，也不是贫穷国家制定的政策都是劣质的，判断一项政策是优还是劣的标准应该是这项政策是否能够实现政策目标。我们也不能简单地以国家的发达与否来评价一项具体政策的优劣，而这项政策是否能够实现其目标也与该政策的背景有关。

世界各国都在关注高等教育国际化，也在大量出台相应的政策。我们在学习和借鉴这些国家政策的过程中，务必分析每一项政策产生的背景，即弄清楚这些国家为什么要制定这样的政策而不是另外的政策。在此基础上，我们再来分析我国的高等教育国际化中面临的问题，寻找能够为我所用的政策。

（一）客观分析各国高等教育国际化政策产生的政治背景

政治是经济的集中表现，世界各国在推进高等教育国际化过程中，大多数国家怀着政治目的。这种目的有的直接体现在相关的法律之中，也有的表现在学者的政策建议之中，或赤裸裸，或羞答答。我们也不需要在我国的国际化政策中过于隐晦，而应该直白展示我们的国际化政治目的，即培养合格的社会主义建设者和接班人。我们所要做的就是从各国的政策中寻找政治目的的表现形式，从而加以改造和利用。

（二） 客观分析各国高等教育国际化政策产生的经济背景

经济也是世界很多国家推进高等教育国际化的主要动机，这在前文中已经多次提到。日本政府"'二战'结束以后认识到必须以西方为师，在教育上采取了拿来主义的策略，着力发展留学生教育，以各种形式推动国际学术交流，学习、借鉴西方发达国家的政治、经济、文化等各方面的知识与经验，为本国的经济建设与发展服务"。①

目前，世界经济发展的总体背景是在经济危机下，各国政府对于教育投入的不足，希望通过国际化这个途径来缓解教育经费不足的问题。但是，我们在分析这种现状时必须看到，发达国家对于教育经费投入不足和提高社会收入水平与我们这些发展中国家的教育经费投入不足和社会收入水平不足是完全不同的两个概念。发达国家是在另外一个层次上的不足，而我们本来就是很低水平的不足。所以，我们在制定国际化政策时，就不能简单地告诉政府说，我们的高校国际化经费有保证了，政府可以减少投入甚至不投入了。如果有人因此而得出这样的结论那就是食古不化了，只能给我国的高等教育国际化事业带来危害。

（三） 客观分析各国高等教育国际化政策产生的文化背景

工业革命以来，西方文化一直主宰着世界文化的走向和标准，人们被误导为只有西方文化才是先进的、文明的和最有价值的。西方人经常以"现代性"来标榜其文化的合理性。"'现代性'至少包括四个方面的要素，即市场经济、民主政治、科学理性和以现代进步主义为基本价值取向的历史目的论和文化价值观。在这里，市场经济所隐含的是强烈的价值目的论（效率观念）和普遍理性主义（经济理性观念）；民主政治所表达的是所谓政治合理性或合法性，以及由此推出的社会政治制度的合理安排或社会普遍秩序；科学理性所代表的是技术理性基础上的普遍知识观念或普遍真理观；而由进步主义理想所支撑的历史目的论和文化价值观则刻意凸

---

① 丁晓霞：《日本高等教育国际化政策的历史演进及其发展趋势》，《宁波教育学院学报》2004年第4期。

显着一种现在时（at present）的时代精神和价值目的论的精神气质（ethos）。然而，作为一个价值概念，'现代性'尤其标示着某种注重当代与未来、超越过去与传统的单向度取向"①。这些出自西方文化的价值观念是否符合我国社会实际情况，需要我们冷静思考。

（四）客观分析各国高等教育国际化政策产生的教育背景

高等教育在世界各国发展的形式和内容也是千差万别的，到目前为止，世界各国还未形成统一的模式，也不需要形成统一的模式。之所以各国高等教育模式不一样是与各国的教育背景相关联的。我们在借鉴各国国际化政策时，也要看看该国的教育背景是否与我国的有相似之处，不能简单搬用。

二 客观分析发达国家高等教育国际化政策的经验教训

没有包治百病的灵丹妙药，也没有普适的高等教育国际化政策。所有国家在制定政策的过程中都可能会走弯路、出现失误，高等教育国际化政策的制定亦是如此。对于我们来说，高等教育国际化的经验并不丰富，在学习那些高等教育国际化比较成功的国家政策时，除了看到其成功的经验，也要善于了解和发现他们的失败教训，后者对于我们可以有警醒的作用，因而更具有借鉴和学习的价值。

（一）跟踪各国高等教育国际化政策的实施效果

一项政策实施成功与否要看其实施效果是否达成了政策目标，各国在实施高等教育国际化政策过程中，是否都达成了政策目标。我们应该将关注点聚焦到这个方面，才能发现其政策是否成功。这就需要我们有相关人员不断跟踪，经常性地进行实地考察，准确把握最新信息。特别是要观察其为何会失误，以免我们在制定相同政策时重蹈覆辙。实际上，我国在1985年《中共中央关于教育体制改革的决定》中，对于我国高等教育国际化政策提出："要注重借鉴国外教育事业正反两方面的经验加强对外交流，

---

① 万俊人：《经济全球化与文化多元论》，《中国社会科学》2001 年第 2 期。

使我国教育事业建立在当代世界文明成果的基础之上。"①

（二）经常性地邀请各国政策制定者和学者就某些政策领域开展专项研讨

这种专项研讨会是建立在我们需要的基础上，它既可以观察国外政策的经验和教训，也可以让他们来分析我们政策可能存在的风险。但是重点是研究国外政策的教训。这种研讨会的优势就在于我们发现这些教训的效率高、成本低，无须到国外开展实际调查就能够获得大量的信息。"为了迎接国际竞争和国际化趋势，1998年5月，由法国前总统密特朗的顾问阿塔利领导的高等教育改革委员会提出了一份题为《建立高等教育的欧洲模式》的改革报告。"②报告指出，"加强向世界开放，只有法国的人才和世界的人才更好地相互了解时，法国才能保持其在世界上的强国地位。吸引外国特别是欧洲的留学生和专家来法国学习或工作，是21世纪法国最重要的战略之一。"③我们从中可以看到，吸引外国学者来我国学习和研讨，对于我们客观认识各自政策的教训是一种有益的工作方式。

三　理性认识中国国情，弘扬民族高等教育文化

我国目前正处于民族复兴的爬坡时期，也是国家富强的关键时期，各项事业的发展日新月异、欣欣向荣。越是在这个关键时期，越是要让所有人头脑冷静、理性看待发展中的各种问题，既不要盲目自大、误判形势，也不要妄自菲薄、畏首畏尾。我们在研制高等教育国际化政策的时候，也应该秉持这样的态度。

高等教育国际化需要吸收各国的成功经验和失败的教训，也需要在此过程中弘扬我们的高等教育文化。因为，我们可以从他国的教训的比较中

---

① 周菲：《我国高等教育国际化政策的嬗变及特征——基于国家教育政策文本的分析》，《黑龙江高教研究》2014年第4期。
② 李振全、陈霞：《英德法三国高等教育国际化政策比较研究》，《科技进步与对策》2004年第11期。
③ 李振全、陈霞：《英德法三国高等教育国际化政策比较研究》，《科技进步与对策》2004年第11期。

发现我们文化的价值和功能。世界文化是一个整体，各国文化可以相互借鉴、相互学习、相互促进。一国文化的不足可以用另一国的文化来补充和完善，从而繁荣人类文明。这是人类文明发展史给我们呈现的一个基本规律。

中国高等教育文化有其不足的地方，也有许多合理的地方。我们不能因为国际化而专注于我们的不足从而产生高等教育文化的自卑情结，而是要通过国际化展现我们高等教育文化的优势，树立高等教育文化自信。改革开放以来，我们在高等教育领域中所取得的成就已经得到世界高等教育界大多数专家的认可，不少政策和制度上的建设也被其他国家借鉴，充分展示了我国高等教育文化的魅力和价值。而这些成就的巩固和发展需要我们通过高等教育国际化政策的实施和完善，这也是我们研究高等教育国际化政策的主旨之一。

第九章　我国高等教育国际化政策工具甄选研究

经过几十年的建设，我国已经成为高等教育大国。在今后的高等教育强国的建设历程中，我们还需要出台一系列政策和法律法规，而这些政策和法律法规的实施离不开有效的数量合理的政策工具的使用。因此，对于我国高等教育国际化政策工具甄选研究就显得十分必要。

第一节　确立高等教育国际化政策工具目标

政策工具目标是选择政策工具的依据和基础，政策工具的政策性和工具性的双重属性决定着政策工具的作用特殊。如果使用得当，政策工具有时候会发挥出比一些政策更有效的作用。正因为如此，世界各国政策主体都十分重视政策工具的研究、开发、使用。总体上来看，我国的政策工具的丰富性还有待提高，高等教育国际化政策工具也存在着同样的情况。

一　确立高等教育国际化政策工具的价值目标

政策工具的价值目标就是要直接明了地解决什么样困难，或者希望解决什么样问题。例如，德国为了让其学历体制和文凭等方面能够适应国际化的需要，专门"制定有关法律和政策，为高等教育国际化提供保障。于1998年6月18日在联邦议院通过的高校总法第4次修改法，其目标在于保障21世纪德国高校的国际竞争力。修改法决定设立国际上承认的毕业文凭，即高校可以开设学士和硕士课程，为高校今后颁发和承认学士、硕士学位提供了法律基础。该法还要求调整高校的学习结构，以适应国际化的需要，规定高校执行分级的学历体制，明确定义学习时间，从而解决过长的学习时间问题"。① 这些政策工具的设计和使用为德国进一步融入欧盟、加强与世界其他国家的交流提供了主要保障。

我国目前高等学校在开展国际化活动中也面临许多棘手的难题，如师生的外语交流能力普遍比较薄弱，课程学分和学位证书难以得到发达国家及其著名大学的承认，经费投入总体不足，职能部门的国际化意识淡薄等等。这些问题已经成为严重制约高等学校国际化的障碍。如何解决这些问题，需要我们在借鉴其他国家政策工具的基础上，自主研发切实可行的政策工具。例如，针对高校师生外语交流能力比较薄弱的问题，我们可以设计多种政策工具：外语教学师资较强的高等学校可以利用寒暑假和周末时间开培训班，培训结束后务必要通过考试，考试不及格者不能授课，要"回炉"培训，直至及格；或者学校资助这些师生到国外高等学校参加培训，要求师生特别是教师必须定时参加一次国际学术研讨会并参加会议报告；拿出专项资金派送教师和学生到国外高等学校或科研机构等学习一定的时间；等等。

二 确立高等教育国际化政策工具的数量和质量目标

政策工具能否发挥作用与其数量和质量都存在着一定的关系，但并不是政策工具的数量越多效果就越好，其效果如何最终决定于政策工具的质量。这就需要政策主体在开发政策工具的时候，把握好数量与质量之间的关系，使之保持动态的平衡。为此，可以尝试从以下三个方面着手。

（一）精准寻找所要解决的问题

政策工具就是要解决政策实施中的问题而设计的，所以，寻找到问题是政策研制的前提。但是，政策实施中出现的很多问题是伴随一起的，有的可能有所准备，有的可能是政策制定中未能预料到的。不管出现什么情况，我们必须找到这些问题并进行归纳和清理，目的就是要把这些问题的

---

① 李振全、陈霞：《英德法三国高等教育国际化政策比较研究》，《科技进步与对策》2004年第11期。

相互关系理清楚，从中找到最关键的问题。如果能够把最关键的问题精准定位，那么问题的解决就成功了一半。

（二）分析问题产生的原因和范围，确定使用工具的数量和类型

精准定位问题以后，政策主体要立即着手对这些问题产生的原因做客观分析，特别是对关键问题的产生原因做系统深入的分析，确定问题来源范围。比如，学校某门课程的考试成绩多年来不及格率一直居高不下，作为学校主管部门必须联合该课程的教学单位分析学生考试成绩不高的原因。这里的原因可能来自诸多方面，学生的基础差、学生学业负担过重、教师的教学方法不合理、教学内容太难、教师的教学态度不端正、教师占用太多时间讲授与课程内容没有关系的内容等。学校教学管理部门在实际调查中要与教学单位负责人、教师和学生分别进行研讨，最终找到最关键的原因——教学内容太难和教师找不到合理的教学方法。

针对这种情况，学校就要从教学内容设计、教师教学方法改进、开设更多的先导课等方面着手设计政策工具。例如，针对教学内容太难，学校可以根据学生专业知识需要，调整部分内容到高年级去学习，或者在这门课程之前增加先导课程夯实学生的知识基础，与教师一起会诊，寻找最合理的教学方法，等等。这个过程，实际上就是决定政策工具的数量和质量的过程。

（三）不断评价政策工具使用的效果

在经过上述过程以后，我们还需要对这些政策工具的数量和质量做及时的评价。这就如同医生看病的原理，有些常见病，医学上已经有了治疗方案和处方。但是，有些疑难杂症，就需要通过会诊的方式不断尝试处方和评价处方，最终治好疾病。为了做好这项评价工作，需要通过对学生和教师的多次调研，查看教师的教案、学生的作业以及同行的意见，最终确定政策工具的效果。

三 确立高等教育国际化政策工具的效益目标

政策学上有一个基本观点：在政策制定和实施中并不存在"多快好省"的政策，"多快好省"只不过是人类管理社会生活的一种理想而已，现实中是做不到的。所以，对于政策制定和实施的过程，我们通常采用比较务实的态度，那就是追求"满意"或"相对比较好"的政策。也就是说，我们只能在若干不甚理想的政策方案中选取一个较好的方案，在有多种弊端政策方案中选择一个负面效果不严重的政策方案。我们在确立高等教育国际化政策工具的效益目标时也应该秉持这样的价值观。

效益是投入与产出之间的比例关系，我们都希望以最小的投入获得最大的产出，对于高等教育国际化政策工具的使用效益也是如此。但是，政策工具的使用效益和企业生产效益是完全不同的概念，我们不能抱着过高的期望，而是将重点放在大多数学生和教师在国际化过程中是否基本达到自己所期望的目标，亦即政策工具的目标和师生的目标之间的达成度。通常情况下，这两个目标的达成度能够保持在85%以上就是非常理想的效益了。

第二节 制定高等教育国际化政策工具原则

制定政策工具的原则是指政策主体在选择政策工具时必须坚持的基本原理和基本准则，也是一种基本要求。高等教育国际化政策工具的原则是我们在推进高等教育国际化进程中选择政策工具时必须遵守而不能逾越的基本原理和基本准则，否则，就会影响国际化政策工具的使用范围和使用效果。

一 坚持正确政治方向性原则

人类进入阶级社会以来，每个国家和民族在管理政治、经济、文化、教育等各项事业中始终都要坚持政治方向性这个基本原则，但是，各国各民族坚持这个原则的形式不尽相同，古今中外，莫不如此。国际化容易导致国家认同的困难，有学者提出"无论是基于理论逻辑阐述还是事实经验考察，国家认同都不能独立地发挥稳定且持久的作用，而是需要经济激励系统、政治价值系统与制度组织系统三方面的基础性结构支撑，这三个领域的功能匹配是国家认同得以可能的有效路径"。① 而这三个系统本质上都是对一个国家意识形态的认同。所以，高等教育国际化的实施效果必须坚持正确的政治方向性原则，通过国际化巩固各族民众对国家现行意识形态的认同。

在我国，坚持正确的政治方向就是坚持党的教育方针，即落实立德树人根本任务，发展素质教育，推进教育公平，培养德、智、体、美全面发展的社会主义建设者和接班人。在高等教育国际化政策工具的选择上，首

---

① 金太军、姚虎在《国家认同：全球化视野下的结构性分析》(《中国社会科学》2014年第6期) 中指出，"在公民认同方面，肖滨认为公民对国家认同遵循两种进路，即公民对国家共同体（country/nation）的认同和对国家政权系统（state）的认同，这是公民身份与国家认同匹配的逻辑基础；在现实图景上，公民身份与国家认同的匹配具有交叉性和动态性。……在文化认同方面，韩震认为文化认同是人的社会属性的表现形式，文化认同构成族群认同与国家认同的中介形式"。中国正在经历从传统社会向现代社会的转型，历史上很少有国家在社会、经济、政治、文化等如此广泛的领域同时进行如此巨大的转型过程，这种深刻的转型势必要经历极为深刻的社会阵痛。由传统的计划经济体制向市场经济体制转变，是一场具有双重影响的深刻社会变革，它必然会在政治、文化、社会等各个领域、各个方面引发一系列前所未有的变化。市场经济有造就"民族经济"一体化的强大功能，也具有分化社会、孕育利益冲突的"负能量"。一方面，中国社会的一体化程度得到前所未有的提高；另一方面，国内的地区之间、城乡之间、民族之间的发展差距、利益矛盾也明显地呈现出来。利益分配不均和社会公平失衡激化着社会矛盾，也不同程度地影响着各民族的国家认同和中华民族的凝聚力。不仅如此，1978年以来实行改革开放的中国已日益进入全球化体系与进程之中。以经济全球化为开端，全球化是一个包括经济、政治、文化和社会动态的综合过程。超国家权威的政府间国际组织影响的扩大，以大型跨国企业的全球竞争为代表的经济全球化浪潮，以互联网等新兴传媒为载体的文化全球化浪潮，以美国为代表的西方发达国家的政治、经济与文化的"先发"优势，都对发展中国家传统的身份认同、文化认同特别是国家认同带来巨大的冲击。在现阶段，中国面临着全球化外力推动及社会内在转型的双向互动，在"全球化背景下的社会转型"这一双重时空坐标中，国家认同所遭遇的挑战更为严峻。在全球化狂飙突进的时代背景下，国家认同正愈益成为一个问题，现代通信和交通技术的发展，延展了确定的空间边界和定格的交往网络。随着物理边界的不断变化与超越，民族国家这样最为稳定的组织载体同样湮没在流动的现代性之中。当确定性的消失、空间的流动性以及全面的相对化置换着不断变化的时间概念、空间概念和文化概念，国家文化内涵就被抽空、填充和再生产。加之不确定性下风险的点、线、面增至泛滥，使得个人认同基由本体性安全沦为本体性焦虑，而国家认同则遭遇认同主体上的模糊失范与客体上的无从参照。于是，"怎样获得国家认同"的问题，就被置换为"国家认同何以可能"的问题。甚至在一定程度上可以说，"国家认同"已经成为挽救全球化冲击下不同程度陷于认同危机的各种确定的"国家组织"和"文化类型"的最后一根救命稻草。这不仅仅是针对在全球化中处于弱势的发展中国家而言，发达国家也难以置身事外，这正是亨廷顿所说的美国面临着严重的民族认同与文化分裂危机的主要原因。

先必须坚持这个方针。具体地说，就是我们所开发和选择的政策工具能不能发挥立德树人的功效，是否可以促进师生之间的公平，对于提高学生的素质能不能起到促进作用，能不能培养出我们所期望的建设者和接班人。如果政策工具达不到这些基本要求，则必须重新开发和选择其他的政策工具。

二　坚持以我为主的合作原则

高等教育国际化必然会涉及国内和国外在高等教育的方方面面的合作和交流等问题，解决这些问题不仅需要政策做指导，还需要选择合适的政策工具。作为政策工具选择的主体，在决定选择什么样的政策工具时必须首先立足于本国高等学校的利益，以我为主开展国际合作。"立足于自身，是任何一个国家高等教育国际化的一项基本要求。例如，高等教育国际化的一种形式是本土大学的国际人才培养，目的是促进本土学生的国际化；再一种形式是中外合作办学，如2015年同济大学与芬兰阿尔托大学合作设立的合作办学机构——上海国际设计创新学院，以建设一所具有中国特色的国际化顶尖设计创新学院为发展目标；还有的形式是海外办学，如厦门大学在马来西亚办学、孔子学院在世界各地落地生根等。"[1] 上述政策工具的选择显然都是围绕自我需要来设计的，对于我国高等学校的国际化工作有促进意义。

欧洲国家在高等教育国际化政策工具的选择时，也本着同样的原则。例如，"1998年5月，法国全国高等教育委员会，向政府提交了题为《建立高等教育的欧洲模式》的高教改革报告。其内容涉及教育目标、教育思想、知识创新、终身教育、产学合作、教育开放以及教育模式等。报告从法国高等教育的历史和现状出发，针对未来的社会挑战和知识创新提出：深化改革法国现行高等教育的体制和模式，建立全面实施欧盟一体化所必需的欧洲教育模式"[2]。法国在选择这种政策工具时，是基于法国高等教育

---

[1] 江波、钟之阳、赵蓉：《面向未来的高等教育国际化发展》，《高校教育管理》2017年第7期。

[2] 王璇：《法国高等教育国际化发展趋势及其对我国的启示》，《中国成人教育》2009年第15期。

改革需要的，这种欧洲模式是要融入法国的理念的，否则，法国一定不会去建立这种教育模式的。

三 坚持提高高等教育质量原则

提高高等教育质量几乎是世界各国高等学校开展国际化的共同目的，我国高等教育国际化也不例外。日本政府在这个道路上所做的探索值得我们借鉴。"2014 年日本实施了《顶级全球化大学计划》，有 37 所大学入选该计划。其中 13 所顶级日本研究型大学被选定为'顶级'型大学，具有潜力在未来十年提供世界一流教育和研究，进入国际大学排名前 100 位。"[1] "据世界大学新闻网 2013 年 6 月 27 日报道，近日，日本首相安倍晋三出台了《安倍教育学计划》，旨在促进日本高等教育国际化。……《安倍教育学计划》的具体措施包括：改革大学管理制度；在继续教育部门中增加在线学习课程；通过国家补贴加强产学合作。安倍称，这些措施的目标是让日本 10 所大学进入世界大学前 100 强。"[2] 我国在 20 世纪启动的"211 工程"和"985 工程"以及近年来提出的"建设世界一流大学"战略在提高我国高等教育质量方面也是值得世界各国学习的。这说明，进入 21 世纪，高等教育质量问题得到了普遍关注。

陈曦在关注日本留学生计划时指出，"日本的"留学生 30 万人计划"不仅仅是一个规模的扩张。从它的实际内容可以看出，它更多地注重通过日本大学自身水平的提高来吸引留学生；通过降低语言障碍，吸引英语国家的留学生。吸引外籍优秀教员外，大学同时还提出了让教师接受国外进修的目标，通过教师整体水平的国际化以提高现有高等教育的吸引力，实现高质量的高等教育国际化"。[3] 从日本政府所选择的这些政策工具来看，基本上是围绕着提高质量来开展的。

我国政府在通过国际化提高高等教育质量的认识上一点也没有缺位，

---

[1] 曾小军：《日本高等教育国际化：动因、政策与挑战》，《高教探索》2017 年第 6 期。
[2] 邓莉：《日本出台安倍教育学计划 积极推动高等教育国际化》，《世界教育信息》2013 年第 15 期。
[3] 陈曦：《日本高等教育国际化策略——以"留学生 30 万人计划"为例》，《比较教育研究》2010 年第 10 期。

但是在政策工具的选择上还需要借鉴这些国家的经验，以丰富我国的高等教育国际化政策工具。我们希望政府能够鼓励高等学校在开发政策工具方面加大力度，针对国际化中各个障碍环节设计切实可行的政策工具。

四 坚持学生发展原则

坚持学生发展原则选择政策工具本质上就是为国内外学生的国际学习和交流提供最方便的服务。我国高等学校国际化中在这个方面还有不少在制度设计时没有考虑到位的地方，导致国内学生出国困难，来华留学生申请不方便。欧盟的《伊拉斯谟计划》为我国政策工具的开发提供了一定的经验。该计划"促进了欧盟各国对学生交流的经费投入、促使欧盟大学生的留学人数迅速增加、增强了欧洲国家留学生教育的国际竞争、增加了学生，尤其是低收入家庭的学生、留学的机会，为学生创造了更多的就业机会和增加收入的可能性。后来，欧盟为应对亚洲地区越来越大的留学需求，于2004年启动了一个全新的《曼德斯计划》，提供资助以吸引第三世界的学生学者前往欧洲大学求学或者研究，并在其中专门设立了针对亚洲地区人才的'亚洲之窗'，这样的学生流动项目扩大了《伊拉斯莫计划》的范围，把传统的欧洲化思维推向了更加广大的国际化背景之中"①。

日本政府为了实施"留学生30万人计划"，制定了五个国际化条款，即"一是为吸引国际学生，提供一站式服务；二是改进入学考试、学校招生和移民，使留学日本更加便捷；三是促进大学全球化，使大学更具吸引力；四是为国际学生创造更好的环境；五是促进日本社会国际化，使国际学生毕业后能够进入日本社会。这些条款将由教育文化体育科学技术部（MEXT）联合司法部、健康劳动福利部、土地基建交通部等部门共同实施"。②为此，"日本政府采取了改善高等学校招收留学生制度，改进日语教学计划，提供适当住宿"③。此外，政府为了"提高赴日留学便捷性，开

---

① 施晓光、郑砚秋：《欧盟"伊拉斯谟计划"及其意义》，《大学·研究与评价》2007年第7、8期。
② 曾小军：《日本高等教育国际化：动因、政策与挑战》，《高教探索》2017年第6期。
③ 日本文部科学省：《平成20年度高等学校等における国际交流等の状况について》，2010年1月28日。

展英语授课,推进大学教育国际化,为留学生提供周到的服务"。[①]

德国"自 1997 年以来,共有 56 所高校向留学生提供低价的饮食和住宿、社会生活和学习方面的咨询等系列服务,降低外国人在德国上大学的难度,外交部每年还从对外文化经费中拨款设立 3 万马克的年度奖,奖励留学生服务工作出色的机构和个人"。[②]

2005 年,"美国国会通过了《移民综合改革法》,给予外国留学生临时工作的 H-IB 签证由每年 6500 个增加到 11500 个,绿卡名额增加到 29 万个。另外决定给所有在美国大学接受高等(硕士学位以上)科学、技术、工程与数学教育的外国学生免除临时工作签证与绿卡配额的限制。这个移民法是美国在 21 世纪通过的首部重要的移民法,它更进一步奠定了美国高等教育'请进来'的竞争优势"[③]。

英国政府为留学生所做的政策工具的调整也是十分温暖留学生身心的,"随着留学生人数不断增多,英国政府还在海外设立不少签证申请中心,简化签证办理程序,缩短留学签证的时间。2007 年英国增设了一种新的短期留学生签证,它适用于在英国进行短期学习(6 个月以下)如语言培训、职业培训的学生。2008 年 6 月英国边境署公布了新的留学生签证制度——计点积分制(Points-Based System),即申请者需要积累点数以证明自己可以为英国做出积极贡献,只要符合客观标准(如资格、薪资、年龄和对英国的了解等)就能获得相应点数,获得足够点数的申请人便可拿到签证,并可获得两年留英工作机会。新的"计点积分制"将简化原有签证体系,使签证程序更加简单明了。"[④]

从上述国家的国际化政策工具的选择上我们可以看出,他们切实从学生的需要出发,解决留学生的学习中的实际问题,必然会受到学生的欢

---

① 日本文部科学省:《平成 20 年度高等学校等における国際交流等の状況について》,2010 年 1 月 28 日。
② 李振全、陈霞:《英德法三国高等教育国际化政策比较研究》,《科技进步与对策》2004 年第 11 期。
③ 丁玲:《从联邦政府的行动透视 21 世纪美国高等教育国际化》,《高等教育研究》2011 年第 4 期。
④ 易红郡:《英国高等教育国际化策略:留学生视角》,《湖南师范大学教育科学学报》2012 年第 1 期。

迎，国际化政策的实施效果自然也会更加显著。

五　坚持人类文化进步原则

从理论上说，高等教育国际化的推进应该有利于促进世界人类文化的进步和发展，但是，如果使用不当也会产生负面影响进而阻碍人类文化的进步。有学者就认为，"如果我们忽略文化多元论的事实及其对经济全球化本身的内在限制，把经济全球化视为可以超越甚至荡涤多元文化差异的总体化或一体化的同化过程，那么，所谓全球化还可能是一个文化的陷阱：它或者因为对这种多元文化差异的严重忽略，最终陷入文化差异互竞的泥塘而无以为继；或者将借助于某种经济扩张和政治强制而'平整'人类文化的差异多样性，使人类文明和文化失去其天然丰富的本色而变得单调乏味"①。武汉大学前校长刘道玉教授在分析我国加入 WTO 之后的大学教育国际化道路时，提出了我国大学必然面对的问题，"我国大学教育国际化只能走自主创新之路，应转变传统的教育观念，在办学理念上集东西文化之精髓"②。

由此可见，高等教育国际化要避免出现给人类文明带来的负面影响，在政策工具选择上要特别慎重。对于那些有可能借助于某种经济扩张和政治强制而"平整"人类文化的差异多样性的，我们要尽可能通过合理的政策工具加以调整。例如，大学在设计国际化课程时，就应该基于世界文明的共同发展历史，客观平等地介绍世界各地区的文化发展历史，而不是只

---

① 万俊人：《经济全球化与文化多元论》，《中国社会科学》2001 年第 2 期。该文作者还进一步指出，文化首先是且在大多数情况下总是地方性、民族性的，任何跨文化传统的价值目标和价值认同都必须基于这一前提，它关系到一个民族和国家的生存理由和命运，除非人类世界不再存在民族和国家的界限。因此，当我们仍然在一种国际政治多极化和民族文化多元论的权利诉求（甚至是经济模式多样化的诉求）非但不减反而日益强烈的情形下，来思考全球化中的中国和中国文化时，就不可能放弃对自己国家和民族的政治责任和文化责任。在全球化的"世界体系"和世界实践中，这种责任承诺同时也具有权利申认的意义，它是保持和维护民族独立与国家发展的基石。……经济全球化与文化多元论之间有着一种相互对应的内在关联，而隐含在这一内在关联中的是某种价值紧张或冲突。的确，在笔者迄今为止关于全球化的知识了解范围内，这种价值紧张或冲突可以被看做是整个人类现代化进程中始终存在并具有关键意义的内在张力。作为一种"现代性"事件，全球化及其主题研究也不可免于这一张力的作用。

② 刘道玉：《大学教育国际化的选择与对策》，《高等教育研究》2007 年第 4 期。

介绍西方文明，更不应该过高评价一个地区的文明而否定另外一个地区文明的价值。

第三节　科学选择高等教育国际化政策工具类型

前厦门大学校长朱崇实教授曾经在一次接受《教育研究》记者刘洁采访时，提出厦门大学在国际化办学方面的五点意见："第一，要努力打造一支具有国际水准的师资队伍；第二，要努力打造一批具有'中国特色、国际水平'的学科；第三，要努力让学生具备更多的国际经验；第四，遵循国际通行的学术标准，积极开展国际科研交流与合作；第五，加大力度，继续做好汉语国际推广工作。"[①] 从高等教育国际化政策工具的角度来看，这五个方面也可以视为五种政策工具。如何选择这些政策工具，需要从以下四个方面着手。

一　常用政治性政策工具

政治性政策工具强调的是我们为高等教育国际化政策实施选择政策工具时，必须坚持正确的政治立场，坚持立德树人和教书育人。这是其他所有政策工具的基本色调和背景，选择其他各种政策工具都不应该与此工具发生冲突。

为什么在高等教育国际化政策工具的选择时，我们将经常将政治性政策工具放在各类政策工具的首位，是因为"经济全球化与多元文化的地方性或差异性之关系的基本性质，首先是遭遇性的冲突和紧张，而非想象性的共生和融合，在文化价值层面尤其如此。这种冲突和紧张首先是由各文化传统自身的根源性差异所决定的。不同的信仰（宗教的和准宗教的）和不同的生成来源，决定了不同文化传统之间的原始陌生与差异"[②]。在我们推进高等教育国际化过程中也会遭遇种冲突和紧张，而它可能会对一个国

[①] 刘洁：《国际化办学：研究型大学发展战略的必然选择——访厦门大学校长朱崇实教授》，《教育研究》2010 年第 6 期。

[②] 万俊人：《经济全球化与文化多元论》，《中国社会科学》2001 年第 2 期。

家的政治体制产生危害和冲击。如果我们在政策工具选择时不加以警惕，就会造成不可估量的社会损失。

美国政府特别善于基于政治需要设计高等教育国际化政策工具，[①] 其隐晦性使得大多数人被其蒙蔽。但是，不少学者还是可以从中看出其真相。美国著名的社会批评家和政治哲学家乔姆斯基曾经尖锐地指出，当今出现的"全球秩序"实质上是由"新自由主义"理念支配的"全球资本主义"秩序。而这种"新自由主义"不过是一种"新自由主义的华盛顿共识"，它"指的是以市场为导向的一系列理论，它们由美国政府及其控制的国际经济组织所制定，并由它们通过各种方式进行实施"。[②] 这一批判性的分析与两位德国人马丁和舒曼的见解不约而同，后者提醒人们在乐观地期待全球化奇迹的同时，必须谨防跌入"全球化陷阱"：它不仅是一个由经济大国所操纵的"经济陷阱"，而且由于某一经济大国同时也是当今世界秩序的唯一决定者，很可能也是一个"政治陷阱"。[③]

这些学者的精辟分析，向我们提出一个警示，那就是国际化并不都是美好愿望都可以实现的途径，而是充满危机和陷阱。我们在开展高等教育国际化活动时，必须时常防范这种陷阱，也就是说，我们在为高等学校的国际化工作选择政策工具时，特别需要坚持用政治的视角进行甄别，防患

[①] 李娅玲、李盛兵在《美国高等教育国际化政策的历史变迁及启示》（《高教探索》2016年第10期）一文中，较为系统地分析了这些政策工具。文章指出，"2005年11月颁布的《林肯计划》提出到2016~2017学年，美国每年留学海外的学生人数要增长至100万；《2009年参议员保罗·西蒙留学基金法》使海外留学教育正式成为美国大学教育的一部分；而2011年的《富布莱特-福格蒂公共健康奖学金》和2013年的《富布莱特美国国家地理杂志数码故事奖学金》则凸显了海外留学的进一步发展。其次，大力增强请进来力度，广泛吸引海外留学生。如2005年的《健康、服务和教育机会法案的修正案》提出了吸引留学生的诸多措施，并把积极开拓国外生源市场纳入政府工作日程；2007年的《美国竞争力计划》、2008年《提高国际开放程度以提高美国国家竞争力法案》和2014年中美签证的互惠延长新政策都力争要创造条件吸引世界各地的学生、学者和科学研究者。再次，重视外语语言教育的立法，划拨专款支持外语教学，架设通向外部世界的桥梁，如2006年的《国家安全语言行动计划》《富布莱特新语言项目》等。2008年颁布的《提高国际开放程度以提高美国国家竞争力法案》，将国际教育交流视作是美国实现全球领导竞争力战略目标的桥梁。"

[②] 〔美〕诺姆·乔姆斯基：《新自由主义和全球秩序》，徐海铭、季海宏译，江苏人民出版社，2000，第4页。

[③] 〔德〕汉斯-彼得·马丁〔德〕哈拉尔特·舒曼：《全球化陷阱——对民主和福利的进攻》，张世鹏等译，中央编译出版社，1998，第56页。

于未然。

二 善用保护性政策工具

选择保护性政策工具的目的是，在高等教育国际化过程中，保护国家的教育主权、保护高等学校人才培养的自主权、保护师生的学术权力和学习权利。美国为了保护本国的高等教育利益，在21世纪"推出前所未有的'国际教育周'；增加非传统学生海外留学机会；强化旗舰教育交流项目等等。这些行动展露出美国高等教育国际化的一些战略走向：全面塑造'国际化共鸣'；促进教育流动的均衡性；进一步抢占国际教育市场。美国联邦政府行动背后的动因是：通过高等教育国际化成为全球人才聚集的高地，维持科技竞争力；展现高校多元性实力，发展留学经济；培养青年全球能力，维护美国国际地位"。[①]"美国政府借助于这项活动庆祝和展示其国际教育成效，积极宣传国际教育交流在世界范围内对促进相互理解与尊重所具有的价值，同时通过该活动号召美国教育界与国外教育界搭建更广泛的合作与交流平台，增强美国社会、校园和课堂的国际化氛围。"[②]

实际上，每个国家在开展高等教育国际化过程中，都会开发许多保护性政策工具来维护各自的国家利益，而且政策工具的主体和渊源还十分广泛，不仅政府参与，其他各种社会组织也积极参与。我国目前在保护性政策工具的开发上主要依靠政府这个主体，其他主体特别是社会组织的参与度非常低。从长远来看，[③] 这不利于保护我国高等教育的权益，应该向社

[①] 丁玲：《从联邦政府的行动透视21世纪美国高等教育国际化》，《高等教育研究》2011年第4期。

[②] 丁玲：《从联邦政府的行动透视21世纪美国高等教育国际化》，《高等教育研究》2011年第4期。

[③] 宋宏在《高等教育国际化前沿问题审视与回应》《学术界》（双月刊）2008年第6期］一文中从多个角度分析了国际化过程中维护国家利益的思路。文章指出，必须从宏观层面上研究和把握高等教育国际化以及区域化发展趋势与要求，制定中国高等教育参与国际化以及区域化体系的战略规划，改变目前缺失宏观引导、大学各自为战、资源缺乏整合、运作较为粗放的状况。应像研究世界贸易市场那样研究高等教育国际化和区域化的"市场格局"，研究中国高教界在国际化和区域化的竞争合作中的优势、劣势、机会和挑战，研究中国高教界如何趋利避害的策略，在此基础上明晰中国高等教育在参与国际化和区域化中适应本国经济、社会、科技、文化发展需要的运作目标和重点，进而 （转下页注）

会组织开放该项政策工具开发市场，群策群力，共同保护国际化中的各种权益。

三　慎用激励性政策工具

激励性政策工具通常会给政策对象带来直接或间接的利益，不少人认为，激励性政策工具越多越好。其实不然，激励性政策工具有其积极的一面，但是如果滥用这个工具也会带来许多负面的作用，会让被激励对象患上"激励依赖症"（动辄以是否给经费为条件开展人才培养工作：钱多多干活、钱少少干活、没钱不干活）。因此，我们提出在高等教育国际化进程中要慎用激励性政策工具，而不是盲目开发这个工具。

激励并非都是依靠物质和金钱，精神激励有时候会更具有持久性。在加拿大，高等学校的"教师发展政策制定和执行的各个环节，均有本校教师参与。如滑铁卢大学于1998年成立了'高等教育国际化顾问委员会'，该组织的成员主要为本校各个学院的教师代表，以及部分学生代表和行政管理人员，其任务是制定学校国际化的战略发展规划，定期向校长提出国际交流方面的建议。教师通过参与学校的发展规划与策略的制定，充分发挥主观能动性，更为有效的履行教师的权利和职责，提升自身的发展"。[①] 这种制度性的激励，就是精神激励，让教师参与教师发展政策的制定使得教师更有了主人翁的责任，这种激励工具的使用特别值得我国高等学校借鉴。精神激励政策工具面临的最大挑战是市场原则阻碍作用，市场原则一定时期内可以对精神激励原则产生毁灭性的打击。我国高等教育国际化进程中目前仍然没有能够完全摆脱市场原则的冲击，这不仅需要师生具有奉献精神，也需要市场经济中某些个体具有"牺牲精神"，他们应该有"原罪意识"，更需要国家采取强硬手段加以监管。

（接上页注③）选择参与国际化和区域化的主攻方向和目标市场，引导国内大学在战略主攻方向上和目标市场中加大交流合作力度，发展多层次的战略合作伙伴，建立相应的组织协调机制，使中国高教界在优化整合的基础上参与国际化和区域化竞争合作，有效维护中国高教的利益，从总体上提高参与国际化和区域化的效率和收益。

① 李书恒、郭伟：《国际化背景下的教师发展：加拿大经验借鉴》，《中国高等教育》2012年第5期。

四 坚持协作性政策工具

协作性政策工具就是通过这个工具的使用能够促使各相关部门加强协作，共同完成高等学校的国际化工作。英国政府特别重视跨部门之间的协作。"为确保国际学生在留英期间的安全，更好地吸纳国际学生到英国高等教育机构接受教育，有效解决国际学生面对社会、生活以及签证等问题，确保国际学生安全，英国企业创新技能部创立了'跨政府应对国际学生危机委员会'（Cross-Government Responding to International Students Crises，RISC）。该委员会将对国际学生的各种危机情况进行监控，针对危机情况明确跨政府间相应的协同行动措施，并帮助具体实施。企业创新技能部、英国大学协会、高等教育国际部、全国学生联合会协同英国国际学生事务委员会、难民学者援助委员会（CARA）以及其他相关组织共同构成'国际学生危机应对委员会'的核心成员。英国大学协会和高等教育国际部也将加大与其他利益相关者的协同力度，增强处理国际学生危机事务的能力。同时，英国企业创新技能部与有关部门密切合作，以确保政府与高校尽早尽快协同解决国际学生的任何'符合性问题'（Compliance Issues），最大限度减少因为高校以任何不当借口不履行相关规定而造成的国际学生学习被迫中断的事件发生。"①

英国政府不仅注重加强国内各种机构的合作，而且努力建立国际间合作机制，提高高等教育国际化的实施效果。"英国政府将联合英国文化委员会、英国科学与创新网络联盟协同为高等教育机构加强与这些国家高等教育机构的合作提供支持，继续加强英—印、英—中等国际教育伙伴关系。如《英—印教育与研究计划》是由英国和印度两国政府联合资助的旨在加强两国教育与科研协同创新的合作关系；《英—中教育伙伴行动计划》是英国和中国政府联合教育项目，旨在提升两国教育与技能伙伴关系，主要涉及高等教育、职业教育、基础教育、语言合作等。"②

---

① 杨晓斐：《英国高等教育国际化的程度、困境与战略对策——国际学生视角》，《高教探索》2016 年第 1 期。
② 杨晓斐：《英国高等教育国际化的程度、困境与战略对策——国际学生视角》，《高教探索》2016 年第 1 期。

2011年日本政府开始"实施了《再造日本计划》,目的是促进大学教育的国际发展,拓展日本的国际教育网络,支持日本大学与亚洲、北美、欧洲等国大学间的国际教育合作。该计划具体体现在四个方面:一是日本、中国、韩国共建亚洲校园(始于 2011 年),二是支持同东南亚国家大学间的国际交流(始于 2012 年),三是实施东南亚国际学生流动(AIMS)项目(始于 2013 年),四是支持与俄罗斯、印度等国的大学开展国际交流与合作(始于 2014 年)"。[①] 加拿大的滑铁卢大学"2000/2001 年,选送了 700 名学生到国外参加合作教育、学生交换项目、合作科研和学习旅行,举办了 17 期行前培训班。到 2001 年 6 月,滑铁卢大学已经与 60 多个国家签署了 150 个校际合作协议,其中 81 个学生交换协议,31 个科研合作协议,38 个谅解备忘录"。[②]

由此可见,高等教育国际化进程中的合作可以有多个层面,国际间的合作、国内政府部门间的合作、政府部门与高等学校之间的合作、高等学校之间的合作。在这些层面的合作中,各国都开发了许多可以被我们使用的政策工具,如建立各种形式的委员会等。这些层面的合作,最终都要落实到高等学校这个层面,因此,"高校应该加强与国外高校之间的合作办学,目前国外的大学也在努力和中国的大学构建更强有力的合作。"[③] 中国要积极开展跨国合作办学,让中国的高等教育走向世界。

第四节 规范使用高等教育国际化政策工具方法

选择了合适的政策工具并不意味着工作的结束,而只是工作的开始,即我们如何使用这些政策工具。实际上,即便开发出来合适的政策工具如

[①] Miki Sugimura, "The Mobility of Inter-national Students and Higher Education Policies in Japan," *The Gakushuin Journal of International Studies*, 2015, 2(3), pp. 1-19.
[②] 吴言荪:《加拿大高等教育国际化的思考》,《学位与研究生教育》2004 年第 6 期。
[③] "British Universities Pursue Stronger Ties with China," http://news.xinhuanet.com/english 2010/china/2010-11/29/c_ 13626642.htm, 2010-12-10.

果使用方法不当,也会影响国际化政策的实施效果。所谓规范使用主要是指我们对这些政策工具的使用是否符合政策目标的需要,如使用的频次、时长以及使用效果的评价等,都应该是规范的内涵。

一 理性政策工具使用的频次

无论效果多好的政策工具也不能滥用,必须以理性的态度控制政策工具的使用频次。① 对于一项"有疗效"的政策工具的频繁使用会使其产生"抗药性"进而逐步"功能退化"。如何理性控制政策工具的使用频次,作为政策主体可以从以下三个方面来思考。

---

① 刘云、黄雨歆、叶选挺等在《基于政策工具视角的中国国家创新体系国际化政策量化分析》(《科研管理》2017年第4期)一文中,专门就政策工具的量化和使用频率进行了研究。文章指出:我国仍需加强供给型政策工具的运用以及需求型政策工具的配合。综合"十二五"期间国家创新体系国际化各维度出台的政策文件,供给型、需求型政策工具使用频率分别为34.64%、11.11%,两者总和不及环境型政策工具。在供给型政策方面,使用较多的有教育培训和科技基础设施建设,政府在人才国际化与创新基地、实验室国际化方面专门出台的政策数量也较多,尤其是针对人才国际化。完善创新制度国际化顶层政策部署,加强有关技术国际化与创新主体国际化专项政策支持。"十二五"期间,国家创新体系国际化政策文件中,创新制度国际化、创新资源国际化、创新主体国际化政策文件比例为19.8%、61.3%、18.9%。创新制度国际化政策文件中,一些政策工具被使用的频率较低甚至没有被使用,可作为政府日后完善创新制度国际化政策的依据,在重点使用目标规划、法规管制、教育培训、海外机构管理政策工具的同时,合理使用其他政策工具以完善顶层创新制度的部署。在创新资源国际化政策文件中,政策工具使用类型较为全面,但现有政策文件多数围绕人才国际化、投资国际化展开,在68件政策文本中仅有10件明确针对技术国际化内容。反观发达国家,美国在建国之初已开始进行技术进出口立法管理,之后又陆续颁布了多项技术进出口的法规政策,为美国展开技术贸易和国际技术合作提供制度保障的同时,也最大限度地保护了美国长期在技术方面的领先地位。我国近年来实施"纲要"和"若干政策"结果显示,我国对引进消化吸收再创新的组织管理需更具系统性,"纲要"和"配套政策"部分政策内容还需进一步出台可操作实施细则。结合国家现有技术国际化相关政策文件出台的现状,政府在未来制定创新国际化政策的同时仍需加强对技术国际化活动的政策细则部署,推动我国消化吸收再创新的实践。此外,创新主体国际化政策文件在所有政策文件中仅占18.9%的比例,但其中包含了企业研发国际化、国家国际合作、政府国际合作、高校国际合作、科研机构国际合作等多项内容。相比于创新资源国际化政策,我国创新主体国际化仍体现出政策支持不足。刘云等人对1978~2012年国家创新体系国际化政策文本进行统计发现,创新资源国际化政策共计541件,创新主体国际化政策共计538件,而创新主体国际化政策中有473件为政府国际合作相关政策,这说明我国改革开放以来明确针对企业研发国际化、高校国际合作、科研机构国际合作的政策文本量仍偏低,未来政府仍需加强在创新主体国际化方面的专项政策部署,以更好地推进我国各创新主体展开国际创新活动。

（一）政策目标的达成度

考察政策目标的达成度即是考察通过一项政策工具使用之后，是否有效达到了政策主体在设计政策时所期望的目标。如果这项政策工具的使用达到了政策主体的期望目标，则应该减少或终止这种政策工具的使用，不能频繁使用。例如，为了加强国际化课程的开发，学校通过增加课酬的方式鼓励教师使用外语开展专业课程教学。显然，这是一种激励性政策工具。也许一开始学校在使用这个工具时，效果较好，许多教师纷纷使用外语开设课程，这就达到了学校推进课程建设的目标了，学校就不能再次使用这个政策工具了。如果达不到这个目标，学校也不能继续使用这个政策工具，因为如果学校频繁使用这个激励性政策工具，就会让教师误以为学校在课酬上会不断提高标准，他们就会对学校提高课酬抱有更高的期望，一旦学校不能提高课酬甚至减少课酬，教师运用外语讲授专业课程的积极性就会降低，学校的课程建设的目标就达不到。

（二）政策客体的支持度

政策客体对于政策工具的欢迎程度及支持度也是政策主体控制政策工具使用频次的一个依据。有些政策工具在 A 学校可能很受欢迎和追捧，但是在 B 学校就不一定受欢迎和支持。即便在高等学校内部，同样的政策工具在不同的人才培养单位的受欢迎程度和支持程度也是不一样的。我们仍然以上述提高课酬这个例子进行说明。提高课酬标准对于那些教师收入较低的学校的教师来说，可能会引起积极响应和支持，而对于研究型大学中教师科研任务重收入水平较高的教师来说，可能并不那么积极响应和支持；在一所高等学校内部也存在着教师科研任务和收入或高或低的现象，也同样存在着积极和不积极支持的现象。所以，各个学校在使用这个激励性政策工具时就要思考能不能使用以及使用多少次的问题。

（三）政策所能提供的资源存量的支撑度

政策工具特别是激励性政策工具和供给性政策工具的使用背后都需要

有一定的资源存量来支撑的，如果学校办学资源出现存量有限，办学经费经常捉襟见肘的状况，那么就应该尽量不使用激励性政策工具（或侧重于精神激励），否则，学校办学工作就会受到抑制，如上述提高教师课酬的这个激励性政策工具的使用。如果学校办学资源不足、经费紧张，就不能使用这个政策工具，或者严格控制使用的频次，因为学校缺乏这样的资源支持。不考虑学校的实际情况而盲目攀比的做法最终会造成办学困难的局面。

二 控制政策工具使用的时长

所谓控制政策工具使用的时长，通俗地说就是"见好就收""把握好火候"。一项政策工具使用一旦达到政策主体设计的目标，便可以考虑在一定期限内逐步停止使用这项政策工具而用其他工具逐步替换，不要无限期使用某一项政策工具，否则就会适得其反。例如，在20世纪80年代至90年代初期，全国各级各类学校教师工资标准偏低收入不高、[1] 国家在短时间内因为财力有限而无法快速提高教师收入的情况下，使用了一项政策工具，允许学校利用自己的资源在周边提供有偿服务，从而增加学校的收入。这个工具的使用在较短的时间内确实提高了一部分学校教师的收入，但是，也冲击了学校的办学精力，不少教师因此纷纷"下海经商"而动摇了高校教师队伍，许多教师身在曹营心在汉（这种影响至今在不少高等学校里仍然可以看到痕迹）。所以，这样的政策工具虽然有效果，但是政府必须控制时长，不能长期使用，否则就会影响学校的办学质量。

三 常态性评价政策工具的使用效益

政策工具的上述两种使用方法在实际运用的过程中都需要开展一项工作，那就是对政策工具使用效益开展常态性评价，不断跟踪政策工具使用

---

[1] 这一时期出现两种现象也许不少人还记忆犹新：一是全国大量中小学校特别是贫困地区中小学校存在着无法足额和按时给教师发工资，只能以实物抵充或者"打白条"拖欠；二是社会上流传一句口头禅："造导弹的不如卖茶叶蛋的。"即是说高校教师的收入还赶不上街边摆摊小贩的收入。——编者注

的效果如何。对政策工具使用效果的常态性评价的目的就在于提醒政策主体部门如何调整政策工具使用的类型、频次和时间范围。如果某项政策工具使用的效果不理想，政策主体部门应该从中查找原因，并据此对政策工具的使用进行调整。为此，政策主体部门应该经常性地开展调研并对调研结果进行客观评价；或者与第三方评价机构建立一种工作机制，适时根据评价机构所提供的信息调整政策工具的使用方法。

第十章　我国高等教育国际化政策评价方式研究

政策评价方式极大地影响着政策评价的结果，不同的政策评价方式会得出不同的评价结果。为了能够真实客观地反映政策实施的状况，我们必须选择合适的政策评价方式。高等教育国际化政策是一个政策体系，其内容广泛，主体众多，牵涉到国际间的合作。所以，相比较其他政策评价方式，高等教育国际化政策评价方式具有特殊性和复杂性。

第一节　丰富高等教育国际化政策评价主体

从治理理论的角度来看，政策制定者（政策主体）作为评价主体是不合适的，让政策客体和社会组织在政策中发挥评价主体的作用似乎是一种国际趋势，也符合政策本质属性。政策主体的主要职责是向评价主体提出需求，接受和借鉴评价主体的评价结果。

一　高校师生应尽快成为高等教育国际化政策评价主体

高校师生作为高等教育国际化政策客体，直接参与在国际化过程的各个环节，对于国际化活动中成功与挫折感受最深刻，他们的感受和思考是国际化评价的直接依据。因此，高校师生必须承担国际化政策评价的义务，成为其中最主要的主体。高校师生在对国际化政策进行评价时，要注意从以下几个方面着手。

（一）主动参与国际化活动的各个环节

若要做到对高等教育国际化政策的客观评价，必须了解国际化活动过程的各个环节，否则就无法对该活动做出准确和客观的评判。正是基于这样的思考，我们希望作为评价的重要主体的高校师生能够积极主动地参与到国际化活动进程的每个环节中。由于多方面的原因（在前文已经多处作了原因分析），我国高等学校师生参与国际化活动的积极性和主动性还远非我们所期望的水平，导致高等学校的国际化工作难以推动。从评价主体的要求来看，师生要完成这个义务，必须主动参与进来，与高等学校一起完成国际化活动的各项任务。

（二）精心收集国际化活动各方面的信息

参加国际化活动进程本身不是目的，之所以要求高校师生都要积极参与到国际化活动中来的目的是让他们在整个过程中精心观察，从而收集到活动各方面的信息，以便为评价工作提供基本数据和依据。无论是社会第三方评价机构还是政策主体的管理需求，如果离开了师生提供的第一手信息和数据，评价工作都难以为继。目前，大多数高等学校有人才培养过程中的各种评价活动和评价系统，也有大量的基本状态数据库，其中也有涉及国际化活动方面的内容。这些手段为高等学校人才培养质量的评价工作提供了基本保证。但是，如果师生不参与、不认真，那么这些活动、系统和数据都无法获得。

（三）主动思考国际化过程中各种问题

高校师生不仅要参与上述关系活动，而且要做到主动思考活动中每个环节出现的各种问题，这是对参与国际化活动师生的更高要求。这就需要师生有敏锐的问题意识，处处留心国际化活动中的每个细节。一旦感受到有什么异样，就要思考"为什么""什么原因""怎么解决"等等。通过平时的不断留心和积累，实际上也就是在为高等教育国际化政策评价收集信息和数据，提高自己的评价能力和话语权。

（四） 经常组织专题研讨会分析国际化进程中的得失

为了能够厘清国际化活动中出现的问题，准确分析其原因，为高等学校或政策主体提供决策依据，高校师生可以经常性地开展专题研讨会，就大家比较关心的问题进行研讨。既要总结成功的经验，也要及时发现问题，汲取教训。这就需要高等学校建立此类研讨会的实施机制，如指定教师负责人、划拨一定的会议经费、提供必要的场地等，予以支持。

二　立法部门要充分发挥评价的保证主体作用

国家立法部门的介入可以为国际化政策评价提供法律和政策依据。德国政府为了推进本国学制与国际接轨，专门制定了相关法律。"1998年，新的德国《高等教育总法》决定设立国际承认的毕业文凭，即，高校可开设学士课程和硕士课程，以便与国际接轨。新引进的学士—硕士制度与其国内现存的研究生教育制度并存。"[①] 与此同时，国际间的立法也成为国际化成功的一个惯例。"1998年，法、英、德、意四国教育部长聚首巴黎，参加'面向欧洲大学'研讨会，并发表了题为《建设和谐的欧洲高等教育体系之联合宣言》，即《索邦宣言》（Sorbonne Declaration）。……提出通过国家间学位的相互承认来增强欧洲高等教育的吸引力。"[②] "2005年，澳大利亚教育、职业、青年部长委员会（MCEETYA）发表了题为《输送一流的国际教育和培训》的宣言，着手跨国教育质量策略研究，确保澳洲教育出口的继续发展，以加快高等教育国际化进程。"[③]

我们希望我国各级立法部门，参照上述各国的立法思路，在推动我国的高等教育国际化方面加强法制建设工作，从而为国际化政策评价提供法律依据。实际上，我国立法部门在推进高等教育国际化的立法方面已经做出了大量努力，取得了很好的效果。今后应该在填补空白和细微处加强相

---

① 耿益群：《全球化背景下的欧盟高等教育国际化政策研究》，《复旦教育论坛》2007年第2期。
② 曾志东、施式亮：《欧盟政策对我国高等教育国际化的启示》，《求索》2008年第6期。
③ 杨尊伟、杨昌勇：《澳大利亚高等教育国际化发展及动因探析》，《外国教育研究》2008年第9期。

关的法制建设。

三　明确社会组织作为评价主体的地位

社会组织在参与高等教育国际化政策评价方面的原因和作用在本书的多处已经做过论述，但是社会组织参与高等教育国际化政策评价的力度和评价结果的运用都十分不理想。这就仍然需要国家政府部门和立法部门在制度建设方面加大力度，尽快明确社会组织在评价中的"责""权""利"三者之间的关系。此外，目前仍然活跃的第四国际、第五国际，我们也可以与他们开展合作，他们是国际共产主义组织的延伸和发展，与我们在意识形态方面有一定的共同点。这些组织中还有不少是政治、经济、哲学、教育等方面的著名学者，对于国际化和高等教育国际化也有许多独到的见解，邀请他们参加评价可以拓展我们的评价视野，提高评价的理论水平。

四　适当参照国际组织的评价方式

国际组织对于高等学校的国际化政策评价已经积累了比较丰富的经验，目前每年推出世界大学排行的这些组织，如 QS 世界大学排名、泰晤士报世界大学排名（TIMES）、U.S. News 世界大学排名，中国参与大学排名的组织（上海 ARWU 软科世界大学学术排名）近年来也在不断增加。除此之外，还有一些国际组织和外国组织也在开展高等教育国际化政策的评价工作。这些国际组织和国外组织的评价角度和侧重点不尽相同，我们可以从中汲取我们所需的思想、指标和方法，从而提高我们的评价水平。

第二节　完善高等教育国际化政策评价机制

政策评价机制是否合理在很大程度上会影响政策评价工作的进程和质量。自 20 世纪 70 年代末开始，学界就开始探讨这个问题。经过几十年的发展，我国在建立不同层级的教育评价机制方面做出了积极的努力，这其中也涵盖了高等教育国际化政策的评价机制。但是，从整体来看，有效的高等教育国际化政策的评价机制尚未建成。

一 改进和完善现行的高等教育国际化政策评价机制

虽然我们还缺乏有效的高等教育国际化评价机制，但是已经有了许多良好的基础，例如，在高等学校的教学质量和科研质量奖励和绩效等规章制度中，越来越多的将与高等教育国际化有关的要素纳入了评价指标中来进行统筹安排，与各级政府和高等学校关于国际化工作的政策和法律法规文本逐年增加，① 高等学校师生参与国际化活动的积极性越来越高。这些现象的出现为国际化政策评价机制的建设奠定了良好的基础。

我国的高等教育国际化政策评价机制的建立经历了一个从上到下、从里到外的过程。所谓从上到下，是指我们的评价工作起于国家各级政府层面，逐步推向高等学校。早在1993年，中共中央、国务院颁布了《中国教育改革和发展纲要》，其中指出"高等学校在国际化战略中的主体地位初步确立，由于相关法律法规尚不健全，此时政府的行政主导色彩依然浓厚，主要体现在与高等教育国际化相关的政治把关、行政审批、资金拨付等方面"。② 高等教育国际化政策评价也主要由政府主导，高等学校基本上依照文件执行。所谓从里到外，是指由高等学校评价向社会中介组织评价推进。这种从上到下和从里到外的过程也与世界大多数国家的进程类似。

为了有效地开展国际化政策评价，英国大学将国际化战略与系列的《首相行动计划》结合起来，制定各个学校的校内战略，"大学国际化的战略每隔4年就会进行补充升级。③ 例如，牛津布鲁克斯大学于2007年5月

---

① 在1995年通过的《中华人民共和国教育法》中有关于"教育对外交流与合作"的相关规定，明确表示我国将积极开展教育的对外交流与合作工作；1998年通过的《中华人民共和国高等教育法》中也有相关的规定，明确表示"国家鼓励和支持高等教育事业的国际交流与合作"；1998年发布的《面向21世纪教育振兴行动计划》中在如何加强国际学术交流和怎样建设世界一流大学等方面分别做了长远展望；2003年发布的《中华人民共和国中外合作办学条例》，为我国中外合作办学工作的开展做了重要的战略部署；在2004年发布的《2003—2007年教育振兴行动计划》中，对教育国际化的发展做了相关的阐述，计划的第三十七条主要阐述如何加强全方位、高层次的教育国际合作与交流，第三十八条的主要内容为如何深化留学工作制度改革，扩大国际间高层次学生、学者交流，第三十九条的主要内容为如何大力推广对外汉语教学，积极开拓国际教育服务市场。
② 周菲：《我国高等教育国际化政策的嬗变及特征——基于国家教育政策文本的分析》，《黑龙江高教研究》2014年第4期。
③ "Internationalization Strategy of Oxford." Brookes University, 2010-05-10.

制定的《国际化战略》由八大相关主题构成,其内涵已经超越了国际学生的招录工作。① 详尽的内部战略将目标、任务都落实到具体的人员,这样的战略实施起来就有可操作性,是其高效运行的保障。"② 这种可操作性也为政策评价提供了方向和依据。

我国高等教育国际化政策评价机制应该在改进和完善现有各种要素的基础上,进一步完善评价要素,制定实施方案,统筹各方面的力量。要发挥高等学校的积极性和主动性,积极引进社会中介组织参与政策评价。政府逐渐从评价主体向评价购买者的角色转变,建立健全评价的供给侧评价市场。

二 建立更加完备的高等教育国际化政策评价机制

一个完备的政策评价机制应该包括评价主体、评价内容(指标)、评价对象、评价方法、评价结果的公布、评价结果的使用、元评价等诸多环节。对于高等教育国际化政策评价机制的建设也可以从这七个环节来加强。

(一) 确定评价主体

确立评价主体的主要工作就是由政策制定主体根据评价主体的专业性、敬业性和特殊性选择一个评价机构。由于各个评价机构的业务侧重点不同,评价的内容和倾向性也不尽相同。作为政策主体就要根据政策的不同价值取向选择最合适的评价机构,然后确立双方的购买关系,明确各自责权利关系。

(二) 设计评价内容 (指标)

评价主体确立后,评价主体要根据政策主体的需要设计评价内容即评价指标。这个过程需要评价主体和政策主体进行多轮研讨和交流,明确彼此的工作目标。评价主体必须按照政策主体提出的评价内容设计指标,在

---

① Operational Plan of Internationalization of Oxford Brookes University,2010-10-15.
② 钟焜茂:《英国高等教育国际化战略解读》,《世界教育信息》2013 年第 12 期。

满足政策主体需求的前提下可以根据自己的专业经验适当增加指标，帮助政策主体更精准评价政策对象及其实施效果。

（三）锁定评价对象

一项政策涉及的对象可能很多，是不是要对所有的对象都开展评价，如何选择评价对象，这需要评价主体和政策主体共同研讨后做出决定。从理论上来说，应该对该政策所涉及的所有对象开展评价，但是，如果样本过大，就必须进行科学的抽取，尽可能多地将利益相关者的意愿在评价过程中得到体现。所以，锁定评价对象是一件十分复杂且需要借助科学方法的过程。

（四）研讨评价方法

政策的性质和覆盖面不同，评价使用的方法也不完全相同。研讨评价方法主要是评价主体的工作，当然在研讨的过程中也可以邀请政策主体共同参与研讨。评价方法的选择一定要以是否满足政策价值取向是否实现为准则，即所选择的评价方法一定能够准确反映出政策的价值导向达成度。

（五）公布评价结果

评价结果出来后是否公布需要按照政策主体的意愿进行，这一点应该在"确定评价主体"这个环节就已经商定好了。评价主体在没有政策主体授权的情况下不得随意公布评价结果，也不能使用评价结果发表研究论文或研究报告。

（六）使用评价结果

评价结果的使用是政策主体的任务，政策主体应该对评价主体所给出的评价结果进行研讨和反思，及时总结经验和教训，对于政策实施中存在不足的地方，应及时制定整改方案，尽快修订和完善相关政策。对于具有重大失误的政策必须采取补救措施，弥补政策失误给政策对象造成的损失。英国政府就比较重视对评估结果的使用，并据此调整国际化的政策，例如，"在英国保守党和自由民主党组阁的联合政府发表的《中期评估报告》中明确提出,对于留英的国际学生数量不予上限规定。对于那些希望毕业后在英国就业的国际学生可以根据工作签证规定获得留英工作资格,并取消对经济移民的上限规定;对于那些希望在英国创业的国际学生,可以在《毕业生创业者计划》(Graduate Entrepreneur Scheme)框架下执行,并不断增加该计划的 MBA 国际学生名额"[①]。

(七)组织元评价

所谓组织元评价就是对评价主体是否具有评价资质进行评价,评价内容包括该机构的规章制度是否完善、是否有相关机构授权的证书、业内同行的评价、所设计的评价内容和指标是否科学、机构的诚信程度等。这种元评价既可以是政府的主管部门审核评价,也可以是政府组织同行评价。通过元评价不合格的机构应及时整改或停止执业资格。

三 借鉴国外相关政策评价机制

借鉴国外高等教育国际化政策评价机制是完善我国高等教育国际化政策评价机制的途径之一,但是,我们务必要把握一个基本准则,那就是不能简单照搬,而是要分析这些国家评价机制产生的条件。由于各国高等教育国际化政策背景不同,其在 A 国可以使用的机制,在 B 国却可能不适用。例如,北欧国家的士兵为了开展极限训练可能需要到非洲或其他炎热的国家寻找训练基地,因为北欧国家的气候常年就不炎热,找不到可以训练士兵耐热的场所。我们不能因此说,我国士兵的耐热训练也要到非洲或什么炎热的国家去训练,如果我们亦步亦趋地盲目地去学习北欧国家的这些举措,那就是邯郸学步、东施效颦了,因为我们国家本就有很多炎热的地方可供训练,不需要仅仅因为这一点而到海外建立训练基地,将部队拉到国外去训练。所以,借鉴国外的评价机制时我们也千万不能盲目照搬。

在借鉴国外高等教育国际化政策评价机制时,一些国家对高等教育国

---

① 杨晓斐:《英国高等教育国际化的程度、困境与战略对策——国际学生视角》,《高教探索》2016 年第 1 期。

际化政策的评价工作值得参考。例如,"1997 年《迪尔英报告》发表后,英国政府开始对留学生服务进行标准化评估,高等教育质量保障署开始起草包括留学生在内的学生指导和资助法规,在某种程度上确保了留学生的特殊需求得到满足"①。为了增加大学培养水平的可比性,"日本努力推进校际学分互换制度"②。提出要"以国际通用化指标保证高校教育质量;以'国际性等级划分'打造具有国际竞争力的师资队伍;完善留学生交流机制,推进国际性大学格局与质量建设"。③ 英国和日本等国的这些国际化政策评价举措和思路实际上也确定了评价的主要内容,我们可以在此基础上进行开发,建构我们自己的高等教育国际化政策评价体系。

第三节 制定科学的高等教育国际化政策评价标准

政策评价标准是政策评价的核心环节,它关系到政策评价结果的信度和效度。高等教育国际化政策评价是一个新的评价领域,许多标准没有太多的先例可以参考,这无疑增加了评价工作的难度。我们因此必须要做大量的创新性探索,这就需要从以下四个方面开展工作。

一 牢固树立合理的评价观

合理的评价观是评价工作的基本前提,也是评价结果如何使用的基本标准。不同的评价观对于同样的评价结果的分析和认识是不同的。世界上并不存在绝对公平、客观的评价观,而只有基于某种价值需要的评价观,同样,也就有了对评价结果的不同认识和使用。"当代美国著名哲学家和社会伦理学家罗尔斯反复强调,一种普遍的社会正义观念、甚至是一个统一的现代民主国家内部的普遍的政治正义观念,不可能建立在任何一种哪

---

① 易红郡:《英国高等教育国际化策略:留学生视角》,《湖南师范大学教育科学学报》2012 年第 1 期。
② 日本文部科学省:《平成 20 年度高等学校等における国際交流等の状況について》,2010 年 1 月 28 日。
③ 马岩:《日本留学生政策在高等教育国际化发展进程中的演变》,《苏州科技学院学报》(社会科学版) 2011 年第 12 期。

怕是再完备不过的宗教学说、哲学学说和道德学说的基础上，也就是说，普遍的社会正义观念不可能建立在任何特殊的文化价值理想的基础上。"①对高等教育国际化政策的评价也是如此。

（一）国家民族利益至上的评价观

在高等教育国际化进程推进中，必须首先在各个环节、各个方面将国家和民族的利益放在首要位置，凡是对国家和民族利益构成危险或者不符合国家民族利益的高等教育国际化我们都应该加以规避。魏腊云、唐佳新则认为"应关注全球化时代背景下高等教育国际化，一方面高等教育国际化的交往实践在多元化、异质化的基础上建构全球性的普遍性价值权威，实现高等教育世界化；另一方面，以交往实践的返身性达到民族高等教育的自我重构和创新，从而构建具有独特个性民族高等教育特色，实现高等教育国家化、民族化和本土化，这是一个双向建构和双重整合的过程"。②也就是说，我们不能单方面强调国际化而忽视了国家化、民族化和本土化。

姚锐分析美国高等教育国际化动向时，指出"新千年美国高等教育国际化出现了几个值得关注的动向：增加联邦拨款强化富布莱特计划；加强对博士和博士后阶段的外国学生、学者的资助；提出了雄心勃勃的林肯计划，促进美国学生留学海外。其背后的原因是美国的科技竞争力下降，以及美国经济持续发展对人才的迫切需求。美国希望以高等教育国际化为政策工具达成三个目的：获得高水平人才，提升竞争力，拓展青年国际视野"。③这说明美国的国际化目标十分清晰，美国高等学校在开展国际化政策评价时必然也会以此为依据。

由此可见，只有本着国家民族利益至上的评价观，我们在开展高等教育国际化政策设计、评价标准的确定、评价结果的分析时，都要有明确的

---

① 万俊人：《经济全球化与文化多元论》，《中国社会科学》2001年第2期。
② 魏腊云、唐佳新：《新全球化时代与高等教育国际化——兼谈高等教育国际化与高等教育全球化的差异》，《煤炭高等教育》2003年第2期。
③ 姚锐：《新千年美国高等教育国际化动向及其政策背景》，《高等工程教育研究》2010年第1期。

价值指向、有所取舍。也就是说，我们在上述方面，不能简单搬用其他国家的做法，而是要有所选择和改造。

（二）尊重高等教育发展规律的评价观

高等教育在发展过程中有其基本的规律，如教学与科研协调平衡的规律、学生自主发展的规律、本科教育基础性的规律，等等。既然存在着这些规律，我们无论是否开展国际化活动，都必须按照这些规律进行。与之相适应的政策设计以及政策效果的评价也要遵循这些规律。例如，在国际化的过程中，我们既不能看到发达国家高水平大学拥有许多高水平的科研成果就一味地强调高等学校科学研究的重要性而放弃教学工作质量提升的要求，也不能因为强调教学工作的基础地位而淡化学校科研工作的地位。因为这样做违背了高等教育教学与科研协调平衡的规律。

（三）平等与互惠互利的评价观

高等教育国际化的过程是高等学校全方位与世界各国高等学校开展合作与交流的过程。从本质上看，这种合作与交流不仅仅是高等学校之间的合作与交流，而是不同民族国家之间的合作与交流。所以，就必须坚持平等与互惠互利的评价观，我们既不侵害他国的利益，也要维护我们的利益。我们在对高等教育国际化政策开展评价时，只有坚持这样的评价观，高等学校之间的合作与交流才有可能持续下去。

二 确定评价目标

评价的理论和实践都证明：评价标准必须反映评价目标，不同的政策有不同的价值取向（即目标），因而也应该有不同的评价标准与之相对应。高等学校在开展对国际化政策效益的评价时，必须首先明确政策评价的目标，以目标为指引，确立评价的方法、路径和标准。

如何确定合理的高等教育国际化政策评价目标，日本政府的各年度"大学世界拓展力强化事业"项目的合作区域及目的对我们有一定的启发意义（见表10-1）。

表 10-1　日本各年度"大学世界拓展力强化事业"项目的合作区域及目的①

年度	项目名称	对象国或地区	项目目的
2011	A：亚洲校园核心据点的形成 B：与美国大学进行教育合作	中国、韩国、美国	以国立、公立、私立大学为对象，设置"支持亚洲校园核心据点形成"和"支持与美国大学教育合作的创建"项目，对日本学生和亚洲或美国的学生进行交流提供重点财政支持
2012	与 ASEAN 等国大学形成交流	东南亚	支持日本学生与 ASEAN 各国学生进行交流，在国际化的框架中保证高等教育的质量，促进日本学生的海外留学和战略性接收留学生，与 ASEAN 各国的大学形成校际交流
2013	与海外高等教育的战略合作	东南亚	对参加 SEAMEO-RIHED 的 AIMS 项目，实行战略性高等教育联合的项目进行财政支持
2014	与俄罗斯、印度等国大学形成交流	俄罗斯、印度	实施与俄罗斯和印度的大学间保证质量的交流项目，促进日本学生的海外留学和积极接收外国留学生，实施教育合作项目，培养架构日本与俄、印两国间沟通桥梁的人才
2015	与中南美等国的大学形成交流	中南美、土耳其	推动与中南美各国和土耳其之间的交流基础领域的教育合作，尤其是通过为优秀学生提供留学机会，培养架构日本与中南美和土耳其之间沟通桥梁的领导人才

日本政府对于高等教育国际化政策目标的设计具有很强的目的性和适用性。我们也可以依据高等教育的基本功能从四个方面明确评价目标。

---

① ASEAN（Association of Southeast Asian Nations）指东南亚国家联盟，简称"东盟"；SEAMEO（Southeast Asian Ministers of Education Organization）指东南亚教育大臣机构，1965 年设立，以实现东南亚各国的教育、科技、文化的合作为目的；RIHED（Regional Centre Higher Education and Development）指高等教育开发区域中心，由东南亚教育大臣机构设立的高等教育专门机构，负责加盟国的高等教育研究与合作；AIMS 项目（ASEAN International Mobility for Students Programmer）是以 SEAMEO 加盟国为框架，面向 ASEAN 整合的政府主导的本科生交流项目。资料来源：日本文部科学省：《（平成 23 年至 27 年）大学の世界展开力强化事业公募要领》，2016 - 07 - 01，http：//www.jsps.go.jp/j-tenkairyoku/iinkai.html。

（一）人才培养目标的确定

从国际化的角度来看，我们的高等学校在设计培养方案的时候，就不能把人才培养目标仅仅局限于国内，而是要着眼于全球人才培养，即要满足学生毕业以后在世界各地从事工作。也许站在目前的层面来看，有人会担心这样的培养目标要求过高，只有少数研究型大学才能达到这个要求。其实不然，国际化人才有不同的类型、规格和层次，每个学校都可以基于本校的层次和水平设计不同层次和规格的国际化人才。每个学校、每个专业都可以设计出各自不同的国际化人才培养方案。国际化是所有高等学校的任务、机遇和面临的挑战，而不是少数高等学校的工作任务。

（二）科学研究工作目标的确定

在很多人看来，科学研究本身就没有国界，这个判断表面看来是对的，但是，从本质上看，这个判断也不完全正确。无论是自然科学还是人文社会科学，尤其是人文社会科学，在确定研究对象、研究目的和研究手段的时候都不可能排除国家性和民族性。高等学校在国际化背景下开展科学研究，首先要基于本国发展的需要，但也不能完全局限于国家的需要，也要关注人类社会发展的需要。民族性与国际性并不是矛盾的，而是相互交融的，基于民族的科学研究也一定是国际的，否则国际化就失去了存在的价值。

（三）教育国际服务贸易目标的确定

高等教育另一个功能就是通过高等学校为民族和国家乃至人类社会进步提供高水平的专业性的智力服务，这是高等学校区别于其他类型学校教育的重要标准。基于国际化办学，高等学校就是要借助自己的智力和知识的优势，为人类发展谋福利。目前比较通行的做法就是鼓励高等学校参加教育国际服务贸易，但也不仅局限于这个途径。因为教育国际服务贸易总是与经济联系在一起，具有浓厚的商业色彩。而从高等学校自身的特点来说，这种途径只是高等学校智力服务国际化的途径之一，不应局限于这样的模式，而应该拓展我们的服务视野，为人类社会做出更多的贡献。

（四）文化传承目标的确定

文化是一个国家和民族得以存在的基础，没有自己的文化，这个民族只是具有了生物学的价值而失去了民族性的价值。正因为如此，各国高等学校在参与国际化的过程中都特别重视基于弘扬本民族的文化的基础上，积极开展文化合作与交流。高等学校在制定高等教育国际化政策标准时，也不能忽视弘扬中华民族传统文化这个标准，必须将这个标准化作具体的目标来切实推行。

三 开展调查研究

开展必要的调研显然更有利于我国高等教育国际化政策的设计和相应的评价，只有调研才能明确我们高等教育国际化的水平和面临的困境。例如，我国高等教育国际化目前处于什么样的水平，有人就做过这方面的调研。[①] 调查研究的基础就是上述评价目标，应该以这些评价目标设计具体的评价指标，根据每一个评价指标来设计调研方案。只有通过这种形式的广泛调研，才能设计出我们所期望的政策评价标准，否则，我们即便设计出某种评价标准也不一定能够将其付诸实践。需要强调的一点就是，高等教育国际化政策评价标准的调研必须要走出国门，广泛了解世界各国至少是各种类型国家高等教育国际化政策的制定和实施情况，既要发现成就，也要善于总结他们的教训。

四 借鉴国际标准

对于国际化政策评价标准的设计来说，世界其他国家或组织开发并使

---

① OECD. Education at a Glance 2013. Centre for Educational Research and Innovation June 2013：29. 该文指出："以国际学生密集度指标来衡量（单位内国际学生占学生总数的比重），从世界主要国家高等教育国际学生密集度比较看，澳大利亚居第一，为19.8%；英国居第二，为16.8%。从世界主要国家高校科研项目中国际学生所占比重看，瑞士居世界第一，为49.5%；法国居第二，为42.2%；英国居第三，为40.9%。这说明，英国高等教育国际化程度已明显居于世界前列。相对而言，仅从国际学生指标看，我国高等教育国际化程度还很低。2011年我国高等教育国际学生密集度仅为0.3%；从高校科研项目中国际学生所占比重看，2011年仅为1%。"这说明，我国高等教育国际化程度明显处于世界较低水平，甚至不及俄罗斯和南非。

用的标准我们只能借鉴而不能简单搬用,这在本书的前文中已经反复强调过。例如,英国政府在留学生的奖学金制度设计上,就比较清晰。[①] 1998年的《索邦宣言》提出的高等学校不同类型学生应该有一个"资格水平"[②] 的设计思路也是非常有价值的思路,值得我们在设计我国高等教育国际化政策评价标准时参考。

此外,OECD 组织编写的"《教育概览 2010:经济合作与发展组织指标体系》(Education at a Glance 2010)报告显示,相对于一个国家的高等教育入学总人数,OECD 国家录取外国学生百分比从 1.2%到 20.6%。数据表明,澳大利亚、奥地利、英国、瑞士、新西兰和比利时接收的外国学生最多。OECD 国家平均录取外国学生百分比为 6.7%"。[③] 虽然,这些留学生的录取比例只是一个统计数据,但是,我们如果从政策评价标准制定的角度来看,也可以作为国际化留学生录取比例的基本标准来参考。

第四节 充分选用有效的政策评价手段

政策评价手段总是与人们对于政策的认识程度和科学技术发展水平有着密切的关系,认识程度的不同、科学技术的进步都会影响人们对评价手

[①] 参见张惠、冯光能、赵俊娟的《英国高等教育国际化发展趋势:促进学生输出流动》(《黑龙江高教研究》2018 年第 3 期),该文对英国政府留学生的奖学金制度设计情况介绍如下:英国政府致力于提高奖学金的额度以及扩大发放的范围。英国现行的奖学金制度主要由三部分组成:政府奖学金、学术团体奖学金和高校奖学金。英国外国和联邦办公室每年都为来自 150 多个国家的留学生提供 2200 种奖学金,以此帮助国际学生在英国完成研究生课程学习。该项奖学金主要有三大类:①全奖,提供学生在英留学期间的所有开销并包括往返机票和生活补贴;②学费奖,只为留学生提供全额学习费用或部分学习费用;③半奖,在全奖的基础上提供部分补助补贴。此外,英国政府设立的海外学生奖学金 ORS。获得此项奖学金的留学生则可以按英国本土学生的学费标准来进行缴费,而海外学生的学费是英国本土学生的 4~7 倍。

[②] 参见曾志东、施式亮所著的《欧盟政策对我国高等教育国际化的启示》(《求索》2008 年第 6 期)。该文指出:"应建设一个具有国际比较性和相互承认的体系,包括两个主要循环系统(本科和研究生)。宣言明确指出在本科阶段,要有多样化的项目交流,每个项目必须引向一个相应的资格水平;在研究生阶段,重点必须放在研究和独立工作上;提出适当缩短攻读硕士学位的时间并延长攻读博士学位的时间,以便有可能在国家之间进行流动。"

[③] OECD, Education at a Glance 2010: OECD indicators, Chart C2.1, http://www.oecd.org/document/52/0, 3746, en_ 2649_ 39263238_ 45897844_ 1_ 1_ 1_ 1, 00. html.

段的选择。但是，评价手段是否有效的标准则是所使用的这些手段是否能够准确评价政策的实施效果，最先进的科学技术手段并不一定就是最有效的手段。所以，我们在运用最先进的科学技术手段的同时，也不要放弃传统的评价手段。

一 积极借鉴其他学科的评价手段

学科交叉是当代科学技术的发展趋势，也是科学发展的本质体现。我们在高等教育国际化政策评价手段的选择上也必须从学科交叉的角度去寻找适合我们所需要的评价手段。不同学科对问题认识的角度不同，分析和解决问题的手段也不一样，而高等教育国际化政策本身就是一个需要跨越多个学科才能认识清楚的领域。

高等教育国际化政策本身就是一个多学科集成的研究领域，包含教育学、高等教育学、政治学、政策学、管理学、法学、国际法学、心理学、信息科学等。这说明，我们在对高等学校的国际政策的制定和实施开展评价时，至少可以从这些学科着手开展研究，选择最有效的评价手段。这些多学科的交叉性也提醒我们：高等教育国际化政策评价手段不仅需要进行定量分析（这是在西方国家研究思潮的影响下我国目前学界比较肯定的做法，而且有走向极端的倾向——片面认为只有量化的评价才是科学的，而定性评价是非科学的、不可信的），而且也需要开展定性分析，二者不可偏废，更不能厚此薄彼。

二 积极运用现代信息技术手段

现代信息技术的最大优势就在于能够对大量的信息进行有效的收集和处理，并在此过程中，发现传统的思维方式和在传统的评价方法中难以发现的信息和结果，而这正是高等教育国际化政策评价特别需要的。高等教育国际化政策涉及国内国外、各级各类高等学校，因此，其中的信息量也是非常庞大的。如何从这些庞大而又纷繁复杂的信息中寻找我们所需要的信息，特别是寻找我们没有思考和关注的信息，仅凭传统的技术手段是无法实现的，大数据技术和数据挖掘技术却能够有效地应对这些难题。

在开展高等教育国际化政策评价时，无论是政策评价的研究者还是政策管理部门,都应该让年轻人充分发挥聪明才智。毕竟,目前在政策研究领域的许多学者在年龄和知识结构等方面对信息技术的处理和理解能力都需要向年轻人学习。我们始终相信,年轻人具有无限的创造力和解决复杂问题的能力。所以,我们在开展高等教育国际化政策评价的研究和运用的过程中,多邀请年轻学者参与是我们的不二选择。

三 不断创新评价手段

政策是随着外在形势的变化而变化的,因而,对政策的评价手段也应该因时而异、因地而异,这就需要我们在对高等教育国际化政策开展评价时不断创新评价手段。而创新评价手段最重要的是需要我们在观念上有所创新、敢于突破。日本政府在高等学校内部的评价机制方面,曾经制定过他们号称为"研究者最优先的史上全新的制度"。"此制度的'全新'之处主要体现在'行政机关中心立场'向'研究者中心立场'的转变,处处体现'以人(研究者、研究团队)为本',行政机关的职能向为研究者提供服务转化。在资金分配上,可提供多年度使用的资金,避免单年度资金提供不利于研究的推进。评价机制方面,以事后评价为主,免去了研究者为准备中期评价而承担额外的工作,专心进行研究。这一'全新制度'的推出具有重大意义,必将对今后大学的行政体制改革和教育政策制定起到一定的导向作用"。[①]

日本政府所做的这项制度设计,为我国高等学校开展国际化活动中对于我们所习惯的政策评价提供了一条不同的思路,不仅可以改变我国高等学校内部运行机制,也可以解除高校师生国际化工作中的一些困惑,有利于国际化工作的推进。

---

① 卢冬丽、董维春:《日本高等教育政策的国际化进程研究》,《江苏省高等教育学会教育经济研究委员会成立大会暨第一届江苏省教育经济学术年会论文集》,2013年7月12日。

结　语

西方的现代化带给中国人和中国文化的冲击的结果就是中华文明的戛然断裂。如今，当我们在强烈关注和实现中华民族伟大复兴的浪潮中，必须思考的不可回避的一个问题就是，我们要复兴的文化根源在哪里？是中华远古的古代文化还是把曾经断裂的文化继续连接上去？如果是连接上去的话，那么从断裂处开始而来的这些掺杂着西方文明的文化该如何处理？是过滤掉还是让其并行不悖？这些问题是我们在开展高等教育国际化过程中无法回避的问题。

一　高等教育国际化政策主体将越来越多元化

高等教育国际化进程不会中断，只能向更深入、更广泛的方向继续前行。如同浩浩长江由西向东最终汇入大海，沿途接纳了众多的江河（支流）。正是这些支流的汇入，才使得长江从上游的涓涓小溪变成宽阔的江河。随着高等教育国际化的不断推进，"沿途"也会有更多的政策主体（支流）汇入，从而使得高等教育国际化变成浩瀚无垠的大海。

（一）各国政府间的合作越来越频繁

高等教育国际化的背景是全球经济一体化（全球化），只要全球经济一体化的步伐不会停息，高等教育国际化的进程就不会终止。而经济全球化的主体必然是国家主导的各个国家之间的合作与发展，这就决定着各国政府在高等教育国际化中的主导地位也不会变化，而且只能是越来越频繁的合作。可见，随着高等教育国际化进程的不断推进，越来越多的国家必然会加入，相应的，高等教育国际化政策主体的数量也会不断增加。各国政府基于本国高等教育界发展的需要，纷纷研制各种层面的政策，开发多样化的政策工具。

（二）国际组织的参与逐步实质化

国际组织的内涵及其产生的时间，目前还没有达成共识。① 但我们在研究高等教育国际化这个主题时，对于国际组织的内涵和产生的具体时间的不同理解并不影响我们的研究结论，那就是国际组织作为一种超越国家利益而存在于各国政府间的这个主体，从产生之日起就不断地影响着民族国家的政策走向。国际组织的发展趋势是组织数量逐年增加、组织形式丰富多样、组织功能逐步延伸，这就使得当今世界高等教育国际化政策主体变得越来越多。

更为重要的是这些国际组织对民族国家国内政策制定的影响程度也会随着全球化的深入而深入，逐步由对政策形式的影响向对政策内容的影响过渡，由形式政策主体向实质政策主体转化（对于弱小国家来说，这是十分恐怖的挑战）。随着时间的推移，民族国家政策制定的自主性和独立性

---

① 有人认为，国际组织就是国际间的非政府组织。"国际外交史上国际关系的主体长期被定义为主权国家，直到二战后随着欧盟等国际组织的强势崛起，非政府组织才被认定为国际关系的主体之一，但其实在古代就曾出现过像圣殿骑士团这种独立于各国政府之外的非政府组织的存在，但要论全世界最早的非政府组织得算中国的墨家学派。当其他诸子百家单纯停留在关于学问的争辩上时这个学派已经致力于用自己的力量去改造世界，从而使自己成为独立于各诸侯国之外的一股独立的政治势力。"参见德州飞的《世上最早的非政府组织》（http：//baijiahao.baidu.com/s？id=1585338963433850896&wfr=spider&for=pc，2018-07-23，11：15访问）。也有人认为，《国际联盟》是人类社会建立的第一个具有普遍性意义的国际性组织。"《凡尔赛条约》签订后组成的国际组织，于1934年9月28日至1935年2月23日的最高峰时期，国联曾拥有58个会员国。宗旨是减少武器数量、平息国际纠纷及维持民众的生活水平。其存在的26年中，国联曾协助调解某些国际争端和处理某些国际问题。"（http：//cache.baiducontent.com/c？m=9d78d513d9d430dc4f9c96697d60c0111c4381132ba6db020ea08449e3732d44501194ac51240773d6d27d1716df4e4b9bf62173471450bc8cbcfb5dadca85595c9f2644676a835665d80ed9cf5156b534d71ab7a043a1fcb22592ddcfce9a1116dd537225dda4d80655419d78f06360bef9841253004ea7ae4632b90a2c77822145ab16f8fd326c0483f4d7414d842e9a301095aa35b13d19a213d3455d7b1a&p=8c7aca1288934ea45af7c7710f51&newp=ce77c54addc152fc57ef8c68544992695d0fc20e3fd1d201298ffe0cc4241a1a1a3aecbf20271b02d8c3796303a9425debf734783d0034f1f689df08d2ecce7e3c&user=baidu&fm=sc&query=%CA%C0%BD%E7%C9%CF%D7%EE%D4%E7%B5%C4%B9%FA%BC%CA%D7%E9%D6%AF&qid=edd0f51300016b81&p1=2，2018-07-23，11：18访问）

也面临着严重的挑战。高等教育国际化政策的制定面临着同样的挑战,回避和退让都会损害民族国家的高等教育战略利益,直面应战才是正确的选择。那就是积极参与这些国际组织并在其中发挥引领作用,获取更多的话语权。

(三) 相关利益者更加多元化

高等教育国际化进程涉及的利益相关者的范围和数量在不断增加,人才培养原本只是高等学校独立完成的,但是高等学校现在却难以独立完成这个任务了。从高等学校的人才培养环节来看,除了传统的高校内部的师生员工会更多具有政策主体性之外,参与高等学校国际化的主体范围在不断扩大。首先,随着市场经济的发展和成熟,社会用人单位特别是企业对人才提出越来越明确的要求,高等学校不得不屈服于他们的要求。在高等教育国际化政策制定方面,这些主体已然成为政策制定的主体。

其次,即便在本应由高等学校独立完成的培养环节,不少机构也想方设法渗透进来进而变成了高等教育国际化政策的主体。有研究者指出:"国际教育提供者开始呈现新趋势。快速增加的实体化跨国公司对高等教育的需求,迫使许多国家出现了高等教育国际化企业模式。如英国的皮尔森集团(Pearson Group),美国的阿波罗集团(Apollo Group)、麦格劳·希尔公司(Mc Graw-Hill)等。新技术的充分开发利用也使得高等教育国际化途径呈现多元化。特别是大规模在线开放课程(MOOC)已成为国际上高等教育国际化的重要技术路径,从根本上改变了高等教育输出模式。如美国 Coursera, Udacity 和 EdX 已被誉为世界 MOOC 三座大山,他们将哈佛、斯坦福等世界著名大学教育与硅谷等尖端技术创新集群协同,向世界各地开发和开放在线课程,满足高等教育国际化的现实需求。"[①] 这些机构先是美其名曰为高等学校人才培养提供技术支持和合作,但随着合作和支持的深化,高等学校就难免不被其绑架。客观现实就是如此,他

---

① 杨晓斐:《英国高等教育国际化的程度、困境与战略对策——国际学生视角》,《高教探索》2016 年第 1 期。

们必然会对高等学校的国际化政策走向产生影响,变成实质上的政策主体。

二 高等教育国际化政策客体动机更加强烈

高等教育国际化已经成为当代高等教育发展的必然趋势,大势所趋,世界各国及其高等学校都不得不重视这个现象。顺应这个趋势并在高等教育国际化进程中发展自己,是高等学校师生必然要思考的问题。正因为如此,他们参与高等教育国际化活动的动机会更加强烈。主要表现为以下三个方面。

(一) 高校师生参加国际化活动的意识更加强烈

高校师生作为民族国家知识分子的重要组成部分,负有传承民族精神的历史重任。在高等教育国际化进程中,他们的民族精神更要表现得淋漓尽致。几千年来,中华民族的知识分子都有一个共同的特点——强烈的忧国忧民意识。这种意识经过几千年的积淀已然成为中国知识分子的基本色调。这种民族精神的忧患意识必然会促使高校师生积极参与国际化进程,并通过国际化弘扬中华民族精神。

黑格尔指出,在国家内表现自身的普遍原则,就是构成一国文化的那个一般原则;而这个原则在具体现实里的确定内容,就是"民族精神"本身。它可以被理解为最广义的"宗教",即"一个民族对于它认为是'真'的东西所下的定义"。[①] "然而,这样的'宗教'恰恰是具有实体性内容的,它根本不可能被主观地构成,被任意地设计出来,甚至也不可能按照假借的现成模式来加以复制或订造。"[②] 中华民族精神就是具有这样意义的中华"宗教",这样的"宗教"也是不可能被任意设计出来的,同样也不可能被任意否定的。我们在推进高等教育国际化的过程中,必须承认和尊重我们这样的民族精神而不是妄自菲薄,更不应该一味盲目地崇拜西方文明。

---

① 黑格尔:《历史哲学》,王造时译,上海书店出版社,2006,第46页。
② 吴晓明:《当代中国的精神建设及其思想资源》,《中国社会科学》2015年第5期。

（二）高校师生更加注意提高自身的国际化素质

总体来看，我国高校师生参与国际化活动的素质还需要进一步提高。除了上述的增强国际化意识之外，还需要提高国际化过程所需要的专业知识、专业能力，不断拓宽学术视野、把握多学科的发展走向，继续提高国际交流能力（如外国语言能力）。外语能力在国际化过程中的作用尤为突出，"据欧洲委员会 2007 年 2 月公布的一项调查显示，有 11% 的中小型企业因缺乏语言的多样性和国际交流能力，而损失经济利益，平均每家企业损失约为 32.5 万欧元，而其中还不包括隐性损失。"[①] 高等学校在国际化活动中如果不能尽快提高师生员工的外语能力，也会出现很多尴尬的局面，不利于国际化活动的开展。在高等教育国际化大潮的冲击下、在高等学校相关制度的推动下，高校师生意识到国际化的重要性和紧迫性之后，必然会更加注意提高自身的国际化素质。

随着高等教育的不断发展，高等教育国际化及其素质要求必然会成为决定高等学校师生能否得到更好发展的基本条件。同样的学校、同样的学科领域，不同的国际素质将使得师生的成长呈现出两条不同路径：具有国际素质的师生会有更多的发展机遇和空间，他们的成长会十分顺畅；而不具备国际素质的师生将会在这些方面全面失去优势，井底之蛙的遭遇会降临到他们的头上，事业发展前途会十分灰暗。如果出现这样的状况，不要怨天尤人，唯一的办法就是努力提高自己的国际素质。

（三）高校师生参加国际化活动的积极性更加高涨

高校师生积极参加国际化活动是上述两个现象的必然结果。为了避免自己在高等教育国际化浪潮中被冲刷流失，就必须积极参加到这个过程中来。高校师生必须建立国际化的信心。经过改革开放 40 年高等教育的发展，我们已经在很多学科领域正在接近甚至超越国际水平。这是我们开展国际化信心的基础。中华民族勤劳勇敢的品格会使得我们进一步缩短与世界一流高校学科发展之间的差距。自古以来，中国知识分子缺乏的不是智

---

① 赵世举：《全球竞争中的国家语言能力》，《中国社会科学》2015 年第 3 期。

慧，而是让他们自由创造的制度环境。我们目前正在全民努力实现中华民族复兴的伟大梦想，相信为我们高校师生自由创造的制度环境会随着国家政治体制和教育体制改革的不断深入而变得越来越好。

三 高等教育国际化政策内容将更加丰富

前文已经设定了高等教育国际化政策的内容，即高等教育国际化政策的价值指向、政策的文本形式、政策文本的数量以及政策制定的程序。高等教育国际化的不断深入，政策内容在以下四个方面也会变得多姿多彩。

（一）高等教育国际化政策价值指向更加清晰

我们会在高等教育国际化进程中越来越清晰地认识到我们最需要的是什么，高等学校在人才培养过程中的价值指向有哪些。如果高等学校在国际化过程中能够把握这两点，那将是高等教育的最有意义的进步。

西方文明强调的是个人主义，而中国文化更重视集体主义。这两种不同价值取向的文化各有所长，片面强调某一方面便容易使其走向极端，造成社会关系的不协调。"贝拉等人注意到美国社会普遍存在的心灵孤独现象很大程度上可以归结为'工具主义个人主义'的流行。这种极端个人主义把个人在经济利益、权力、权威和自我实现方面的成功作为人之价值的全部，而不顾及家庭、社区、友情。因此，极端个人主义者虽然可能在个人事业中取得成功，但很难获得幸福的家庭和良好的邻里关系。"[①] 这是典型的西方文明在处理人际关系方面的特点，我们在推进高等教育国际化的过程中显然需要摒弃这些负面的文化元素，既要尊重个人主义，也要发扬集体主义，代之而起的应该是中华文明中"和谐"与"为善"等文化元素。

（二）高校人才培养所需要的文化来源更加多样化

我们在本研究过程中反复强调这样一个观点——国际化不是西方化，

[①] 李友梅、肖瑛、黄晓春：《当代中国社会建设的公共性困境及其超越》，《中国社会科学》2012年第4期。

高等教育国际化也不是高等教育的西方化。实际上，西方文明在当今处于强势地位，但无论如何它只是世界文明中的一种，具有特殊的地域性。有学者研究指出，①"现代文明"被定义的内容与实质，它获得理解的基础与根据，以及被用来进行推理和想象的标准与法则，无一不将此一文明揭示为西方文明、欧洲文明，更确切些说，即资本主义文明。所谓"现代文明"首先是——而且不能不是——地域性的。所以马克思在阐说资本主义的起源时，将这一历史概述明确地限制在西欧的范围内；而海德格尔在谈到形而上学的历史"天命"时，尼采在指证虚无主义的兴起时，胡塞尔在论说现代科学的危机时，同样严格地将其限制在"欧洲"或"西方"的范围内。至于黑格尔，则用"日耳曼世界"（第三期）赋予现代文明同样的规定。② 可见，"现代化""现代文明"这些概念都具有明显的地域性和"欧洲中心性"，我们不应该简单照搬西方的这些具有局限性的思维方式来对中国社会做削足适履式的分析和运用。

马克思在《资本论》中，分析了西欧从中世纪走向资本主义的历史进程之后郑重声明："我明确地把这一运动的'历史必然性'限于西欧各国"，并且反对把西欧的历史发展进程"变成一般发展道路的历史哲学理论"，否则，"这样做，会给我过多的荣誉，同时也会给我过多的侮辱"。马克思的这一郑重声明应当也适用于前资本主义各种社会形式的分析，包括对西欧与东方的分析。"③

然而，我国学者在面对西方文明时，曾经有过曲折和反复，虽然不乏"中体西用"的基本态度，但也有将中华文明纳入西方模式的研究方法。例如，"在社会进化图式不可颠覆的大背景下，严复将 feudalism 与'封建'对译，相当于将西欧中世纪与中国传统社会等同划一，对后者的认识与描述，仅是借用中文'封建'一词的外壳，实际上将中国的历史纳入西方的模式，按照西欧的逻辑进行演绎，并且标榜为人类社会的普遍性"④。

以上仅仅分析了中华文化和欧洲文化的发展历程，世界其他地区在近

---

① 吴晓明：《当代中国的精神建设及其思想资源》，《中国社会科学》2015 年第 5 期。
② 吴晓明：《当代中国的精神建设及其思想资源》，《中国社会科学》2015 年第 5 期。
③ 侯建新：《"封建主义"概念辨析》，《中国社会科学》2005 年第 6 期。
④ 侯建新：《"封建主义"概念辨析》，《中国社会科学》2005 年第 6 期

现代发展过程中或前或后地走着大致相似的道路。我们应当看到，欧洲文化虽然有很多积极的因素，但它本质上毕竟只是一种区域文化，必然而且事实上也存在着许多消极的因素。我们今天在推进高等教育国际化的时候，在人才培养的文化选择上，应该秉持多元化的文化教育的态度，即让学生学习和理解世界各民族国家的文化，而不仅限于对欧洲文化的学习。

（三）高等教育国际化政策文本的形式更加完备

政策文本的形式是否更加完备取决于政策实践的需要程度，形式与需要之间是相互支持和相互促进的关系。既然高等教育国际化是世界高等教育发展的基本趋势，那么各国必然要制定政策满足这种趋势的需要。各种数据和标准表明，我国的高等教育国际化进程基本上能够与世界发达国家保持同步，这与我国高等教育国际化政策主体的积极支持的政策态度密切相关。这种政策态度必然会在推进高等学校开展国际化工作中更加注重各个层面政策的完善。表现在政策形式上就是高等教育国际化政策文本的形式更加完备。

（四）高等教育国际化政策文本的数量更好地满足国际化办学的需要

政策文本数量与其支撑的工作事项有关，高等教育国际化政策的数量多少，我们无法准确地给出一个具体的数字，但是必须要能够满足国际化活动的需要。例如，从学生的角度来看，"学生国际化既要生源国际化，也要学习经历国际化。合作办学、联合培养、学分互认、学位互授、课程合作、远程教育、短期交流等形式的流动要进一步得到鼓励和支持。为此，我们要不断改革创新国际学生从招生到就业的各个环节，提高国际学生教育质量。"[①] 仅仅从学生培养的需要出发，就涉及如此多的环节，而每一个环节都需要有政策支撑，能够满足这些环节需要的数量就是最合理的

---

① 江波、钟之阳、赵蓉：《面向未来的高等教育国际化发展》，《高校教育管理》2017 年第 7 期。

数量。随着国际化工作的深入，涉及的工作面会更加宽阔和精细，这就需要更多的政策文本支撑。

（五）高等教育国际化政策制定的程序更加规范

我国高等学校国际化政策（包括法律法规，这在前文中已经多次说明）制定的程序会更加规范，因为国际化政策的一个很重要的特点就是必须与国际政策相适应，如果我们制定的政策不够规范，那么其他国际政策主体便会质疑我们所制定的政策的合法性和可行性。这种质疑不能简单地被理解为对我们政策的干涉，更谈不上是对我们内政的干涉，而是纯粹的技术上的疑惑。为了减少和避免这种现象的出现，改变我国在国际化中的被动地位，政策制定主体必然要规范政策制定的程序以保证政策的合法性和规范性，从而提高我国政策在国际化中的适应性。

四 高等教育国际化政策工具的选择指向更加明确

高等教育国际化的有效实施离不开能够发挥精准作用的政策工具的支持，有效的政策工具可以有效地支持高等学校完成国际化工作的各项复杂的任务。结合我国高等学校多年来国际化工作的实际情况，以下四个方面的政策工具值得我们去开发和设计。

（一）加强语言教育，提高国家语言能力

国家语言能力在高等学校国际化进程中发挥着十分重要的作用。"随着社会的发展，语言对于国家的重要作用更加彰显，'国家语言能力'这一概念随之而生。国家语言能力不仅是软实力，而且也正在成为硬实力。所谓软实力，是指它主要体现为一种无形的力量，具有强大的内在凝聚力、号召力和对外的隐性渗透力及同化力；所谓硬实力，是指其功能张力不断释放，日益成为助推经济发展和科技创新、保障国家安全的关键要素。在当今世界上国家之间全面博弈的时代，它正发挥着无可替代的独特作用，并成为国家综合实力的重要组成部分。近年来，世界各国纷纷实施全面的国家语言战略，着力提升国家语言能力，正是对这种趋势的

积极应对。"① 由此可见，高等学校在国际化人才培养过程中，特别要加强

---

① 赵世举在《全球竞争中的国家语言能力》(《中国社会科学》2015 年第 3 期) 一文中详细分析了国家语言能力的作用，对于高等教育国际化政策制定颇有指导价值。文章指出："突发事件的应急语言服务，是政府应急能力的一个重要方面，是国家应急管理不可或缺的部分。2010 年青海玉树地区发生地震，救援中由于汉藏语之间的障碍和藏语内部方言的差异，致使在救援的很多关键环节都遇到了交流困难，对救援工作产生了影响，引起了社会关注和反思。这也表明，我国应急语言服务能力亟待提高。""随着我国国际化发展和国际义务的增多，国际语言服务需求日益增长。如国外对汉语师资、汉语学习资源的需求，国际维和、跨境反恐、跨境警务合作和军事合作、海外利益拓展中的语言需求，区域和国际组织对中国语言及语言人才的需求等，都需要我国有相应的语言服务支持。而这些方面我国还相当薄弱，据对驻守在黎巴嫩的我国维和人员的英语水平进行的调查，绝大多数人员缺乏参加军事会议的外语能力。至于懂得当地语言的人更是凤毛麟角。这表明，我国亟待加强外派人员的外语培训。""中文信息处理技术发展迅速，国际竞争激烈，虽然我国在相关领域成就斐然，但在核心技术和应用创新方面还相对落后，也有一些教训。例如国产的 WPS 和中文之星几乎被微软挤出市场，重要的中文软件大都被国外所掌控。就连我国手机汉字输入技术市场也一直被外国公司所垄断，这不仅导致每年为此要向外国支付数以亿计的专利使用费，而且'在一定程度上阻碍着国内手机产业核心技术竞争力的提高。特别是国外公司的汉字输入技术在某些方面扭曲了汉字的内在规律，影响着汉字同信息技术发展的良好结合'。创造汉字的国度，如今使用汉字技术反而受制于人，这种尴尬教训深痛。""语言是双刃剑。一方面，它是维系特定群体的纽带，沟通不同群体的桥梁，社会运行的规程，具有凝聚力、正能量；另一方面，它也容易酿成矛盾甚至冲突，成为各种利益诉求的旗号和借口，成为社会纷争的导火索和政治斗争的工具，演化为离心力、负能量。因此，语言管理能力与管理成效至关重要。积极有效的语言管理，不仅有利于构建和谐、健康的语言生活，而且有利于民族统一、社会安定和国家发展。例如我国自新中国成立以来，党和政府高度重视语言管理，积极实施主体性与多样性相统一的语言政策，维护了语言生活和谐，促进了国家文化教育事业和经济社会发展。法国历来重视语言管理，大力推行语言统一，尽管有其不合理的方面，但对于法兰西民族的统一、社会凝聚力的增强、文化影响力和国家实力的提升，乃至向外展示其文明并进行海外扩张，都发挥了重要作用，也在一定程度上促成了法语在近代世界的风行。不当的语言管理或管理缺位，不仅影响社会秩序和发展，甚至可能酿成严重的政治后果，危及国家安全。无论是过去还是当代，这方面的教训很多。例如，巴基斯坦在独立之初，因国语选择问题而引发流血冲突和国家分裂；苏联各加盟共和国独立之后，大多在语言政策的制定和实施方面形势严峻，影响了社会安定，例如拉脱维亚由于要求所有公民必须掌握拉脱维亚语，并对教学语言进行相应规定，引发了严重的族群对立，矛盾冲突至今未能平息；摩尔多瓦则在 20 世纪末，因语言矛盾等原因，导致了武装冲突和国家分裂；近两年乌克兰乱局中语言因素所起的导火、催化作用，更是有目共睹。""法国 1883 年成立了法语联盟，意大利 1889 年成立了但丁学院，英国 1934 年成立了英国文化协会，德国 1951 年成立了歌德学院，日本 1972 年成立了日本国际交流基金会，西班牙 1991 年成立了塞万提斯学院等。这些机构都形成了自己的全球网络，有的设立分支机构上千家。它们在各自国家语言文化传播和国际影响力的提升方面都发挥了重要作用。2013 年英国文化协会的一项调查显示，英国文化活动的参与者明显地表现出对英国更信任的态度，英语学习对这种信任度的提升乃至对英国软实力的提升有最直接、密切的联系。"

语言教育和教学，而这方面政策工具的开发和使用也就成为我们迫切完成的任务。

（二）设计更为便捷的签证方式

为了深入开展国际化人才交流与合作，世界主要国家（如英国、日本、法国、德国、加拿大以及北欧国家）纷纷制定和出台了一系列方便教师和学生出入境的签证制度。"2014年奥巴马访华期间与中方签订了最新的签证政策，即美国和中国将互惠延长发放给对方学生和访问交流者签证的有效期达5年。签证有效期的延长将带来更多的双向交流。"[①] "2008年6月英国边境署公布了新的留学生签证制度——计点积分制，使签证过程更加简单、透明和客观，而这一举措最直接的结果就是推动了英国的学生流动。对于毕业后想留在英国发展的留学生来说，英国政府为其提供了三种签证。第一，T2签证：可在毕业后的3年内留英工作，根据情况申请延期。第二，T5"临时工作"签证：毕业生可在毕业后留英实习或工作1年。第三，T1"毕业生创业者"签证：此签证由英国多家高等教育机构联合推出，原计划只提供1000个名额，但于2013年开始提供1000个名额给获得工商管理硕士学位的毕业生。"[②]

签证制度看似微小而简单，但对于参加国际化过程的高校师生来说，却是一项至关重要的政策。中国要吸引来自世界各国的学者和学子，也必须在签证政策工具上加大开发力度，方便来华开展学术交流的学者和学生。

（三）丰富国际化交流的形式

国际化交流形式并不存在固定的模式，而是完全取决于高等学校人才培养的需要。"发达国家高校的学术研究交流主要通过如下形式展开：

---

① Ambassador Baucus Press Conference on Visas and Open Doors, 2015-02-16, http://beijing.usembassy-china.org.cn/2014ir/ambassa-dor-baucus-press-conference-on-visas-and-open-doors.html.

② 张惠、冯光能、赵俊娟：《英国高等教育国际化发展趋势：促进学生输出流动》，《黑龙江高教研究》2018年第3期。

①通过联合国教科文组织、国际学术联合会议等机构进行国际合作研究；②进行校际合作研究；③进行研究人员的交流，如国外学者来校访问、讲学或派本国学者出国留学、访问等；④通过国际会议进行学术交流；⑤开展学术信息交流，包括资助研究成果的发表，推动高校通过互联网交流数据和研究成果等。发达国家高校也十分重视通过国际合作办学来促进研究生教育办学质量的提高，主要形式包括设立海外分校、特许经营、远程教育、虚拟大学等。"[①] "大学采取的具体措施包括更多强调出国学习、掌握国际语言技能、课程设置国际化、合作性学术项目和研究以及各种类型的教育伙伴合作。"[②] 虽然这些交流形式现在有大多数国家和高等学校在使用，但是，我们国家的高等学校在设计政策工具时不应局限于这些形式，而是要在这个方面加大政策工具的设计力度，更好地为提高人才培养质量服务。

（四）促进高等学校开展有效的对话

有效地开展学术对话是高等教育国际化的基本途径和手段，"高等教育国际化须以学术为基础。声明强调，高校应在教育国际化过程中坚持以学术为基础，采取正确立场和取向，促进学术交流，维护学术道德，将合作关系建立在平等互惠、互相尊重的基础之上，保护、推广文化及语言的多样性，并不断评估国际化过程中的利弊，通过对话来应对国际化过程中产生的问题和挑战"[③]。如何保证这些学术对话有效开展，提高学术交流的质量，这也需要我们进行政策工具的设计和使用。

---

① 罗尧成、束义明：《我国高校研究生教育国际化现状分析及对策建议》，《学位与研究生教育》2009年第11期。
② 原文作者根据以下三篇文献整理而成：Knihgt, J, *Intemationdization: Coneepst, Complexities and Challenges. Intenrational Handbook of Higher Education*, The Netherlands, 2006; Spirnger. Atbach, F, *Globalizationand the University: Realities in an Unequal Wolrd. International Handbook of Higher Education*, The Nethlerland, Spirnger. Tsang, M. & Yu, Z. (2008), *Intenrationalization of Higher Edueation in China and Japan*, New York: Center on Chinese Education, Teachers College Columbia University, 2006. 转引自曾满超、王美欣、蔺乐所著的《美国、英国、澳大利亚的高等教育国际化》(《北京大学教育评论》2009年第2期)。
③ 姜红：《联合国国际大学协会声明：警惕高等教育国际化潜在负面影响》，《中国社会科学报》2012年5月7日，第A01版。

五　高等教育国际化政策评价的作用更为突出

高等教育国际化并不是西方化，正如世界高等教育发展本无普世的通用模式一样，也没有通用的所谓具有普世价值的高等教育质量标准。虽然一些发达国家已经成功地形成了一套发展模式，"但认为加拿大（或美国、欧洲）的高等教育发展模式能解决其他国家高等教育所面临的问题的想法是错误的"[1]。对于高等教育国际化政策的评价亦是如此。为了提高高等教育国际化政策评价作用，需要从多方面着手，但是有一项工作是必须要做的，那就是要通过立法的方式制定合理的高等教育国际化政策评价标准。例如，"为保证英国高等教育的国际声誉，英国高等教育委员会于1995年10月颁布了《高等教育境外合作办学实施准则》（共15条）。该准则特别强调境外办学的教学水平和教育质量，比如规定学生入学资格、课程设置、学制都必须与英国国内的相应规定保持一致，英国大学必须完全控制考试和评估方法等等"[2]。我们希望国家立法机关和相关权力机构能够尽快出台中国式的高等教育国际化政策评价标准的法律或法规，为我国的高等教育国际化政策评价提供坚实的法律基础。

---

[1] 黄复生、魏志慧：《高等教育的国际化与多样化——访加拿大高等教育知名学者格兰·琼斯教授》，《开放教育研究》2008年第3期。
[2] 孙钰：《英国高等教育国际化政策研究》，《淮南师范学院学报》2009年第3期。

参考文献

一 著作类

〔英〕安迪·格林：《教育、全球化与民族国家》，朱旭东、徐卫红等译，教育科学出版社，2004。

陈学飞：《关于高等教育国际化的若干基本问题，大学国际化：理论与实践》，北京大学出版社，2007。

陈振明：《公共政策分析》，中国人民大学出版社，2003。

邓小平：《同教育部几位负责人的谈话》（1978年6月23日），见中共中央文献研究室编《邓小平思想年谱（一九七五——一九九七）》，中央文献出版社，1998。

〔加〕格兰·琼斯：《加拿大高等教育——不同体系与不同视角》（扩展板），林荣日译，福建教育出版社，2007。

〔德〕汉斯-彼得·马丁、〔德〕哈拉尔特·舒曼：《全球化陷阱——对民主和福利的进攻》，张世鹏等译，中央编译出版社，1998。

〔德〕黑格尔：《历史哲学》，王造时译，上海书店出版社，2006。

黄明东：《中美法高校教师法律地位比较研究》，武汉大学出版社，2011。

黄明东等著《研究型大学师资队伍发展研究》，武汉大学出版社，2011。

黄明东等著《高校学生与高等学校间法律争议及其解决机制研究》，人民教育出版社，2015。

〔加〕简·奈特著《激流中的高等教育：国际化变革与发展》，刘东风、陈巧云译，北京大学出版社，2011。

李爱萍：《美国国际教育：历史、理论与政策》，云南大学出版社，

2005。

〔美〕诺姆·乔姆斯基著《新自由主义和全球秩序》，徐海铭、季海宏译，江苏人民出版社，2000。

〔美〕塞缪尔·亨廷顿著《文明的冲突与世界秩序的重建》，周琪等译，新华出版社，2010。

王虎华：《国际公法学》（第三版），北京大学出版社，2014。

Knight, J., Internationalization of Higher Education: a Conceptual Framework, Knight J., de Wit H. (eds.), *Internationalization of Higher Education in Asia Pacific countries*, Amsterdam, EAIE, 1997.

二 期刊论文类

白利超：《英国高等教育国际化战略及其举措》，《世界教育信息》2015年第16期。

蔡拓：《全球主义与国家主义》，《中国社会科学》2000年第3期。

陈玥、蔡娟：《欧盟高等教育国际化发展的主要特征——基于欧盟相关政策文本的分析》，《比较教育研究》2016年第7期。

陈昌贵、翁丽霞：《高等教育国际化与创新人才培养》，《高等教育研究》2008年第6期。

陈芳：《加拿大高等教育国际化政策及评析》，《煤炭高等教育》2005年第6期。

陈洁、吴景松、钟逸：《欧洲高等教育权力嬗变及其因素探析》，《理工高教研究》2003年第3期。

陈曦：《日本高等教育国际化策略——以"留学生30万人计划"为例》，《比较教育研究》2010年第10期。

陈秀萍：《契约的伦理内核——西方契约精神的伦理解析》，《南京社会科学》2006年第8期。

戴晓霞：《高等教育的国际化：外国学生政策之比较分析》，《复旦教育论坛》2004年第2期。

邓莉：《日本出台安倍教育学计划 积极推动高等教育国际化》，《世界教育信息》2013年第15期。

丁玲：《从联邦政府的行动透视 21 世纪美国高等教育国际化》，《高等教育研究》2011 年第 4 期。

方红、周鸿敏：《高等教育国际化发展的特点与趋势》，《江西社会科学》2007 年第 2 期。

冯晋豫、孙旭东：《英国高等教育国际化优先选项》，《世界教育信息》2012 年第 12 期。

耿益群：《全球化背景下的欧盟高等教育国际化政策研究》，《复旦教育论坛》2007 年第 2 期。

蒋晓萍：《高等教育国际化模式探微——基于新西兰的案例分析》，《西南农业大学学报》（社会科学版）2009 年第 6 期。

韩水法、丁耘、马德普、马敏：《比较视阈下的启蒙》，《中国社会科学》2014 年第 2 期。

韩亚菲：《中国高校国际化发展新动向——基于北京大学燕京学堂、清华大学苏世民书院案例的分析》，《教育学术月刊》2017 年第 5 期。

侯建新：《"封建主义"概念辨析》，《中国社会科学》2005 年第 6 期。

黄复生、魏志慧：《高等教育的国际化与多样化——访加拿大高等教育知名学者格兰·琼斯教授》，《开放教育研究》2008 年第 3 期。

黄福涛：《"全球化"时代的高等教育国际化——历史与比较的视角》，《北京大学教育评论》2003 年第 2 期。

黄明东、蒋立杰、黄俊：《高校学生自主管理学校理论之构建》，《教育研究与实验》2013 年第 1 期。

黄明东、〔越南〕武陈金莲、黄俊：《美国高校教师参加学校管理的制度保障探析》，《中国高教研究》2014 年第 1 期。

黄永林：《英国高等教育国际化的动因、特点及其启示》，《国家教育行政学院学报》2006 年第 2 期。

江波、钟之阳、赵蓉：《面向未来的高等教育国际化发展》，《高校教育管理》2017 年第 7 期。

金帷：《改革开放以来中国高等教育国际化政策的嬗变：基于数据与政策的联结》，《中国人民大学教育学刊》2012 年第 4 期。

李联明、吕浩雪：《高等教育国际化进程中制约国际学生流向的主要因素》,《比较教育研究》2004 年第 6 期。

李联明:《"9·11 事件"后美国高等教育国际化的五个发展趋向》,《比较教育研究》2007 年第 7 期。

李友梅、肖瑛、黄晓春:《当代中国社会建设的公共性困境及其超越》,《中国社会科学》2012 年第 4 期。

李书恒、郭伟:《国际化背景下的教师发展:加拿大经验借鉴》,《中国高等教育》2012 年第 5 期。

李珩:《我国高等教育国际化思维定势变革研究》,《国家教育行政学院学报》2010 年第 5 期。

李文波:《英国高等教育国际化的驱动力和策略》,《技创新导报》2015 年第 9 期。

李娅玲、李盛兵:《美国高等教育国际化政策的历史变迁及启示》,《高教探索》2016 年第 1 期。

李振全、陈霞:《英德法三国高等教育国际化政策比较研究》,《科技进步与对策》2004 年第 11 期。

刘道玉:《大学教育国际化的选择与对策》,《高等教育研究》2007 年第 4 期。

刘海峰:《高等教育的国际化与本土化》,《中国高等教育》2001 年第 2 期。

刘兰平:《日本高等教育国际化发展的回顾及展望》,《高等教育研究》1998 年第 5 期。

刘玲娇:《新千年美国高等教育国际化的主要政策及其对我国的启示》,《高教研究与实践》2012 年第 4 期。

刘一彬:《本土化与国际化的融合:加拿大高等教育发展的特点及其启示》,《学术论坛》2010 年第 6 期。

罗尧成、束义明:《我国高校研究生教育国际化现状分析及对策建议》,《学位与研究生教育》2009 年第 11 期。

〔美〕马丁·特罗:《美高等教育政策比较》,张小琴译,《国际高等教育研究》2000 年第 4 期。

马立红、王文杰:《加拿大滑铁卢大学国际化的特色与启示》,《黑龙江教育》（高教研究与评估）2014 年第 6 期。

〔美〕马利·杰克、凡·德·温得:《国际化政策：关于新倾向和对照范式》，姚加惠译，《国际高等教育研究》2003 年第 2 期。

马岩:《日本留学生政策在高等教育国际化发展进程中的演变》，《苏州科技学院学报》（社会科学版）2011 年第 12 期。

门洪华:《关键时刻：美国精英眼中的中国、美国与世界》，《中国社会科学》2012 年第 7 期。

孟莉莉:《日本"超级国际化大学"战略对中国高等教育国际化的启示》，《管理工程师》2016 年第 1 期。

孟照海:《高等教育国际化的动因及其反思》，《现代教育管理》2009 年第 7 期。

倪怀敏:《我国高等教育国际化及发展战略思考》，《四川师范大学学报》（社会科学版）2013 年第 7 期。

欧惠玲:《英国高等教育国际化的发展趋势：促进学生流动》，《科教文汇》（下旬刊）2017 年第 5 期。

裴文英:《引进国外教育资源，推进中外合作办学》，《江苏高教》2003 年第 3 期。

钱均、夏慧言:《教育民间组织在高等教育国际化中的作用及启示——以加拿大高等教育国际化发展为例》，《理论与现代化》2014 年第 4 期。

仇鸿伟:《高等教育国际化与中国的战略选择》，《大学》（学术版）2012 年第 10 期。

任丽娟:《高等教育国际化研究》，《沈阳农业大学学报》（社会科学版）2006 年第 1 期。

宋宏:《高等教育国际化前沿问题审视与回应》，《学术界》（双月刊）2008 年第 6 期。

孙钰:《英国高等教育国际化政策研究》，《淮南师范学院学报》2009 年第 3 期。

孙大廷、孙伟忠:《美国高等教育国际化政策的文化输出取向——以"富布莱特计划"为例》，《黑龙江高教研究》2009 年第 5 期。

沈玉宝:《英国高等教育国际化的动因、特点及启示》,《北京教育》(高教版) 2012 年第 2 期。

滕珺:《多元、公平、合作、创新:世界高等教育发展的新趋势——解读 2009 年 UNESCO 世界高等教育大会公报》,《比较教育研究》2009 年第 12 期。

薛二勇、徐向阳:《芬兰高等教育国际化政策及分析》,《高等农业教育》2007 年第 2 期。

杨启光:《幻想与行动:面向全球化的高等教育国际化》,《高等教育研究》2008 年第 6 期。

杨启光:《当代不同国家高等教育国际化政策发展模式》,《现代大学教育》2008 年第 5 期。

万广华、陆铭、陈钊:《全球化与地区间收入差距:来自中国的证据》,《中国社会科学》2005 年第 3 期。

万俊人:《经济全球化与文化多元论》,《中国社会科学》2001 年第 2 期。

汪旭晖:《高等教育国际化的动因与模式——兼论中国大学国际化的路径选择》,《辽宁教育研究》2007 年第 8 期。

王海燕:《高等教育国际化的理念与实践——论美日欧盟诸国及中国的高等教育国际化》,《北京大学学报》(国内访问学者、进修教师论文专刊),2001。

王璇:《法国高等教育国际化发展趋势及其对我国的启示》,《中国成人教育》2009 年第 15 期。

王勇、智协区:《关于转型期我国高等教育国际化发展战略的思考》,《教育探索》2009 年第 10 期。

王英杰、高益民:《高等教育的国际化——21 世纪中国高等教育发展的重要课题》,《清华大学教育研究》2014 年第 2 期。

王卓君、何华玲:《全球化时代的国家认同:危机与重构》,《中国社会科学》2013 年第 9 期。

魏腊云、唐佳新:《新全球化时代与高等教育国际化——兼谈高等教育国际化与高等教育全球化的差异》,《煤炭高等教育》2003 年第 2 期。

伍慧萍：《德国高等教育国际化的政策框架及措施分析》，《德国研究》2000年第2期。

吴合文：《改革开放以来我国高等教育政策工具的演变分析》，《高等教育研究》2011年第2期。

吴静妮：《中国高等教育国际化政策与实践的探讨》，《教师》2017年第5期。

吴言荪：《加拿大高等教育国际化的思考》，《学位与研究生教育》2004年第6期。

吴晓明：《当代中国的精神建设及其思想资源》，《中国社会科学》2015年第5期。

夏雪艳、黄磊：《香港高等教育国际化政策研究——以国际化内容为维度的分析》，《世界教育信息》2017年第2期。

徐继宁：《国内高等教育国际化新进展》，《黑龙江高教研究》2006年第12期。

杨晓斐：《英国高等教育国际化的程度、困境与战略对策——国际学生视角》，《高教探索》2016年第1期。

杨尊伟、杨昌勇：《澳大利亚高等教育国际化发展及动因探析》，《外国教育研究》2008年第9期。

姚锐：《新千年美国高等教育国际化动向及其政策背景》，《高等工程教育研究》2010年第1期。

姚望：《我国高等教育国际化的思考》，《中国成人教育》2014年第23期。

尹玉玲：《OECD视野下的高等教育国际化政策分析——基于跨境高等教育的视角》，《中国高教研究》2011年第11期。

易红郡：《英国高等教育国际化策略：留学生视角》，《湖南师范大学教育科学学报》2012年第1期。

袁本涛：《高等教育国际化与世界一流大学建设：清华大学的案例》，《高等教育研究》2009年第9期。

〔荷〕于尔根·安德斯：《高等教育、国际化与民族国家》，陈洪捷、吕春红译，《北京大学教育评论》2003年第7期。

郁建兴、徐越倩：《全球化进程中的国家新角色》，《中国社会科学》2004年第5期。

袁圣军、符伟：《中国高等教育的国际化：挑战与对策》，《河北师范大学学报》（教育科学版）2012年第10期。

臧佩红：《试论当代日本的教育国际化》，《日本学刊》2012年第1期。

曾满超、王美欣、蔺乐：《美国、英国、澳大利亚的高等教育国际化》，《北京大学教育评论》2009年第2期。

曾小军：《日本高等教育国际化：动因、政策与挑战》，《高教探索》2017年第6期。

左希迎、唐世平：《理解战略行为：一个初步的分析框架》，《中国社会科学》2012年第11期。

詹春燕：《高等教育国际化策略——英国经验及其启示》，《湖北社会科学》2008年第4期。

张安然：《英国高等教育国际化及政策支持》，《当代教育科学》2011年第9期。

张光：《日本高等教育国际化的进程》，《比较教育研究》1997年第3期。

张慧洁：《高等教育全球化中政府作用的变化》，《黑龙江高教研究》2004年第12期。

张磊：《我国高等教育国际化政策的实践运作及未来走向》，《当代教育科学》2015年第9期。

张双鼓：《高等教育国际化政策与趋势》，《天津电大学报》2018年第4期。

张亚伟：《从中加高等教育比较中看大学的治理》，《郑州轻工业学院学报》（社会科学版）2006年第1期。

赵世举：《全球竞争中的国家语言能力》，《中国社会科学》2015年第3期。

赵显通：《国际视野下的高等教育国际化概念及动因解析》，《江苏高教》2013年第6期。

钟焜茂：《英国高等教育国际化战略解读》，《世界教育信息》2013年第12期。

周晨琛：《OECD和UNESCO高等教育国际化政策的比较研究》，《洛阳师范学院学报》2013年第3期。

周菲：《我国高等教育国际化政策的嬗变及特征——基于国家教育政策文本的分析》，《黑龙江高教研究》2014年第4期。

周光辉、刘向东：《全球化时代发展中国家的国家认同危机及治理》，《中国社会科学》2013年第9期。

周南照：《教育国际化的若干国家政策比较和世界态势反思》，《世界教育信息》2013年第4期。

周文鼎：《我国高等教育国际化的宏观思考》，《江汉论坛》2010年第9期。

周岳峰编译《高等教育国际化应更具开放性》，《社会科学报》2017年8月17日，第7版。

朱文、张浒：《我国高等教育国际化政策变迁述评》，《高校教育管理》2017年第2期。

曹丽群：《中国生源使英国学校起死回生》，《参考消息》2004年4月8日。

三 外文文献类

Ambassador Baucus Press Conference on Visas and Open Doors, 2015-02-16, http://beijing.usembassy-china.org.cn/2014ir/ambassa-dor-baucus-press-conference-on-visas-and-open-doors.html.

AUCC, AUCC Statement on Internationalization and Canadian Universities, 1997.

AUCC, Internationalization at Canadian Universities: The Changing Landscape, http://homer.auee/en/intematin-dex.html.

Benjamin A., Gilman, International Scholarship, Program overview, 2014-08-05, http://www.iie.org/en/Programs/Gilman-Scholarship-Program/About-the-Program.

Barcco et al. (1999), Policy Environments and System Design: Understanding

State Government Structures, The Review of Higher Education-Volume 23, Number 1, Fall 1999.

Bond, S., (2003), Engaging educators: Bringing the world into the classroom, Canadian Bureau of International Education (CBIE): Ottawa.

Boren Awards for International Study, 2015-01-30, http://www.Borenawards.org/.

Bridge to the 21st Century, internationalization at UBC, British Universities Pursue Stronger Ties with China, http://news.xinhuanet.com/english-2010/china/2010-11/29/c_13626642.htm, 2010-12-10.

Commission on the Abraham Lincoln Study Abroad Fellowship Program, Global Competence & National Needs, 2005.

Cotton, Justine, Pfaff, Heather, The Secret Lives of Professors: Connecting Students with Faculty Research Through a Faculty Lecture Series, Feliciter, 2009 (6).

Damme, D. V., Quality issues in the internationalization of higher education, Higher Education, 2001, 41.

Ellen Mc Donald Gumperz, Internationalizing American Higher Education: Innovation and Structural Change, Berkeley, California: Center for Research and Development in Higher Education, University of California, 1970.

Fulbright-Fogarty Fellowships Awards in Public Health, 2015-01-30, http://u.ful-brightonline.org/ulbright-fogarty-fellowships-in-public-health.

Knight, J., Progress and Promise, Association of Universities and Colleges of Canada, 2000.

Hale, A., and Tijmstra, 5, (1992), "European Management Education", INETRMANILO.

Hideto Matsumoto, World University Rankings and Internationalization of Japanese Universities, RIHE International Seminar Reports, 2016, 6 (24).

HM Government, International Education: Global Growth and Prosperity,

Department for Business, Innovation and Skills, July 2013.

Ikuko OKUGAWA, Internationalization of Higher Education in Japan: The Aim and Challenge at the University of Tsukuba, Inter Faculty, 2014, 5 (26).

International Education: A Key Driver of Canada's Future Prosperity, http://www.international.gc.ca/education/report-rapport/strategy-strate-gie/toc-tdm.aspx? view=d.

Labi, A. ,, Britain Expand: Foreign-student Recruitment, *The Chinese of Higher Education*, 2006, 52 (34).

Miki Sugimura, The Mobility of Inter-national Students and Higher Education Policies in Japan, *The Gakushuin Journal of International Studies*, 2015, 2 (3).

NASFA, International Education: The Neglected Dimension of Public Diplomacy, http://www.nafsa.org/publicpolicy.sec/publicdiplomacy internationalizing/, 2011-01-06.

OECD, Education at a Glance 2010: OECD indicators, Chart C2.1, http://www.oecd.org/document/52/0, 3746, en_2649_39263238_45897844_1_1_1_1, 00.html.

OECD, Education at a Glance 2012, Paris: OECD, http://www.oecd.org.

Nancy L. Ruther, Barely There, Powerfully Present: Thirty Years of U.S. , Policy on International Higher Education, New York: Routledge Falmer, 2002.

Internationalization Strategy of Oxford Brookes University, 2010-05-10.

OECD, Education at a Glance 2013, Centre for Educational Research and Innovation (June 2013: 29).

Operational Plan of Internationalization of Oxford Brookes University, 2010-10-15.

Rudzki, R. E. J. , The Application of A Strategic Management Model to the Internationalization of Higher Education Institutions, *Higher Education*, 1995, 29 (4).

Soderqvist, M., Internationalization and Its Management at Higher Education Institutions: Applying Conceptual, Content and Discourse Analysis, Helsinki, Finland: Helsinki School of Economics, 2002.

Pursuing Global Excellence: Seizing Opportunities for Canada University of Waterloo Sixth Decade Plan (2007-2017), http://secretariat, uwaterloo, ca/Sixth Decade Plan Final, pdf, 2014-3-5.

The Critical Language Scholarship Program, 2015-01-30, http://www.clscholarship.org/.

US Department of Education, Succeed Globally through International Education and Engagement, U.S., Department of Education International Strategy 2012-2016.

Welch, A.R., The peripatetic professor: The internationalization of the academic Profession, Higher Education, 1997, 34.

YANG, R., University Internationalization: Its Meanings, Rationales and Implications, Intercultural Education, 2002.

四 政策与法律法规文献类

国务院:《关于出国留学人员工作的若干暂行规定》(国务院1986年12月13日颁布)。

国务院:《社会力量办学条例》(1997年)。

国务院:《国家中长期教育改革和发展规划纲要 (2010-2020年)》。

国务院:《国家中长期人才发展规划纲要 (2010-2020年)》。

国家教育委员会:《外国留学生来华学习的有关规定》(国家教育委员会外事局1986年1月1日发布)。

国家教育委员会:《关于出国留学人员工作的若干暂行规定》(1986年12月8日)。

国家教委、国家科委:《回国留学人员工作安排暂行办法》(1987年12月)。

国家教委、财政部、外交部:《关于国家公派出国留学人员经费管理的暂行规定》(1987年7月8日)。

教育部、中国教育工会全国委员会：《高等学校教职工代表大会暂行条例》（教工字〔1985〕第4号，1985年1月28日）。

国家教育委员会：《关于社会力量办学的若干暂行规定》（1987年7月8日发布）。

国家教育委员会：《国家教育委员会海外考试考务管理规则的通知》（教试〔1990〕005号）。

国家教育委员会：《关于境外机构和个人来华合作办学问题的通知》（教办〔1993〕385号）。

国家教育委员会：《关于自费出国留学有关问题的通知》（教留〔1993〕81号）。

国家教育委员会：《中外合作办学暂行规定》（教外综〔1995〕31号）。

国家教育委员会：《中外合作举办教育考试暂行管理办法》（1996年5月10日颁发）。

教育部：《自费出国留学中介服务管理规定》（中华人民共和国教育部令第5号，1998年8月24日）。

教育部：《自费出国留学中介服务管理规定实施细则》（试行）（中华人民共和国教育部令第6号，1999年8月24日）。

教育部：《高等学校境外办学暂行管理办法》（中华人民共和国教育部令第15号，2002年12月31日）。

教育部：《高等学校章程制定暂行办法》（中华人民共和国教育部令第31号，2011年）。

教育部：《关于全面提高高等教育质量的若干意见》（教高〔2012〕4号）。

教育部：《高等学校接受外国留学生管理规定》（中华人民共和国教育部令第9号）。

全国人民代表大会：《中华人民共和国宪法》。

全国人民代表大会常务委员会：《中华人民共和国国籍法》（1980年9月10日第五届全国人民代表大会第三次会议通过，1980年9月10日全国人民代表大会常务委员会委员长令第八号公布）。

全国人民代表大会常务委员会：《中华人民共和国外国人入境出境管理法》（1985年11月22日第六届全国人民代表大会常务委员会第十三次

会议通过，自 1986 年 2 月 1 日起施行）。

全国人民代表大会常务委员会：《中华人民共和国公民出境入境管理法》（1985 年 11 月 22 日第六届全国人民代表大会常务委员会第十三次会议通过，自 1986 年 2 月 1 日起施行）。

全国人民代表大会常务委员会：《中华人民共和国高等教育法》（1998 年 8 月 29 日第九届全国人民代表大会常务委员会第四次会议通过，根据 2015 年 12 月 27 日第十二届全国人民代表大会常务委员会第十八次会议《关于修改〈中华人民共和国高等教育法〉的决定》修正）。

全国人民代表大会常务委员会：《中华人民共和国国家通用语言文字法》（2000 年 10 月 31 日第九届全国人民代表大会常务委员会第十八次会议通过）。

全国人民代表大会常务委员会：《中华人民共和国民办教育促进法》（2002 年 12 月 28 日第九届全国人民代表大会常务委员会第三十一次会议通过，根据 2013 年 6 月 29 日第十二届全国人民代表大会常务委员会第三次会议《关于修改〈中华人民共和国文物保护法〉等十二部法律的决定》修正）。

全国人民代表大会常务委员会：《中华人民共和国劳动合同法》（2007 年 6 月 29 日第十届全国人民代表大会常务委员会第二十八次会议通过）。

日本文部科学省：《平成 20 年度高等学校等における国際交流等の状況について》（2010 年 1 月 28 日）。

Education of Law of New York State（2010）.

HANDBOOK FOR FACULTY AND ACADEMIC ADMINISTRATORS（Revised 2009），A SELECTION OF POLICIES AND PROCEDURES OF THE UNIVERSITY OF PENNSYLVANIA.

THE CONSTITUTION OF THE STATE OF NEW YORK（2010）.

THE CONSTITUTION OF THE UNITED STATES OF AMERICA（March 4，1789）.

Pendleton Act（1883）.

University of Pennsylvania HANDBOOK（2006）.

《法国宪法》。

《法国高等教育法》(1984年1月26日84~52号法)。

《人权和公民权宣言》(《人权宣言》,1789年8月法国制宪会议)。

《英国宪法》。

致　谢

本书是在国家社会科学基金教育学（一般）课题《我国高等教育国际化政策问题研究》（课题批准号：BIA130071）研究基础上形成的研究成果。加拿大多伦多大学教科院的 Ruth Hayhoe 教授，加拿大约克大学查强博士，加拿大西安大略大学李军博士，河北科技大学蒋立杰博士，郑州大学罗志敏博士，武汉大学教育科学研究院刘亚敏博士、陈峥博士，湖南邵阳学院陈梦迁博士，武汉商贸职业学院副校长周登超博士等，从项目申报到研究思路的确定，都给予了多方面的积极支持，为本课题的顺利研究贡献了各自的智慧，在此表示真诚的谢意！

本课题在研究过程中，除了课题组成员的共同努力之外，我所指导的部分研究生也参与了课题的研究工作和文献搜集工作，他们是：刘博文、姚建涛、曹慧丽、邓草心、李炜巍、张娟、武陈金莲、杨元妍、陈越、姚宇华、吴亭燕、陶夏、孔晓娟、黄炳超、付卫洁、赵璐、张衡、何笑然、曹书凯、祁思、秦路杰、宋霜霜等。在此一并表示由衷的感谢！同时也要特别感谢各位接受过访谈的专家和领导！

武汉大学教育科学研究院院长、党委书记、当代教育研究院院长、法学博士、博士生导师彭宇文教授和当代教育（武汉）有限公司总裁、北京当代海嘉教育科技有限公司董事长李巍先生对于本书的出版给予了大力支持，并对本书的修改提出了许多合理化建议、贡献了大量的真知灼见，值得我特别的感谢！

社会科学文献出版社的孙燕生、高媛两位老师在本书的编辑过程中给予许多帮助，对本书的付梓付出了辛勤劳动，在此表示衷心的感激！

黄明东

2019 年 3 月 13 日星期三于武昌珞珈山

图书在版编目（CIP）数据

我国高等教育的国际化政策研究／黄明东著. -- 北京：社会科学文献出版社，2019.6
（当代教育研究丛书）
ISBN 978-7-5201-4616-6

Ⅰ.①我… Ⅱ.①黄… Ⅲ.①高等教育-国际化-教育政策-研究-中国 Ⅳ.①G649.20

中国版本图书馆 CIP 数据核字（2019）第 059223 号

·当代教育研究丛书·
我国高等教育的国际化政策研究

著　　者／黄明东

出　版　人／谢寿光
责任编辑／孙燕生
文稿编辑／冷鸿文

出　　版／社会科学文献出版社·社会政法分社（010）59367156
　　　　　　地址：北京市北三环中路甲29号院华龙大厦　邮编：100029
　　　　　　网址：www.ssap.com.cn

发　　行／市场营销中心（010）59367081　59367083
印　　装／三河市龙林印务有限公司

规　　格／开　本：787mm×1092mm　1/16
　　　　　　印　张：21.75　字　数：343千字

版　　次／2019年6月第1版　2019年6月第1次印刷
书　　号／ISBN 978-7-5201-4616-6
定　　价／116.00元

本书如有印装质量问题，请与读者服务中心（010-59367028）联系

▲ 版权所有 翻印必究